日本の論壇雑誌

教養メディアの盛衰

竹内洋・佐藤卓己・稲垣恭子［編］

創元社

序論

「綜合雑誌」という呼称

本書で論壇雑誌というのは、政治・経済から文藝・哲学・科学まで部門を限定せず掲載し、一つの体系をあたえる高級評論誌、いわゆる「綜合雑誌」のことである。二〇一三年のNHK大河ドラマ「八重の桜」には、同志社英学校のシーンで徳富蘇峰（猪一郎）が登場した。その関係で蘇峰が創刊した『国民之友』（一八八七年二月～九八年八月）の映像が何回かでてきた。そのときのナレーションでは、「わが国最初の綜合雑誌」と解説されていた。たしかに最初の綜合雑誌とは言えるかもしれないが、『国民之友』が登場した時代に綜合雑誌という用語があったわけではない。ではいつごろ綜合雑誌という用語は登場したのだろうか。

大正時代末期ころから「その名〔「綜合雑誌」〕は一般化した」という説（関忠果ほか編著『雑誌「改造」の四十年』光和堂、一九七七年）がある。また出版史研究家の通説として第二次大戦中にそれまでの雑誌を整理・統合する際に用いた呼称（出版史研究会「総合雑誌百年史」『流動』一九七九年七月号）という説もある。しかし、いずれの説も疑わしい。前者の大正末期説はなんらその根拠が示されていない。管見の限り大正期と昭和初期に「綜合雑誌」なる名称を見た記憶がない。その傍証にすぎないが、大正六（一九三一）年に当時の『太陽』『中央公論』『改造』などの有力雑誌を論じた論文があるが、その題名は「七大雑誌の特色を論ず」（千葉亀雄『新小説』一九二〇年一月号）であり、文中にも「綜合雑誌」の呼称は使用されていない。後者の第二次大戦中説は、第二次大戦開戦以前に「綜合雑誌論」（新居格『日本評論』一九三五年十一月号）

「綜合雑誌の将来」（杉村楚人『改造』一九三六年九月号）などという論題を冠した論文がすでに存在するから、この説も棄却される。

では、いつごろなのか。本書の執筆者大澤聡は、別のところで、さきにふれた一九三五年、三六年の「綜合雑誌論」「綜合雑誌の将来」という論文題名ほか『出版年鑑』などの綜合雑誌という呼称などいくつかの証拠を挙げ、それまで使われた「高級雑誌」という呼称に加えて、一九三三年あたりから「綜合雑誌」も広く併用されはじめたと見ている（「「編輯」と「綜合」」吉田則昭・岡田章子編『雑誌メディアの文化史』、森話社、二〇一二年）。このほうが説得力に富んでいる。

ただ、「綜合雑誌」（以後、総合雑誌と表記）という呼称はなくともその前駆的形態は、最初にふれた徳富蘇峰の『国民之友』や三宅雪嶺の『日本人』（一八八八年四月〜、一時廃刊後、『亜細亜』として再刊、一九〇七年『日本及日本人』）、大橋佐平の『太陽』（一八九五年一月〜一九二八年二月）などである。さらに遡れば『明六雑誌』（一八七四年三月〜一八七五年十一月）になろう。

総合雑誌が興隆をむかえたのは、『中央公論』をモデルにして『改造』（一九一九年四月）が創刊されたあたりからである。一九一八年に大学令や高等学校令が公布され、高等教育の第一次マス化が生じる。この翌年に『改造』が創刊されたことは、高等教育のマス化との相関性を如実に示している。一九一五年から一九三〇年の一五年間に高等教育在学者は五万七千人から一八万二千人と三・二倍に膨れ上がった。『改造』に続いて、『文藝春秋』（一九二三年一月）そして『経済往來』（一九二六年三月創刊、一九三五年から『日本評論』に改題）が創刊され、昭和一〇年代には、『中央公論』『改造』『文藝春秋』『日本評論』の四大総合雑誌の時代になった。雑誌や新聞紙面に「論壇時評」が登場する。読者層を広げた文壇（山本芳明『文学者はつくられる』ひつじ書房、二〇〇〇年）と並んで論壇的公共圏が確立した。

論壇的公共圏という「中間文化界」

論壇が成立したということは「中間文化界」の厚みがましたということである。いま「中間文化界」と言ったが、これはピエール・ブルデューの「限定（生産）文化界」（field of restricted production）と「大量（生産）文化界」（field of large-scale cultural production）というコンセプトに沿って案出した類型である。「限定文化界」と「大量（マス）文化界」の区別は、象徴的価値（財）と商業的価値（財）のどちらが優先されるかによる区分である。「限定文化界」は、商業的価値よりも象徴的価値が優先される文化界である。アカデミズムの学会誌や純文学同人誌などのように、研究者や作家などの文化生産者のみをオーディエンスとした界で、学問のための学問や芸術のための芸術を旨とする文化界である。ここでの評価は文化生産者の同僚評価（peer review）となる。それに対して「大量文化界」は、象徴的価値よりも商業的価値が優先される文化界である。商業ジャーナリズムや商業演劇のように、オーディエンスは文化生産者ではなく文化消費者である大衆であり、商業的成功や人気に志向する。文化財を象徴的価値としてよりも経済財とみなす文化界である（P. Bourdieu, "The Market of Symbolic Goods", *Poetics*, 14, 1985, *The Field of Cultural Production*, Columbia University Press, 1993）。

ブルデューによる文化界のこの二分類は理念型であるが、経験的類型としては、「限定文化界」と「大量（マス）文化界」の間に「中間文化界」が設定されてしかるべきだろう。「中間文化界」は「ハイブラウなマス文化界」と言い換えてもよい。むろんブルデューはこの点についてつぎのようにほのめかしている。大学界（限定文化界）の自律性の弱体化によって「文化ジャーナリズム」という大学外の聖別決定機関の支配力がましてきた、と。この文化ジャーナリズムは「教養週刊誌」や「高級大衆化雑誌」（傍点引用者）をメディアとしている。これらは「限定生産界」と「大量生産界」の間、ジャーナリストと大学人ないし作家の間の差異の混乱に、構造的利益を有するのである」（傍点引用者、石崎晴己・東松秀雄訳『ホモ・アカデミクス』藤原書店、一九九七年）。そして同書の補遺3（「フランス知識人のヒットパレード　または判定者の正統性の判定者は何者か」）では、つぎのように述べられてさえいる。

〔前略〕今日においてはジャーナリズム的可視性——これはそれ自体、限定された生産界の（あるいは大学界の）外への、特に政治への（請願やデモなどによる）介入の頻度から生じるものであるが——というものが、フランスにおいてゾラからサルトルへと徐々に構築されて来た知識人の定義の主要な構成要素であるのは確かである。その結果、知識人としての公共的役割を手に入れようとする性向は、それと相関的なジャーナリズムの要求に答えようとする性向（これも可視性と同様に変化するが、それ自体、部分的には目につきたい、それも良く見られたいという性向に結びついている）を通して、ジャーナリズム界に対するある形態の依存（これはサルトルという人間の社会的人物像の構築の中に非常によく見てとれる）を帰結することになり、ということはつまり、ジャーナリズムの評決の正統性に関するある形態の事実上の承認を帰結することになるのである。

　ここでブルデューがいう「ジャーナリズム」は、「大量文化界」ではなく「ハイブラウなマス文化界」＝「中間文化界」のことであろう。「マス（大量）文化界」は初等・中等教育の普及による大衆を顧客とするが、「中間文化界」は高等教育の普及による知的中間層＝大衆インテリの一定の厚みによって成立する。学会誌ではないが大衆雑誌でもない総合雑誌や文藝雑誌に代表される「高級」雑誌がそのメディアである。文化生産者と消費者が重なるのが「限定文化界」の、両者の分岐が「マス文化界」の、特質であるが、「中間文化界」は、この点で中間的である。つまり、オーディエンス（読者）は、生産者（執筆者）と大量の専門消費者の両方から成っているからである。ただし、顧客としての大衆は輿論形成をになう知的中間層＝大衆インテリである。「マス文化界」は大衆の嗜好によって作り出されるが、「中間文化界」は大衆インテリを顧客としているが、同時に大衆インテリとかれらの意見・嗜好を作り出す。総合雑誌を購読することでインテリ共同体の一員となるからである。この「中間文化界」を舞台に発信する知識人が公共知識人（パブリック・インテレクチュアル）である。また、界の自立性においては、限定文化界がもっとも大きく、経済的利益の制約を受けるマス文化界はもっとも小さい。中間文化界はその中間にある。マス文化界の自律性の制約が経済的利潤であるときに、中間文化界の制約は時勢（社会的・政治的）への対応（賛否いずれにせよ）という拘束にある。

　この三つの文化界の関係は図1のようになる。ブルデューの二類型モデルは、それぞれの界における文化

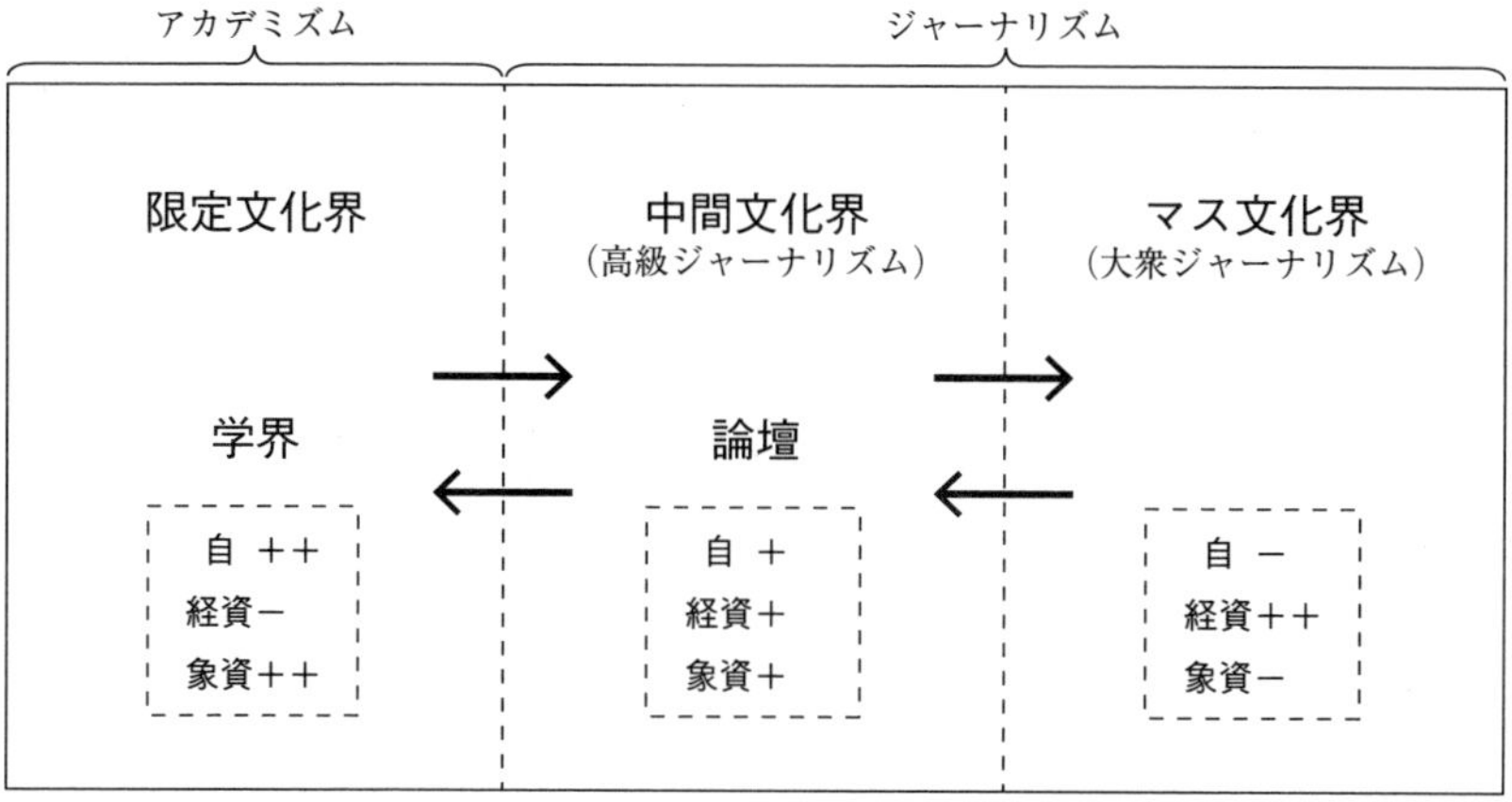

図1　三つの文化界

(注)　矢印は文化生産の影響関係
自＝自律性、経資＝経済資本、象資＝象徴資本

生産物の異なった特質がそれぞれの界の生産様式によって規定されるさまを明らかにするものだが、「中間文化界」を設定することで、三つの文化生産界の交差から文化の影響の流れもわかる。つまり、アカデミズムにおける哲学が「いまとここ」の論壇的テーマのなかで「西田哲学」や「京都学派」「現代思想」というラベルでパッケージ化されて、出版社やジャーナリストを通して流通していくのは、中間文化界を通過することによってである。文化的影響は図1の左側から右側への矢印だけとは限らない。論壇的イシュが限定文化界に逆輸入(しばしば密輸入)されるという図の右側から左側への矢印の流れもある。

知識人という遂行表象

大正時代半ばに輪郭をもつにいたったこの「中間文化界」は戦後の本格的な高等教育のマス化よって需要を大きくしたが、敗戦による文化的トラウマを脱するアイデンティティーの再構築が喫緊の課題になった時代に後押しされた。敗戦ショックによって「限定文化界」のロジックである学問のための学問や芸術のための芸術は、読者の期待の水平を満たさなくなった。言論にはアクチュアルな、社会的・政治的レリバンスが要請される。講壇知識人より論壇(公共)知識人あるいは講壇知識人の論壇(公共)知識人化の時代となり、論壇的公共圏の活況を促した。かくて戦後すぐに総合雑誌を含めての雑誌の復刊と創刊のブームがおきた（その具体相については、福島鑄郎『戦後雑誌発掘』日本エディタースクール出版部、一九七二年／紅野敏郎・保昌正夫「戦後の雑誌一覧」『群像』一九六五年八月号）。

敗戦後、論壇は政治化とアンガージュマンによって活況を呈した。吉野源三郎をオルガナイザーとし、『世界』を舞台に展開した平和問題談話会（一九四八年十二月、平和問題討議会として発足。清水幾太郎・丸山眞男・久野収などを中心に米ソを含むすべての連合国との全面講和、中立不可侵、軍事基地反対を唱えた）はその（論壇の政治化とアンガージュマン）顕現である。吉野は後年こう言っている。

雑誌というものが世論に影響力をもっているような知識人の間の交流の場所になるということは、戦前の日本にはぜんぜんなかったわけです。戦後になっても、平和問題談話会ではじめてできたわけです（「「平和問題談話会」について」『世界』一九八五年七月臨時増刊号）。

なかでも六〇年安保闘争のとき『世界』一九六〇年五月号（四月七日発売）に掲載された清水幾太郎の「今こそ国会へ――請願のすすめ」は、その沸騰点を醸し出した。論文は、吉野源三郎が遠山茂樹の自由民権運動論を読んで発想し、清水に寄稿を促したものである。「一千万人の請願は、その一千万人が、幾日かかってもよい、何も叫ばなくてもよい。一人づつ国会の門を潜り、衆参両院議長に請願文を手交する時、その圧力をフルに示すことが出来るのである。一千万人が無理であるなら、八百万人が、五百万人が東京へ上り、国会議事堂を訪れてこそ、政治的実力になるのである」と訴えた。連日、請願のデモが国家を取り巻いた。国会周辺に十万人もが集まり、国会を包囲した。

ドレフュス事件*は、知識人の起源の物語（クリストフ・シャルル「ドレフュス事件以降のフランス知識人」荻野文隆訳『思想』一九九七年二月号／同、白鳥義彦訳、『「知識人」の誕生』藤原書店、二〇〇六年）であるが、その所以は請願運動などの集団的主張によって知識人という呼称をもたらしたからである。六〇年安保の請願運動で、知識人の起源の物語が現前し、「知識人という概念は、それが適用される個人の側に自分の位置や役割についての自覚があることを前提とする」(ルイ・ボダン、野沢協訳、『知識人』白水社、一九六三年)という遂行(行為を促す)表象のリアルを確認した人々は少なくなかったであろう。

本書の構成と各章の要約

論壇的公共圏に戻って本書の構成を記しておきたい。論壇的公共圏の中心メディアやカノン的言説流儀ができあがると、界の常として対抗言説と想定読者や編集方針などを含めた対抗スタイルが台頭する。本書の構成は、このような視点から三部にわけて編集されている。第一部「論壇のフォーマット」は、『世界』に対する『中央公論』の差異化、両誌に対する『文藝春秋』の差異化によって戦後の中央論壇のフォーマットを形成した三誌についての論稿を収めている。第二部「論壇のアキレス腱」は、論壇の中心をめぐる覇権闘争がカバーしない論壇的公共圏の周縁を、生活や家庭、女性目線などで掬い上げた『婦人公論』と『暮しの手帖』、新感覚の若者読者に照準した『朝日ジャーナル』、論壇の国際化を志向した『ニューズウィーク日本版』を収めている。第三部「論壇のフロンティア」は、論壇オーソドキシーに対しての対抗言説と対抗編集スタイル(執筆者と構成)をもって登場した保守系の『諸君!』、全共闘メディアといわれた『流動』、電波メディアを補強する『放送朝日』、論壇のアナログからデジタル化への移行である「ネット論壇」を収めている。最後に論壇史年表を添えている。

＊一八九四年、ユダヤ系陸軍大尉ドレフュスがドイツへのスパイを働いた嫌疑で逮捕され、終身流刑を言い渡された。戦勝国ドイツに対する復讐心と反ユダヤ感情によるもので冤罪とする「ドレフェス」派とドレフュス擁護に結集した人々(共和派)への反感をもつ伝統的・保守的な反共和派の「反ドレフェス派」にわかれ、国論を二分する争論となった。作家のゾラが大統領宛公開質問状「われ弾劾する」を出した。この手紙が掲載された翌日、大学教員、芸術家、ジャーナリスト、学生、一般人のドレフュス再審請求の抗議声明が出されたが、反ドレフュス派の頭目の一人モーリス・バレスがこの抗議文を「知識人の抗議文」と呼んで「知識人」(アンテレクテュエル)という言葉が生まれた。

それぞれの雑誌について、論調、論壇の立ち位置、読者層、盛衰など、どのような筋立てで論じるかは、雑誌の個性によるところが多いから、執筆者に自由に論じてもらった。ただ網羅的な論述を避けるために論述のポイントを明確にすることを方針にした。それを各章のサブタイトル（第一章の場合は「誌運の法則」）に示してもらっている。あらかじめ本書に収められたそれぞれの論稿がどのような問題をどのように扱っているかをかいつまんで示せば以下のようである。

第一章『中央公論』――誌運の法則（竹内洋）は、一八九九（明治三二）年一月に『反省会雑誌』の改題からスタートした『中央公論』の誌運を『太陽』『改造』『世界』『諸君！』などのそのときどきのライバル誌や論壇思潮との相関で論述している。『中央公論』は、大正期に吉野作造の民本主義を誌論にすることでそれまで論壇誌の王座にあった『太陽』を圧倒し、第一次ブームをむかえた。しかし、民本主義が社会主義やマルクス主義を知的ジャーナリズムに導入する敷石になり、ライバル誌『改造』の創刊をもたらした。戦後は六〇年安保後の一九六三年からの現実主義路線という誌論によって『中央公論』は第二次ブームを迎えた。それは大正期の第一次ブームを上回るものだった。しかし第二次ブームをもたらした現実主義路線は保守系雑誌誕生の契機になり、右の『改造』とも言うべき『諸君！』などの創刊を促し、かつそれによって現実主義路線は訴求力を弱くしていく。また『中央公論』の姉妹誌である『別冊中央公論　経営問題』などのビジネスマンやビジネスインテリ路線は、『Ｖｏｉｃｅ』などの登場を促した。『中央公論』は、論壇の新しい潮流を生み出すことでブームを呼んだが、先駆けであるだけに、ソフトな（左右への目配り）論調だったぶん、その流れに棹さしたより先鋭な論調を誌論とする雑誌によって乗り越えられていく。『中央公論』のそういう誌運の法則が浮かび上がってくるのである。

第二章『文藝春秋』――卒業しない国民雑誌（井上義和）は、では『文藝春秋』が戦後に国民雑誌となりえた理由を考察している。戦前期の国民雑誌『キング』が参加と共感を媒介する「大衆の国民化」メディアとしてラジオ・映画とともに受容されたのに対して、『文藝春秋』は一九五〇年代に新しい知的欲求に応える「中間文化」メディアとして新書・週刊誌とともに受容され、新しい国民雑誌の座に就いた。読者層の属性を分析すると、たしかに五〇年代は高学歴・高威信職の若年層に強く支持されていたが、その後読者の年齢が高くなるとともに「エリート・オジンの雑誌」「社長室のインテリア」というイメージが定着しつつも、国民各層から広く支持されるようになる。息の長い読者を多く抱える「卒業しない国民雑誌」となったのは、中間文化的というだけではなく、〈成熟した大人〉が交歓するサロンだからだ。そこには〈高尚な知識人〉が理性的討議により輿論を喚起するような論壇雑誌とは異なる「同級生的公共性」が開かれている。

第三章『世界』――戦後平和主義のメートル原器（佐藤卓己）は、敗戦を契機に誕生した新興「綜合雑誌」のなかで唯一現存する『世界』を考察対象としている。『世界』の創刊については、戦争に向けて過熱する大衆世論を前に沈黙を余儀なくされた知識人の「悔恨」がその動機として語られてきた。そのため岩波茂雄が当初構想したのも「啓蒙的な『キング』」であり、理念としては「大衆的な講談社文化とエリート的な岩波文化の溝」の克服が目ざされた。しかし、実際には安倍能成を中心とする同心会グループを中心に「大正教養主義的綜合雑誌」としてスタートした。だが、創刊第四号の津田左右吉論文掲載を契機としてオールド・リベラリストは退けられ、編集長・吉野源三郎は丸山眞男・清水幾太郎などを中心とする「戦後民主主義的総合雑誌」へと大きく舵を切っていった。対立を綜合（ジンテーゼ）に導く「綜合雑誌」から、平和運動への総動員をめざす「総合雑誌」に変化したと言える。政治運動に直接介入する『世界』の編集方針は、一九四八年の平和問題談話会に結実する。その後も『世界』は一九五八年に憲法問題研究会、一九五九年に国際問題談話会を組織し、一九五〇年代の平和と護憲の運動に理論的枠組みを提供し続けた。その背景には、戦後論壇の中核に平和論を位置付ける「八・一五」史観があり、『世界』は一九五〇年から「八・一五」イベントを恒例化していった。その意味で、『世界』の影響力は「悔恨」からの心理的距離において計測できる。

第四章『婦人公論』――お茶の間論壇の誕生（稲垣恭子）は、女性論壇の代表である『婦人公論』の特徴について、特に一九六〇～七〇年代を中心に盛り上がったお茶の間論壇の誕生という視点から論じた。総合雑誌を中心とする論壇が「おもて」の議論の場（お座敷論壇）であるのに対して、お茶の間論壇は、女性や家族、性など生活に密着したテーマとそれらをめぐる現実主義的な議論を前面に出すことによって、多くの読者をひきつけた。お茶の間をベースとしつつ、その外側にも広がりをもつ井戸端的な公共圏の誕生とも言えるだろう。お茶の間論壇に登場したのは、評論家、大学教授、芸能人などさまざまだが、専門分野とは異なるテーマに独自の視点で切り込むことで、「お茶の間文化人」として活躍する場をつくった。活字メディアからテレビへ中心が移行し、論壇のバラエティ化とバラエティの論壇化が広がっていくプロセスのなかで、『婦人公論』がつくったお茶の間論壇は、その橋渡しの役割を果たしたといえる。

第五章『暮しの手帖』――山の手知識人の覇権（佐藤八寿子）は、戦後の総合雑誌の不振と『暮しの手帖』の興隆は、どのように解釈されるべきだろうかを問う。『暮しの手帖』の書き手と読み手にはインテリが多かったことが指摘されている。本来論壇を構成すると目される彼らが、なぜ『暮しの手帖』を支持したのか。『暮しの手帖』の特徴の一つは、話し言葉的一人称の文体にある。その文体は同時代の総合雑誌とも週刊誌とも異質なものであると同時に、特定の学者集団が好んで用いた文体でもあった。「インテリ／民衆」という構図の背後には「山の手／下町」というライフスタイルが密輸されている。そこには戦後社会における教養主義の啓蒙の歓びと憧憬の愉しさとがあった。『暮しの手帖』は「山の手」への上昇をかきたてる差異化装置として機能した。戦後論壇を席巻した「下町」知識人の背後に退き、あたかも撤収したかに見えた「山の手」知識人こそが、実は勃興する新集団を牽引しつつ「暮し」の地平においては進攻に転じていたのではなかっただろうか。

第六章『朝日ジャーナル』――桜色の若者論壇誌（長﨑励朗）は、『朝日ジャーナル』を含む代表的な論壇誌が共有していた寄稿者の数をもとに、ネットワーク分析をおこなった。本稿で分析の対象としたのは一九六九年と一九八四年（正確には一九八四年四月〜八五年三月）である。前者は七〇年安保の最盛期、後者は筑紫哲也編集のもと、「若者たちの神々」が連載された時期だ。すなわち、『朝日ジャーナル』が経験した二つの青春時代を比較したのである。論壇全体の分析結果を一言で表すなら、「魚拓型論壇からアメーバ型論壇へ」である。一九六九年において、論壇は左右のクリーク（派閥）とそれを架橋するクリーク（派閥）の三つに分かれていた。この中で『朝日ジャーナル』は左のクリークに属しながら、架橋するクリークにも属していた、いわば「櫻色の論壇誌」だった。一方、一九八四年になると左右の色分け自体が消滅し、不定型なアメーバ状の論壇へと全体が変化した。『朝日ジャーナル』はそこで形成される全てのクリークに属しており、思想的に脱色されたことで、結果的に論壇の中心に位置する雑誌へと姿を変えていったのである。

第七章『ニューズウィーク日本版』――論壇は国際化の夢を見る（松永智子）は、論壇誌不振が続く出版界に国際誌創刊ブームを起こす契機となった米伝統誌の地域版『ニューズウィーク』（一九八六年創刊）を取り上げている。かつて論壇をリードした『朝日ジャーナル』や新興のオピニオン誌『アステイオン』などの部数が振るわないなか、海外の視点を売りにした『ニューズウィーク』が、相次ぐ国際的事件を追い風に大幅に部数を伸ばした。サントリー佐治敬三会長の肝いりで実現に至った創刊事業は日米摩擦の緩和を目的とした民間外交的側面を帯びていたが、読者には、知的イメージ、ビジュアル性、超日本的視点という新しさが支持された。また読者が「国際誌」に求めたのも、海外（アメリカ）から見た日本像であった。部数の飛躍につながった湾岸戦争（一九九一年）では、『ニューズウィーク』が提供した時評としての日本論が、国際社会からの要請と国内の論理との間で混迷する政治、論壇、世論に影響を与えた。『ニューズウィーク』は海外の opinion（論）より、日本の popularity（評判）を確認する媒体だった言える。

第八章『諸君！』――革新幻想への解毒剤（井上義和）は、戦後の保守論壇を代表する雑誌の一つを取り上げる。『文藝春秋』を擁する保守系出版社である文藝春秋が『諸君！』を創刊したのは一九六九年だが、広範な読者を獲得し始めるのは八〇年代に入ってからである。本章ではその直前の七〇年代に高校大学時代を過ごした世代の証言をもとに、知的な若者たちの保守思想への接近の条件を考察する。一九七〇年代は先端的な左翼運動が衰退する一方で、戦後の「革新幻想」は四半世紀かけて浸透し、半ば体制と化していた。創刊の辞で「世の中どこか間違っている」と問題提起した『諸君！』は、時代遅れの「反左翼」ではなく、革新幻想に挑戦する新しい「反体制」雑誌だった。ところが知的な世界での「保守＝反動」への忌避意識はいまだ根強く、そのような時代に若者が保守思想に接近する過程は、先端的な思想的潮流とは独立の、個別的なものだった。ここにその後「変容」したとされる保守論壇を立て直すヒントが隠されている。

第九章『流動』――新左翼系総会屋雑誌と対抗的言論空間（大澤聡）は、『流動』の来歴と機能を分析することを梃子として、いまとなってはほとんど顧みられる機会のない一連の「新左翼系総会屋雑誌」が言論史に占めた位置を点検する。同誌は一九六九年十二月に創刊され、八二年十二月まで丸一三年刊行された。その間、誌面構成の傾向は「総合」から「分化」へと変わっていく。総合誌型からムック型へのスタイル上の変化はそのあらわれである。これは雑誌ジャーナリズム全体の変化とも相即していた。六〇年安保ののち、『世界』『中央公論』といった既存の左派メディアの影響力が急速に衰退していく。「総合雑誌」の「総合」性が衰退するなかで、その空白を補塡するように、七〇年代に一連の新左翼系総会屋雑誌が活況を呈した。それらはいずれも、反体制的な側面を急進的に強化したものだった。他方で、そうした誌面内容とは裏腹に、いわゆる総会屋活動によって経営面を支えていた。それゆえ、一九八二年改正商法施行の余波を直に受け、一斉に廃刊へと追い込まれることになる。本章ではその時代的な意味を多面的に考察してもいる。

第十章『放送朝日』——戦後京都学派とテレビ論壇（赤上裕幸）は、記録にほとんど残らなかった電波メディアの特性を補強する活字メディア、すなわち電波論壇の機能に光を当てる。大阪・朝日放送のPR誌『放送朝日』（一九五四年~七五年）は、電波というニューメディアの分析を通して、時代の最先端領域に目配りがなされ、梅棹忠夫の「情報産業論」（一九六三年）やマクルーハン理論（一九六六年）をいち早く世に知らしめた。戦前における京都学派の「後裔」として今西錦司・桑原武夫など京都大学人文科学研究所（人文研）に連なるネットワークは「新京都学派」と呼ばれた。小松左京・加藤秀俊といった人文研ネットワークとも重なる『放送朝日』の主要執筆メンバーを、本稿では「戦後京都学派」と位置づける。「戦後京都学派」は、京都や大阪を足場にしつつ、さらには「未来」という時間軸に共通の関心を抱いていく。梅棹・小松・加藤らが中心となって、一九六八年には領域横断的な知の獲得を目指した日本未来学会も設立されている。本稿では電波論壇の分析を通して、未来について考えることのなかに、「論壇」が果たすべき役割が含まれる可能性について考察を行った。

第十一章「ネット論壇」——論壇のデジタル化とインターネット（富田英典）は、論壇の紙媒体（アナログ）からインターネット・サイト（デジタル）への移行について考察している。二〇〇〇年代の終わりには、論壇雑誌の休刊が続いた。そして、その一部はインターネット・サイトに移行した。そのためのメディア環境は、ブログという形式が普及することによって整っていった。それは、論壇雑誌がデジタル化していく過程であり、論壇の場をインターネットが提供するようになっていく過程でもあった。ただ、雑誌論壇がそのままネット論壇に移行したわけではない。当初インターネットは、「解釈・意味形成」「世論の形成」に多くの人々が参加することを可能にし、開かれた言論界を実現化するはずだった。しかし実際には、マスコミの報道を並べただけのニュース・サイトや匿名のブログや掲示板が多くを占め、なかなか輿論の形成につながらない状況が生まれた。それを克服するために、専門家やジャーナリストによる、言論空間としての論壇サイトが登場したのである。

なお巻末には、各章の時代状況や論壇状況を把握し、その位置づけを理解しやすくするために、総合雑誌と論争を総覧した『日本の論壇雑誌』関連年表（白戸健一郎）を付している。

以上が本書所収論文の簡単な紹介であるが、読者が老舗総合雑誌の衰退やあらたな総合雑誌の勃興をつうじて戦後の論壇史を追体験し、それをつうじて戦後日本のインテリ界＝中間文化界の輿論と空気を読み取り、戦後論壇史や教養メディア史研究のさらなる進化の一助になることができれば、執筆者一同これに過ぎる喜びはない。

二〇一四年二月三日

竹内　洋

日本の論壇雑誌 目次

第三部
論壇のフロンティア

※引用文中の〔　　〕は、引用者による注記である。

装丁　東幸央

第一部
論壇のフォーマット

第一章
『中央公論』――誌運の法則

竹内洋

『中央公論』は、一八九九（明治三二）年一月に『反省会雑誌』の改題からスタートした。そのときから現在まで一一五年を閲している。本書「まえがき」のところで述べたように政治・経済から文藝・哲学・科学まで部門を限定せず掲載し、一つの体系をあたえる総合雑誌という用語は、一九三三年あたりに登場したのだが、その意味での総合雑誌の先駆であり、最盛期の発行部数十万部といわれ、長期にわたって斯界をリードした『太陽』（博文館）であっても、一八九五（明治二八）年から一九二八（昭和三）年にわたる三三年間の寿命にしかすぎない。現在の総合雑誌で『中央公論』に続く長い歴史をもつものは、『文藝春秋』（一九二三年一月創刊）と『世界』（一九四六年一月創刊）であるが、前者の歴史は九一年、後者のそれは六八年である。

しかし、一〇〇年を超える歴史をもつ『中央公論』はもちろん平坦な歩みをしたわけではない。『太陽』を追い越したかと思えば、『改造』などの新興雑誌に追い上げられ、さらに、購読者数一二万部の黄金時代がくるというアップ・アンド・ダウンを繰り返した。小論は、戦後の『中央公論』について紙幅を費やすものの、そうした誌運をみるために、『中央公論』を登場時に遡って考察していくことにしたい。同時に戦前の総合雑誌界の案内を兼ねている。

1　創刊から第一次ブームへ

『反省会雑誌』・『反省雑誌』・『中央公論』

『中央公論』は、『反省会雑誌』を濫觴《らんしょう》としている。『反省会雑誌』は一八八七（明治二〇）年八月に「禁酒進徳」（禁酒と進徳）を掲げる雑誌として登場した。[★1]『反省会雑誌』の刊行団体は、西本願寺の僧俗の子弟を教育する普通教校の有志学生による修養団体「反省会」（一八八六年四月六日結成）。キリスト者に負けない清廉な生活の範を示すことで沈滞した仏教の改革を目指す運動のための団体であり、『反省会雑誌』はそのための機関誌だった。

当時の政論雑誌には徳富蘇峰の『国民之友』（一八八七年二月創刊）や三宅雪嶺の『日本人』（一八八八年四月号創刊、一九〇七年一月号より『日本及日本人』に改題）などがあった。『国民之友』は当初で七千五〇〇部、のちに一万部を超え、最盛期には一万三千から一万四千部になったといわれている。「当時雑誌の発行部数は、概ね千部以下にて、通常五百、六百といふ位にて、千を超ゆれば先づ盛んなりと云ふべきであった」[★2]、時代にである。『反省会雑誌』もこれらの雑誌に倣い、しだいに禁酒と進徳にとどまらず内外の思潮の紹介や評論を掲載するようになった。一八九二（明治二五）年五月には『反省会雑誌』は『反省雑誌』、発行所も「反省会」ではなく「反省雑誌」と改められた。本社も京都から東京に移された。

一八九九（明治三二）年一月号から誌名が「言論・評論」にふさわしい『中央公論』に改められた。表紙には〝THE CENTRAL REVIEW〟と英文が添えられた。この年『国民之友』が八月号で終刊になる。しかし、『中央公論』の購読数となると、惨憺たるもので、千部刷って、三〇〇が寄贈、三〇〇が定期購読者と店頭で販売されるもので、残り四〇〇は売れ残りで屑屋に渡るという状態だった。[★3]印刷部数は千五〇〇から二千部程度にとどまった。

東京帝国大学生の瀧田哲太郎（樗陰《ちょいん》、一八八二〜一九二五年）は、一九〇三（明治三六）年から、雑誌の財政的な支援者でもあった浄土真宗本願寺派法主大谷光瑞が送付する海外の雑誌・新聞を、「海外新潮」欄のために翻訳するアルバイトをしていた。やがて編集主任高山覚威（初代編集主任はのちの作家近松秋江）とともに編集にかかわるようになった。

覚威と樗陰は、雑誌が新機軸を打ち出すためには海外思潮よりも内国思潮の編集に方向転換することと、『反省雑誌』のころ、当時の『国民之友』の目玉である文藝付録を真似た企画（一八九七年八月号付録など）で成功したことをもとに、文藝欄の拡張を意欲した。社長の麻田駒之助は小説のような「反道徳的」で「下品なもの」[★4]を掲載するわけにはいかないと反対し、麻田と覚威・樗陰との間で激論が続いた。上品な小説ならばということで、覚威・樗陰の案が容れられた。一九〇五（明治三八）年三月号に従前から短歌・俳句・新体詩を掲載していた「詞藻」欄に小説が加わるにいたる。以後毎号小説が掲載される。

『中央公論』はこのあたりから、売上を伸ばしていった。同年十一月号（二百号）記念号には幸田露伴などと並んで『吾輩は猫である』で文名を挙げた夏目漱石の「薤露行《かいろこう》」が掲載される。英文科学生として漱石の講筵《こうえん》に参したことのある樗陰がその誼《よしみ》で漱石の寄稿に成功したのである。五千部を売り尽くした。

翌年はじめに、編集主任だった高山覚威は、徳富蘇峰の『国民新聞』に迎えられた。かくて樗陰が『中央公論』の編集を仕切ることになる。一九〇六（明治三九）年十月号では漱石の『二百十日』などを掲載し、人気を集め、一九〇七（明治四〇）年には一万部を超えた。[★5]こうして『中央公論』は第一次世界大戦の勃発までに発行部数や雑誌のステータスで、「東洋雑誌界の覇者」（一一巻一六号広告）と自任した当時の有力雑誌『太陽』（一八九五年一月号創刊）の近傍にいたった。とはいえ、まだおよぶものではなかった。まして『太陽』にかわる誌界の王者とはいえなかった。[★6]

誌運の興隆

一九一二（大正元）年十一月、三一歳の樗陰が編集主幹になった。その一ケ月あとに、早稲田大学哲学科を卒業したばかりの嶋中雄作（一八八七～一九四九年）が入社し、樗陰の編集を手伝うことになった。嶋中は大正時代に勃興した女性の地位向上などの婦人問題に着眼し、樗陰に献策して『中央公論』夏期臨時増刊「婦人問題号」(一九一三年七月発行)を発行する。特集号の評判がよかったことから、一九一六(大正五)年一月号から月刊誌『婦人公論』が刊行される。臨時増刊号と月刊に三年近くの懸隔があるのは、慎重居士の麻田社長が『反省雑誌』に小説の掲載をしぶったように、月刊化に躊躇したことによる。

一方、樗陰は同じ第二高等学校出身の誼を表にだし、新帰朝学者である東京帝国大学法学部助教授吉野作造(政治学者、一八七八〜一九三三年)を訪ね、寄稿にこぎつけた。一九一四(大正三)年一月号の「学術上より観たる日米問題」がこれである。民本主義を唱えた、論文「憲政の本義を説いて其有終の美を済《な》すの途を論ず」(一九一六年一月号)は、時代を画す話題作となる。

一〇〇頁ほどにわたる長編で、しかも樗陰が吉野と議論し、それをもとに筆記したものだけに、意を尽くした論述となっていることによるだろう。しかし、訴求力が大きかったのは、吉野は留学後で欧米の政治事情に詳しく、「けだし民本主義の要求は、ともかくも世界の大勢である」(傍点引用者)と「大勢」や「時勢」で説いたところによっていた。吉野自身、後年の「民本主義鼓吹時代の回顧」(『社会科学』一九二八年)のなかでこういっている。

私の論文になんら卓抜の見あるがためにあらず、ただそれがちょうどあのころ政界の問題になりかけていたほとんどあらゆる点に触れ、かつこれに相当詳細なる釈明を与えつつ、当時欧州先進国等の提示せる諸解釈をややわかりやすく書きつらねたからではなかっただろうか。ゆえにもし私の論文に多少の取るべきところありとせばたくみに時勢に乗ってその要求に応ぜんとした点にあるだろう。(傍点引用者)

吉野の「民本主義」は、人民主権説(国家の主権は法理上人民に在り)を「民主主義」として斥け、君主主権論にたちながらも主権を行使するにあたり「主権者は須らく一般民衆の利福並に意嚮《いきよう》を重んずるという政権運用上の方針」とするもの。国粋主義者のいう「君主主権」と社会主義者のいう「人民主権」の間をとった「民本主義」[★7]という清新な中庸の漸進的改革の位置取《ポジショニング》が成功した。吉野は、以後同じ号で複数の寄稿をしたり、自らの名前の論文のほかに筆名の古川学人の名でも寄稿した。吉野は大正期の『中央公論』の各号で、「すくなくとも十分の一、時としては五分の二」を執筆した[★8]。

『中央公論』は、吉野作造を常連執筆者に迎えることによって大正時代のデモクラシーの風潮にのり、同時にそういう風潮をさらに後押しする言論旋風を巻き起こした。このころ『中央公論』の発行部数は一二万部になり、絶頂期を迎えた。かわって『太陽』が凋落しはじめた（一九二八年二月に廃刊）。

2　ライバル誌とのせめぎあい

『改造』に押され気味

しかし、『中央公論』を一躍誌界のスターダムにのしあげた民本主義ブームもそれほどながくは続かなかった。日本史学者坂野潤治は、一九二四（大正一三）年には吉野人気は完全に終息したとしている。その根拠を一九二五（大正一四）年一月の蠟山政道（行政学者、一八九五～一九八〇年）の論稿（『日本政治動向論』高陽書院、一九三三年所収）にみている。一世を風靡した吉野博士のデモクラシー論もいまや「古本屋の一隅に塵にまみれて」いるか「夜店の釣台」におかれている、と書かれているからである[★9]。人々の関心がデモクラシーより急進的な社会主義に移ったからである。移ったというより民本主義が君主主権論という千丈の堤の蟻穴となる。民本主義がステップとなり、社会主義や人民主権への関心への道を敷いた。吉野と同じく民本主義を唱えた大山郁夫（社会運動家、一八八〇～一九五五年）が、やがて民本主義を否定し、「無産階級の解放運動の戦線に一歩進出を試みることを決意」[★10]し、社会主義に傾斜したことがその象徴である。

こういう時代思潮の移りかわりは、学生やインテリの読書傾向にあらわれている。大正の読書界の空気を観察した一九一九（大正八）年の「読書界を支配する力」という論稿は、読書界の「新緑の衣」は、「マルクスの名であつて、デモクラシーは旧套」「マルクスの名が兎も角も我が読書界の中心題目となるに至つた」[11]としている。河上肇の『社会問題研究』の初号や高畠素之訳の『資本論解説』（カウツキー）は、飛ぶように売れた。そして、このあと枚挙に遑《いとま》がないほどのマルクス主義や社会主義関係の雑誌や書籍、翻訳書が刊行されていく。

この変化は、『中央公論』をモデル[12]かつライバルにして一九一九（大正八）年に創刊された新興総合雑誌『改造』の誌風に結実した。といっても『改造』は、創刊号から三号までは『中央公論』の形式をなぞっており、特色に乏しいものだった。発行部数は二万だったが、返品の山だった。三号にいたっては一万三千部、つまり発行部数の六割以上が返品というありさまだった。『改造』は早くも存立の危機にいたった。

低迷を破って、爆発的な売れ行きを示すようになったのは、誌面を大刷新した四号（一九一九年七月号）からである。四号は「労働問題・社会主義」の特集号で、表紙も一変した。天辺には赤刷りで The Reconstruction という横文字が入った。発売二日で三万部が売りきれた。それもそのはず、一九一七（大正六）年三月、労働者・兵士代表によるソヴィエトによってロマノフ朝が滅ぶロシア革命が起きた。日本の知識人界や労働運動にも大きな衝撃をあたえた。一九一八（大正七）年八月、富山県魚津町から発した米騒動は、全国に波及した。これに踵を接して翌年には東京市内各新聞社職工の罷業、砲兵工廠の罷業、神戸川崎造船所の一万八千の職工による同盟罷工など争議が各地に輸出された。「労働問題・社会主義」特集号はまことに時宜を得たものだった。

以後、『改造』は「資本主義征服号」（五号）、「労働組合同盟罷工研究号」（発売禁止）、「社会主義研究新進創作家集秋季特別号」（六号）と、マルクス主義や社会主義を含む社会科学路線に切り替えた。人民主権論者の立場から、吉野の民本主義を如何なる方面の器にも盛ることのできる「液体のデモクラシー」だ[13]と批判していた労農派マルクス主義者山川均（一八八〇～一九五八年）を看板論者にして、『中央公論』と肩を並べる総合雑誌になっていく。

民本主義論の衰退は、「教養」の不人気とその軌を一にしている。関東大震災（一九二三年九月一日）のころ、岩波書店の古くからの店員が「教養という言葉は黴臭くなって今日の人心を牽引する力がない」[14]といっていたことと、阿部次郎（思想家、一八八三～一九五九年）が思想界の花形から去り[15]、民本主義が「旧套」といわれ、吉野が言論界のスターの地位を降りたこと[16]は相関現象である。いずれもマルクス主義が知的ジャーナリズムをつうじてマスインテリに浸透したことによっているが、両人の言説はマルクス主義を軸にとった言論空間において相似的位置を占めたことによる[17]。

稀代の編集者だった瀧田樗陰[18]は、一九二四（大正一三）年十月に逝去する。看板編集者を失い、吉野にかわる看板論者もなく、雑誌に勢いがなくなる。『改造』や『経済往來』（一九二六年三月号創刊、一九三五年十月号より『日本評論』と改題）などの競合雑誌と読者を分かち合うことになる。大正デモクラシーブームで一二万といわれた発行部数が漸減激減した。昭和初期には発行部数八万、購読数は五、六万程度になった。

といっても『改造』が『中央公論』を講読数で追い越したというほどではない。『改造』も五、六万程度の購読数といわれている[19]。しかし、改造社は円本（一九二六年十二月、一冊一円の廉価で発売された『現代日本文学全集』）や『死線を越えて』（賀川豊彦）などつぎつぎと単行本のベストセラーをだし、雑誌の比重が高かった中央公論社に比べて資金的に潤沢だった。後発雑誌であるがゆえの山っ気もあっただろう。バートランド・ラッセル（哲学者、一八七二～一九七〇年）、アインシュタイン（理論物理学者、一八七九～一九五五年）、バーナード・ショウ（劇作家、一八五六～一九五〇年）など外国人論客を招聘するという派手なイベントを展開し、かれらの論稿を『改造』の誌面に飾った。一九二八（昭和三）年八月に麻田社長が『中央公論』と『婦人公論』の主幹をしていた嶋中に持ち株全てを無償で譲渡し、経営権を譲ったのも、中央公論社が経営的に苦境であったことから、麻田社長が半ば投げ出したところがある。

昭和一〇年代に巻き返し

一九三七（昭和一二）年十二月と翌年一月はじめの人民戦線事件で労農派論客が検挙さると、共産主義者の言論活動は今後非合法と申し渡され、左翼的言論掲載の余地が少なくなっていく。『改造』は初期のような尖

表1　「平素閲読せる雑誌」上位5誌

雑　誌	専門学校(男)	大学・高校・大学予科・高等師範（男女）・専門学校（女）	計
中央公論	2,211	5,576	7,787
文藝春秋	2,636	5,072	7,708
改　造	1,720	4,155	5,875
キング	1,692	859	2,551
日本評論	881	884	1,765

（出所）文部省教学局『学生生徒生活調査』(昭和14年11月調査)上、下、1939年より集計作成

鋭な左翼主義の論稿の掲載ができなくなり、誌面は漸次「文化主義的」「教養主義的[20]」になる。『中央公論』を舞台としていた京都学派の哲学者たちが『改造』にも寄稿するようになった。『中央公論』との誌風の違いがかつてほど明らかでなくなっていく。そのぶん相対的に『中央公論』のほうが『改造』より購読者数を多くしたのではないかと推測される。そこで、調査データがある学生の読書をもとに推測しよう。『改造』は二十代の青年、『中央公論』は三十代から四十代の壮年に読者が多いといわれていたこと[21]を頭において表1をみよう。

表1は一九三九（昭和一四）年の文部省教学局の『学生生徒生活調査』の「平素閲読せる雑誌」をもとに全体を集計し、上位五誌を多い順にみたものである。回答校一二八校（官公立校一一六校・私立校一二校）、回答者官公立校五万九千人・私立校四千五〇〇人。ただし調査校が母集団の雛形になるようなサンプリングの手法で選ばれているわけではない。帝国大学などの官立学校が多いことには注意したいが、これでみると一位は『中央公論』、二位が『文藝春秋』、『改造』は三位。『改造』（五八七五）は『中央公論』（七七八七）の三分の二ほどである。あくまで「閲読せる」雑誌であるが、学生の購読数の目安にはなる。『改造』の主力読者層といわれてきた学生層においても『中央公論』が第一位である。学生層以外の壮年層ではもともと『中央公論』のほうが購読者が多かったのだから、『中央公論』のほうが『改造』より購読数が多かったというさきの推測が成り立ち得ると思われる。根拠を示していないが、昭和十年代を執筆者として生きた山本夏彦は、『改造』はしばらく『中央公論』を圧したが、「昭和十年代は再び中央公論の時代になっていた[22]」としている。ここでの知見と符節が合う指摘である。

やがて日米戦争の時代となるが、『改造』一九四二（昭和一七）年八、九月号に載った細川嘉六（社会評論家、

一八八八〜一九六二年）の「世界史の動向と日本」は、事前検閲を受けて世に出た論文にもかかわらず、発行後、反戦主義の鼓吹であり共産主義の煽動であるとして、細川は検挙される。細川と親しかった編集者は共産党再建の謀議にかかわったとして治安維持法違反でつぎつぎに投獄された。事件を扱ったのが神奈川県特高だったことから横浜事件といわれた。[★23] 投獄された者には『改造』や『中央公論』の編集者が多数含まれていた。この事件がつぎつぎと拡大するなか、一九四四（昭和一九）年七月に中央公論社と改造社の代表者が内閣情報局第二部長によって呼び出される。ともに「営業方針において戦時下国民の思想善導上許し難い事実がある」とされ、自発的な廃業を申し渡された。両誌とも同年七月号で廃刊になる。

3　再建から「平和論の進め方についての疑問」まで

敗戦後の総合雑誌

敗戦後、多くの人々が活字に飢えていたことから書籍ブームとならんで雑誌ブームがおきる。『公論』（一九四五年十月号）『文藝春秋』（同年同月号）『中央公論』（一九四六年一月号）『改造』（同年同月号）『日本評論』（同年同月）の復刊だけではなく、『世界』（同年同月号）『展望』（同年同月号）をはじめ、雨後の筍のように創刊が続いた。一九四六年末までに『民主評論』（一九四五年十一月号）『人民評論』（同年同月）『潮流』（一九四六年一月号）『人間』（同年同月号）『世界評論』（同年二月号）『朝日評論』（同年三月号）など八二種も刊行された。[★24]

これらの総合雑誌の論説の多くは、敗戦後の思潮を反映して尖鋭な左翼主義をとるものが多く、『世界』や『中央公論』の論説は「微温的」とか「保守的な臭みがある」とみなされるほどだった。しかし、一九四九（昭和二四）年から五一年はじめにかけて新興の総合雑誌のほとんどが廃刊となった。そのおもな原因は雑誌の乱立によるものだが、左翼勢力が共産党に結集することで拡散した議論の場が日本共産党の理論指導誌である『前衛』（一九四六年二月号）に吸収されたこと、そして一九五〇年の朝鮮戦争の勃発による占領軍の対日政策

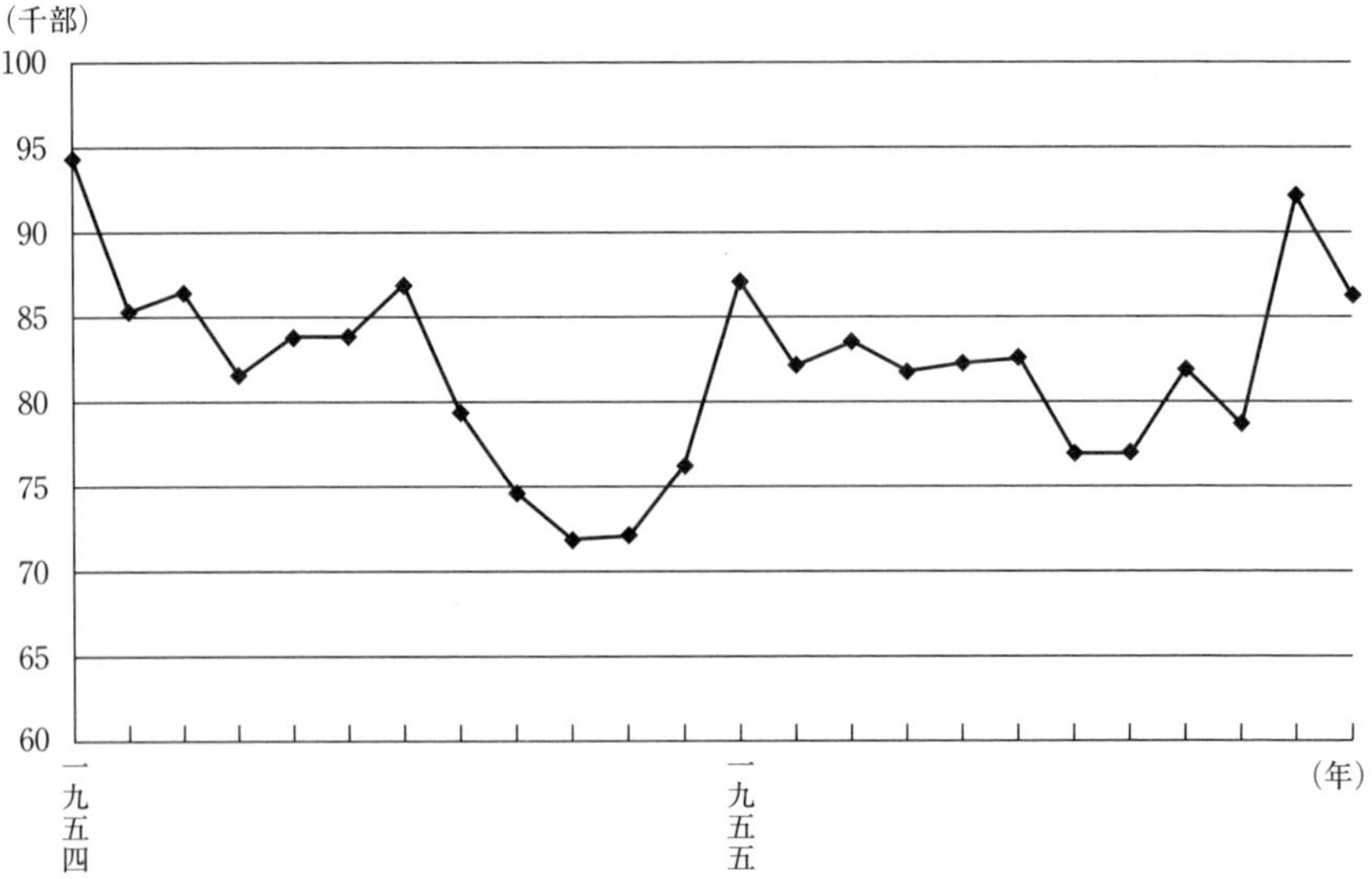

図1　『中央公論』月別購読数推移（1954年1月～1955年12月）

の変化などによって左翼急進主義がやや鎮静したことなどによる。[★25]

『中央公論』は、蠟山政道を主幹（兼副社長）に迎えて再出発した。[★26]『世界』の創刊と同時の一九四六年一月号がこれである。表紙には「再建第一号」「創刊一〇〇〇号記念」とある。

福田恆存論文の登場

一九四九（昭和二四）年一月、社長嶋中雄作が逝去し、次男の二四歳の鵬二が社長に就任した。雄作の死のわずか半年前に入社し出版経験が少なかったから、社長就任のままで嶋中鵬二は『中央公論』や『中央公論・文芸特集』などを手伝っていたが、一九五四年九月から『中央公論』編集長をつとめた。十一月号からの編集長である。鵬二が編集長になったのは、図1にみることができるように、同年の一月号九万四四〇〇から十月号七万二千と購読数が二万部以上も落ち込んでいた状態への危機感だった。そのことについて、嶋中鵬二は、一九七五（昭和五〇）年の対談でつぎのように喋っている。

〔当時の『中央公論』の編集長が〕くたびれちゃっ

て、次の編集長に変わったら「中央公論」の部数がどんどん落ちちゃったんですね。ときあたかも総合雑誌滅亡論が出ましてね。というのは、「改造」も調子が悪かったからです。栗本〔専務〕もしょうがないと思ったんでしょうね。私にあなた、やらないかということで、やることになったんです。それが昭和二九年の十一月号からです。[★27]

停滞気味の『中央公論』の誌面に活気をあたえたのは、福田恆存の「平和論の進め方についての疑問」論文を十二月号にのせることによってである。その経緯はつぎのようである。福田は一九五三年九月から約一年にわたって、米国を手始めに、英国など欧州諸国の訪問から帰国したばかりだった。『中央公論』編集部員と編集長（社長）嶋中鵬二が福田にその印象記を書いてほしいと依頼した。福田は、外国の印象記の書きちらしは好まない、「ほかのものなら」と言い、編集部は了承した。そう言った編集者だが、瓢箪から駒の原稿が出されてきた。

最初、編集部員は三段組でゲラを出した。ゲラを読んだ編集長嶋中鵬二は福田論文に衝撃を受けた。これはいけるとジャーナリストとしての勘が働いた。二段組に変えた。当時、論壇のスターだった清水幾太郎（社会学者、一九〇七〜八八年）の帰朝講演録をさしおいて福田の論文を巻頭に据えることにする。といってもおそるおそるであった。福田のつけた題名は、「平和論に対する疑問」だったのが、編集部が配慮して、つまりトーンダウンさせて「平和論の進め方についての疑問」にした。福田論文掲載号の編集後記は今読めばつぎのようにすこぶるいいわけがましいものだった。

福田恆在氏の「疑問」はやや愚問だといわれるむきもあるかと思いますが、頭の良すぎる文化人同士はわかりあつていても大多数の一般人にはわからないことの多い昨今、このような根本的な問題が広い場所で大きな声で論じあわれる必要が大いにあると感じて敢えて巻頭に掲げました。ただこういう論旨が現状肯定派に歪曲され悪用されることは警戒しなければならぬと思います。

腰がひけたというより、ひけすぎの編集後記である。しかし、こういう編集後記を書かざるを得なかった当時の論壇の空気を思い浮かべるべきであろう。飛ぶ鳥を落とす勢いの平和問題談話会(『世界』編集長吉野源三郎を組織者に、一九四六年に平和問題討議会として創立。清水幾太郎・丸山眞男・久野収などを中心に米ソを含むすべての連合国との全面講和、中立不可侵、軍事基地反対を唱えた)を代表とする進歩的文化人を論難することがいかに難しかったかがわかるものである。★28

反響

「平和論の進め方についての疑問」は、『中央公論』の巻頭論文ということもあって、案の定、はちの巣をつついたような騒ぎをもたらした。絶賛した記事もあったが、九牛の一毛。しかも匿名記事にすぎない。ほとんどは猛反発だった。「平和論の進め方についての疑問」が発表された『中央公論』の翌月号(一九五五年一月号)には、平野義太郎「福田恆在氏の疑問に答える」が掲載される。「ダレスという猿まわしに曳きまわされながら、小ざかしくも踊っているのではないか、という疑いをもちました」という激しい論調になっている。福田は平野論文への応答「ふたたび平和論者に送る」を『中央公論』(同年二月号)に発表する。

ここで論文をめぐる読者の反響を購読数でみよう。たしかに、図1にみることができるように、十二月号が七万六三〇〇で前月より四千部ほど多かった。それなりの反響がうかがえる。しかし反響の大きさは平野の反論のほうである。一月号は前年の福田論文の十二月号よりもさらに、一万部増え八万七一〇〇となる。福田の反論がでた二月号は平野の一月号ほどではなく、八万二一〇〇。三月号には向坂逸郎(経済学者、一八九七〜一九八五年)や中島健三などのあらたな福田への反論が掲載される。三月号は福田が反論した二月号よりも一千部強多い。福田論文の十二月号と福田の反論の二月号よりも、福田批判の一月号や三月号の購読数が多いことが当時のインテリ界の空気を表している。

一九五四年十二月号からの購読数推移をみれば福田論文の講読数浮揚効果は一過的であることがわかる。福田論文に棹さす大宅壮一(評論家、一九〇〇〜七〇年)の思想を商売として相対化する「「無思想人」宣言」(一

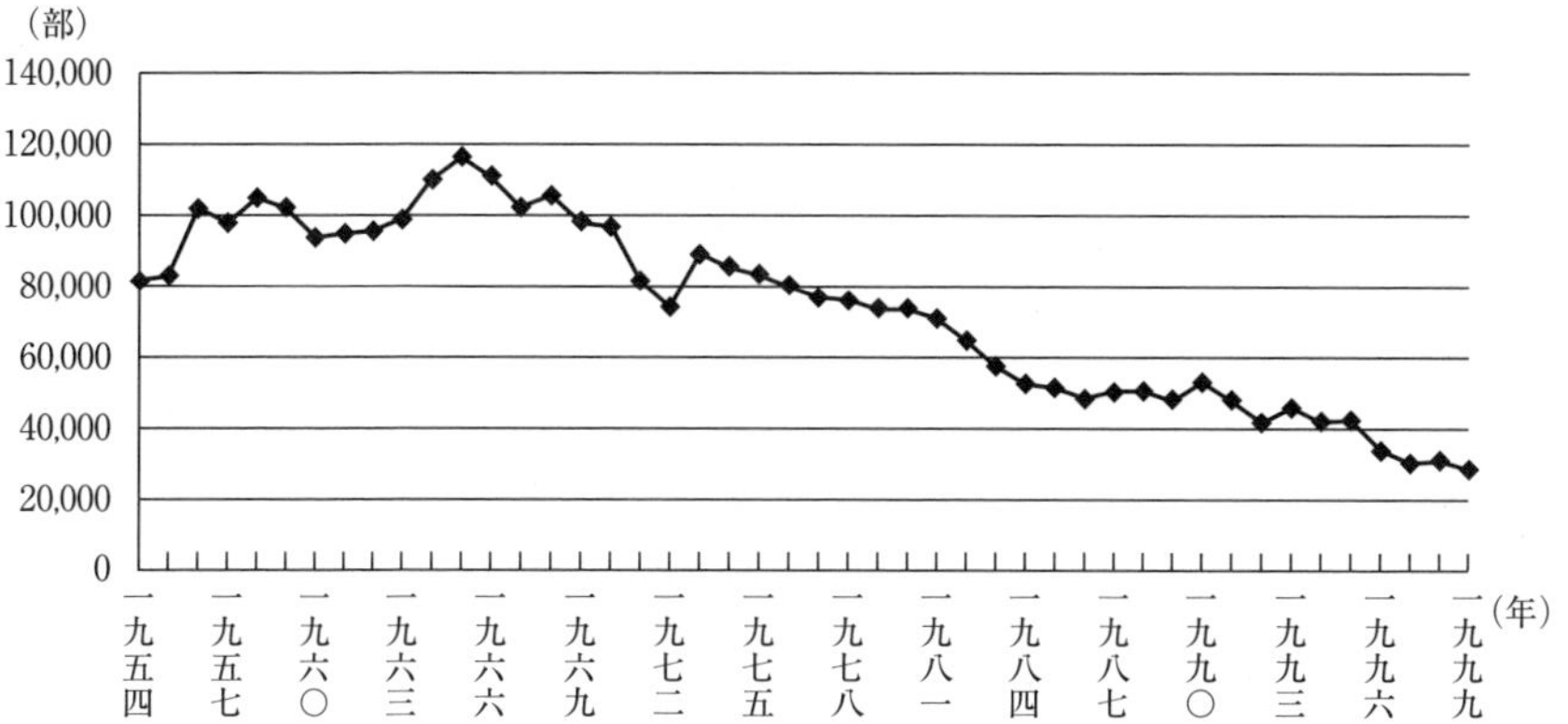

図2　『中央公論』年度別（月平均）購読数推移

九五五年五月号）やすぐあとに起こるソ連共産党大会でのスターリン批判を見通した林健太郎（歴史学者、一九一三〜二〇〇四年）の「世界史の転換をいかに理解するか」（同年十月号）などの注目論文が掲載されている。しかし、購読数の浮揚にはつながっていない。雑誌に勢いがつくのは、若干の論文の力ではない。吉野作造論文がそうであったように、誌風となり、時代の新たな社会・政治環境に対応した「期待の地平」[★29]と共振し、輪郭をあたえ、「（従来の）期待の地平の変更」をもたらすものであることが必要である。

4　スターリン批判から第二次ブームへ

昭和三一年からの隆盛

図2の一九五四年から九九年までの『中央公論』購読数の年度別推移にみることができるように、購読数がそれまでの八万部強から一〇万部に増加するのは、一九五六（昭和三一）年からである。一月号から谷崎潤一郎の小説『鍵』が連載されたから、その影響が大きいと思われるが、それだけではない。一九五六年の国際政治環境の大きな変化とそれに感応した論文が掲載されたからである。

ここで『中央公論』の購読数を論壇誌というより、五〇万を超える部数で国民談話誌化していた『文藝春秋』の購読数と重ねてみよう。つまり同じ年度の『中央公論』が『文藝春秋』の購読数のどのくらいの割合を占めているかである。第二章の図1（五九頁）をみると、一九五四年は一五％、五五年は一六％であるときに、五六年にはその割合が二〇％になることがわかる。『中央公論』は購読数が増加しただけではない。国際政治状況の変化によって、時勢と思想の観測雑誌である『中央公論』のような論壇誌が求められる時代になったことを見て取ることができる。

国際政治環境の変化とはつぎのようなものである。一九五六年二月のソ連共産党第二〇回大会の最終日、第一書記ニキータ・フルシチョフは秘密報告でスターリンの個人崇拝批判をおこなった。詳細は六月のアメリカ国務省から報道された。『中央公論』も同年八月号でこの秘密報告を全文紹介した。スターリン弁護論もあらわれたが、この前年七月には六全協（日本共産党第六回全国大会）で日本共産党がそれまでの武装路線を誤りとしたことと相乗効果となった。戦後の言論空間を背後から支配した無謬の党神話、そしてマルクス主義への絶対視に楔が撃ち込まれたのである。

そうした揺らぎに対応した論文のはじまりは、『文藝春秋』一九五六年三月号に発表された亀井勝一郎の「現代歴史家への疑問」である。論文は昭和史のカノンともいうべき位置にあった岩波新書『昭和史』（遠山茂樹ほか、一九五五年）を階級闘争という抽象観念による類型化によって裁断しており、「人間のいない」歴史だと批判した。

『中央公論』同年七月号から、亀井の「歴史家の主体性について――現代史の七つの課題」の連載がはじまる。七月増刊号では、久野収・古在由重・鶴見俊輔の鼎談「マルクス主義はどう発展するか」でマルクス主義批判と反省がなされた。さらに十月にハンガリー事件（学生・労働者によるソ連軍の撤退を要求したデモとソ連軍による弾圧）が発生した。前衛党の無謬神話とそれにともなうマルクス主義の軋みがあきらかになる。翌年はこのような軋みから生まれた論文が目白押しになる。梅棹忠夫「文明の生態史観序説」（一九五七年二月号）、松下圭一「マルクス主義理論の二十世紀的転換」（同年三月号）、加藤秀俊「中間文化論」（同号）、松下圭一「日本における大衆社会論の意義」（同年八月号）などである。

しかし、一九五九年八月号から購読数は一〇万部を切りそれまでの勢いをわずかだが落とすことになる。六〇年の安保改定を目前にして左右の対立が激化したことで、左右対立の軋みに照準をあわせた中央公論のリベラルな誌風が時代とかみ合わなくなったことによるだろう。そのあと、一九六一（昭和三六）年の風流夢譚事件（深沢七郎の同名小説が『中央公論』に掲載されたことから起こった右翼による殺傷事件）や同年末に『思想の科学　天皇制特集号』を発行元の中央公論社が発売中止にする事件があった。[★30]この事件の影響もあっただろう。後者の事件は、風流夢譚事件がトラウマとなったことによって起こったが、それだけではない。保存版を公安調査庁係官に閲覧させることをおこなったことで紛糾した。竹内好、日高六郎、丸山眞男、鶴見俊輔、久野収などの知識人が中央公論社から出されている一切の出版物に執筆拒否宣言をした。[★31]人気は旗幟を鮮明にする『世界』と『朝日ジャーナル』に移った。

現実主義路線という第二次ブーム

図2にみることができるように『中央公論』がこの中だるみ状態を脱し、飛躍的に購読数を伸ばした時代は、一九六三年末ころからである。一九六〇年からそれまでの購読数は一〇万部弱だったが、六三年九月ころから一〇万部を超え、一九六五年十一月号は八〇周年記念号と重なって一三万六千部にはねあがった。民本主義ブームによる『中央公論』の黄金時代を第一次ブームと呼んだが、このころに第二次ブームが生まれたことになる。第一次ブームの頂点は発行部数で一二万部だから第二次ブームは第一次ブームを越えたのである。いったいなにがあったのか。

第二次ブームの立役者は、一九六一年二月『中央公論』編集次長に就任した粕谷一希（一九三〇年〜）だった。就任事情について粕谷はつぎのように忖度《そんたく》している。

嶋中社長は自分が『中央公論』編集長を去るに際して、イデオロギーの面で不安があったのではなかったか。だから普通では考えられない入社六年目、三十歳そこそこの私を次長に据えて、笹原編集長を補佐して、言論面での均衡を考えるようにとの意向であったと思う。[★32]

誌風の革新がなされたことには粕谷の意向が大きかった。粕谷は、当初は嶋中が常々言及していた田中美知太郎（哲学者、一九〇二～八五年）や坂西志保、中山伊知郎などに執筆を依頼するが、しだいに独自色を出していく。粕谷が「天皇制特集号」の前号まで『思想の科学』の編集にも携わっていたことが編集者としての人脈資本になった。上山春平（哲学者、一九二一～二〇一二年）[★33]や永井陽之助（政治学者、一九二四～二〇〇八年）、富永健一（社会学者、一九三一年～）など新しい世代の論客と知己になり、寄稿を促すことになった。「大東亜戦争の思想史的意義」（一九六一年九月号）は、その人脈から上山春平の関心を知り寄稿を依頼したものであろう。上山論文がきっかけになり、林房雄の「大東亜戦争肯定論」を一九六三年九月号から六五年六月号まで連載する。また坂本義和や加藤周一の理想主義的平和論を批判する高坂正堯「現実主義者の平和論」（一九六三年一月号）を掲載する。続いて高坂は「宰相吉田茂論」（一九六四年二月号）、「海洋国家日本の構想」（同年九月号）などの話題作を寄稿する。衛藤瀋吉（国際関係論学者、一九二三～二〇〇七年）や神谷不二（国際政治学者、一九二七～二〇〇九年）、永井陽之助など現実主義者といわれる新しい世代の執筆者が陸続と誌面を飾るようになった。

このような誌風は、左派からは『中央公論』の「右旋回」「ニューライト雑誌化」と非難されたが、さきにふれた進歩的知識人からの執筆拒否などで、逆に左派と進歩的文化人への気兼ねがとれたことがむしろ弾みとなった。六〇年安保闘争後の空気の変化をキャッチし、空気を嚮導《きょうどう》することができる素地ができた。怪我の功名といえる展開だった。[★34]

5　「サラリーマン」と「インテリ」の表象革命

『別冊中央公論　経営問題』

同時にこうした時代の変化に対応して中央公論社から、『別冊中央公論　経営問題』が一九六二年十月秋季号から出される。その経緯はつぎのようである。同年三月、『中央公論増刊　経営問題特集号』を刊行したところ、数日で売り切れた。一五万部発行で返品二%。このころの『中央公論』の購読数が九万部だったから、いかに大きな反響があったかがわかるものである。このような実績をもとに、同年十月から『別冊中央公論　経営問題』が季刊発行されることになった。

　経済論説ならば『中央公論』誌上にこれまでも掲載されていたが、企業経営の論説が掲載されることはほとんどなかった。しかも雑誌のなかのひとつの論説としてではなく、季刊とはいえ、経営問題に特化した雑誌が老舗総合雑誌『中央公論』の別冊として刊行されたことが画期的だった。経営雑誌は『近代経営』『マネジメントガイド』など数多あったが、『中央公論』の読者であったような知的読者が自分たちの問題を社会全般の問題との関連でとりあげる総合《オピニオン》雑誌系を求めていたからこその売れゆきである。さきに述べた大正時代の『婦人公論』の刊行事情とも似ている。特集号の好評をもとにしての定期刊行化であることはもとより、上流婦人への話題提供の『婦人世界』(実業之日本社)や実用記事を中心にした『婦女界』(同文舘、のちに婦女界社)などの既存婦人誌とは異なった新しいインテリ女性を読者層にした刊行であることにも。

　季刊発行になった『別冊中央公論　経営問題』第一号の編集後記には「ビジネス・インテリとしての読者」という言葉が登場している。「ビジネス・インテリ」という言葉そのものがサラリーマンに対する「ビジネスマン」とインテリに対する「実務インテリ」[★35]という表象革命だった。この表象革命は『中央公論』の現実主義路線と共振し、さらに「作為によってあたえられた知識」ではなく「ゆるぎない事実を通して思索」をという「刊行のことば」(加藤秀俊)として、一九六二年から刊行された中公新書とも相俟って、中央公論社の刊行物ミックス効果を生み出すにいたった。雑誌『中央公論』の隆盛というよりも中央公論社の時代になる。戦前から岩波書店は雑誌『思想』と岩波文庫、単行本の刊行物ミックス効果で岩波文化という固有名をともなうプレゼンスをもつ出版文化をつくってきたが、この時期に「中(央)公(論)文化」という固有名をともなう出版文化が生れたのである。

　こうしたサラリーマンとインテリの象徴革命が『中央公論』を舞台に起こったことは、その読者層の特徴と重なっていた。『中央公論』の読者層の特徴をみるために『世界』の読者層と比べてみよう。

すでにふれたように『中央公論』は昭和戦前期から学生よりも三〇歳以上の読者が多かったが、一九六二年から一九七二年までについて『毎日新聞読書世論調査』で「よく読む」層の属性をみると、三〇歳未満の割合はほとんどの年度で『世界』が多く、四〇%から五〇%代である。『中央公論』はその割合が二〇%から三〇%と低い。読者カードなどで両誌の読者の職業のちがいをみよう。『中央公論』には会社員の割合が多く、『世界』には少ない。官公吏（公務員）は、『中央公論』にやや多く、『世界』にやや少ない。商業・農業は、『世界』に多く、『中央公論』に少ない。学生は『世界』に多く、『中央公論』に少ない。教員は、『世界』に多く、『中央公論』に少ない。『中央公論』は、会社員を中心とした近代的セクターの実務家が多いということになる。[★36]『中央公論』の経営問題号の成功は、主力読者層を占める近代的セクターの実務家の世界で起きていた経営革新という大きな変化と連動したものだった。

経営革新

日本にアメリカ流の経営近代化理論が大きな流れとしてはいってきたのは、日本生産性本部が設立された一九五五年である。生産性本部の音頭とりで生産性向上運動や欧米企業視察や経営者教育がおこなわれるようになる。こうして企業社会に電子計算機システムとともにオペレーションズ・リサーチ（OR、数学的技術による意思決定のためのモデル）やマーケット・リサーチなどのビジネス専門技術学が導入されはじめた。大企業では計量経済学の手法やマーケット・リサーチの技法などによって長期計画を立てる総合企画室や未来企画室、そして企業参謀本部にあたる社長室の設立ブームになった。

それまでは企業の花形部門といえば、総務や人事、財務だったのだが、このころから社長室のようなゼネラル・スタッフ部門が脚光をあびてくる。一九六二年三月、日本生産性本部が資本金五億円以上の企業に「事務系大学卒が増加した部門はどこか」というアンケート調査をおこなった。一八三社の回答では、企画・調査・管理部門、一二四社（六八%）、営業部門、一一四社（六二%）、総務・人事・財務部門　、六一社（三三%）、購買部門一二社（七％）、回答なし、一七社（九％）[★37]だった。企画・調査・管理部門の増加がいちじるしいことがわかる。

この企画・調査・管理部門のサラリーマンのバイブルがピーター・ドラッカーの『現代の経営』（野田一夫監修、現代経営研究会訳、自由国民社、一九五六年）やジェームズ・バーナムの『経営者革命』（武山泰雄訳、東洋経済新報社、一九六五年）だった。「現代企業はどんな技能を必要とするか」を副題にした坂本藤良の『経営学入門』（カッパ・ブックス、一九五八年）もベストセラーになった。

「ビジネスマン」と「実務インテリ」

専門技術知の開発や経済の高度成長にともなって、テクノクラート的職種が増えたことことによって、一九六〇年代半ばあたりから、「サラリーマン」という言葉にかわって「ビジネスマン」という言葉が使用されはじめていた。当時の『現代の流行語』は、「ビジネス・マン」をつぎのように解説している。

Business man「ビジネス・マン」の本来の意味は「実業家」、「事務家」のことですが、最近は、「会社員一般」をさしています。現代の新しい男性像、「ビジネスマン！」もうサラリーマンという時代は過ぎ去った。今や社会の選ばれた一員、「ビジネスマン！」の時代です。[★38]

そもそも「サラリーマン」という大正時代に登場した表象は、旧中産階級と労働者階級を差異化する「新中間階級」の表象だった。ところが戦後しだいに「サラリーマン」はブルーカラーさえも包摂する同化表象となった。[★39]そこであらたな差異化表象として「ビジネスマン」が登場した。学歴エリート・サラリーマンの分類闘争（身分防衛）のための象徴戦略だった。また「ビジネス・インテリ」、つまり「実務インテリ」という社会的表象を繰り出すことでインテリ表象からの実務家たちの排除を崩すだけではなく、従来のインテリを思想インテリや観念インテリとして相対化する象徴戦略でもあった。「思想インテリ」から「実務インテリ」、「抵

表2　知識人概念の拡散

近代的知識人 vs. 現代的知識人	
思想インテリ vs. 実務インテリ	
文化インテリ vs. 技術インテリ	
抵抗型知識人 vs. 設計型知識人	

抗型」知識人から「設計型」知識人、（普遍知にもとづく）「近代的」知識人から（専門知にもとづく）「現代的」知識人への転換がいわれるようになる（表2）。かくしてイデオローグや社会哲学者ではなく、エコノミスト、システム・アナリスト、経営官僚の時代だというスローガンが台頭する。

「ビジネスマン」や「実務インテリ」という象徴戦略が繰り出されたのは、六〇年安保闘争の敗北で革新知識人という「思想インテリ」の神話と訴求力が喪失したことにもよる。江藤淳の「〝戦後〟知識人の破産」はそうした「（思想）インテリ」の破産感情をいちはやく言語化した論文だった。江藤は、戦後の日本を支えてきたものが「生活する実際家たちの努力」であって、知識人たちの「理想家の幻想」ではなかったとして、つぎのようにいっている。

〔丸山眞男に代表される〕理想主義は占領下という温室に咲いた花であって、ガラスの外には刻々と変化する国際間の力の葛藤がうずまいていることを洞察していたのも知識人ではなく、政治家であったろう。政治家や実際家たちの時計は動いていたが、理想家の時計だけが八月十五日正午で停まっていた。[★40]

『中央公論』の現実主義路線や『別冊中央公論　経営問題』は革新インテリ（「観念インテリ」・「思想インテリ」）の挽歌と実務インテリへの応援歌となった。

しかし、ビジネスマンと実務インテリのふたつの象徴戦略は成功にいたらなかった。前者（ビジネスマン）は、労働力構成における大卒者の割合の急増と学歴別一律初任給などによる平等化圧力の前では、学歴や資格によるビジネスマンという表象の制度化の余地がなかったからである。ビジネスマンという呼称は象徴的利益にとどまった。後者（実務インテリ）は、左右をとわず「政策インテリ」[★41]の重要性がいわれ、左右の対立軸に「ニュー」（ライト・レフト）と「オールド」（ライト・レフト）の軸が導入されたことで、新たに展開するかにみえた。しかし……。

6　陰り

『諸君！』の登場

六〇年安保闘争後の高度経済成長とイデオロギーの終焉がいわれる時代に、気息奄奄状態だった革新インテリが、大学紛争で息を吹き返す時代がやってきた。戦後の経営文化のアメリカ化とともに広がった産業主義文化と科学を原動力とした「テクノクラティックな新進化主義」(technocratic neo-evolutionism)[★42]イデオロギーの浸透に遮蔽幕がかかっていた大学が紛争の舞台となったからである。もっともこのときの革新インテリは六〇年安保闘争までの進歩的知識人を代表とする革新インテリではなかった。産業主義的資本体制への加担の拒否と体制の歯車でしかない不安（管理社会）とがないまぜの大学生を主体とし、若い文化産業従事者を同伴者とするものだった。革新インテリの逆襲ではなく、講壇革新インテリの鬼子たちの反乱だった。

したがって、啓蒙主義的な『世界』は、このあらたなラディカリズム（新左翼ラディカリズム）のメディアとはなれなかった。『現代の眼』『朝日ジャーナル』、そして『流動』や『情況』などの全共闘系雑誌の時代となった。『現代の眼』は一九七〇年には最高で七万部といわれた。当時『中央公論』の購読数が九万部強だったから、戦前からの老舗総合雑誌にせまる勢いだった。『情況』（一九六八年八月号創刊）と『流動』（一九六九年十二月号創刊）は、購読数三万部といわれた。[★43]

しかし、全共闘運動の終焉と新左翼運動の凋落とともに八〇年代になると、『現代の眼』は、二万部を切ることになる。『流動』の休刊（一九八二年）の翌年、『現代の眼』は一九八三年五月号を最後に休刊になる。一九六〇年代には発行部数二七万部といわれた『朝日ジャーナル』も七〇年代半ばから赤字が続くようになる。一九九二年五月二九日号を最後に休刊にいたる。かわって、保守系雑誌『諸君！』（一九六九年七月号創刊、文藝春秋）や『正論』（一九七三年十一月号創刊、産経新聞社）、『Ｖｏｉｃｅ』（一九七七年十二月号創刊、ＰＨＰ研究所）が創刊される。

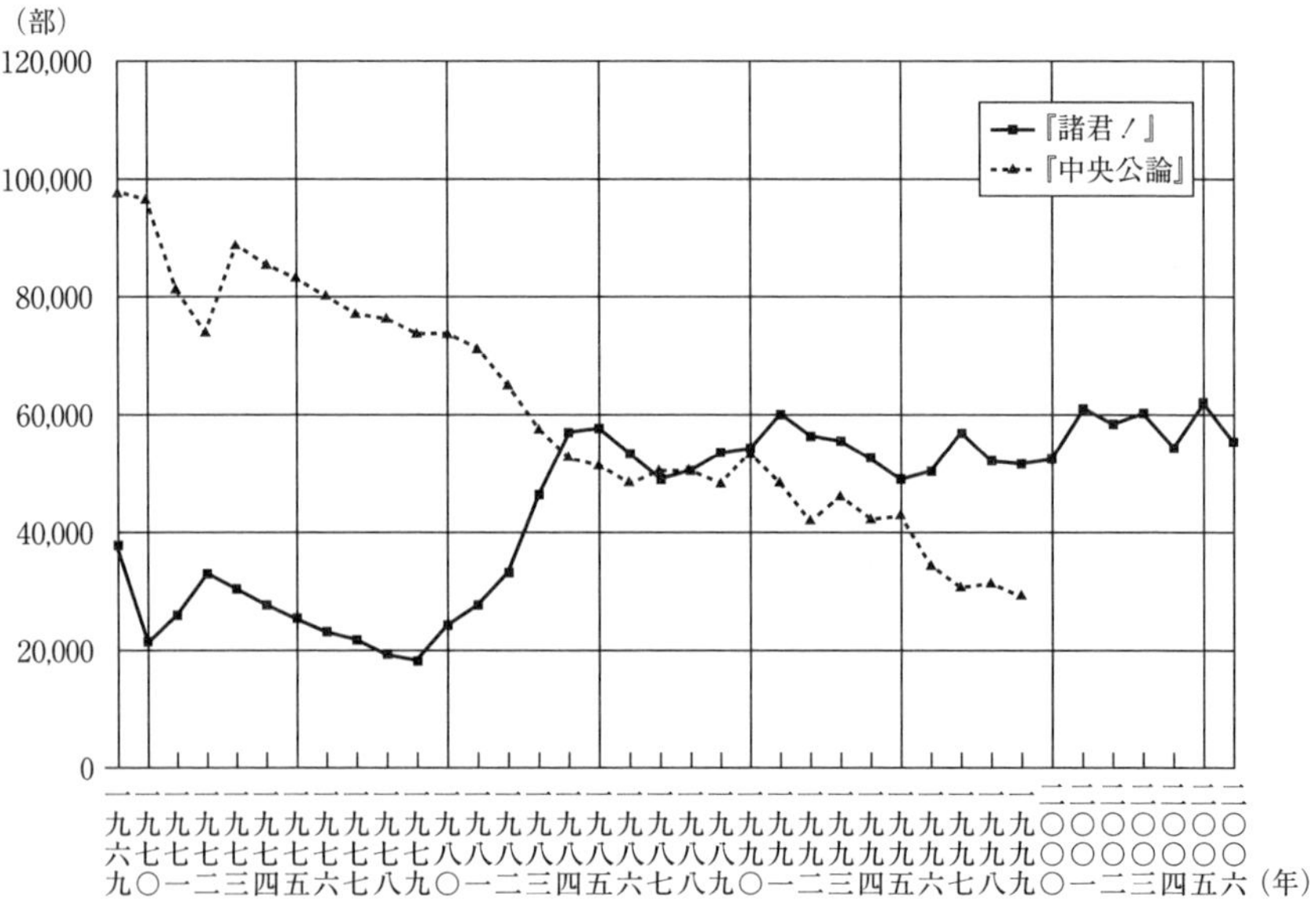

図3　『中央公論』と『諸君！』の購読数推移

しかし、『諸君！』[★44]創刊後の購読数はかならずしも芳しくはなかった。図3にみることができるように、創刊一年目は、毎月平均四万弱の購読数で順調なすべりだしにみえたが、翌年からはよいときで三万部強、わるいときには二万部前後と低迷していた。このころの『中央公論』の購読数が九万部前後だったから、『諸君！』は『中央公論』にはるかに離されていたわけである。

『諸君！』が部数を伸ばしはじめたのは、八〇年代初期からである。購読数五〜六万部と急上昇する。一九八四年の『諸君！』の購読数五万七千。この時点で『諸君！』は『中央公論』を四千部ほど引き離す。以後、『諸君！』はこの購読数を維持するが、『中央公論』の購読数は年を経るごとに減少することで両誌の購読数はハサミ状に開いていく。

誌風と誌運

ここですでにふれた『中央公論』の第一次ブームの顛末を思いだそう。吉野の民本主義論が社会主義論やマルクス主義論を知的ジャーナリズムに導入する敷石になり、『改造』の創刊をもたらしたことを。『諸君！』の登場は、この第一次ブームの顛末をなぞっている。『中央公論』の第二次ブームを呼んだ現実主義路線が保守系雑誌の敷石になり、右の『改造』ともいうべき勢いのある『諸君！』[45]の創刊を促したのである。また『中央公論』の姉妹誌である『別冊中央公論　経営問題』は、『Ｖｏｉｃｅ』の登場を促した。

　たしかに『中央公論』は「そのときどきに思想的対立の隙間産業みたいなものを見つけてくるのが上手[46]」だった。それが、第一次ブームや第二次ブームをつくった。しかし、それだけではおわらない。同時にこのブームが、つぎの潮流の呼び水になり、『中央公論』がつくったブームの火消し役（過去に移動させる）という仇になったことも忘れてはならない。

　こうした『中央公論』の誌風は、もっとも長い伝統をもった総合雑誌という誌界の立ち位置に刻み込まれたものである。新参者には冒険的投資が必要であるが、エスタブリッシュされたものに過度の華々しさはいらないからである。『中央公論』が「隙間産業的なもの」を見つけ上手といわれたことも、エスタブリッシュされた雑誌に要請される連続性・同一性の要請という条件下のなかでの差異化ということである。[47]だからブームをもってさらに極論に進むことをしなかったのである。

『世界』の読者数の長期低落傾向は、一九五〇年代半ばから起こり、[48]『中央公論』のそれは第二次ブームがおわった一九七〇年代から起きている。中央公論の第二次ブームの立役者だった粕谷一希は、労使紛争が決着したことと『中央公論』の低落傾向に歯止めをかけるべく、再度（一九六七年五月号～七〇年四月号まで編集長）編集長に要請された。一九七四年三月号から七六年十二月号までを担当した。山口昌男（一九三一～二〇一三年）などの人類学者を登用し、新機軸を試みた。しかし購読数の長期低落傾向を食い止めることはできなかった。粕谷はその時代についてつぎのように書いている。

　一番の思い出は、よきライバルであった『文藝春秋』の田中健五君に、田中角栄の問題〔立花隆「田中角栄研究　その金脈と人脈」一九七四年十一月号〕で、完全にノックアウトされたことだった。私は学者中心の言説に自信を失いかけ、立花隆氏のようなノンフィクションが時代の主流になってゆくのではないかという予感とも敗北感ともつかないものに襲われた。★49

第二章の図1（五九頁）にみることができるように、たしかに粕谷が二度目の『中央公論』編集長のときは、『文藝春秋』が購買数を伸ばし、七六年は七八万部という絶頂期を迎えたときである。『文藝春秋』の購読数に対する『中央公論』の割合をみても、一九六五年・六六年の二〇％から一四％（一九七四年）、一二％（七五年）、一〇％（七六年）と大きく低下していく。

しかし、粕谷が羨んだ『文藝春秋』の購読数も七六年をピークに長期低落傾向にはいったから、事は総合雑誌全体の存立にかかわる問題となってきた。総合雑誌は戦前から、「行き詰まり」とか「混迷期」「危機」論が間歇的にいわれてきた。★50しかし、「行き詰まり」や「危機」論さえみなくなって久しい。総合雑誌の行き詰まりも危機も恒常的現象になったからである。この問題は、個別総合雑誌の盛衰問題を越える別の考察を要することになる。したがってこれについていくらかを註★51で述べるにとどめ、小論の稿を閉じたい。

■註

1　この号から四ケ月遅れて同年十二月に刊行された『反省会雑誌』も第一号となっている。『中央公論社七十年史』（中央公論社、一九五五年）は、「如何なる事情によるものか全く不明であるが、猜するに編集方針について意見の対立などがあったのかもしれない」としている。

2　徳富蘇峰『蘇峰自伝』中央公論社、一九三五年。

3　高山覚威「思ひ出すがまゝに」『中央公論』一九二五年十二月号。

4　明治三〇年代まで小説が俗悪とみなされ、教育ジャーナリズムでは糾弾の対象にさえなっていたことについては、高橋一郎「明治期における「小説」イメージの転換――俗悪メディアから教育的メディアへ」

『思想』一九九二年二月号。
5 木村毅「中央公論創世記（続）――秋江・覚威・桂太郎」『中央公論』一九五五年十二月号。
6 同論文。
7 「民本主義」という用語自体は普選請願運動をしていた茅原崋山の用語を借用したもの。吉野の民本主義は、君主主権論のほかに少数賢者が多数者（国民）の精神指導者となるという貴族主義も残している。
8 鶴見俊輔「『中央公論』の歴史――日本の思想雑誌」『思想』一九六四年二月号。
9 坂野潤治『日本近代史』ちくま新書、二〇一二年。
10 大山郁夫「早稲田の学徒に与ふ」『改造』一九二七年三月号。
11 大庭柯公「読書界を支配する力」『太陽』一九一九年八月号。
12 『改造』の当初の候補誌名は「時代公論」で、最終的に「解放」ともに時代の合言葉だった「改造」が選ばれた（山本実彦「創刊前後の思出」『改造』一九五〇年四月号）。一九二二（大正一一）年十月に創刊された『女性改造』も明らかに『婦人公論』の模倣による後追い。
13 山川均「デモクラシーの煩悶」『新日本』一九一八年四月号（『社会主義の立場から――デモクラシーの煩悶』三田書房、一九一九年所収）。
14 阿部次郎『秋窓記』岩波書店、一九三七年。上山春平「阿部次郎の思想史的位置――大正教養主義の検討」『思想』一九六〇年三月号。
15 阿部が主幹だった『思潮』が売れ行き不振になり、一九一九年一月号をもって休刊にすると、一九二一年、岩波書店は『思潮』同人の和辻哲郎に編集の全権を委任し、『思想』（同年一月号）を刊行した。『岩波書店八十年』（岩波書店、一九九六）は、『思潮』廃刊の理由を「主幹阿部次郎氏のヨーロッパ留学等の理由による」（一三頁）としているが、廃刊の話がでたのは、前年（一九一八年）六月である（『阿部次郎全集　一四（日記上）』角川書店、一九六二年）阿部がヨーロッパに留学するのは一九二二年五月であり、留学の前提になる東北帝国大学教授の受諾は、一九二一年五月である。であるから、この理由は成り立ちにくい。阿部が廃刊に不満をもっていたことは、一九二二年六月二六日の日記に明らかである。詳しくは、竹内洋「解説　岩波茂雄・岩波文化・教養主義」村上一郎『岩波茂雄と出版文化――近代日本の教養主義』

講談社学術文庫、二〇一三年。

16　これまでの吉野の労をねぎらうこともあったのだろうが、吉野は『中央公論』の「社会時評」欄を一九二八（昭和三）年十二月号まで執筆している。巻頭言も執筆している。

17　阿部と吉野は言論空間上の客観的位置だけではなく、現実にも交流があった。阿部は吉野をつうじて黎明会（吉野作造らを中心に一九一八年十二月に組織された思想団体）に出入りし、吉野の推薦によって満鉄講演会に出向いている（中山弘明「満鉄の阿部次郎――第一次大戦・企業・教養」『日本文学』二〇〇四年九月号）。

18　杉森久英『滝田樗陰――ある編集者の生涯』中公新書、一九六六年。

19　牧野武夫『雲か山か――出版うらばなし』中公文庫、一九七六年。

20　関忠果ほか編著『雑誌『改造』の四十年』光和堂、一九七七年。

21　木佐木勝『木佐木日記』第一巻、現代史出版会、一九七六年。

22　山本夏彦「中央公論と改造そして文庫」『私の岩波物語』文藝春秋、一九九四年。

23　戦後、元被告や家族・支援者が再審をもとめ、二〇一〇年二月横浜地裁は、被告を無罪と判決を下し、事実上冤罪を認めた。

24　出版史研究会「総合雑誌百年史」『流動』一九七九年七月号。福島鑄郎編著『戦後雑誌発掘――焦土時代の精神』日本エディタースクール出版部、一九七二年、紅野敏郎ほか「戦後の雑誌一覧」『群像』一九六五年八月号。

25　日本共産党員数は、一九四九（昭和二四）年末から翌年一月がピークで、以後減っていく（竹内洋『革新幻想の戦後史』中央公論新社、二〇一一年）。これらの雑誌の創刊から廃刊にいたる経緯については、法政大学大原社会問題研究所編『証言　占領期の左翼メディア』御茶の水書房、二〇〇五年を参考。

26　『婦人公論』主幹には谷川徹三（哲学者、一八九五～一九八九年）、出版局長には林達夫（評論家、一八九六～一九八四年）を迎えた。蠟山と谷川は再建のめどがついた一九四六（昭和二一）年末、林は一九四八年に退いた。

27　嶋中鵬二『日々編集――嶋中鵬二遺文集（私家版）』中央公論事業出版、二〇〇一年。

28　嶋中が福田論文に共感したことは、論文掲載翌年の佐々木茂索との対談（「その道」『週刊サンケイ』一九五五年十月三〇日号）で、学生時代から父雄作の仕事をみていて「リベラリスト」たちに不満をもっていたとすることにみることができる。あとにふれる一九六〇年代の『中央公論』の現実主義路線といわれるもののレディネスが嶋中のなかにあったわけである（「〝進歩的文化人〟への不信」『総合ジャーナリズム研究』一九六五年三月号も参照）。

29　H・R・ヤウス、轡田収訳『挑発としての文学史』、岩波書店、一九七六年。

30　根津朝彦『戦後『中央公論』と「風流夢譚」事件――「論壇」・編集者の思想史』日本経済評論社、二〇一三年。

31　久野収などの『思想の科学』グループの執筆拒否問題は、一九七一年一月の中央公論社側との話し合いで解決した。

32　粕谷一希『中央公論社と私』文藝春秋、一九九九年。註28も参照。

33　上山はすでに『中央公論』一九五八年九月号に「日本近代史理論のドグマ」を寄稿していた。

34　この怪我の功名は一九六八年からの激しい労使対立をもたらした。大学紛争という政治の季節と連動し、風流夢譚事件や思想の科学廃刊事件の対応とその後の誌風の変化への問題を絡めて大衆団交と激しい労使紛争が起こった。社内紛争は長く続き、一九六九年三月、嶋中社長は社長を辞任し、編集とは切り離された経営担当代表取締役会長に就任した。粕谷の現実主義路線は言論の責任を果たしていないとして『中央公論』編集長辞任要求となり、一九七〇年二月には粕谷は編集局次長に転任する。

35　この言葉の発祥は、思想の科学会員で「設計者の思想」などを論じていた大野力であろう。「産業の現実的課題に知的技能者として直面する人々」のことを言い、「実務についているインテリ」「実学インテリ」「実務の中のインテリ」「実務インテリ」などとされている（大野力「もう一つの知性――産業社会をになうもの」『思想の科学』一九六〇年十月号、『ビジネスマン』三一新書、一九六四年）。実務インテリについての最初の着眼は「志士型インテリゲンチャ」に対して明治の地理学者志賀重昂を実例に「実学型インテリゲンチャ」の類型を編み出した松田道雄である（「日本の知識人」伊藤整ほか編『近代日本思想史講座4』筑摩書房、一九五九年）。

36 「編集部より」『中央公論』一九六三年三月号、「編輯後記」『世界』一九五二年四月号など。
37 「電子計算機人間の合い子？　おれたちビジネスマン」『週刊朝日』一九六三年四月一九日号。
38 現代語研究会編『現代の流行語』三一新書、一九六三年。
39 竹内洋「サラリーマンという社会的表徴」井上俊ほか編『岩波講座現代社会学23　日本文化の社会学』岩波書店、一九九六年。
40 江藤淳「〝戦後〟知識人の破産」『文藝春秋』一九六〇年十一月号。
41 こうした新しい知の時代を左派から提唱したのが政治学者松下圭一だった。松下は、日本の社会科学者が巨視的体制理論には取り組んだが、具体的な生活環境の改善を理論化しえなかったとし、民主主義の「啓蒙インテリ」の時代から複雑な専門知識を駆使できる「政策インテリ」による「保守・革新の政策イニシャティヴ競争の時期に現在到達した」とした。身分的特権をともなう教養人から機能的な知識人への脱皮の必要を論じた（「知的生産性の現代的課題――社会科学における戦後理論責任」『展望』一九六五年六月号）。
42 この面でのアメリカ化が日本にかぎらないことは、フランスのカードル（幹部社員）の世界を描いたLuc Boltanski (Translated by A.Goldhammer), *The Making of A Class,Cardres in French Society*, Cambridge : Cambridge University Press, 1987. を参照。
43 木本至『雑誌で読む戦後史』新潮社、一九八五年。
44 『諸君！』は、創刊号から一九六九年十二月号までは、『諸君』。
45 保守系雑誌は『諸君！』以前にも『自由』『論争ジャーナル』などあったが、論壇の中央につらなるほどのものではなかった。竹内前掲『革新幻想の戦後史』。
46 山崎正和の発言、三浦朱門・山崎正和「中央公論の歴史を語る――論壇の「中央」を走りつづけた一二〇年」『中央公論』二〇〇六年四月号。
47 ピエール・ブルデュー、石井洋二郎訳『芸術の規則Ⅰ』、藤原書店、一九九五年。
48 佐藤卓己『物語　岩波書店百年史2「教育」の時代』岩波書店、二〇一三年。
49 粕谷前掲書。

50　管見のかぎり、総合雑誌危機論や論壇の終焉論は、七〇年代後半を最後にしている。「総合雑誌のゆくへ」『展望』一九七〇年十月号、見田宗介「論壇時評　論壇の終焉」『読売新聞』一九七六年五月三一日夕刊、山田宗睦ほか「なぜ論壇は崩壊したか」『現代の眼』一九七九年八月号など。

51　総合雑誌の果たした役割をあらためて見直そう。総合雑誌は、かつては政論雑誌といわれたように、思想や時勢観測機能を果たしてきた。もうひとつは総合雑誌を英訳すれば、intellectual magazine や general cultural magazine となるように、インテリ共同体（インテリの身元証明）メディアとして論壇的公共圏の役目を果たしてきた。「諸君！　インテリたれ」と言われたかつての大学生に総合雑誌がよく読まれた所以である。とすれば、総合雑誌の衰退がインテリという社会的表象が消滅したことによっていることは明らかである（本文で言及したインテリ階級への参入闘争だった実務インテリという観念さえインテリ概念を融解させることにあずかった）。

しかし、総合雑誌には思想や時勢・観測機能は残っている。ところが、思想や時勢観測機能のかなりは、リアルタイムで情報が得られるネットなどの電子メディアにとってかわられた。それだけではない。かつては時論から距離を置いたテーマが多かった新書が近年、アップツーデートなワンテーマによって思想・時勢観測本としてあらわれていることに注目すべきである。参入壁を極小化したネット的そしてワンテーマの新書的思想・時勢観測はインテリの大衆化、大衆のインテリ化という「半」知性主義的状況に棹さしているとはいえまいか。

第二章
『文藝春秋』──卒業しない国民雑誌

井上義和

1 「エリート・オジン」必携の「社長室のインテリア」?

『文藝春秋』に馴染みのない若い読者のために、この雑誌に対する世間一般のイメージから入っていきたい。

文芸評論家・斎藤美奈子は「男性誌探訪」という『AERA』の連載企画のなかで『文藝春秋』を取り上げ(二〇〇一年十~十一月)、「右」とも「中立」ともちがう「保守」の独特のバランス感覚を誌面から分析しているが、はじめにその世間のイメージを「社長室のインテリア」という卓抜な比喩で表現した。「応接室の飾りとして、その昔、百科事典や文学全集が売れたのと同じような感覚か? 教養主義が廃れたいま、インテリアとしての雑誌が生き残っていること自体、賞賛にあたいするとはいえようが」[★1]……。

社長室のインテリアというなら、やはり連載で取り上げられた『プレジデント』や『週刊東洋経済』のような雑誌にも当てはまりそうだが、斎藤が両誌に付けたキャッチコピーは「いまだ健在。二倍二倍の上昇志向」と「粗食を貫く硬派な経済誌」で、『文藝春秋』に付けた「保守でオトナな日本のセレブ」とのちがいは明白だ。つまり、社長室のインテリアたるゆえんは、社長の目下の経営的・経済的な問題関心に応える情報誌だからではなくて、上昇する必要のないエスタブリッシュメント（保守でオトナなセレブ）の知的アクセサリーだから、というのが斎藤の見立てである。

斎藤美奈子の『AERA』連載の二〇年前に出された斎藤道一ほか『危うし!? 文藝春秋』（一九八二年）のまえがきには、今どきの若者との会話が紹介されている。★2 若者に「読んでる？『文春』」と聞くと「え？――どうして」とたいていが答える。「いや、『文春』は〝オジン雑誌〟だからさ。ボクたちとは、あんまりカンケイない感じですよ」というのが最大公約数的な答えだという。「だからサ、学校のセンセイとかさ、重役とか部課長とか。――要するにエリート・オジンの雑誌でしょ」と。

一九五六年生まれの斎藤美奈子はこの本が書かれた時点で二五歳だから、遅くとも彼女が若者だった頃には、「保守でオトナなセレブ」という読者イメージの原型は固まっていたことになる。『文藝春秋』に馴染みのない若い読者、と冒頭に書いたが、正確には、少なくともここ三〇年以上は若い読者から敬遠される雑誌であり続けているのだ。

こうした断片的な挿話を拾っていくと、『文藝春秋』はもっぱら特殊な社会集団（保守でオトナなセレブやエリート・オジン）のための雑誌のように思えてくる。それなら、まだ「二倍二倍の上昇志向」や「粗食を貫く硬派」といった目的意識のはっきりした雑誌のほうが一般読者のニーズに応えるのではないか……。

ところが実際は、『文藝春秋』は社長室のインテリアにもかかわらず、戦後日本で最も広範に支持される「国民雑誌」であり続けている。後述するように、毎日新聞社の読書世論調査でこれほど長きにわたり愛読誌ランキング上位を保ち続け、実売部数でみてもこれほど長きにわたり五〇万部以上という水準を維持し続けている総合雑誌は、『文藝春秋』のほかに存在しない。これは謎である。

以下では、この謎に対して、次のようなアプローチを試みる。戦前から「国民大衆雑誌」として一時代を築き上げた講談社の『キング』（一九二五～五七年）と比較して、『文藝春秋』はどのような社会的機能を担ったのだろうか。そこに国民雑誌として何らかの構造転換があったのではないか。それを考える手がかりとして、読者層の属性（年齢・学歴・職業）の変容と、名物連載グラビア「同級生交歓」（一九五六年～）の機能を分析する。

そこから、社長室のインテリアにもかかわらず国民雑誌だったという謎は、社長室のインテリアだからこそ国民雑誌たりえたという順接の論理において、とらえ直される。その論理は日本の論壇空間における『文藝春秋』のユニークな立ち位置を把握するうえでも有効である。そのユニークな立ち位置は、同社には『文藝春秋』とは別に論壇向けのオピニオン誌『諸君!』（一九六九～二〇〇九年）が存在したことにより、よく理解されるだろう。戦後日本の論壇雑誌を論ずる際に、論壇の代名詞ともいえる『中央公論』『世界』と並べて、『文藝春秋』を取り上げる理由も、そこにある。

なお、国民雑誌という語はもともと業界内で流通する呼称であるが、本章では「階層横断的に広く読まれる雑誌」という意味で用いる。[★3]したがって、戦前からの伝統をもつ婦人雑誌『主婦之友』や農村雑誌『家の光』、戦後に登場した大衆娯楽雑誌『平凡』などは、いずれも一〇〇万雑誌に成長するが、本章の定義では国民雑誌には当てはまらない。[★4]

2　二つの国民雑誌――一九五〇年代の交代

『キング』の時代と「大衆の国民化」

国民雑誌の称号は『文藝春秋』よりも『キング』にこそふさわしい。[★5]出版史・メディア史のうえでも『キング』の登場をもって画期となす。[★6]両誌とも大正後期に創刊したが、広範な社会階層に支持されて日本初の一〇〇万雑誌となり、昭和前期を中心に一時代を築いたのは『キング』のほうだった。『キング』が国民雑誌の座を『文藝春秋』に完全に明け渡すのは戦後、一九五〇年代である。その経緯と背景をもう少し詳しくみてみよう。

『文藝春秋』の創刊は一九二三年新年号（二八頁、一〇銭）である。[★7]菊池寛主宰の文芸雑誌としてスタート、創刊号の三千部から順調に部数を伸ばし、一年後の一九二四年新年号は一万七千部を刷った。一九二六年十二月号からは時事問題も扱える総合雑誌へと脱皮し、翌二七年新年号は一五万部を刷った。たった四年で五〇倍の急成長を遂げた。しかしまだ国民雑誌にはなれない。『文藝春秋』創刊から二年後の一九二五年一月に、大日本雄弁会講談社から『キング』が創刊する。創刊号はいきなり五〇万部で、増刷を重ね七四万部に達した。二年後の一九二七年一月号には一二〇万部、つまり昭和初年の時点で『文藝春秋』は後発の『キング』に部数で八倍の差をつけられていたのである。

発行部数だけではない。昭和初期の『キング』は国民各層から広範に支持されていた。永嶺重敏は大正末から昭和初期の三八件の読書調査を収集・分析して、「子供から大人まで、学生から労働者・農民まで、また性別をも越えて階層横断的に広く読まれ」「『キング』がどの社会集団にもほぼ万遍なく普及していた事実」を指摘している。[★9] 同じころの『文藝春秋』はどうか。永嶺が整理した購読雑誌ランキングの表をみると、『文藝春秋』が旧制中学以上の学生生徒を支持基盤としていることがわかる。

しかし『文藝春秋』がエリート学生にしか読まれなかったわけではない。筒井清忠によれば、一九三八年の旧制高校生調査では『文藝春秋』と『中央公論』『改造』を合せた総合雑誌三誌が圧倒的支持を得ていたが(『キング』も六位)、その三誌は一九三五年の労務者調査でも中位に入っている(『文藝春秋』は六位)。[★10]『キング』はたしかに階層横断的に広く読まれていたが、『文藝春秋』もエリート学生だけに閉じられていたわけではない。実際、一九三二年新年号(十周年記念号、五九四頁、七〇銭)の二五万部という数字は、特定の社会集団だけに依拠していては実現しない。あとから振り返ってみれば、これは戦後『文藝春秋』が『キング』にとってかわるための必要条件のひとつだった。

では、『キング』の時代はなぜ終焉したのか。この問題に取り組んだ佐藤卓己は、『キング』というメディアの社会的機能に注目する。あるメディアの機能が自身の社会的受容にとって有利に作用(促進)するか不利に作用(抑制)するかは、ほかのメディア状況を含む社会的文脈に依存する。言い換えれば、社会的受容を促進したまさにその同じ機能が、社会的文脈の変化によって、受容の抑制へと反転することがある。

ならば『キング』の社会的機能とはなにか。佐藤は『キング』の受容のされ方にラジオ的な同調機能と映画（トーキー）的な感覚刺激を見出す。すなわち「多くの読者にとって「『キング』を読む」ことは、国民的公共性に自分も触れているという安心感、あるいは「想像の共同体」へ参加した満足感を意味していた」[★11]。それに要する集中力やリテラシーは限りなく小さい。こうして、階層ごとに分断されていたバラバラの大衆が、メディアを通じた参加と共感を媒介にして、ひとつの国民に統合されていく（大衆の国民化）。

日本におけるラジオ放送の開始は『キング』創刊と同じ一九二五年で、受信契約数が一〇〇万世帯を超えるのは『キング』から五年遅れの一九三二年、それも階層や地域によって普及率の差が大きく、少なくとも一九三〇年代半ばまで『キング』は現実のラジオ以上にラジオ的な雑誌だったのだ。さらに同時期に進んでいた映画（活動写真）のトーキー化の動きを巧みに取り込み、現実の映画以上にトーキー的な雑誌でもあった。

参加と共感を媒介にする「大衆の国民化」メディアという点で、『キング』とラジオと映画は機能的に等価だった。これは当初は三者にとって相互増幅的に作用するが、一定の普及と洗練を経て競合関係に入り（『キング』の機能はラジオと映画が発展的に継承）、「大衆の国民化」が達成されれば三者とも歴史的役割を終える（ラジオと映画の機能はテレビが発展的に統合）。ラジオ受信契約者数と映画観客動員数がピークに達する一九五七年、『キング』は終刊を迎えた。

『文藝春秋』の台頭と「中間文化論」

一九五〇年代末から普及が進むテレビは、かつての『キング』以上にキング的なメディアである[★12]。そのテレビ全盛の時代において、もはや雑誌には大衆を「国民」へと統合する同調機能は期待されず、「社会の絶え間ない流動化を維持する細分化機能を全開させればよくなった[★13]」のだとすれば、『文藝春秋』を国民雑誌の座に押し上げたのは「大衆の国民化」とは異なる（テレビでは機能的に代替しえない）社会的文脈でなければならない。

ところで、戦前期の『文藝春秋』の勢いは一九三〇年代初めの二五万部で頭打ちになっていた[★14]。戦時・戦後の混乱期を経て、[15]月平均発行部数が戦前の水準を回復するのは一九五〇年だった。部数は回復したのみならず、ここから飛躍的に伸びていく。「『文藝春秋』が、今日のように〝国民雑誌〟とよばれるまでに大部数を擁し、大きな影響力をもつようになっていったのは、昭和二十四年春からである。その端緒となったのが六月号の座談会「天皇陛下大いに笑ふ」の掲載、というのが伝説になっている」[16]。これは『文藝春秋』の戦後史を記述する際には必ず言及される「伝説」である。

個別の記事の評価は割愛して、実際の趨勢を確認しておくと、前年一九四八年に九万部だった月平均発行部数は、四九年には一三万部、五〇年に二八万部、五一年に四〇万部、五二年には四八万部を超えた[17]。『キング』の戦後最高部数は一九五二年新年号の三八万部だったので[18]、部数のうえでは一九五一年中に『文藝春秋』と『キング』の地位が逆転したことになるが、世間の実感ではもう少し早く、一九五〇年秋には東京新聞の匿名コラム「大波小波」で「汽車の中なんかでオッサンや出張公務員らしいのがカバンから取り出すのを見ると大抵『文春』、国民雑誌という有様にイツワリなしである」とあきれられるほどだった[19]。

『改造』の編集者だった松浦総三は、当時をこう振り返る。「〈昭和〉二十九年の夏ごろ私は、手帳に「昭和二十七年ごろから日本は中間文化の時代に入り、そのスターは池島信平と扇谷正造と大宅壮一である。こういう時代は当分つづくだろう」と書いている。果して二十七年ごろから中間文化の時代がはじまったかどうか。私は、現在では二十四年ごろからだと考えている」[20]。松浦が手帳にそう書いた翌年(一九五五年)に、『改造』は廃刊となった。『改造』(一九一九年創刊)は『中央公論』とともに戦前期から総合雑誌の代表格だったが、『改造』が負けた相手は『中央公論』や『世界』などの競合する論壇誌ではなく、『文藝春秋』と『週刊朝日』に代表される中間文化雑誌だったのである。

池島信平と扇谷正造はそれぞれの雑誌を戦後急成長させた編集長で、大宅壮一は両誌にとってリードオフマン的なジャーナリストである。池島は一九三三年に文藝春秋が初めて入社試験を実施したときの第一期生。同年、菊池寛の雑誌編集の方法に影響を受けた大宅が創刊した『人物評論』を、アルバイトとして手伝ったのが東大生の扇谷。松浦はこの三人を、ジャーナリスト菊池寛の最良の継承者とみる。「日本の中間文化雑誌は、昭和初期に菊池寛によって創刊され、これが大宅壮一にバトンタッチされ、戦後は菊池の弟子の池島と、大宅の弟子の扇谷によって黄金時代を出現したということになる。〔中略〕したがって、戦後のジャーナリズムの主流を語ることは、大宅と池島と扇谷について語ることになるかもしれない[21]」。

「中間文化」は、一九五〇年代の『文藝春秋』台頭を説明する重要なキーワードである。中間文化の概念を同時代の社会分析に使ってみせたのは、一九五七年の加藤秀俊「中間文化論[22]」だ。加藤は一九五〇年代半ばから起こった新書ブーム、週刊誌ブームに注目して「高級文化と大衆文化との中間的形態」としての中間文化の隆盛を指摘する。新書や週刊誌を特徴づける「断片的常識主義」や「ゴシップ精神」、「適度の政治的好奇心」は、『中央公論』『世界』の高級文化にも『平凡』の大衆文化にも、どちらにも入らない。こうしたものが求められるようになった背景として、加藤は教育機会の拡大とマス・コミュニケーションの発達を挙げる。それらが社会階層のあいだの文化的落差を縮小させ、知的欲求の平準化、すなわち中間領域の拡大をもたらしたのだ、と。

加藤の「中間文化論」には、意外なことに『文藝春秋』への言及がない。中間文化に照準した雑誌として挙げられているのは『知性』（一九五四年復刊[23]）である。「雑誌『知性』が一応成功した最大の理由は、ちょうどこの新書のもつ軽便な常識主義のラインを狙ったから」であり、「『世界』のラインと『平凡』のラインの中間にピントを合わせた新書や『知性』の照準は正しかった」とまで持ち上げている[24]。すでに国民雑誌として定着していた『文藝春秋』の存在を、社会学者の加藤が知らないわけがない。だとすればなおさら、言及しなかったのはなぜか。

もちろん『文藝春秋』は中間文化と親和的な雑誌である。それは例えば次のような菊池寛の有名な言葉からもわかる。「慰楽のみに心を堕せしむることなかれ。学芸のみに心を倦ましむることなかれ。六分の慰楽、四分の学芸、これ本誌独特の新天地なり[25]」。「右傾でも左傾でもない、もっと自由な智識階級的な立場をいつまでもつづけて行くつもりである」（傍点引用者[26]）。さらに『文藝春秋七十年史』の一九五七年の項でも——おそらく加藤の論を意識してであろう——中間文化の時代の到来を謳い、「まさにそれが菊池寛以来の社が想定してきた読者層なのである」[27]と、時代がようやく『文藝春秋』に追いついてきたことに自信を深めている。

この『七十年史』の自負に松浦と加藤の仮説をつなげると、こうなる。中間文化の隆盛は一九五〇年代半ば以降であるが、それに照準した中間雑誌（『文藝春秋』）はすでに昭和初期にはできあがっていた。その主な支持基盤はホワイトカラーや専門職からなる新中間層であるが、戦後の教育拡大とメディア発達により新中間層的な生活様式と価値観があらゆる階層に浸透してきた。だから『文藝春秋』そのものは戦前期から大きく変わらないにもかかわらず、国民各層に支持を拡大することができたのである、と。

しかし加藤秀俊が『文藝春秋』に言及しなかったのには、重要な意味があると考えてみたい。『文藝春秋』は加藤が想定する中間文化（だけ）に照準した雑誌ではなかった。かりに『文藝春秋』に中間文化との親和性を認めたとしても、新書や週刊誌の延長上や、『世界』と『平凡』の中間的形態といった規定では捉えきれない「何か」が無視できないほど大きかったからではなかったか。一九五〇年代の『文藝春秋』台頭の説明としてなら、中間文化論で足りるとしても、その後も長期にわたって国民雑誌として広範に支持され続けた理由は、別に求める必要がありそうだ。

次節では、雑誌の盛衰史からいったん離れて、読書世論調査データを用いて『文藝春秋』の支持基盤が戦後どのように変化していくのかを分析する。

3 『文藝春秋』の読者はだれか？——読書世論調査の分析

愛読誌ランキングの上位常連誌

過去の雑誌の読者層を調べる方法は幾つかある。主なものを挙げると、①投書や読者カードなどの属性情報の分析、②誌面の内容分析、③関係者の証言や回顧録の質的分析、④既存の読書調査の再分析、などである。①は該当する資料がなければ使えないので、ここでは除外して考える。②は誌面と読者層の対応づけは仮説次第であるから、これだけでは弱い（例えば少女漫画の読者層としては、登場人物に感情移入する同年代の少女たちと、キャラクターを消費するオタク、どちらも想定しうる）。③は多くの資料から多角的に再構成することで読者層はリアルな像を結びうるが、同時代の雑誌イメージにある程度依存する。④には学校や団体など対象を特定集団に限定した調査と対象を限定しない標本調査があるが、これは雑誌イメージに依存しないという意味では最も実態に即したデータとなる。したがって、③と④を組み合わせて、できるだけ誌面やイメージに依存しない方法で読者層を抽出したうえで、その結果を②と突き合わせて（なぜ彼らがその雑誌を読むのかを）分析できれば理想的である。[★28]

『文藝春秋』の場合、時間をかければ証言の数は集まるだろうが、「国民雑誌」なだけに、読者像の輪郭はぼやけてきそうだ。そこで毎日新聞社の読書世論調査を利用することにする。これは一九四七年から毎年実施している全国調査であり、国民全体の読書傾向の長期的な推移をみるには最適のデータを提供してくれる。ただし男性と女性とでは愛読誌の傾向が異なり（例えば女性の愛読誌ランキングでは婦人雑誌が上位を占めるなど）、以下の分析では、とくに断らない限り男性に限定する。

調査項目のうち、まず注目するのは「愛読誌」に関する項目である（質問内容は時期によって「毎月買う」「いつも読む」「好きな」「読んだことがある」などと変化している）。[★29]愛読誌に挙げた回答者数（支持率）で序列化した愛読誌ランキングは、いわば「時代の象徴」としてしばしば参照される。[★30]例えば、一九四七年（総合雑誌部門）に『世界』が、一九四八年から五〇年に『リーダーズ・ダイジェスト』がそれぞれ最も支持を集めたという事実は、敗戦直後の国民がどのような知識を渇望したのかを如実に物語っている。また一九五三年から六一年まで第一位に『家の光』（一般社団法人家の光協会＝ＪＡグループ）が来ているのは、農業協同組合の組織拡大を背景としているから、その順位も農協の組織力と連動する。

それに対して『文藝春秋』はどうか。当初からランキング上位常連誌であり、とくに一九六二年以降は『家の光』を抜いて一位を守り続けている[★31]（表1）。[★32]実売部数でみても、[★33]他の総合雑誌の凋落を尻目に五〇万部以上で推移している（図1）。これほど長期間にわたり支持され続けている理由を、雑誌が提供する知識内容の訴求力や特定の社会集団の組織力で説明することは難しい。『文藝春秋』は、その意味では「時代の象徴」で

表1　愛読誌ランキング（男性）

	文藝春秋	中央公論	世界	キング→日本	項目
1947	4	2	1	※	毎号読む雑誌
1948	2	7	8	5	読んでいる雑誌
1949	2	4	11	10	毎月読んでいる雑誌
1950	2	3	14	5	毎月（週）買って読む雑誌（週刊誌を除外）
1951	1	6	12	4	
1952	1	5	12	7	
1953	2	7	9	5	
1954	2	6	8	9	
1955	2	6	7	8	
1956	2	5	9	9	
1957	2	5	10	15	
1958	2	4	10	9	
1959	2	4	8	—	
1960	2	3	8	9	毎月買って読む月刊誌
1961	2	5	9	10	
1962	1	3	9	9	いつも読む月刊誌
1963	1	5	12	10	
1964	1	3	9	34	
1965	1	3	9	21	
1966	1	3	8	—	
1967	1	3	8	31	
1968	1	3	12		
1969	1	3	10		
1970	1	3	13		
1971	1	3	15		
1972	1	4	12		
1973	1	3	12		
1974	1	5	24		
1975	1	9	20		
1976	1	8	—		
1977	1	3	17		
1978	1	12	19		
1979					（項目なし）
1980					
1981	1	7	31		好きな月刊誌
1982	1	13	25		
1983	1	7	29		
1984	1	12	31		
1985	1	—	23		
1986	1	26	—		
1987	1	15	—		
1988	1	20	—		
1989	1	—	—		
1990	1	21	—		
1991	1	13	23		
1992	1	12	—		
1993	1	8	33		（ここ半年くらいの間に）読んだことのある月刊誌
1994	1	10	33		
1995	1	6	27		
1996	1	7	28		
1997	1	8	27		
1998	1	7	23		
1999	1	7	24		
2000	1	6	23		
2001	1	3	14		

（出所）読書世論調査（本文参照）

はない。もっと大きな文化や欲望に根差したメディアと考えるべきである（これこそ国民雑誌たるゆえんだ）。

高学歴・高威信の若年層から、広範な中高年層へ

次に注目するのは、愛読誌に挙げた回答者の属性（年齢・学歴・職業★34）である。この属性情報は、その雑誌を支持する読者層がどこにいるのかを端的に表すもので、調査報告書でもランキングの変動の説明のためにしばしば参照される。

ただし、属性の構成比の多寡・増減を評価する際には注意が必要である。例えば、ある雑誌の読者に占める大学卒業者の割合が二割であるとする。これが多いか少ないかは、母集団の大卒割合による。もしも後者も二割だったら、「多くも少なくもない（＝学歴との関連はない）」となる。同じように、読者に占める大卒割合が

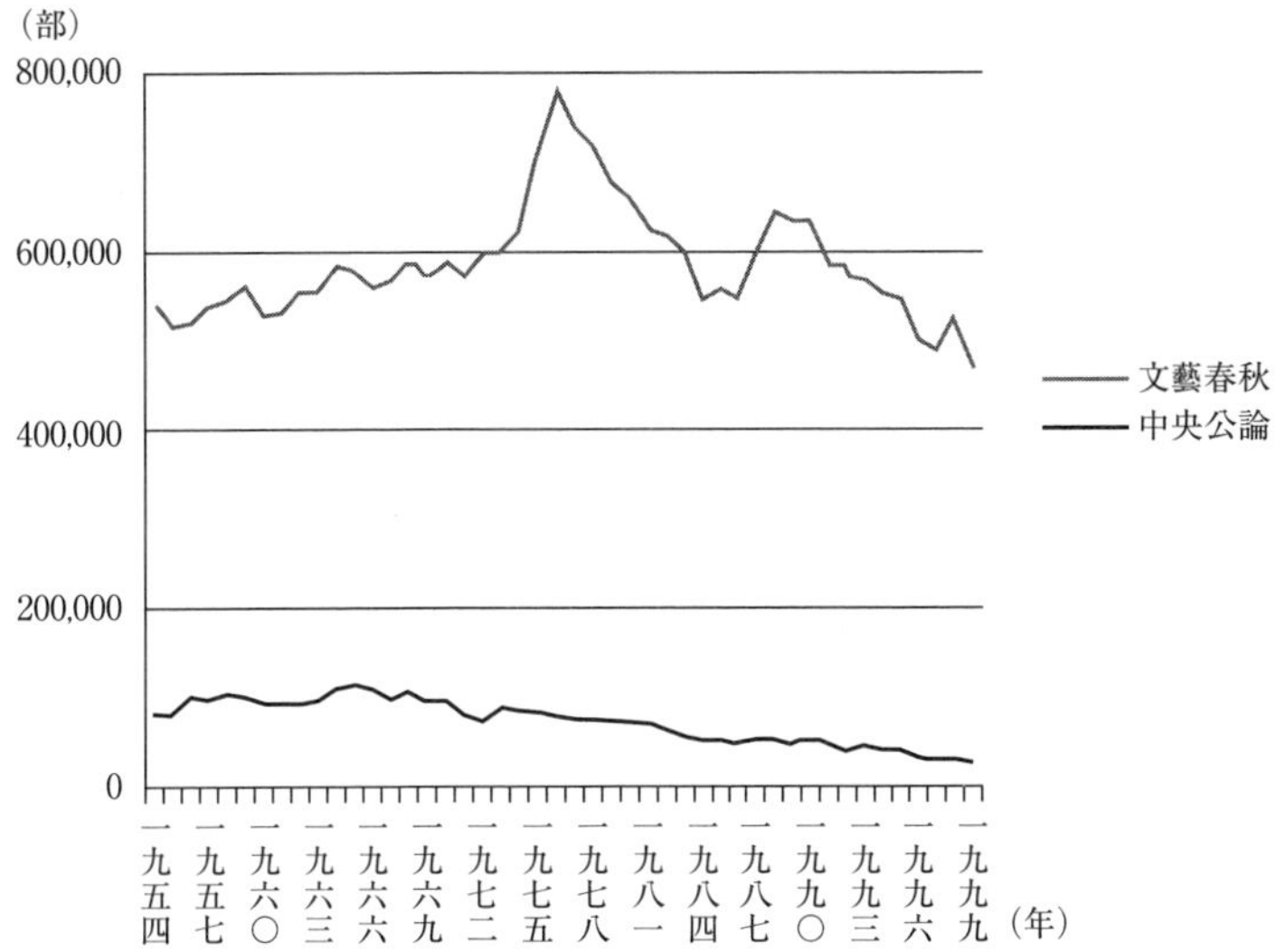

図１　１月あたり平均実売部数の推移

二割から三割に増えたからといって「この雑誌は大卒の支持を増やしている」と判断するのは早計である。なぜならば、もしもその間に、母集団の大卒割合が一割から五割に増えていたとしたら、まったく異なる評価になりうるからだ。つまり、読者層の構成比は、母集団の構成比との関係を考慮して評価する必要がある。

　そこで読者層の構成比を回答者全体の構成比で割った、特化係数（specialization coefficient）を計算してみる。★35特化係数の値が一より大きいほど、その部分に特化していることを示す。これは構成比に表われる「相対的な多寡」の背後にある、支持の「強度」をあらわす。読書世論調査の場合、厳格なサンプリング（層化多段抽出法）と高い回収率（九〇年代まで七割以上）により、回答者は母集団を代表しているとみなしうる。先の例では、大卒読者の特化係数は、二・〇（二割÷一割）から〇・六（三割÷五割）に低下しているから、「この雑誌は大卒の支持を減らしている」が正解である。

　以下、『文藝春秋』を愛読誌に挙げた回答者の年齢と学歴と職業について、特化係数を分析してみよう。

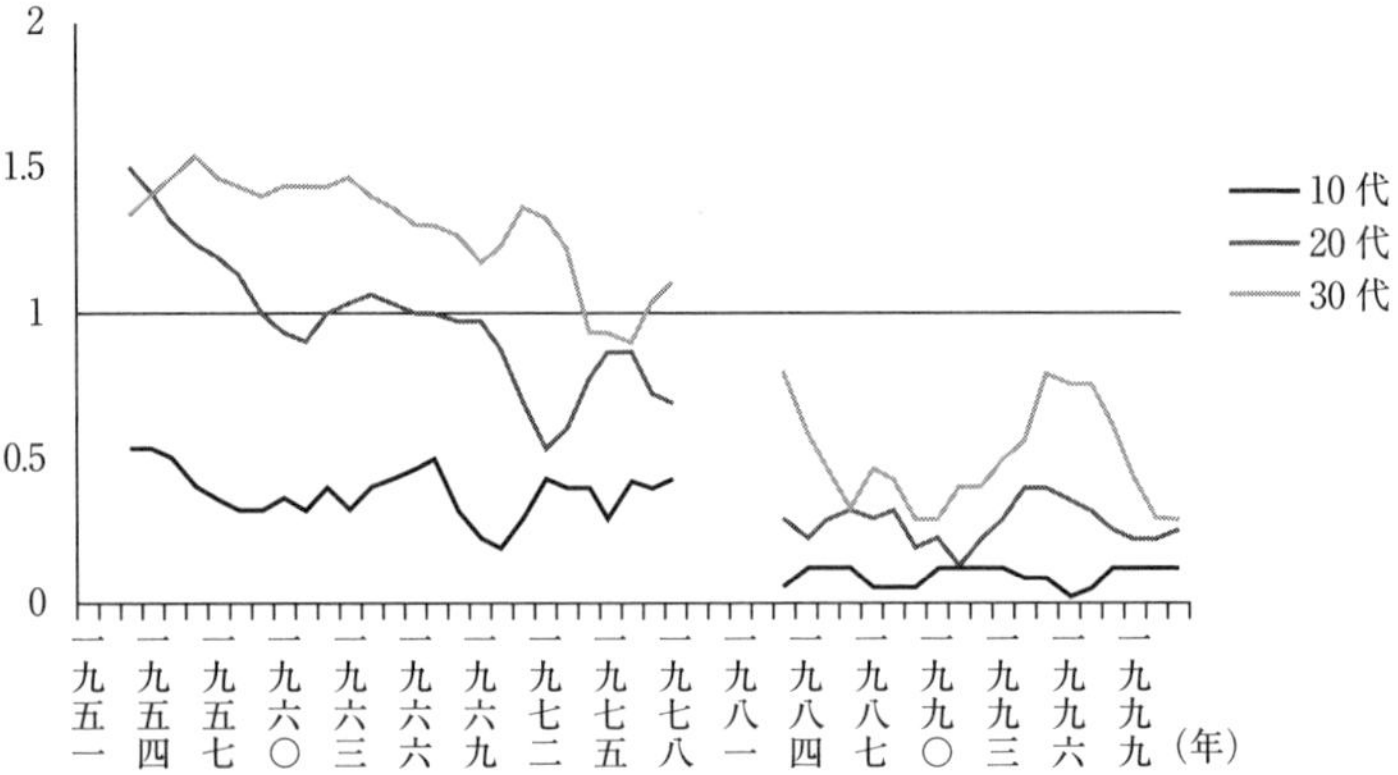

図2　『文藝春秋』男性読者の年齢構成①：30代以下
（特化係数の3点移動平均）

(1) 年齢——若年層から中高年層へ

回答者の年齢の分類は、当初二十代・三十代・四十代以上の三つだったが、一九五一年調査から十代（一六〜一九歳）が追加され、さらに一九五八年調査から五十代以上、一九六四年調査から六十代以上、一九九四年調査から七十代以上がそれぞれ追加された。また回答者全体の年齢構成のデータが記載される（特化係数が計算できる）のは一九五一年以降である。各年齢層（男性）の特化係数の推移について、年ごとの特異な変動を三点移動平均でならしたうえで、三十代以下の若年層と四十代以上の中高年層に分けて示す（図2と図3）。図3でグラフの線が途中から増えているのは、対象の拡大ではなく、分類の細分化のためであることに注意されたい。

全体の傾向としては、若年層からの支持が弱まり、中高年層からの支持が強まっている。もう少し細かく、年齢層ごとの推移をみていく。十代の支持の弱さは一貫している。二十代と三十代の支持は当初四十代以上よりも強かったが、五〇年代末には二十代が離れ、七〇年代半ばには三十代が離れた。四十代以上の支持は一九五〇年代末から強まり、とくに中核的な年齢層は時代を下るほど高齢化している（七〇年代以降に五十代、八〇年代以降に六十代の支持を獲得）。一九九〇年代以降には四十代が離れ、六十代以上が中核的な年齢層となっている。

同じグラフを出生コーホートの観点から読み直してみる。一九五〇年代初めの二十代＝六〇年代初めの三十代＝…＝九〇年代初めの六十代は、同じコーホート（一九三〇年前後生まれ）に属するが、特化係数の値は一貫して一・五前後と高い。このコーホートは、やはり特化係数の値の高い一九五〇年代末の三十代＝六〇年代末の四十代＝…＝九〇年代末の七十代とも重なる。これより後に生まれた、一九六〇年代の二十代＝…＝九〇年代の五十代のコーホート（一九四〇年代生まれ）は、四十代以降に特化係数が高まる。つまり、読者が高齢化してきたというだけでなく、若年層のときから一貫して強く支持するコーホートと、高齢化とともに支持を強めて（新規の読者を獲得して）きたコーホートがある。

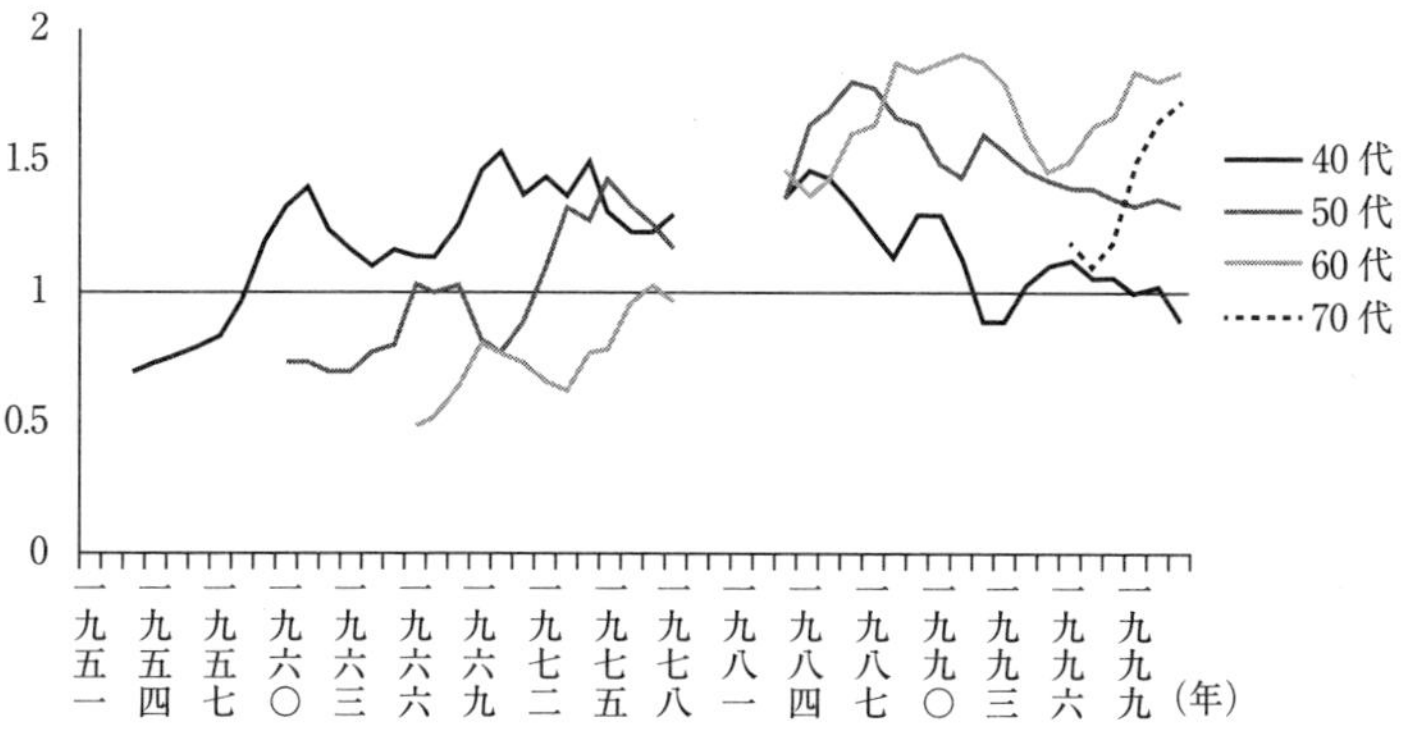

図3　『文藝春秋』男性読者の年齢構成②：40代以上
（特化係数の3点移動平均）

(2) 学歴――高学歴から分散傾向へ

回答者の学歴構成は一九五九年調査から記載がある。学歴は教育年数によって三つに分類されており、九年以下は新制中学校（旧制の初等教育）、一〇～一二年は新制高等学校（旧制の中等教育）、一三年以上は新制大学（旧制の高等教育）に対応する。また一九六〇年調査から七八年調査までの報告書には、回答者全体の学歴構成だけが記載されていて性別の学歴構成は不明なため、この期間については男女合計して特化係数を計算している（図4）。

全体の傾向としては、高学歴層の支持が徐々に弱まり、一九九〇年代半ばには学歴の偏りはほぼ解消している。構成比でみてみよう。一九六〇年と二〇〇〇年で比較すると、全体の大卒割合が六％から三一％へと約五倍に増えているのに対して、『文藝春秋』読者の大卒割合は三一％から三七％とあまり変わっていない（いったんは五〇％を超えるも再び減少）。また全体の中卒割合が六三％から二一％へと約三分の一に減っているのに対して、『文藝春秋』読者の中卒割合は二〇%から二〇%へとあまり変わっていない（いったんは一〇%を切るも再び増加）。つまり社会全体の学歴変動に比べて『文藝春秋』読者の学歴構成の変化は小さい。

一九六〇年代まで顕著にみられた高学歴層への特化傾向は、総合雑誌全体に当てはまる。論壇の枢軸をなす『中央公論』『世界』は、この時期『文藝春秋』以上に高学歴層から強く支持されており（図5）、とくに『文藝春秋』と『世界』の特化係数のあいだには二倍近い開きがあった。学生文化における教養主義の盛衰トレンドと似ているが、この間に部数を減らしているならともかく、部数を維持している『文藝春秋』の場合は、同一コーホートが高齢化するにしたがい非大卒の読者を獲得していった（学歴構成の分散化）と解釈するのが自然だろう。

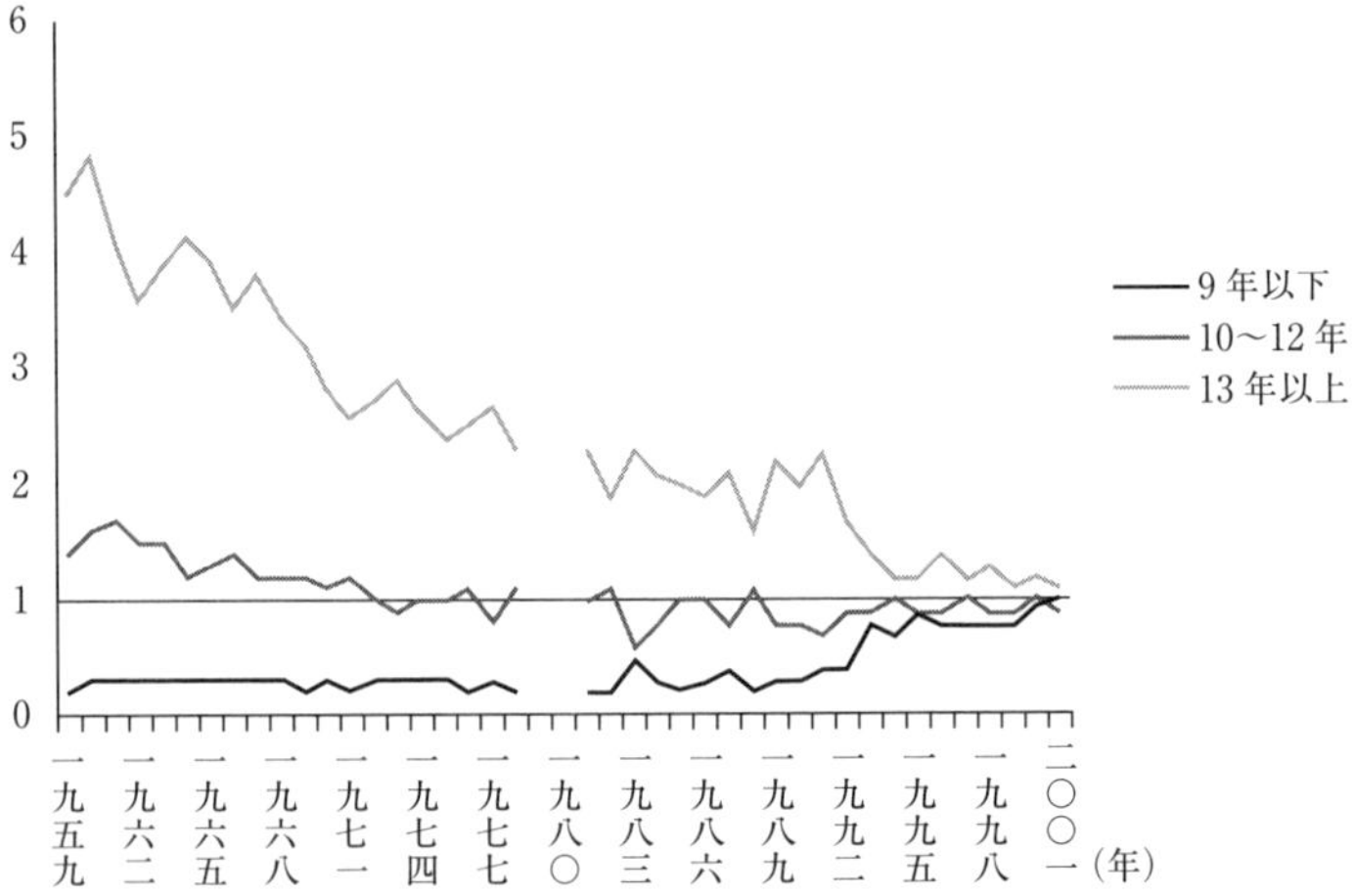

図4 『文藝春秋』読者の学歴構成（特化係数）

（3）職業——高威信から分散傾向へ

回答者と雑誌別の職業構成がそろっている（特化係数を計算できる）一九五九〜六五年（I期）と一九八一〜二〇〇一年（II期）の二つの時期を対象とする。特化係数が相対的に高い水準で推移している職業分類は二つある。「官公庁や大会社の幹部・自由業」と「同上事務員」である。これはII期の「経営・管理・専門・自由」と「事務」に対応している★36。両者は広い意味でのホワイトカラーに分類されるが、前者はより多くの権限をもち専門性と自由度の高い、いわゆる「社会的威信の高い」職業である。これにII期からの新しい分類「無職」も加えて、グラフを作成した

（図6）。

全体の傾向としては、高威信職からの支持は一九六〇年代以降に強まったが[★37]、一九九〇年前後を境に緩和され、一般の事務職に接近している。一般の事務職からの支持は一九六〇年前後には高威信職と同じぐらい強かったのが、その後は緩和し続けている。反対に、無職は一九九〇年代以降に支持を強めている。ただしここには、かつて高威信職にあった人が退職して読み続けるというケースが多く含まれると考えられる。

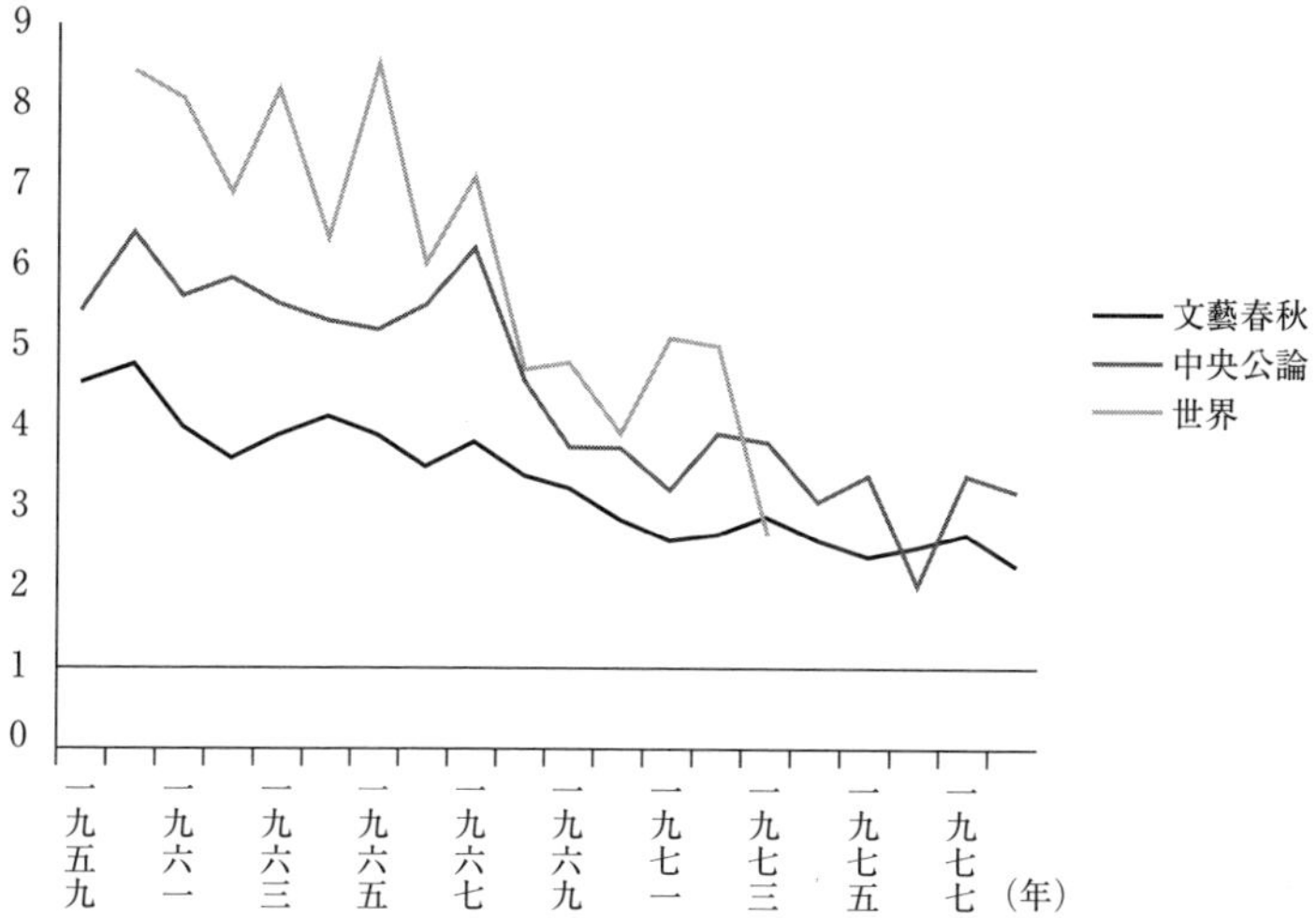

図5　総合雑誌の大卒読者（特化係数）

以上の分析結果について、三つの時期に分けてまとめておこう。

第一に『文藝春秋』が台頭してくる一九五〇年代は、二十代から三十代の若年層、高学歴層、ホワイトカラー層に強く支持されていた。大学生からの支持は一貫して弱いから、大学卒業後に読み始める人が多かったのだろう。高邁な理想や難解な文章からは自由に知的欲求を満たしたい、そんな中間文化の時代に応える雑誌だった。この世代は高齢化しても『文藝春秋』を読み続ける。

第二に一九六〇年代から八〇年代は、四十代から五十代の中年層、および高威信職に強く支持されていた。もはや大学卒業後に中間文化的なものを求めて読み始める雑誌ではない。とくに一九八〇年代には、一定の社会的地位を得る四十代以降に読み始める雑誌（「エリート・オジンの雑誌」）

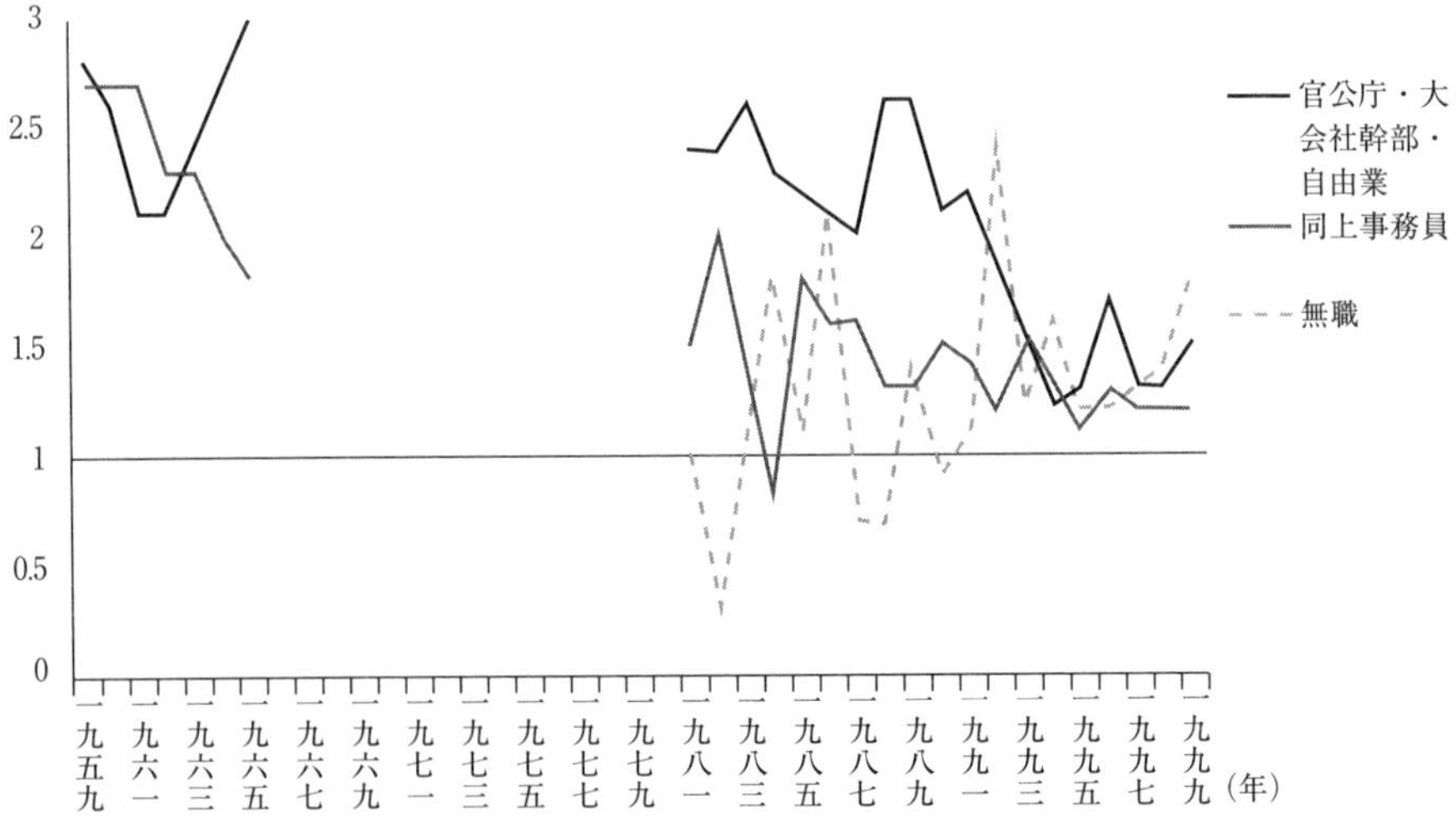

図6　『文藝春秋』男性読者の職業構成（特化係数）

として定着した。彼らもいったん読者になると高齢化しても『文藝春秋』を読み続ける。

　第三に一九九〇年代以降は、読者の中心は六十代以上の高齢者へと移っていく。高学歴や高威信職以外にも幅広い社会階層から新たな読者を獲得していくが、読者層のイメージは八〇年代の高威信職のまま保たれている（「保守で大人なセレブ」にふさわしい「社長室のインテリア」）。年齢以外は「階層横断的に広く読まれる」国民雑誌にもっとも近い。

　そうすると、社長室のインテリアにもかかわらず国民雑誌だったのはなぜか、という冒頭の問いを解くカギは、第二の時期（一九六〇～八〇年代）にあることになる。次節では「成熟した大人」をキーワードに、社長室のインテリアだからこそ国民雑誌たりえたという順接の論理を考察する。

4　「成熟した大人」が交歓する同級生的公共性

「卒業しない国民雑誌」の秘密

　雑誌メディアの本質が細分化《セグメンテーション》機能にあるのだとすれば、歳をとったり興味が移り変わったりすれば、かつての愛読誌でも容赦なく「卒業」するのが本来のあり方である。ところが、前節の分析が示すように、いったん読者になると「卒業」しないのが『文藝春秋』である。先行する『キング』が「階層横断的な国民雑誌」としてある時代に広範に支持されたのに対して、『文藝春秋』は「卒業しない国民雑誌」として時代とともに多様な支持層を吸収してきたのだと考えられる。

六〇年以上の「国民雑誌」歴をもつ『文藝春秋』は、メディア史だけでなく経営史的な関心対象になってもおかしくない。市場シェアと顧客シェアというマーケティング上の区別を雑誌に当てはめると、市場シェアは「ある時点の雑誌市場全体におけるシェア」を意味する共時的な概念であるのに対して、顧客シェア（別名・財布のシェア）は「ある個人の生涯購読行動におけるシェア」を意味する通時的な概念である。ある雑誌が時代を象徴する「階層横断的な国民雑誌」になるには売上部数や愛読誌ランキングで測定される市場シェアがあれば十分なのに対して、「卒業しない国民雑誌」になるにはそれに加えて顧客シェアが必要であり、息の長い読者、つまり「生涯読者」（lifetime reader）をどれだけ獲得できるかがカギを握る。

『文藝春秋』が「階層横断的に広く読まれる」理由のひとつは、すでに多くの論者が指摘してきたように、菊池寛以来の絶妙な「バランス感覚」にあろう。しかしそれだけなら、かつて中間文化を体現した新書や週刊誌と同じように『文藝春秋』も一過性の「ブーム」で終わったかもしれない。「卒業しない国民雑誌」の秘密は、アンチを作らない誌面の「バランス感覚」ではなく、強烈なアンチとファンを両方生み出す独特の「公共性」にある――というのが、以下で提示したい仮説である。この「公共性」は、個別の記事内容や論者の動向ではなく、それらを載せるプラットフォームの水準に成立している。

では、それはどのような「公共性」なのか。『文藝春秋』のグラビアの名物連載「同級生交歓」を手がかりに考えてみよう。各界で活躍する元同級生たちが集まり旧交を温めるというものなのだが、これが一九五六年七月号から五〇年以上も続く長寿企画なのである。元編集長（一九八二〜八四年）の岡崎満義によれば、その魅力は「登場人物の意外性に富んだ組み合わせ」への驚きと、「職業も趣味も思想も大いに異なる登場人物たちが、それぞれの「功」を何十年かぶりでもちよっての交歓」にみる至福の風景にある。そして岡崎は「新陳代謝の激しい生き物である雑誌の中の定点、あるいはよきマンネリの存在することが、長年の読者にある種の安心感を与える」（傍点原文）という先輩の言葉を引いて、「同級生交歓」はその代表選手であると述べている。[★38]

岡崎のように「これぞ人間、これぞ友情という光景に出会った感じで、まさに〝桃源郷〟の風に吹かれているような、ふしぎな幸福感に満たされる」と温かい気持ちになる人がいる一方で、それゆえにこそ強烈な嫌悪感を示す人たちもいる。この連載の五〇年分の選り抜き版が文春新書から出たとき、[★39]青木るえかが「同級生交歓」に出るようになったらオシマイだ。〔中略〕有名人のいやらしい自意識がダダ漏れに漏れてくるという、醜悪なページである」と書評[★40]に書いたが、もちろんこれは世間一般のイメージを逆手にとった表現で、だからこそ「必ずあのコーナーは見る。わざわざ立ち読みでそこだけ見ることもある」と惹きつけられるのだ。

一九七〇年には本多勝一も「「ヘドが出そうだ」とは正にこのことだ。ニヤけきった顔といい、ニヤけきった文章といい、ギャーッと叫びたくなる。〔中略〕ここに出てくる顔こそ、貧困なる精神の象徴だ。貧困でない精神の人でも、ここに登場するときだけは少なくとも貧困なる瞬間である」とまで罵倒している。[★41]しかし「自分が「出世」し、おたがい「出世」した奴同士といった下劣の心情を、あのニヤけきった顔から発散しているザマを見よ」と、やはり嫌なモノ見たさで見てしまう。

この醜悪な桃源郷に、斎藤美奈子は『文藝春秋』の読者共同体の潜在的な欲望を見出す。「学校や会社やサークルなどの組織を媒介にした男同士の絆を「ホモソーシャル」という。このページを見ていると、まさにホモソーシャル。「俺もいつかは……」と同級生の顔を思い浮かべてしまう層に「文春」は支えられているとはいえるだろう。いい学校を出て出世して、いつかは「同級生交歓」のページに載る。明治以来、脈々と受けつがれてきたこの国の伝統、そして人生の目標をよくあらわしているじゃないですか[★42]」と結んでいる。立身出世という共通目標のもと切磋琢磨するエリート男子的世界観には、たしかに好き嫌いがはっきり分かれそうである。

ともかく、「同級生交歓」を許容できるかどうかが、『文藝春秋』の生涯読者になれるかどうかの試金石（あるいは踏み絵）となる。許容できない人にとって、それは「エリート・オジン」とその予備軍のホモソーシャルな共同体に映る（これはこれで教育社会学的には興味深い対象ではあるが[43]……）。しかし、もしも許容できるならば、この雑誌を「卒業しない国民雑誌」たらしめるメディア的機能の秘密に触れることになる。嫌な感情を括弧に入れて、機能の水準を注視してみよう。そこでは、通常ならお互い接点がないはずの「職業や趣味や思想も大いに異なる登場人物たち」が、元同級生というだけで、対等かつ和やかに交歓するコミュニケーション空間が実現しているではないか。

かつて市民的公共性（ハーバーマス）が「財産と教養」を入場条件としていたのに対して[44]、この同級生的公共性の入場条件は「元同級生」である。ならば元同級生でない一般読者はそこから排除されるのかといえば、そうではない。「同級生交歓」に綴られる学校時代の思い出に、読者は自分の学校時代を重ね合わせて、彼らと青春を共有していた感覚（錯覚）をもつ。誰もが、この想像的な「思い出共同体[45]」のメンバーになれる。

しかも彼らは功成り名遂げたエスタブリッシュメントであるから、まだ先が長い読者の場合は想像上の先輩として、自分の将来像を重ね合わせることができる（ただしエリート校出身者に限る）。現役を引退した読者の場合も、同級生的公共性においては、お互いの立場や境遇の違いを寛大に認め合うことができるのだ。もはやこれ以上は「卒業」する必要がない、最終的な境地である。

〈高尚な知識人〉の輿論と〈成熟した大人〉のサロン

同級生的公共性とは、さまざまな立場や考えの人びとが、元同級生というだけで、対等かつ和やかに交歓するコミュニケーション空間のことである。「元同級生」の範囲は、想像的な「思い出共同体」を媒介にして拡張されるから、（原理的には）学校経験をもつあらゆる人に開かれている。大衆教育社会にふさわしい公共性である。ただし、それは「元同級生だから何でもナアナアで許される」といったなれ合いとは異なる。

元編集長（一九九一～九四年）の白川浩司は、自分の入社した一九六五年当時、『文藝春秋』の「サロン性」ということがよく言われていたと振り返る。「サロンであるからには、そうとう激しいやり取りはあってもおのずから品位は守られており、左翼の一部に見られたような陰惨さ、残忍さとは無縁である。フトコロの深い常識というか、春風駘蕩たる明るさというか、それでいて歴史のアイロニカルな現象にも目配りを忘れないというか。あまりに愚直な「正義」を笑いのめすようなシャレっ気もある[★46]」。

たしかにサロンと重なる部分が大きい。山崎正和は、十七世紀フランスのサロンを豊かにした社交的会話の秘密を、そのゲーム性に見出す[★47]。ゲームにはルールがあり、参加者が互いに対等だからこそ、真剣勝負を楽しめる。修辞法を洗練させたサロンの作法がルールとして機能し、「過度にまじめな自己主張」を抑制し、それを「場違いの野暮」として排除した。そしてどんな権力者もサロンでは一時的に特権を放棄して、全員が「敗北を容認する」約束を結ぶことで、対等性が仮構されたという。

同級生的公共性において、地位身分や思想信条の違いがあっても最後は肩を叩き合えるのは、「元同級生というだけで」根源的な対等性が保障されているからである。正義や理論というのは一貫性や徹底性を求めるから、どこまでも相手を追い詰める「残忍さ」を本質的にもっている。同級生的公共性で発揮される修辞法は、そうした正論の暴走を「場違いの野暮」として戒めるブレーキとして機能する。

相手に寛大になれることは、自分の弱みを認めることと裏表の関係にある。前出の松浦総三は、これを「大人の論理」と表現する。「『改造』とか『中央公論』の巻頭論文が、人間不在の教条的な文章であるのと違って、『文藝春秋』にはかなり偉そうなことを書いていても、テレみたいなものがある。それは、余裕があると言えば余裕があるわけですね。〔中略〕恥部とか弱点を平気で出している。それはひどく人間的なんだね[★48]」。普段は自分の弱みを隠して背伸びをしていても「元同級生というだけで」弱みをさらけ出し認め合える。

かつての「講談社文化と岩波文化」の対抗図式を支えた評価軸が〈大衆―知識人〉や〈低俗的―高尚的〉であったとすれば、同級生的公共性における評価軸は、それとは独立の〈未熟―成熟〉や〈若造―大人〉である。前者では〈低俗な大衆〉と〈高尚な知識人〉が対比されたのに対して、後者では〈未熟な若造〉と〈成熟した大人〉が対比される。『中央公論』『世界』などの論壇雑誌が、〈高尚な知識人〉が理性的討議を通じて輿論（public opinion）[★49]を喚起する場だとすれば、『文藝春秋』が開く同級生的公共性は〈成熟した大人〉が交歓するサロンである。

だとすれば、『文藝春秋』を『中央公論』『世界』と同じ土俵に乗せて、「右だ」「保守だ」「いや中間だ」とイデオロギー的な立ち位置で評価することは、その真のユニークさを見落とすことになる。『中央公論』『世界』と同じ土俵で真っ向勝負しようとしたのは、一九六九年五月（七月創刊号）に文藝春秋から「新しいオピニオン雑誌」と銘打って創刊された『諸君！』[★50]だった。『諸君！』は産経新聞社の『正論』（一九七三年創刊）やPHP研究所の『Ｖｏｉｃｅ』（一九七七年創刊）とともに保守論壇を形成し、〈進歩的―保守的〉という評価軸を定着させたが、これも〈未熟―成熟〉〈若造―大人〉とは重ならない。

ここまでの考察から、「『文藝春秋』は保守的な雑誌である」という場合の「保守」とは、〈保守的な知識人〉ではなくて、〈成熟した大人〉に対応している。もしも論争が相手を追い詰め、どこまでも平行線であるならば、〈成熟した大人〉はそこから離れ、〈未熟な若造〉と〈高尚な知識人〉だけが残るだろう。「輿論の復興」[★51]のヒントは、インターネットなどの新しい情報技術の活用だけでなく、「卒業しない国民雑誌」に蓄積されてきた古い叡智からも学ぶことができるのではないだろうか。

■註

1　斎藤美奈子『麗しき男性誌』文春文庫、二〇〇七年、四二頁。

2　斎藤道一・高崎隆治・柳田邦夫『危うし⁉　文藝春秋――「文春ジャーナリズム」全批判』第三文明社、一九八二年。

3　例えば「最近では使われなくなったが、「国民雑誌」という言い方もあった。戦前の『キング』（講談社）、戦後では『文藝春秋』がそれである。これも厳密な定義があるかどうか不明だが、「国民作家」と同様、分かりやすくて広範な読者を獲得している点は共通している。いわば、時代の大多数に支持される伴走者、といったところだろうか」（白川浩司『遥かなる『文藝春秋』――オンリー・イエスタデイ１９８９』小学館、二〇一二年、九五頁）。

4 『主婦之友』（一九一七年創刊一万部）は一九三四年、『家の光』（一九二五年創刊二万五千部）は一九三五年、『平凡』（一九四五年創刊三万部）は一九五三年に、それぞれ一〇〇万部を突破している。
5 佐藤卓己『『キング』の時代——国民大衆雑誌の公共性』岩波書店、二〇〇二年。
6 「『キング』の前に『キング』なく、『キング』の後に『キング』はない」（佐藤前掲書、四二六頁）。
7 『文藝春秋』内部からの回顧録・評論としては、『文藝春秋七十年史』文藝春秋、一九九一年（以下『七十年史』）、池島信平『雑誌記者』中公文庫、一九七七年、毎日新聞社編『岩波書店と文藝春秋——『世界』・『文藝春秋』に見る戦後思潮』毎日新聞社、一九九六年、塩澤実信『文藝春秋編集長——菊池寛の心を生きた池島信平』展望社、二〇〇五年、白川前掲書などを参照。外部からの評論としては、斎藤道一ほか前掲書のほかに、松浦総三『戦後ジャーナリズム史論——出版の体験と研究』出版ニュース社、一九七五年、松浦総三編『『文藝春秋』の研究——タカ派ジャーナリズムの思想と論理』晩聲社、一九七七年などを参照。
8 新聞紙法（一九〇九年公布・四九年廃止）第十二条によれば「時事ニ関スル事項ヲ掲載スル」には政府に保証金を納めなければならない。その額は東京市では二千円だが、月三回以下の発行の月刊誌の場合は半額の千円である。一九四四年の雑誌統制により『文藝春秋』は再び文芸雑誌に「格下げ」された（『七十年史』一四六頁）。
大澤聡によれば、「綜合」雑誌の呼称が誕生／定着するのは一九三〇年代前半である（「「編輯」と「綜合」——研究領域としての雑誌メディア」吉田則昭・岡田章子編『雑誌メディアの文化史——変貌する戦後パラダイム』森話社、二〇一二年所収）。『文藝春秋』の一九二六年に総合雑誌に脱皮したという社史上の自己認識にもかかわらず、『中央公論』『改造』『日本評論』と並べて「綜合」雑誌に括られるようになるのは一九三〇年代以降である。
9 永嶺重敏『雑誌と読者の近代』日本エディタースクール出版部、一九九七年。
10 筒井清忠『日本型「教養」の運命——歴史社会学的考察』岩波書店、一九九五年。一九三八年の旧制高校生調査は文部省による。官公私立高校の七六〇三人が対象。一九三五年の労務者調査は日本図書館協会による。官営五工場、民営一二工場の労働者が対象。愛読雑誌の被調査者（男子）の学歴は六六％が高等小学校卒以下。八〇五〇人のうち雑誌名無記入も三五九二人もいた。
11　佐藤前掲書、二二〇頁。
12　佐藤前掲書、四一四頁。
13　佐藤前掲書、四二六頁。
14　『七十年史』の戦前編では一九三二年新年号（二五万八千部）を最後に『文藝春秋』の発行部数の記述はなくなっている。
15　とくに一九四五年から四八年は『文藝春秋』にとって逆境期といってもよい。用紙統制のため縮小を余儀なくされ、四五年四月号から休刊。戦後も事情は変わらず、四六年には菊池寛が文藝春秋社解散を決意するも、佐々木茂索を中心とする新体制で文藝春秋新社を再建した（菊池寛は四八年に急逝）。四六年六月号から復刊するも用紙難に苦しむ。一九四〇年に始まった印刷用紙の配給・価格統制が全廃されたのは五〇年である。
16　『七十年史』一七七頁。
17　『七十年史』一八一頁。
18　講談社編『講談社七十年史――戦後編』講談社、一九八五年、一六六頁。
19　『七十年史』一九〇頁。
20　松浦前掲『戦後ジャーナリズム史論』一四二頁。
21　松浦前掲書、一七三―一七四頁。この三人はともに東京帝国大学文学部の出身である（大宅は社会学科中退、池島は西洋史学科、扇谷は国史学科をそれぞれ卒業）。松浦総三は中央大学中退後、渋沢栄一伝記資料編纂所勤務を経て、一九四六年に改造社に入社している。阪本博志「一九五〇年代『週刊朝日』と大宅壮一――連載「群像断裁」をめぐって」吉田・岡田編前掲書所収も参照のこと。
22　初出は『中央公論』一九五七年三月号。『加藤秀俊著作集　第六巻（世代と教育）』、中央公論社、一九八〇年所収。
23　『知性』は一九三八年に河出書房から創刊、四四年にいちど終刊している。
24　加藤が「中間文化論」を発表（一九五七年三月）してからまもなく、河出書房は経営破綻し、『知性』

も同年八月号をもって休刊した。なお、「中間文化論」がいう「一九五四年からはじまる新書ブーム」の中心にあったのは、岩波新書（一九三八年創刊）ではなく、カッパ・ブックス（一九五四年創刊）である。加藤は後に「日本の新書文化（下）」（『東京新聞』一九六二年六月五日付）で次のように述べている。「大正末期から、講談社文化対岩波文化というかたちで、きわ立ったコントラストを示してきた日本の出版界の二潮流が、いまやカッパ・ブックス対岩波新書というかたちに変形されて持ちこされている」（加藤秀俊著作データベース homepage3.nifty.com/katodb/）。カッパ・ブックスについては新海均『カッパ・ブックスの時代』河出書房新社、二〇一三年を参照。

25 『文藝春秋』一九二七年新年号の新聞広告より（『七十年史』四七頁）。

26 『文藝春秋』一九三二年二月号より（『七十年史』七四頁）。

27 『七十年史』二二六頁。「生産の機械化と生活様式の変化、ふえてきた中堅所得層と、大衆社会化状況はますます顕著になっていく。それは超高級文化でもなく低俗文化でもない、中間文化の時代の到来という形になることが予想された」。これは加藤秀俊「中間文化論」そのものである。

28 読書調査を他の資料と組み合わせた分析の例としては、永嶺や筒井の前掲書のほか、竹内洋『教養主義の没落――変わりゆくエリート学生文化』中公新書、二〇〇三年などがある。

29 愛読誌に関する項目として以下を取り上げた。一九四七年（第一回）は「毎号読む雑誌」、四八年（第二回）は「読んでいる雑誌」、四九年（第三回）は「毎月読んでいる雑誌」、五〇年（第四回）から六一年（第一五回）まで「毎月（週）買って読む雑誌」六二年（第一六回）から七八年（第三二回）まで「いつも読む月刊誌」。七九年（第三三回）と八〇年（第三四回）では項目なし。八一年（第三五回）から九二年（第四六回）までが「好きな月刊誌」。九三年（第四七回）から二〇〇一年（第五五回）まで「（ここ半年くらいの間に）読んだことのある月刊誌」。〇二年（第五六回）以降項目がなく、〇三年（第五七回）に「読んだことのある月刊誌」が一度だけ復活するが、集計表の値が実数ではなく％で記載しているので二次分析の対象から除外した。「毎月買って読む」と「半年の間に読んだことのある」を同列に扱うことはできないが、調査時点では「愛読誌に最も近い」質問とみなしうるので、時系列変化を把握するための尺度として採用した。

30　例えば「『世界』の時代」については竹内洋『革新幻想の戦後史』中央公論新社、二〇一一年、「『平凡』の時代」については阪本博志『『平凡』の時代――1950年代の大衆娯楽雑誌と若者たち』昭和堂、二〇〇八年を参照。このほかにも、マガジンハウス編『平凡パンチの時代――失われた六〇年代を求めて』マガジンハウス、一九九六年、塩澤幸登『平凡パンチの時代――1964年〜1988年希望と苦闘と挫折の物語』河出書房新社、二〇〇九年、赤田祐一『証言構成『ポパイ』の時代――ある雑誌の奇妙な航海』太田出版、二〇〇二年などがある。

31　一九五六年調査では普段の購読行動の質問以外に、雑誌（週刊誌を含む）を一種類しか買えないとしたらどの雑誌にするか、という「読者の最も好む、最も緊密な親愛感情を持つ雑誌」を尋ねている。この「かたい読者をどれだけ持つか」のランキングで『文藝春秋』は男女合計で『家の光』と同数の一位、男性では単独一位（女性で一〇位）だった。『サンデー毎日』『週刊朝日』という週刊誌ブームに乗って勢いのある二誌を抑えての一位は価値がある。つまり「コアな愛読者の数」でいえばすでに一九五六年には一位になっていた。

32　男性限定の愛読誌ランキング。一九五〇〜五九年調査は「毎月（週）買って読む雑誌」で週刊誌を含んでいるが、表1では週刊誌を除いたランキングにしている。『キング』は一九五七年に終刊するが、参考のため後継誌『日本』（一九五八〜六六年）の分を載せている。

33　竹内洋が入手した未公開データを利用させていただいた。

34　「地域」属性もあるが、今回の分析では割愛した。

35　同じ計算式は、地域の産業の特性を評価する経済指標としてもよく使われる（例えばその地域の業種別生産額の構成比を全国の構成比で割る）。

36　読書世論調査の報告書によれば、Ⅱ期の「経営・管理・専門・自由」には「経営、管理、専門的職業、自由業（医師、技師、教員、芸術家などを含む）」、「事務」には「事務的職業（一般公務員、タイピストなどを含む）」という説明が付けられている。

37　一九六〇年代に『文藝春秋』以上に高威信職からの支持を強めたのが『中央公論』である。『中央公論』読者の高威信職の特化係数は、一九六〇年から六三年までもともと高水準（二・五、三・二、三・三、二・

二）にあったが、六四年と六五年にさらに上昇（四・二、四・〇）している。これは、第一章で述べているように、現実主義への路線転換をきっかけに部数を伸ばした『中央公論』第二次ブームの時期と重なる。
38 『文藝春秋』二〇〇二年二月特別号（創刊八〇周年記念）。
39 文藝春秋編『同級生交歓』文春新書、二〇〇六年。
40 『週刊朝日』二〇〇六年八月一八・二五日合併増大号。
41 本多勝一「「遠縁近縁」と「同級生交歓」」『エイムズ』一九七〇年五月号（『本多勝一集第一七巻 殺される側の論理』朝日新聞社、一九九五年所収）。「遠縁近縁」は『中央公論』一九六八年一月号から七〇年六月号まで全二九回続いたグラビア連載で、例えば林健太郎（兄・東京大学教授）と林雄二郎（弟・東京工業大学教授）、黒澤明（父・映画監督）と黒澤久雄（子・テレビタレント・成城大学在学中）、といった組み合わせが登場する。「同級生交歓」ほど続かなかったが、本多勝一にはどちらも「ヘドが出そう」な企画だった。
42 斎藤美奈子前掲書、五三頁。だから「同級生交歓」に自分が載るかもしれない機会がやってきたとき、知識人はいろいろと言い訳をしなければならない。斎藤美奈子にも新潟高校同期生の森達也と火坂雅志とともに「同級生交歓」の依頼が来たが、「『麗しき男性誌』という本の中で「こんなグラビアページに出る奴ってどうなのよ」みたいなことを書いたから」という理由で辞退したという（現代書館WEBマガジン「第一回　ノーテンキな裁判員制度を考える」二〇〇九年七月二一日、gendaishokan.co.jp/article/W00004.htm）。逆に内田樹は「小学校の頃、平川〔克美〕君と「いつか『文春』の『同級生交歓』に出ようね」と約束していたのだが、なんでも口に出して言っておくもので、そのオッファーが来た」と斎藤の文章を読んでいたかのように世間一般のイメージを先回りしている（内田樹の研究室「がんばれ神鋼スティーラーズ」二〇〇五年十月二三日、blog.tatsuru.com/archives/001324.php）。
43 例えば五〇年分のデータを集計したものに、山崎理佳「同級生交歓の研究――その人脈と全脈」『文藝春秋 Gold Version』二〇〇五年五月臨時増刊号がある。
44 佐藤前掲書、三七三頁。
45 竹内洋「なぜ人は同窓会が好きなのか」『中央公論』二〇一三年二月号。

46　白川前掲書、一〇八頁

47　山崎正和『社交する人間――ホモ・ソシアビリス』中公文庫、二〇〇六年、一六五頁。

48　松浦前掲『『文藝春秋』の研究』、二二九頁。

49　佐藤卓己『輿論と世論――日本的民意の系譜学』新潮社、二〇〇八年。

50　『諸君！』については第八章を参照。『諸君！』創刊の背景と経緯、具体的な論争、論壇における位置づけなどについては、以下を参照のこと。文藝春秋内部からの回顧録・評論としては『七十年史』二八〇頁、『文藝春秋の八十五年』文藝春秋、二〇〇六年、一六一～一八三頁、白川浩司『オンリー・イエスタデイ1989――『諸君！』追想』小学館、二〇一一年、外部からの評論としては松浦総三「タカ派文化人の牙城『諸君！』の危険な構図」（前掲『『文藝春秋』の研究』所収）、上丸洋一『『諸君！』『正論』の研究――保守言論はどう変容してきたか』岩波書店、二〇一一年などがある。『諸君！』は二〇〇九年六月号をもって休刊した。

51　佐藤前掲『輿論と世論』。

第三章

『世界』――戦後平和主義のメートル原器

佐藤卓己

1　「戦後民主主義」のクオリティマガジン

二〇一三年現在、岩波書店のホームページで『世界』は「日本唯一のクオリティマガジン」と自己規定されている。戦後論壇のリーディング・マガジンとして、その自負は絶大である。

> 『世界』は、良質な情報と深い学識に支えられた評論によって、戦後史を切り拓いてきた雑誌です。創刊以来67年、日本唯一のクオリティマガジンとして読者の圧倒的な信頼を確立しています。〔特記しない限り、以下も強調は引用者〕

「戦後史を切り拓いてきた雑誌」とあるように、戦前から存在した『中央公論』『文藝春秋』と異なって、『世界』は敗戦を契機として生まれた「戦後雑誌」である。一九四六年末には八二種に達した「新興」綜合雑誌の中で、『世界』だけが一〇年後の一九五六年に唯一生き残っていた。[★1] その存在自体が「戦後」からの距離を示すメートル原器（長さを示す標準器）であり、特に黄金期の一九五〇年代を竹内洋は「『世界』の時代」と呼んでいる。[★2]だが、今日の『世界』を手にとっても、その絶頂期に論壇に放った輝きを読み取ることは難しい。「戦後民主主義」を象徴する雑誌として『世界』と『朝日ジャーナル』が並置されることも少なくないが[★3]、この月刊綜合雑誌と「右手に『朝日ジャーナル』、左手に『少年マガジン』」のフレーズで知られた一九五九年創刊の週刊誌とでは、読者の質と量において単純な比較はできない。たとえば、創刊期『世界』編集部の相談役だった清水幾太郎は、月刊「綜合雑誌」の読者層の高さと狭さをこう指摘している。

綜合雑誌は暗黙のうちに、高等教育を受けた読者のみを前提として編輯しているため、日刊新聞にみられる包括的な大衆性は失われ、かなり高い平面に立ち、したがって一部の知識層にとっての綜合性という色彩を帯びるにいたっている。綜合性を持ったまま特殊化されていると言うべきか[★4]。

また、『世界』創刊十周年記念号の特集「『世界』の十年」で、東京大学新聞研究所教授・城戸又一はこう述べている。

『世界』に対する世間の一致した批評は、教科書的、講壇風、アカデミック、とりすましている、むずかしい、というようなことだつた。この世評は今でも変らない。つまり、寝ころんで読めるような気楽な雑誌ではないということだ[★5]。

こうした教養主義的性格は、半世紀以上たった今でも変わらない。以下では『朝日ジャーナル』創刊（一九五九年）以前、より具体的にいえば初代編集長・吉野源三郎が直接編集した一九五八年六月号（創刊百五十号記念号）までを中心に概観する。吉野は「バトンを海老原光義に渡す」と編集長引退を発表した編集後記で、ライバル誌『中央公論』と「戦時中の言論弾圧」の記憶を共有していると書いている。

海老原は戦前から戦後〔一九四一~四七年〕にかけて『中央公論』の編集部にあり、後に転じて〔一九四九年〕岩波書店に入ったのですが、戦時中の言論弾圧をも身をもって体験し、ジャーナリストとしての経験はむしろ吉野よりも長い有数のヴェテランで、充分にその責任に堪えるはずであります。[★6]

だとすれば、論壇における『世界』の位置を検討するためには岩波書店史[★7]にとどまらず、少なくとも『中央公論』などとの比較史も不可欠となる。それこそ本書の存在理由の一つである。一方で、「戦時中の言論弾圧」の記憶とともに、吉野の編集方針がその後の『世界』編集部に引き継がれたことは、後に『世界』編集長から三代目岩波書店社長となる安江良介の発言から読み取れる。元『中央公論』編集長・粕谷一希、元『文藝春秋』編集長・田中健五との鼎談で安江はこう語っている。

今日まで一貫している〔『世界』の〕考え方の基礎は、第二次世界大戦に対する反省にありました。したがって具体的にはアジアに関心をもち、アジア諸民族との和解を中心に考える。それから平和の問題を中心に考える。一方、雑誌の姿勢としては、創刊時の吉野源三郎さんのつよい考え方は、その時代時代の知識人の高い水準の発言が記録されていく雑誌に結果としてなることを心がけようというものでした。これらのことは、いまにいたるも変らない、私たちの考えです。[★8]

「第二次世界大戦に対する反省」は十年ごとに刊行された創刊記念号でも、「平和の問題」に対する「知識人の高い水準の発言」として繰り返されてきた。[★9]実際、『世界』の創刊は敗戦直後、岩波書店の創業者・岩波茂雄が戦前の反省から新たな「大衆雑誌」の創刊を決意したことに始まる。その経緯については安倍能成『岩波茂雄伝』（岩波書店、一九五七年）や小林勇『惜櫟荘主人――一つの岩波茂雄伝』（岩波書店、一九六三年）などの評伝に詳しいが、吉野は「創刊まで」（『世界』一九六六年一月号。以下、『世界』掲載記事は刊行年月のみ記載）

でこう要約している。

日本には高い文化がありながら、それだけでは祖国の亡ぶのを阻止することができなかったのだ。これは、文化が大衆から離れたところにあって、大衆に影響力をもたず、軍部や右翼がかえって大衆をとらえていたからである。この過ちをもう、ふたたびくりかえしてはならない。こんどの経験を教訓にして、文化と大衆とを結びつけることを、なんとかしてやらねばならない。岩波書店も、在来のアカデミックなわくから出て、もっと大衆と結びついた仕事をやる必要がある。大衆の文化を講談社ばかりにまかせておかないで、われわれのところでも、総合雑誌にしろ、大衆雑誌にしろ、どんどん出版していこうではないか。

——これが岩波さんの提案であった。

岩波さんはこう語りながら、こんどの戦争でたくさんの青年たちを死なせたのも、一つには自分たち年輩の者が臆病で、いわねばならぬことを、いうべきときにいわずにいたせいだ、とつけ加えることを忘れなかった。[★10]〔以下は傍点・は引用文献のもの〕

講談社による大衆文化の独占を打破する決意は、戦時中から岩波書店ブレーンの一人だった久野収によれば、「精一杯がんばったけれども、結局『キング』の過激な大衆的忠君愛国主義に勝てなかった」[★11]という岩波茂雄の無念の思いから発していた。『キング』は講談社が「一家に一冊」を謳って一九二五年に創刊し、日本初の一〇〇万部を達成した「国民大衆雑誌」である。『キング』を頂点にして『婦人倶楽部』『少年倶楽部』『講談倶楽部』など講談社の大衆雑誌が農村から労働者階級まで広く浸透したのに対して、戦前に岩波書店が発行した『思想』『文学』『科学』『教育』『図書』は、ごく少数の高学歴者が読む高級雑誌にとどまった。[★12]インテリ読者を惹き付けながらも大衆世論に影響力を持たなかった岩波書店が、戦後に求めたのはいわば「啓蒙的な『キング』」であった。その意味では蔵原惟人が「文化革命と知識層の任務」（一九四七年六月号）で示した「講談社文化と岩波文化」の対抗図式を念頭に岩波茂雄も思考していた。

他方で、この新雑誌創刊の決意は戦前に「臆病で、いわねばならぬことを、いうべきときにいわずにいた」という自称「文化の配達人」の悔恨に由来していた。岩波は『世界』創刊号の「『世界』の創刊に際して」でも「私に義を見て之に赴く気概のなかつたことは、顧みて衷心慚愧に堪へない」と書いている。知識人におけるこうした感情の拡がりを後に丸山眞男は「悔恨共同体」と名付けた。[★13]

2 「悔恨共同体」の綜合雑誌

新たな「大衆雑誌」を構想していた岩波のもとに、一九四五年九月、親友の安倍能成を通じて同心会が編集する綜合雑誌の発行計画が持ちこまれた。戦争末期、重光葵外相の側近・加瀬俊一と作家・山本有三の呼びかけで、安倍能成・志賀直哉・武者小路実篤など大正教養主義世代の自由主義者が集まり、戦争終結について秘密会談をくりかえした。戦後、さらに長與善郎、柳宗悦なども加わって同心会は発足した。同心会の新雑誌の名称として候補に挙がっていたのは、「新声」「あかつき」「暁風」「新光」「太陽」「地球」「世界」などであり、投票で「地球」と「世界」が同数で最後に残った。「海ゆかば」の作詞者・信時潔が「〝チキュウ〟というのは音としてまずい」と発言し、「世界」に決定された。それが谷川徹三の案だと発表されたのは決定後である。[★14]いかにも敗戦直後の世相を感じさせる民主的な決定プロセスである。同心会で安倍能成が主幹となり、岩波書店での編集実務は吉野源三郎が担当することに決まった。

一九四五年十二月中旬、八万部でスタートした『世界』創刊号（一九四六年一月号）はたちまち売り切れた。しかし、その編集発行をめぐって同心会と岩波書店の「友情的紳士協定」に当初から喰い違いが存在していた。同心会は自分たちの「同人雑誌」の発行を岩波書店が引き受けたと理解したが、岩波書店は自ら創刊する綜合雑誌の主幹に安倍能成をすえたと考えていた。創刊号の巻頭には同心会の田中耕太郎が執筆した「発刊の辞」、巻末に岩波茂雄「『世界』の創刊に際して」と、二つの創刊言が並立している。田中は「大衆に媚び流行を追ふ百貨店式陳列に倣ひたくない」と宣言しているが、それは岩波が当初考えた「啓蒙的な大衆雑誌」とは異なる路線である。吉野は「玄人筋からは金ボタンの秀才のような雑誌だと批評され、左翼からは保守党左派の雑誌だと冷評された」[★15]と回想する。戦時下に『思想』を編集していた林達夫も、安倍能成らオールド・リベラルの編集方針をこう批判している。

〔創刊の〕謳い文句の吟味をしたらしいが、「天皇制護持」というのをどうしても掲げたい、というのが安倍能成の意見で、同調者も数人いたらしい。それに対して真っ向うから反対したのが大内兵衛。これは分る。それから〃そんなことどうでもいいじゃないか〃と言ってやんわり水をさしたのが志賀さん。ですから、大内兵衛と志賀直哉の鶴の二声で、天皇制護持のスローガンを下ろすことになったわけです。[★16]

間もなく、安倍は幣原喜重郎内閣の文部大臣に就任し、第二号以下の編集責任は大内兵衛、実際には吉野の主導で行われている。吉野はこの新雑誌の具体的イメージを摑んだのも、一九四五年九月二八日の三木清の通夜における大内兵衛との対話だったと証言している。[★17] 一九三八年「人民戦線事件」で検挙歴のある大内は、運動のために党派を超える柔軟性をもっていた。同心会にも属した大内は、一九五一年に結成される社会主義協会の創立委員となり、その月刊誌『社会主義』共同編集者にも就任している。大内たち労農派（社会党左派グループ）は、吉野と結びつくことで『世界』を拠点としてオールド・リベラリスト（同心会グループ）、講座派（共産党グループ）、戦後民主主義者（清水幾太郎・丸山眞男など）を結集した平和運動をリードすることが可能となった。

『世界』創刊期の画期的事件として語られるのは、丸山眞男「超国家主義の論理と心理」を掲載した創刊第五号（一九四六年五月号）である。若き政治学者の論壇デビュー作が知的読者にどれほど鮮烈な印象を与えたかを示す資料として、清水幾太郎が執筆した[★18]一九四六年六月二四日付『朝日新聞』の「アトム」署名の雑誌評が引かれることも多い。

論壇のマンネリズムの壁にも漸く穴のあく時が来た。疑ふものは丸山眞男「超国家主義の論理と心理」(『世界』五月号)を見るがよい。権威と権力との不思議な合一体に成る日本の国体は、到底封建的といふ言葉などで片づくものではないが、此処ではそれを極めて着実な方法で分析してゐる。考への運び方にも、資料の扱ひ方にも、若さといふものの価値を思はせる新しいスタイルがある。いや、何より学問の力をはつきりと見せてくれる。

だが、その前月の「アトム」記事(一九四六年五月一三日付同欄)の方が当時は衝撃的だったかもしれない。こちらも『世界』論文を扱っているが、天皇制の評価は正反対である。これも清水の手になるとすれば、新聞読者を『世界』購読に誘うプロパガンディストの面目躍如たる仕事である。当時、清水は中野好夫、河盛好蔵と三人で『世界』編集部の相談役をつとめていた。

何処を開いても答案が先に出来たやうな論文が眼につく中で、津田左右吉「建国の事情と万世一系の思想」(『世界』四月号)は唯一の例外である。自由に信念を吐露させたら天皇制反対を叫ぶであらうと敵も味方も信じ合つてゐたのに、津田博士は「国民は皇室を愛する。愛するところにこそ民主主義の徹底したすがたがある」と説くのだ。狼狽した『世界』の編輯者は同時にこの論文の発表の経緯を公表して、それが反共戦線に利用されないやうに予防線を張つてゐる。所謂進歩的歴史家の一群はやがて博士の反動化を云々し、「瞞された」と騒ぐだらうが瞞したのは博士ではなくて、歴史といふものを何か勘違ひしてゐる彼等自身のことだ。

そもそも、丸山論文が五月号巻頭に置かれた理由は、天皇制護持を打ち出した四月号の津田論文の影響を打ち消すためである。丸山にも津田論文を否定する意図があったことは、これを『現代政治の思想と行動』(一

九五六年）に収める際に丸山が付記した文章から明らかである。[★19]

ここで挙げたような天皇制的精神構造の病理が「非常時」の狂乱のもたらした例外現象にすぎないという見解（たとえば津田左右吉博士によつて典型的に主張されている）に対しては、私は当時も現在も到底賛成できない。

一方で、明治生まれの知識人たちの多くが津田論文に共鳴していたことは、津田と同じく戦時下に大学を追われたキリスト者・矢内原忠雄の「日本国民の使命と反省」（一九四六年八月号）でも確認できる。同心会メンバーではないが、明治人として平均的な天皇観を抱いていた矢内原は、「日本国民の世界的使命として私の考へて居るのは次の三点である。第一は一系の天子、第二は東西文明の融合、第三は平和国家」と言挙げている。また、「我らは神話の中に古代人の生活事実と生活感情と生活理想を見出す」と述べて、津田論文の「建国の事情」にも共感を示している。こうして、天皇制に対する政治的立場で大きく異なる新旧世代をつなぐものが、「平和国家」だったと言えるだろう。矢内原は非武装という「光栄ある実験」を偉大なる使命として生きることを主張している。

平和国家たるより外生くる道なきに到つたことは日本の運命である。併し之を止むを得ざるに出でたるあきらめの運命観より転ぜしめて、日本国民が有つ世界史的な使命として把握することにこそ、日本復興の根本的精神が存しなければならぬ。運命は消極的であり、使命は積極的である。運命はあきらめであり、使命は希望である。

こうした平和主義は世代を超えて共有されていたが、この津田論文以降、『世界』執筆者の世代交代は加速化した。一九四六年各号巻頭三論文の執筆者の平均年齢を挙げておく。

一月号（64歳）＝安倍能成（62歳）、美濃部達吉（72歳）、大内兵衛（57歳）。

二月号（57歳）＝田中耕太郎（55歳）、高橋正雄（44歳）、美濃部達吉（72歳）。

三月号（53歳）＝木村健康（36歳）、有沢広巳（50歳）、津田左右吉（72歳）。

四月号（63歳）＝小倉金之助（60歳）、恒藤恭（57歳）、津田左右吉（72歳）。

五月号（39歳）＝丸山眞男（31歳）、宇野弘蔵（48歳）、田中二郎（39歳）。

六月号（46歳）＝出　隆（54歳）、我妻栄（49歳）、都留重人（34歳）。

七月号（48歳）＝羽仁五郎（45歳）、高橋穣（61歳）、清水幾太郎（39歳）。

八月号（51歳）＝大内兵衛（57歳）、美濃部亮吉（42歳）、矢内原忠雄（53歳）。

九月号（42歳）＝林健太郎（33歳）、横田喜三郎（50歳）、小椋広勝（43歳）。

十月号（46歳）＝恒藤恭（57歳）、岡義武（44歳）、鈴木鴻一郎（36歳）。

十一月号（47歳）＝都留重人（34歳）、向坂逸郎（49歳）、那須皓（58歳）。

十二月号（46歳）＝大塚久雄（39歳）、本田喜代治（50歳）、宮川実（50歳）。


津田論文の四月号まで同心会メンバーを中心に六十歳代が前面に立っていたが、丸山論文の五月号以後は大きく若返り四十歳、五十歳代が中心になった。丸山眞男に続いて九月号で林健太郎、十一月号で都留重人、十二月号で大塚久雄と、三十代の新進気鋭の執筆者が巻頭に登場している。津田論文は『世界』が同心会の旧世代と距離を置くきっかけとなったわけであり、同論文と併載された編輯者［吉野源三郎］「津田博士「建国の事情と万世一系の思想」の発表について」（一九四六年四月号）が「第三の創刊の辞」とみなされるゆえんである。ただし、一九四六年八月二一日付『日本読書新聞』に掲載された「雑誌読書傾向輿論調査」で「今年になって一番関心した雑誌の月号」の結果を見る限り[★20]、丸山論文掲載の五月号よりも津田論文掲載の四月号や創刊号の人気の方が高い。同心会メンバーの論文に戦前との連続性、その安定感を求める読者も少なくなかっただろう。そのため、「若返り」後も『世界』と同心会との関係は継続したが、一九四八年七月に同心会グループは新たに『心』（平凡社）を創刊して『世界』と袂を分かった。武者小路実篤が発起人となり安倍能成を中心に生成会が組織され、同心会は発展的に解消する。『心』のタイトルは夏目漱石『こゝろ』から取られており、古き良き「漱石＝岩波文化」への原点回帰が志向された。そこには旧同心会メンバーに加えて、白樺派から西田幾多郎門下の京都学派まで、旧制高校・旧帝国大学の元教授たちが多数結集している。大内兵衛のように人間関係から生成会にも加入した労農派マルクス主義者もおり、『心』は旧世代「岩波文化人」の同人誌となった。

3　平和運動の機関誌

『世界』創刊期の主要執筆者の構成を見てきたが、その平和主義がＧＨＱの厳しい検閲下で成立したという事実も無視できない。創刊号巻頭の安倍能成「剛毅と真実と知慧とを」も二箇所が削除処分となったが、[★21]吉野の肝いりで始まった匿名国際記事欄「世界の潮」は特に厳しく検閲の目が向けられていた。富士晴英のプランゲ文庫調査によれば、『世界』論文（カッコ内は「世界の潮」）の発禁・保留・削除は、一九四六年二一件（四件）、四七年二二件（一五件）、四八年一九件（八件）、四九年一二件（二件）にのぼっている。一九四六年の処分理由は「国粋的言説」「連合国批判」などが半数を占めたが、冷戦激化にともない一九四七年以降は「左翼宣伝」や「資本主義批判」を理由とする処分が増加した。[★22]吉野はＣＩＥ（民間情報教育局）に出向いて担当者に次のように抗議している。「日本の戦前の検閲の下にだって許されたものが、あなたの占領下で許されないとは全く了解に苦しむし、あなた方の名誉にもかかわりはしないか」。

また、左翼出版社による同種の内容を許可しながら、岩波書店の「左翼的」傾向には厳しく対処する矛盾を指摘した吉野に対して、「あなた方の信用を左翼に貸してもらいたくないと考える」と担当者は答えたと回想している。[★23]岩波書店の読書界におけるブランド力を示すエピソードである。

「世界の潮」欄は「クォーリティ・ペーパー」、つまり『タイムズ』や『マンチェスター・ガーディアン』のような知識層向け高級新聞が存在しない日本で、『世界』がその代替機能を果たしていることの象徴だ、と加藤周一は評価する。[24] 確かに海外の一流雑誌を読んで論説にまとめた「世界の潮」欄は、日刊新聞の断片的ニュースとはちがって長期的なビジョンが示されている（だから、ストレート・ニュースよりイデオロギーが色濃く反映するとも言える）。こうした記事の需要は海外からの新刊輸入が容易でなかった占領期に特に高かったが、情報のグローバル化が進んだ今日では、当時同欄がもっていた影響力を想像することは難しい。執筆者の中心に外務省戦時経済局の嘱託だった脇村義太郎・東京大学教授がおり、同じく外務省にいた都留重人、近藤晋一、飯田藤次、さらに朝日新聞社の田中慎次郎らが分担していた。脇村によれば、戦前の『改造』にあった「世界情報」欄を意識したものだという。[25] 脇村らは外務省（旧・日産ビル）に近い内幸町の日本放送協会ビル内にあったＣＩＥの公開閲覧所に日参して雑誌を読み、それでまとめられた原稿は『世界』編集部によって事前検閲のために再び同じ建物に入っていたＣＣＤ（民間検閲局）に持参された。それは占領軍の情報を使って占領日本の世界史的位置を確認する作業とも言えた。東西冷戦が激化し、ＧＨＱが二・一ゼネストに中止を命令じた一九四七年以降、「世界平和」の潮流を求める作業は冷戦批判という色合いを帯びていった。

一九四八年九月、事前検閲のため校正刷りをＣＣＤに持参した吉野は、ＣＩＥでタイプライター用紙三枚の文書を入手する。これこそ平和問題懇談会の発端となる、ユネスコ本部発表の「戦争をひきおこす緊迫の原因に関して、ユネスコの八人の社会科学者によってなされた声明」（一九四八年七月一八日付）であった。この「ユネスコ声明」を読んだ吉野は熱海の惜櫟《せきれき》荘で岩波新書『ジャーナリズム』執筆中の清水幾太郎に相談し、さらに大阪在住の久野収にも連絡を取って、東西の学者による共同声明の発表を計画した。[26] さっそく東京平和問題談話会と京都平和問題談話会が組織され、七部会に別れてユネスコ声明の討議がつづけられた。以下の各部会参加者に津田左右吉、鈴木大拙、羽仁五郎を加えた五五名の名前が一九四九年三月号で公開された。その名簿には「小泉信三、田辺元両氏もこの企てに参加されたが、健康その他の都合により部会総会とも出席せられず、したがつて声明に対しては責任を有されない」との但し書きがあった。

「東京地方文科部会」＝安倍能成、天野貞祐、清水幾太郎、武田清子、淡野安太郎、鶴見和子、中野好夫、南博、宮城音彌、宮原誠一、和辻哲郎
「東京地方法政部会」＝磯田進、鵜飼信成、川島武宜、高木八尺、田中耕太郎、丸山眞男、蠟山政道
「東京地方経済部会」＝有沢広巳、大内兵衛、高島善哉、都留重人、矢内原忠雄、笠信太郎、蠟山芳郎、脇村義太郎
「東京地方自然科学部会」＝稲沼瑞穂、丘英通、富山小太郎、仁科芳雄、渡辺慧
「近畿地方文科部会」＝久野収、桑原武夫、重松俊明、新村猛、田中美知太郎、野田又夫
「近畿地方法政部会」＝磯村哲、岡本清一、末川博、田畑茂二郎、田畑忍、恒藤恭、沼田稲次郎、前芝確三、森義宣
「近畿地方経済部会」＝青山秀夫、島恭彦、新庄博、豊崎稔、名和統一、福井孝治

この五五名中、この声明文以外に『世界』に論文が掲載されていないのは、東京で稲沼瑞穂（電気学）、丘英通（動物学）の二名、近畿で重松俊明（社会学）、野田又夫（西洋哲学）、福井孝治（経済学）の三名に過ぎない。[★27]この談話会こそ戦後「岩波文化人」ネットワークの中核となった。

平和問題談話会は各部会で結論を取りまとめたのち、一九四八年十二月一二日、東京青山の明治記念館に全部会が集まり、議長に安倍能成、副議長に仁科芳雄と大内兵衛を選び、清水幾太郎が起草した「戦争と平和に関する日本の科学者の声明」、いわゆる「第一声明」を採択した。この声明の心理的背景を考える上で、ここでは安倍能成の開会の辞「平和問題と日本」（一九四九年三月号）から引用しておきたい。和辻哲郎や津田左右吉ら旧世代がこれに参加した心持ちが理解できる。

連合国はわれわれを裁くに平和と文明の名をもつてした以上は、必ずわれわれに向つて平和と文明とを

保証しなければならない、当然そういう義務があると思うのであります。すなわち、この平和の問題は、われわれにとつて特に切実な問題であると同時に、その保証はまた連合国の負うべきところの重大な義務である、と思うのであります。

図1 「岩波サロン」岩波書店役員室に集う『世界』執筆者たち（前列右より日高六郎、脇村義太郎、向坂逸郎、安倍能成、吉野源三郎、清水幾太郎、河野与一、久野収。後列右より小林勇、富山小太郎、八杉竜一、中野好夫）。『週刊朝日』1958年3月23日号グラビア

この平和主義の基礎には「もう戦争はこりごり」という心情以上に、武力を放棄した敗者が勝者に対して道義的優位に立とうとする逆転の戦略があった。講和会議を控えた被占領国における愛国主義の発露ともいえよう。

一九四九年十一月一日にアメリカ国務省が対日講和条約の検討を言明すると、いわゆる「講和論争」が活発化した。冷戦下でアメリカを中心とする西側諸国とまず講和する独立優先の「単独講和論」とソビエトなど東側諸国を含む全交戦国との講和をめざす「全面講和論」である。つまるところ日米安保体制か非武装中立かの選択を意味した。一九四九年十二月二一日、平和問題談話会は総会を開き、「講和問題についての平和問題談話会声明」（「第二声明」）をまとめている。平和四原則「全面講和・中立・軍事基地反対・再軍備反対」を唱える声明文（一九五〇年一月一五日付）は一九五〇年三月号で発表されたが、署名者リストからは「第一声明」にあった田

中美知太郎、鈴木大拙、田中耕太郎、津田左右吉、仁科芳雄の名前が消えている。さらに補足として、「われわれの間には同じく平和への意志と日本への愛情とに導かれつつ、而も単独講和に少からぬ意義を認める人人がある」とも付記されていた。この「第二声明」は『世界』以外にも『思想』『世界評論』『日本評論』『人間』の三月号、さらに『新日本文学』五月号などにも掲載され、大きな反響を生んだ。これを契機として、『世界』は講和問題に直接向き合う政治運動のメディアとなっていった。『世界』が政治的に「左翼的」「反体制的」と目されるようになる契機ということもできる。吉田茂首相は、翌々月の巻頭を飾った「世界の破局的危機と日本の使命」（一九五〇年五月号）など東京大学総長南原繁の全面講和論を、「曲学阿世の徒」の空論と批判している。この吉田首相発言に関する知識人のアンケート結果が『新日本文学』八月号で発表されている。南原支持、吉田批判というワンパターンが圧倒的な中で、創刊期『世界』の顧問格の一人であった河盛好蔵は独特なコメントを寄せている。[★28]

私には南原繁氏を全面的に信頼しえない理由があり、一種の官僚にすぎないと思つていますが、吉田首相の言葉が暴言であるのは言うまでもありません。

河盛は平和問題懇談会に参加していない。それでも吉野がこうした非賛同者も『世界』に執筆させ続けたことは指摘しておくべきことだろう。

そうした状況下、同六月二五日には朝鮮戦争が勃発し、戦争の危機は日本全土をおおった。その翌日『アカハタ』に停刊命令が出され、七月二四日から言論機関でもレッドパージが開始された。こうした政治的「逆コース」と並行するように、戦争特需で日本経済は急成長を始めていた。

平和問題談話会は「三たび平和について」（一九五〇年十二月号）を発表し、再軍備と単独講和の拒否を具体的な政策として宣言している。第一・第二声明は清水幾太郎が起草したが、この第三声明は前文のみ清水が起草し、「第一章　平和問題に対するわれわれの基本的な考え方」、「第二章　いわゆる『二つの世界』の対立とその調整の問題」を丸山眞男、「第三章　憲法の永久平和主義と日本の安全保障及び再武装の問題」を鵜飼信成、「第四章　平和と国内体制との関係」を都留重人が起草した。だが、この「第三声明」前後から早期独立を望む国民世論と『世界』の論調との間に大きな距離が生まれており、発行部数は約三万部まで低迷していた。[29]

一九五一年九月八日（日本時間九日）、サンフランシスコにおいて対日平和条約が調印され、同時にアメリカと日米安全保障条約が締結された（発効は翌年四月二八日）。ここに戦後日本は西側自由陣営に組み込まれるかたちで国際復帰を果たした。この時、『世界』一九五一年十月号は「講和問題特集」として発売を調印日の一週間前に繰上げて刊行された。雑誌としては異例の五刷を重ね、一五万部を売り切っている。当時編集部にいた緑川亨（のち二代目社長）は「平和問題談話会とその後」（一九八五年七月臨時増刊号）で「先方からの希望もあって、雑誌をかついで、国鉄、総評、全逓にもっていった」と証言している。緑川はさらに自ら組合幹部に『世界』の一括購入を交渉している。労働運動との連携により、『世界』の主張は翌一九五二年一月の社会党大会で決議された平和三原則（中立堅持・軍事基地提供反対・全面講和実現）に結実する。こうした組織購入の拡大で『世界』の発行部数は急増し、一九五四年には一〇万部に達した（図2）。読売新聞社が一九五二年に発表した「雑誌ベスト・スリー」で、「綜合雑誌」は『文藝春秋』『世界』『中央公論』が選ばれている。[30] しかし、その一方で自由主義者あるいは現実主義者の『世界』離れも加速した。たとえば、小泉信三は「平和論――切に平和を願ふものとして」（『文藝春秋』一九五二年一月号）で講和問題特集号を「全面講和論者または中立論者の同人雑誌の如き」と酷評して

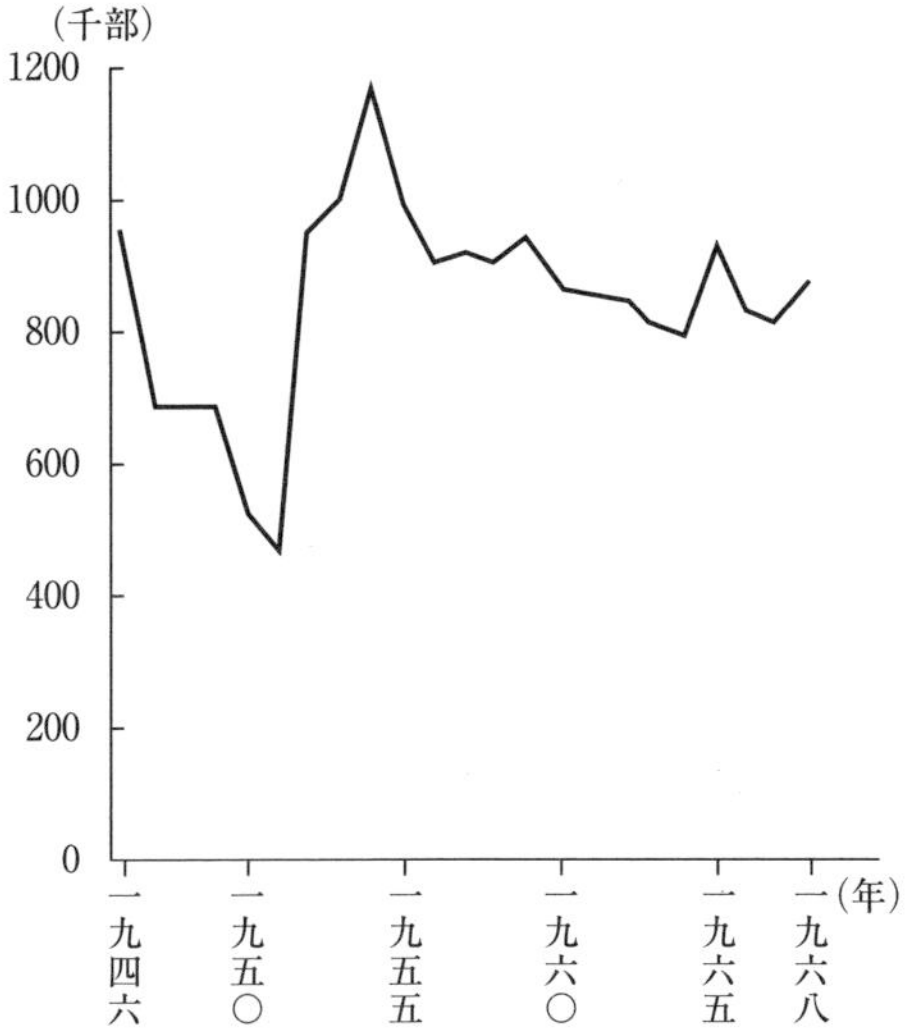

図2　『世界』年間発行部数の推移
（1946－68年、1965年5月臨時増刊号を含む）。

いる。これに対して『世界』同年三月号は都留重人と杉捷夫の反論を掲載したが、小泉はこの両者への回答として『世界』同五月号に「私の平和論について」を寄せている。

自然に認めなければならないのは、ソ連の平和意図に対して都留氏等と私の所見の異なることである。私に比すれば、都留氏は著しく親ソ的、若しくは信ソ的であり、都留氏に比すれば、私は遙にソ連批判的若しくは警戒的である。

この段階では『世界』誌上で「反ソ親米」派が再反論する機会は与えられていた。実際、『世界』創刊一〇〇号（一九五四年四月号）でも、安倍能成「『世界』と『心』と私」や小泉信三「私の『世界』観」が編集部の党派的偏向を批判している。河盛好蔵は「『世界』の功罪」（同号）でこう述べている。

私は綜合雑誌というものは、いろいろの旋律の調和した合唱であるべきだと思うが、「世界」は歌手の数が多くても、ともすれば斉唱になり易く、とくに、二、三の人の苛立たしい甲高い声が耳につく。私は歌手の誠実と善意を少しも疑うものではないが、あまりにも同じ旋律ばかりを繰り返していると、平和とか自由という大切な言葉のもつ内容が次第に稀薄な安つぽいものになつてしまうことを私は恐れるのである。

そうした単調さを気にしたわけではないが、吉野は平和問題談話会のメンバーを入れ替えて、一九五八年六月に憲法改正阻止をめざす「憲法問題研究会」（一九七六年解散）、一九五九年三月に安保改訂問題を検討する「国際問題談話会」（一九六八年解散）を発足させている。『世界』の平和運動に同伴した中野好夫は、吉野没後にこう総括している。

もし自惚れでなければ、私たちの〔憲法問題〕研究会が多少改憲熱を阻止しえた力になったような気もするが、他方全面講和を主張し、安保反対を唱えた平和問題談話会の方は空しく敗れた。★31

一九五四年三月一日の第五福竜丸被曝事件を契機とする原水爆禁止運動の高まりなども『世界』には追い風であったが、現実政治においてその影響力を過大評価することはできない。

4 高学歴者の「精神安定剤」?

実際、『世界』はどのような読者に読まれていたのだろうか。一九五二年四月号の編輯後記に、同年一月号に折り込まれた「読者カード」の返信分、約一万枚の集計結果が示されている。会社員(工員含む)二四%、教員二〇%、官公吏一九・七%など俸給生活者は合計で六三・九%、それに続いて学生二三・二%、商業・農業従事者は一二・二%とある。特に目を引くのは教員、官公吏で四割であり、日教組、自治労などに所属するホワイトカラーが圧倒的多数を占めている。

一九五三年二月号の「読者からの手紙」欄に、労働組合の友人に勧められて初めて『世界』を手にした「香川県　一労働者」からの手紙が掲載されている。仲間内で「インテリのしるし」とされる『世界』には、「貴族的で、おまえら無学の大衆は、予の関知するところではないといった態度」が見えると批判している。「字引の助けを借りてまで、一つの論文を一カ月かかって読んだ人」など具体例を紹介し、「人民の誰もが考えなくてはならないことが、人民大衆の読めない本〔『世界』を指す〕の中だけでかかれている」状況の滑稽さに怒りぶちまけている。この一労働者の目には、『世界』の読者欄も「人民大衆の声」とは無関係だった。

皆さんに読者の声をとどけているような人々が、私らの中で、一体どんな人々なのか、おそらく御存知ではありますまい。それは百人に一人、いや千人に一人ぐらいの、本が好きで、毎日本を読んでいるような人達がかいているのです。

吉野はこれを掲載した編輯後記で、こうした「大衆から取りつきにくいインテリゲンチャ的傾向への不満」は創刊から絶えず自問してきた課題だと認めている。その上で、「〔克服すべき〕問題の根源が私たちの編輯方針よりももう少し深い社会的、歴史的条件の中にあるようなので」と、この読者に理解を求めている。この「一労働者」に対しては、翌三月号の同欄で別の「香川県　一労働者」の反論と「和歌山県　一書籍店主」の共感が併載された。前者は新聞の政治経済面と比べて『世界』が格段に難解とはいえないというが、そもそも新聞の政治経済面を読む人が多いわけではない。後者は「善意の空転」が大衆の反感を買っているのだという。

言論は、それが反対の立場に在る人々に対して語られるのでなければ、多くスローガンに丈け終つてしまいます。編輯者と執筆者の善意にも拘らず、綜合雑誌は日本の社会に対してこれを進歩させる方向へではなく、インテリと大衆との間の溝を益々大きくさせて行く、観念の近代化を一層推進することによつてより大きい悲劇を作り出す方向へ動いて行く、何だか近頃そんな気がしてなりません。

これが正しいとすれば、大衆世論への働きかけをめざして『世界』を創刊した岩波茂雄の志は挫折したことになる。こうした読者の不満に対して、桑原武夫「総合雑誌のあり方――『世界』の読者たちの要望をめぐって」（一九五三年四月号）が掲載されている。桑原は「無学な大衆、そして労働者には、あのようなイヤミな文章は書けぬ」として、「一労働者」の正体は「ヤケッパチ的な気分」になった活動家だと推定する。一方、「地方都市で県庁の役人は大たい「文春」をよんでいる。「世界」は教員だ」との実感を述べた上で、読者一〇〇万獲得を目標とする『文藝春秋』は世論に棹さして流れがちだという。これに対して、「おだやかな、しかし一本通つた線を時勢の変遷にかかわらず持ちつづけ、冷静に平和をと」く『世界』は不可欠なのだと訴えている。しかし、こうした「冷静に平和をと」く『世界』論文を読む人々、「教師と中流インテリ・サラリーマン」の心性については、後に中島誠が次のような評価を下している。

『世界』は、日米講和と安保条約についての、また核兵器についての、また日韓問題についての、実におびただしい発言と「声明」を載せてきた。『世界』に寄稿することで良心の情熱は捌け口を与えられ、『世界』を読むことによって良心は慰撫されてきた。★32

読み手からすれば『世界』は高学歴ホワイト・カラーの「精神安定剤」だったかもしれないが、書き手の立場では『世界』での執筆は論壇へのプラチナ・チケットだったといえるだろう。

『世界』執筆者が一九五〇年代の論壇に君臨していたことは、新聞の論壇時評における圧倒的な言及頻度から裏付けられる。そもそも論壇時評の担当者の多くが、『世界』の執筆者と重なっていた。一九五〇年代の『朝日新聞』論壇時評の執筆者（カッコ内は『世界』での五〇年代の執筆回数）を担当順に並べると次の通りである。河盛好蔵（17）、都留重人（48）、高橋義孝（1）、林健太郎（4）、大内力（4）、緒方富雄（1）、遠藤湘吉（0）、日高六郎（24）、福原麟太郎（2）、吉田精一（0）、相良守峯（0）、本田顕彰（1）、城戸又一（19）、臼井吉見（8）、竹内好（24）、中村哲（9）、陸井三郎（2）、福田定良（5）、荒正人（9）、加藤子明（0）、中野好夫（38）、中島健蔵（29）、桑原武夫（24）である。当時の『朝日新聞』論壇時評は短期間で担当者が交替したため、執筆回数では中島健蔵の三〇回を筆頭に中野好夫の九回、城戸又一の八回、日高六郎の六回と続くが、同時期の『世界』寄稿数も中島二九回、中野三八回、城戸一九回、日高二四回と目立って多い。この五〇年代の『世界』最多執筆は四〇回の清水幾太郎だが、第二節で引用したように、清水も一九四六年の「雑誌評」で匿名執筆している。辻村明は論壇時評担当者と言及論文数上位者の循環的な「自己増殖」を次のように指摘している。

注目される多くの論文を書いて、評判になった人物が論壇時評担当者に抜擢されるのであろうが、抜擢

されたのちには、同じ仲間のものを多くとりあげていって、雪だるまのように増殖していくわけである。[★33]

「雪だるま式」自己増殖の典型的事例として、『世界』創刊十周年記念号（一九五六年一月号）の特集「『世界』の十年」を挙げてもよい。城戸又一「新聞・雑誌・世論」、大熊信行「綜合雑誌十年の歩み――『世界』を中心として」が並んでいるが、城戸は一九五四年と一九五七年の『朝日新聞』論壇時評の担当者であり、大熊は時事通信社で「論壇展望」の執筆を続けていた。また、『世界』創刊百五十号記念（一九五八年六月号）の特集でも「『世界』への注文（座談会）」と題して『朝日新聞』と『毎日新聞』でそれぞれ「綜合雑誌評」を担当する中島健蔵（『世界』寄稿数第二位）と加藤周一（同第三位）が吉野編集長と鼎談している。

この座談会に続いて掲載された大熊信行「綜合雑誌＝その商品性と批判的精神――『世界』150号に寄せて」がメディア論としては秀逸である。大熊は戦後に簇生した新興「綜合雑誌」の中で「ただ一つ生き残った」理由に編集方針の一貫性を挙げている。「綜合」が多様な別々のものを一つにまとめること、あるいは相互に矛盾する定立と反定立とを止揚すること（ジンテーゼ）であるとすれば、平和主義の理想への賛同がまず大前提となっている『世界』の内部には多様性も対立点もほとんどない。それは戦前から存在した綜合雑誌の固定観念を破るものであり、そこに『世界』の新しさがあったという。『世界』の編集方針の硬直性を批判する声に対して、大熊は「戦争期の綜合雑誌が、葱をむくように〝脱皮〟をかさね、とめどなく〝時局に協力〟し、自己を失っていった悲惨な過程」を想起するよう呼びかけた上で、こう総括している。

同誌の編集方針に、なにか芯のようなものがあって、それが雑誌をせまくしている観があるとしても、いざという日に、もしそれがものをいうとなれば、一つの雑誌が、日本の知識層の心のよりどころになるというのは、空前のことだとわたしなどは考える。〔中略〕『世界』はいざというとき、その商品性を断ち切ることで存続しそうな、一つの雑誌である。

その一方で、大熊は『世界』の平和論が雑誌メディアの再生産過程で「消耗性商品」として弱点をもつことも冷静に分析している。平和主義を掲げる限り、平和論はあらゆる角度から毎号何回でも繰り返す必要があるわけだが、すべての論文が「内的な衝迫」をもつとは限らない。平和問題談話会の活動として書かれた論文の場合、もし会合が開かれず、吉野が〆切りを決めて原稿を依頼しなかった場合、自発的に書かれた平和論が一体どれだけあっただろうか、と大熊は問う。つまり、『世界』の平和論の比重は個人の言説というより集団の行動に置かれていた。個別論文より吉野の編集に創造性があったのであり、それこそ『世界』が他の総合雑誌と異なる特徴だった。だが、執筆者が見事に組織され、特集や題目が割り振られると、論文の展開と落とし所はあらかじめ決まってしまう。極言すれば、執筆者は指揮官の指令で動く兵隊でよいことになるだろう。ちなみに、一九六〇年安保闘争で吉野と決裂するまで『世界』の旗振り役だった清水幾太郎は、吉野を「全軍を指揮する将軍」と評している。その指導力はいざとなれば自ら執筆できる吉野の能力と覚悟に裏付けられていた。岩波書店に入る以前から『君たちはどう生きるか』（新潮社・一九三七年）の人気作家であり、明治大学文芸学科教授だった哲学者・吉野源三郎だから可能だった編集ともいえる。同じ文章の中で清水は『世界』の平和主義について、こう述べている。

> かりに『世界』という雑誌がなかったにしても、平和は戦後の日本の大きな問題であったに違いない。しかし、よく平和が戦争経験という摩滅しやすい平面から救い出され、党派的利害の上にすえられるようになったのは、『世界』編集長の誠実と見識とによることが大きかったと思う。★34

5　「八・一五」記憶のメディア

平和論を「戦争経験という摩滅しやすい平面」から救い出すために、吉野が試みた企画の一つが「八・一五体験の組織化」である。今日の日本では「八月一五日＝終戦記念日」が常識とされているが、敗戦直後にはポツダム宣言受諾の八月一四日や降伏文書調印の九月二日も終戦日として重視されていた。[★35]現在の「八・一五」終戦記念日が定着するプロセスで岩波書店、とりわけ『世界』の「八・一五特集」が果たした役割は大きい。この特集が始まる以前に、「八月十五日という日」の記憶が埋没していたことは、吉野自身が講演「終戦の意義とヴェトナム戦争（一九六五年八月）」の冒頭でこう回想している。

私は戦後に仲間のジャーナリストとジャーナリスト会議という団体を作って、毎年その団体で八月十五日の終戦記念の集会をやっておりましたが、十年ばかり前（一九五五年）、その集会に新聞社の方がやって来て、今日、東京で八月十五日を記念する何か催しがあるかと思って探してみたが、このジャーナリスト会議の催しのほかには、右翼団体の小さな集りがあるだけだった、と話されたことがあったのを覚えているからです。憲法記念日と共に、この八月十五日も年ごとに忘れらて来る傾向にあったのです。[★36]

大江健三郎・安江良介『『世界』の40年――戦後を見直す、そして、いま』（岩波ブックレット、一九八四年）も「八月一五日の意味」から始まる。『世界』編集長の安江は「一九四五年の八月一五日と切っても切れない関係でできた雑誌」だと語り起こしている。

『世界』という雑誌は、八月一五日に至る日本の近代史の挫折とその反省の中に日本が再生のスタートを切ったなかでその時代精神を誠実に体現すべきものとして生まれたといえます。

とはいえ、一九四五年八月一五日を境に岩波書店の出版活動が大きく変ったわけではない。『岩波書店八十年』（岩波書店、一九九六年）の同日付には一行「寂寞として終戦を迎えた」とあるだけで、その後は八月二二日「今後の出版活動方針を協議」に飛んでいる。重要なことは「八・一四」や「九・二」が戦争や帝国の終わりを意味する日付なのに対して、玉音放送の「八・一五」だけが国民体験としての新たな世界のスタートを予感させたということである。この日付の『世界』誌上での初出は、創刊第二号（一九四六年二月号）の高橋正雄「敗戦日本の経済過程——八・一五以前」であり、翌三月号の編輯後記で辰巳亥子夫（高木惣吉・元海軍少将のペンネーム）「終戦覚書」に関連して吉野が言及している。だが、『世界』における「八・一五」の意義を明確に定義した文書は、五月号の丸山眞男「超国家主義の論理と心理」における結びの一文である。

　日本帝国主義に終止符が打たれた八・一五の日はまた同時に、超国家主義の全体系の基盤たる国体がその絶対性を喪失し今や始めて自由なる主体となつた日本国民にその運命を委ねた日でもあつたのである。

その後、『世界』がすぐに「八・一五」特集を開始したわけではない。綜合雑誌における「八・一五」記念企画の嚆矢は、『日本評論』一九四九年八月号に掲載された「敗戦前後——八・一五　記念」座談会（平野義太郎・守屋典郎・堀江正規・戒能通孝・尾形昭二）であり、翌一九五〇年から他の綜合雑誌も終戦特集を組むようになった。『世界』一九五〇年八月号の「敗戦の日の思い出」（つださうきち・安倍能成・長與善郎・真船豊・徳永直・村山知義・梅崎春生）はその代表例である。これ以後、『世界』八月号で知識人の「八・一五回想」は慣例となった。一九五一年は「回想の八・一五」（内田百閒・廣津和郎・笠信太郎）、一九五二年には原爆を扱った「八月六日の回想」となるが、一九五三年「あの頃のこと——八・一五の回想」（大内兵衛・野上弥生子・竹内好・矢内原伊作・高木惣吉）、一九五四年「あの頃のこと——八月十五日前後」（遠藤三郎・玉木英彦・坪田譲治・W・バーチェット）と続き、終戦十周年の一九五五年に大特集「十年前——忘れられぬあの日」が組まれた。巻頭の安倍能成「十たび八月十五日を迎へて」から遠山茂樹「敗戦の歴史をどううけとめるか」、座談会「開戦から終戦まで——日本外交の回顧」（有田八郎・大金益次郎・堀田正昭・守島伍郎）、グラビア「終戦そして私たちは」（木村伊兵衛・菊池俊吉）、須山計一編「漫画で見る戦後十年史」など大型企画が目白押しである。「八月十五日を想う」（宮澤俊義・和達清夫・正宗白鳥・奥野信太郎・細川嘉六・神近市子・北王英一・ブブノーワ・南博・宇野重吉）と並んで、この年から始まった一般公募「私の八月十五日」が掲載されている。「入選二編に一万円、佳作に薄謝」として募集されたが、五一二篇中一〇篇の佳作全員に五千円が贈られた。一〇名の内訳は教員三名、主婦二名、無職二名、公務員一名、農業一名、療養中一名である。その編輯後記で吉野はこう書いてる。

私たちひとりひとりの人間にとつても、全体としての民族にとつても、すべて日本人にとつては、今日の問題がみんなあの十年前の八月十五日につながつている。それは考えてみれば当然のことである。生活の目標も、設計も、努力も、一切があの日をもつて一度御破算となり、私たちは誰も彼も、あの日から新たな未知のコースに向かつて出直さなければならなかつた。

この「八・一五体験」は回想でありながら、平和の「新たな未知のコース」に向けて企画されたものである。この原稿公募は一九五六年「わが「戦後」の体験」、一九五七年「傷は癒えたか」、一九五八年「八月十五日——それは私にとってどんな意味をもつか」、一九五九年「私たちの生活と憲法」と続いた。一九六〇年八月号は反安保改正を掲げた大特集「主権者は国民である——安保条約をめぐる国民運動と今後の課題」となったため、例外的に同年は九月号に発表された。[★37]この「八・一五記念応募原稿」は一九七四年まで二〇年間続き、「再録・私の八月十五日——読者の体験記録から」（一九七五年八月号）で終わっている。これほど長期間の「八・一五」イベントを継続した綜合雑誌は『世界』の他には存在しない。八・一五記念日の定着に『世界』が果たしてきた役割について、岩波書店会長・小林勇は「こぼればなし」（『図書』一九六五年八月号）でこう書いている。

八月十五日といっても、五月三日の憲法記念日と同様、ここ十数年は年と共に忘れられがちとなっていた。今年こそ、満二十年ということで、各雑誌がいろいろと企画に取りあげているけれど、昨年までは、新聞にしろ、雑誌にしろ、毎年のこの日を忘れずに思いおこす試みは稀れであった。私たちは細々ながら忘れずに、この試みをつづけて来たつもりである。『世界』の八月特集は、すでに十数年にわたって続けられて来た。

ただし、それが未来志向の記憶として国民に共有されたとは断定できない。多くの「八月十五日体験記」を分析した上で、文字化された体験が未来につながることの難しさを、後に『文藝春秋』編集長となる岡崎満義は次のように指摘している。

> いかに悲惨な体験であっても、それを文字として定着させるとき、不思議なぐさめがある。記録としての完結性を帯びる。未来につながらない。体験がそこで起承転結的な円循を閉じてしまう。そしてときには体験がそこで「死」んでしまう。他人が入って行けない絶対的な世界が出現する。★38

ちなみに、岡崎は京都大学在学中に『世界』の八・一五体験記に応募し、小学校教師たちの戦後転向を告発した「変身」が『世界』一九五八年八月号で入選作として発表されている。その後、「変身」は臼井吉見編『現代教養全集 第18（敗戦の記録）』（筑摩書房、一九六〇年）に再録された。また、岡崎と並んで同時に早稲田大学在学中の児玉隆也の「子から見た母」も入選している。児玉は後にノンフィクション作家となり、「淋しき越山会の女王」（『文藝春秋』一九七四年十一月号）などを残した。『世界』の八・一五原稿募集の終了にあたり、岡崎は「〝8・15学校〟の同窓生——児玉隆也さんのこと」（『世界』一九七五年八月号）を寄せている。こうした例が示すように、『世界』で公募された体験談は一般庶民の綴り方というより、物書き予備軍の作品である。だとすれば、その回想が現在の価値基準で選択された「現在の記憶」であることにとどまらず、読み手の反応を先取りした創作であることにも注意が必要だろう。松田道雄が育児の体験談について述べたことは、戦争の体験談にも十分当てはまる。

しつけの体験談というものを私が信用しないのは、公表を目的とした体験談をかく人間というものは、すでに特殊な選択を経た人間であるからである。自分は子どもを立派に育てあげたという意識がなくては、育児体験の公表を決意できない。立派な子どもということになると、社会的地位が標準になる。育児体験の応募には必ず官立大学に子どもを入れたというのがでてくる。そういうよい「結果」とそれに結びつけられる過去の「しつけ」とは必ずしも因果関係がない。ほんとうに育児で苦労した体験の大部分は、彼らの記憶に残っていない。★39

『世界』の執筆者・読者、つまり小学校から大学までの教員を中心とする「八・一五の回想」からは、「官立大学に子どもを入れた」育児談とよく似た印象が読み取れることも確かである。

はたして「八・一五」記憶の場合も選抜された優等生の回想が本流として標準化されることはなかっただろうか。『世界』の創刊前、大内兵衛はこの新雑誌への希望を吉野源三郎に語ったという。「何年かたってみると、戦後の日本の進歩や思潮の本流がちゃんと辿れるようにするんだな。★40」

確かに、『世界』はある時期まで戦後平和主義の「本流」からの距離をはかる物差しとなってきた。本稿の副題で「戦後平和主義のメートル原器」と名付けた理由である。しかし、堅牢・耐食性を誇った白金イリジウム製のメートル原器を含め、あらゆる物質は経年変化から逃れることはできない。いみじくも日本社会が安保闘争で揺れた一九六〇年、国際度量衡総会はメートル原器を長さの基準とすることをやめて、物理現象（ラムダクリプトン）による長さの定義に改めた（さらに一九八三年には真空中における光の到達距離で再定義されて現在に至っている）。一九六〇年以降、『世界』はいつまで「思潮の本流」からの距離の尺度たりえたか、その確定は戦後論壇研究の大きな課題である。ちなみに苅部直は、大熊信行「日本民族について」（一九六四年一月号）に対する『世界』編集部の対応を一つの画期としている。八月一五日を戦後民主主義の原点として再確認した丸山眞男「復初の説」（一九六〇年八月号）を「虚妄」として批判した大熊論文に対して、『世界』は三度の批判文を掲載しているが、大熊には再反論の機会を与えていない。

『世界』という雑誌がこののち、「戦後民主主義」に対する批判をタブーとして封印してしまった画期として見ることもできるだろう。★41

あるいは、綜合雑誌が論争を綜合《ジンテーゼ》に導く弁証法を放棄して単なる「総合」雑誌と化した画期と言ってもよいのかもしれない。

■註

1 大熊信行「綜合雑誌十年の歩み――『世界』を中心として」『世界』一九五六年一月号、一五九頁。

2 竹内洋『革新幻想の戦後史』中央公論新社、二〇一一年、第二章。一方で、『世界』に焦点を絞った先行研究は予想外に少ない。辻村明「進歩派の論理構造――雑誌『世界』の軌跡」『正論』一九八二年七月号、野田宣雄「論壇平和主義はなぜ失墜したか」『This is 読売』一九九一年五月号(同『歴史の危機』文藝春秋、一九九二年に再録)、矢崎彰「『世界』と平和問題談話会――講和と冷戦をめぐる議論を中心に」『民衆史研究』第四五号、一九九三年五月号、富士晴英「吉野源三郎と『世界』」『歴史評論』一九九六年五月号がある。本稿執筆後、根津朝彦「『世界』編集部と戦後知識人――知的共同体の生成をめぐって」『メディア史研究』第三四号、二〇一三年十月の刊行を確認した。

3 戦後民主主義の代表的舞台として『世界』と『朝日ジャーナル』を並置した典型的な批判として、西義之・神谷不二・野田宣雄・高橋史朗の座談会「岩波文化の犯罪」(『諸君!』一九九一年二月号)などがある。

4 清水幾太郎『ジャーナリズム』岩波新書、一九四九年、四一頁。

5 城戸又一「新聞・雑誌・世論」『世界』一九五六年一月号、一五七―一五八頁。

6 吉野源三郎「編輯後記」『世界』一九五八年六月号、三五九頁。もっとも、吉野は編集長を退いた後も、一九六六年一月号(創刊二十周年号)まで編集・発行責任者に留まり、巻頭言などを執筆している。吉野が執筆した編集後記や巻頭言は吉野源三郎『平和への意志――『世界』編輯後記　一九四六―五五年』岩波書店、一九九五年、同『「戦後」への訣別――『世界』編集後記　一九五六―六〇年』岩波書店、一九九五年、にまとめられている。なお、後任編集長に指名された海老原光義には『横浜事件――言論弾圧の構図』岩波ブックレット、一九八七年がある。

7　拙著『物語　岩波書店百年史2「教育」の時代』岩波書店、二〇一三年、特に第六章「悔恨共同体の文化」を参照。

8　安江良介・粕谷一希・田中健五「総合雑誌の世界」『流動』一九七九年七月号、一〇六頁。

9　『世界』の各創刊記念号（〔百号記念〕一九五四年四月号、〔創刊十周年〕一九五六年一月号、〔創刊二十周年〕一九六六年一月号、〔創刊二十五周年〕一九七一年一月号、〔創刊三十周年〕一九七六年一月号、〔創刊四十周年〕一九八五年七月臨時増刊号、〔創刊五十周年〕一九九六年一月号、〔創刊六十周年〕二〇〇六年一月号）などの他に、大江健三郎・安江良介『『世界』の40年――戦後を見直す、そして、いま』岩波ブックレット、一九八四年、毎日新聞社編『岩波書店と文藝春秋――『世界』・『文藝春秋』に見る戦後思潮』毎日新聞社、一九九六年なども参照。

10　吉野源三郎「創刊まで――『世界』編集二十年(1)」（一九六六年一月号）を再録の『職業としての編集者』岩波新書、一九八九年、六二―六三頁。

11　久野収「死中に活を求めて――一つの回想　岩波茂雄と岩波書店⑥」『図書』一九九四年一月号、三五頁。吉野源三郎も「戦後の三十年と『世界』の三十年――平和の問題を中心に」（『世界』一九七六年一月号）で岩波茂雄が玉音放送後に次のように語ったと述べているが、その文言は蔵原惟人が示した講談社文化と岩波文化の対抗図式を踏まえて事後的に創られた記憶である可能性もある。「これで新しい出発ができるんだ。われわれの仕事も岩波文化というような限られたものでなく、いわゆる講談社文化として講談社に任せて放しだった大衆の文化にも手をつけねばならない。文化が大衆と結びつかなかったことが、戦争に引ずりこまれた原因だ。」」。

12　「講談社文化と岩波文化」については、拙著『『キング』の時代――国民大衆雑誌の公共性』岩波書店、二〇〇二年の第Ⅰ部第二章を参照。

13　丸山眞男「近代日本の知識人」『後衛の位置から――『現代政治の思想と行動』追補』未來社、一九八二年、一一七頁。
14　大内兵衛「『世界』のために乾杯」『図書』一九六二年七月号、二一三頁。
15　吉野前掲『職業としての編集者』、八四頁。吉野は「戦後の三十年と『世界』の三十年」(『世界』一九七六年一月号)でも、「小椋広勝さん（共産党員としてレッドパージされ、のち立命館大学教授）のような左翼の人たちからは「自由党左派だね」といわれていたのをはっきり覚えています（笑）」と述べている。
16　林達夫・久野収『思想のドラマトゥルギー』平凡社ライブラリー、一九九三年、二五一頁。
17　吉野前掲書、八〇―八二頁。ローラ・ハイン、大島かおり訳『理性ある人びと　力ある言葉――大内兵衛グループの思想と行動』岩波書店、二〇〇七年も参照。
18　「こぼればなし」『図書』一九九五年一月号、六四頁。
19　丸山眞男『現代政治の思想と行動　上』未來社、一九五六年、四九六頁。
20　福島鋳郎『戦後雑誌発掘――焦土時代の精神』洋泉社、一九八五年、五九四頁。
21　塙作楽『岩波物語――私の戦後史』審美社、一九九〇年、二七頁。
22　富士晴英「吉野源三郎と『世界』」『歴史評論』一九九六年五月号、四九頁。
23　吉野源三郎「岩波文化の再出発・GHQの検閲など」安藤良雄編『昭和政治経済史への証言　下』毎日新聞社、一九七二年、八九頁。
24　中島健蔵・加藤周一・吉野源三郎「『世界』への注文」『世界』一九五八年六月号、三〇二頁。
25　脇村義太郎「〝世界の潮〟出発の頃」『世界』一九九六年一月号、一二一―一二二頁。
26　清水幾太郎『わが人生の断片　下』、文春文庫、一九八五年、八三頁。久野収・丸山眞男・吉野源三郎・石田雄・坂本義和・日高六郎「『平和問題談話会』について――（未発表討論）（1968年6月16日）」一九八五年七月『世界』臨時増刊号、九頁。
27　重松をのぞく四人は、岩波書店から著書・訳書を刊行している。重松も『世界』一九五二年十月号の「特集・総選挙」アンケートで回答している。
28　三十二氏（到着順）「アンケート　『戦争、平和、曲学阿世』」、『新日本文学』一九五〇年八月号、八三、八八頁。

29 塙作楽『地方文化論への試み』辺境社、一九七六年、三〇頁。緑川亨「平和問題懇談会とその後」『世界』一九八五年七月臨時増刊号、六三頁。

30 「片隅から」『図書』一九五二年七月号、二五頁。図2の「『世界』年間発行部数の推移」は拙著『物語岩波書店百年史2』、二七六頁より引用。

31 中野好夫「ひとり生まれて、ひとり死す——故吉野源三郎氏に寄せて」『朝日ジャーナル』一九八一年六月一二日号、九三頁。

32 中島誠「『世界』『朝日ジャーナル』にみる戦後民主主義」『流動』一九七九年七月号、八二頁。

33 辻村明「朝日新聞の仮面——「論壇時評」の偏向と欺瞞をつく」『諸君!』一九八二年一月号、一四一—一四二頁。一九五一年十月から一九八〇年十二月までの『朝日新聞』論壇時評における言及頻度分析を雑誌別、著者別に分析している。雑誌別では『世界』一三九〇回、『中央公論』一〇七二回、『朝日ジャーナル』五五六回、『文藝春秋』四六七回である。

34 清水幾太郎「素顔　吉野源三郎氏」『朝日ジャーナル』一九六一年十二月二四日号、二七頁。

35 今日も国際標準の終戦日はアメリカ「VJデイ」、ロシア「第二次世界大戦終結の日」など、降伏文書調印があった九月二日であり、八月一五日を終戦日とするのは日本列島と朝鮮半島、すなわち旧「大日本帝国」の版図にほぼ限られている。詳しくは拙著『八月十五日の神話——終戦記念日のメディア学』ちくま新書、二〇〇五年を参照。

36 吉野源三郎「終戦の意義とヴェトナム戦争(一九六五年八月)」『同時代のこと——ヴェトナム戦戦のことを忘れるな』岩波新書、一九七四年、五一頁。

37 一九六〇年以降の応募テーマは以下の通り。一九六〇年「私と中国」、一九六一年「私と戦後の教育」、一九六二年「私の戦後記録」、一九六三年「わたしの村、わたしの町」、一九六四年「占領下の記録——私の戦後史」、一九六五年「戦後二十年——私の守るべきもの」、一九六六年「私の仕事——戦後史の歩みの中で」、一九六七年「私と沖縄——戦後史のなかで」、一九六八年「原爆の日に想う」、一九六九年「父と子——戦争・戦後の体験は継承されるか」、一九七〇年「私の学校」、一九七一年「日常のなかの民主主義

――私の町・私の村」、一九七二年「私にとっての日本」、一九七三年「ベトナム戦争と私」、一九七四年「私の戦後史」。
38 岡崎満義「〈八月十五日体験〉記の周辺」『季刊現代史』第三号、一九七三年、一一二頁。
39 松田道雄「『私は赤ちゃん』の読者カードをみせてもらって」『図書』一九六〇年五月号、二九頁。
40 吉野前掲『職業としての編集者』八〇頁。
41 苅部直『物語 岩波書店百年史3――「戦後」から離れて』岩波書店、二〇一三年、五六頁。なお、一九六〇年安保反対運動を「岩波文化のつまずきの石となった事件」とみる立場は、高根正昭「〝世界〞を震撼させた岩波文化盛衰の日」『正論』一九八二年七月号、石原萠記『戦後日本知識人の発言軌跡』自由社、一九九九年などで確認できる。

第二部

論壇のアキレス腱

第四章　『婦人公論』――お茶の間論壇の誕生

稲垣恭子

1　女性向け教養・論壇雑誌

「白粉気のない」雑誌

戦前・戦後を通じて、日本における女性向け教養誌といえば、まず『婦人公論』があげられるだろう。創刊されたのは一九一六（大正五）年である。そのきっかけになったのは、一九一三年に『中央公論』臨時増刊号として組まれた「婦人問題号」である。仕掛けたのは、当時入社一年目の嶋中雄作（後の中央公論社社長）である。青鞜社を中心とした「新しい女」の出現やイプセン劇「人形の家」の流行など、女性をめぐる問題に社会的な関心が集まりつつあった時代の空気をうまくとらえたこの企画は、かなり好評を博したようである。この特集の成功をきっかけに、嶋中が社長に進言して『婦人公論』として独立することになったのである。[★1]

初期の『婦人公論』の内容は、女性問題をはじめとして政治経済、教育問題、日本人論などのテーマについての評論記事が中心であり、執筆陣には安部磯雄、三宅雪嶺、澤柳政太郎、平塚雷鳥、与謝野晶子、野上弥生子、宮本百合子といった文化人・知識人が名前を連ねていた。実用的な記事を中心とした他の一般的な婦人雑誌と比べると、「白粉気《おしろい》のない」硬派な雑誌だったのである。読者層も女学校卒以上の女性教養層を中心に、男性読者もかなりの割合で含まれていた。その意味では、女性を対象とした教養雑誌であると同時に、女性問題を主に扱う論壇雑誌としての性格ももっていたといえるだろう。昭和に入る頃から少しずつ大衆化路線を取り入れるようになったとはいえ、戦前期を通じて、女性向けの教養誌・論壇誌の代表であったことはまちがいない。[★2]

ロングセラー教養誌

他の雑誌と同様に、戦争中は休止状態にあった（一九四四～四五年）が、女性誌のなかで戦後いち早く復刊したのは『婦人公論』であった。一九四六年四月が復刊第一号である。それに続いて、『女性改造』が復刊し、さらに『女性線』『婦人春秋』『女性』『婦人』といった社会派・教養派の女性雑誌が続々と創刊されていった。[★3]これらの創刊号の巻頭に掲載されたのは、山川菊栄「解放の黎明に立ちて」（『婦人公論』一九四六年四月）、尾崎行雄・羽仁説子「婦人解放への道（対談）」（『婦人』一九四七年七月）、田中耕太郎、加藤静枝、中野好夫、川端康成「女性の再建によせて（座談会）」（『婦人文庫』一九四六年五月）などである。タイトルを一瞥しただけでも、戦後の新しい社会を象徴する存在として、女性に社会的な関心と期待が集まったことがよくわかる。

しかし、こうした意気込みにもかかわらず、これらの雑誌のほとんどは数年で姿を消していった。戦後に復刊あるいは創刊されたこうした数多くの女性向け教養誌のなかで、現在まで続いているのは『婦人公論』のみである。それを支えたのは、戦前から続く「老舗」の女性向け教養誌という威信によるところもあるだろう。しかしそれ以上に、復刊された『婦人公論』が、他の女性雑誌とも、また一般の総合雑誌とも異なる新鮮さと独自の魅力をもっていたことが大きい。

それまでの啓蒙的・理想主義的な誌面構成に代わって、新しい時代のニーズをより意識した編集方針や、それに基づく特集・座談会のテーマ設定や執筆者の登用など、読者の関心をひきつけ読者層を広げていくための工夫も試みられている。そのなかで、総合雑誌とも実用的な婦人雑誌とも異なる独自のポジションを形成していったのである。では、その特徴とはどのようなものだったのだろうか。

どのくらい読まれたのか――ふたつのピーク

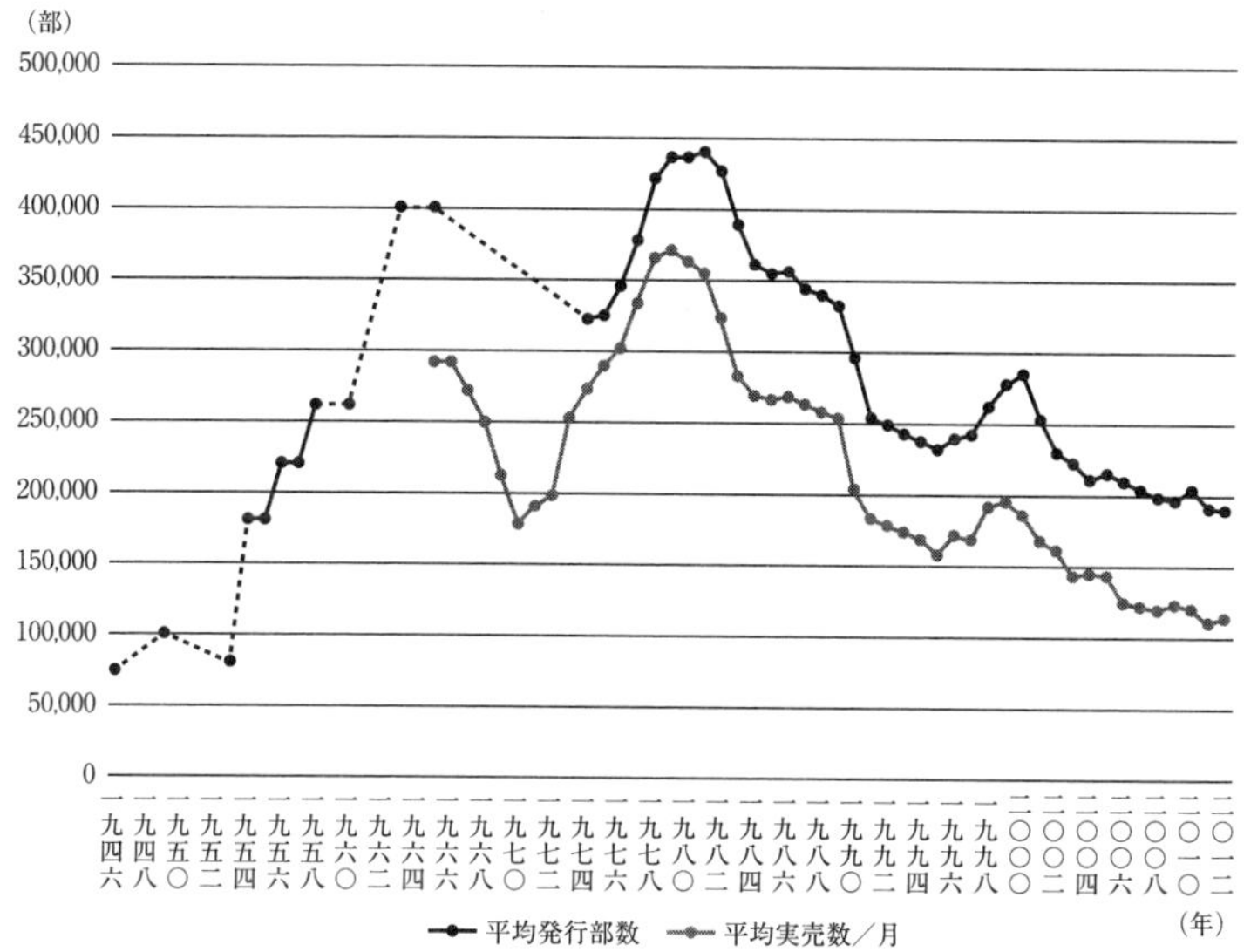

1946～1973年（発行部数）については、『日本出版年鑑』および『出版年鑑』による。1974年以降（発行部数）及び平均実売数については、ABC考査による。

図1　発行部数の年次変化

その前にまず、『婦人公論』がどのくらい読まれていたのかを出版部数によって確認しておこう。図1は、復刊（一九四六年）から二〇一二年までの発行状況を発行部数と実売数で示したものである。[★4]

復刊当初の出版部数は『日本出版年鑑』にも具体的な数値は挙げられていないが、一九五一年には「地味ではあるものの堅実な伸び方」であり、一九五三年には約八万部が発行されたと記されている。徐々に戦後の『婦人公論』の体制を整えていった時期といえるだろう。

部数が大きく増加するのは、一九五〇年代後半から一九六〇年代半ばにかけてである。ちょうど、嶋中鵬二～三枝佐枝子という新しい編集長のもとで、編集方針の大胆な改革や新しい試みが行われた時期でもある。「毎月一万部ずつ増える雑誌」というキャッチフレーズ通り、一九五六年には二〇万部を超え、さらに一九六三年には四〇万部に達している。一九六五年の『中央公論』の平均実

表１－１　『婦人公論』読者層の推移

婦人公論	1950	1955	1960	1965	1970	1975	1978
男	10.3%	5.4%	10.4%	7.5%	8.3%	4.1%	7.4%
女	89.7%	94.6%	89.6%	92.5%	91.7%	95.9%	92.6%
高等教育	21.8%	16.2%	12.5%	17.9%	54.2%	36.7%	33.3%
中等教育	64.4%	67.6%	69.8%	76.1%	37.5%	51.0%	59.3%
初等教育以下	13.8%	16.2%	17.7%	6.0%	8.3%	12.2%	7.4%
16～19歳	0.0%	12.2%	5.2%	0.0%	0.0%	0.0%	0.0%
20代	51.7%	54.1%	39.6%	52.2%	50.0%	30.6%	16.7%
30代	25.3%	18.9%	37.5%	26.9%	20.8%	36.7%	31.5%
40代以上	23.0%	14.9%	17.7%	20.9%	29.2%	32.7%	51.9%
人数	87	74	96	67	24	49	54

表１－２　『主婦の友』（『主婦之友』）読者層の推移

主婦の友	1950	1955	1960	1965	1970	1975	1978
男	9.1%	9.5%	9.8%	4.0%	7.5%	2.2%	1.3%
女	90.9%	90.5%	90.2%	96.0%	92.5%	97.8%	98.8%
高等教育	5.5%	7.5%	5.4%	6.4%	15.5%	11.9%	17.5%
中等教育	54.8%	47.6%	51.7%	60.8%	60.8%	61.9%	51.3%
初等教育以下	39.7%	44.9%	42.9%	32.8%	23.7%	26.1%	31.3%
16～19歳	0.0%	3.1%	2.0%	0.8%	1.0%	0.7%	0.0%
20代	40.0%	31.0%	23.3%	21.6%	36.1%	28.4%	26.3%
30代	37.2%	34.0%	32.8%	42.4%	26.8%	26.9%	33.8%
40代以上	22.8%	32.0%	41.9%	35.2%	36.1%	44.0%	40.0%
人数	473	294	296	125	97	134	80

売数一一万六千部に対して、『婦人公論』が二九万部と倍以上も売れていたことをみても、その勢いがうかがえるだろう。

その後、一九六〇年代後半あたりから部数が減少傾向に転じ、一九七〇年代後半から一九八〇年代前半にかけて再び盛り返している。ふたつめのピークは、一九七〇年代半ばから一九八〇年代前半にかけてである。この時期には、愛と性に関する応募手記や告白記事など、読者が誌上参加するスタイルを打ち出して、平均実売数も三〇万部を回復している。しかし、その後はまた徐々に部数を減らしていき、近年では一〇万部を超える程度になっている。

ここでは、復刊から徐々に拡大していく一九四六年から一九五六年までの復刊再生期を第一期、部数が大きく拡大する一九五七年から一九六七年を、第二期、その後、第二のピーク期を経て漸減する一九六八年から一九八〇年を第三期として区分して、それぞれの特徴についてみていくことにしたい。

読者層の特徴と推移

読者層についてもみておきたい。表1-1、表1-2は、それぞれ『婦人公論』の読者層と『主婦の友』[★5]（一九五三年十二月号までは『主婦之友』）の読者層の推移について、学歴（教育年数）、性別、年齢層別にみたものである。[★6]『婦人公論』創刊の翌年にあたる一九一七年（大正六）年に創刊された『主婦之友』は、創刊当初から中流家庭の主婦をターゲットとする大衆婦人雑誌の代表であった。ここでは、一九五〇年から一九七八年の読者層の推移を比較してみよう。

性別では、『婦人公論』『主婦の友』のいずれも、男性がおよそ五～一〇パーセント、女性がおよそ九〇パーセントを占めている。割合は多くはないが、読者のなかに一定程度、男性が含まれていることは興味深い。学歴（教育年数）でみると、両誌とも中等教育卒が中心になっていることは共通だが、『婦人公論』はそれに高等教育、『主婦の友』は初等教育のほうに広がる傾向がある。また年齢層では、『婦人公論』のほうが『主婦の友』よりも若い年齢層の読者が多い。全体的にみて、『主婦の友』の読者層と比べると、『婦人公論』の読者は、中等教育から高等教育学歴をもつ比較的若い年齢層の女性が中心になっていたということができるだろう。

年次推移でみると、復刊再生期にあたる第一期における読者の学歴はかなり高いことがわかる。この時期の女子の大学・短大進学率はまだ一〇パーセント以下であることを考えると、『婦人公論』の読者の学歴がかなり高いことがうかがえる。出版部数を大きく伸ばしていった第二期は、高度経済成長にともなって、進学率が男女ともに増加傾向をみせはじめる時期である。高校進学率が五〇パーセントを超えて広がり、高等教育への進学も短大を中心として上向きはじめる。この時期には、高学歴の知的教養層というよりも、高等学校卒の読者を中心に、女性問題を含めてさまざまな身近な社会的なテーマについて論じる場として受容されていったと考えられる。第三期に入った一九七〇年になると、読者層の中心は高等教育以上に移っていく。大学・短大進学率が二〇パーセントを超えて大衆化していくのにともなって、大衆化された高学歴層が読者の中心になっていくことがうかがえる。

次節では、このような出版部数と読者層の変化をふまえて、各時期における誌面構成の特徴や執筆陣について具体的にみていきながら、戦後の論壇メディアにおける『婦人公論』のポジション形成とその変容の意味を考えていくことにしたい。

2 「お座敷論壇」と「お茶の間論壇」

戦後の論壇メディアにおける『婦人公論』の位置を考える際、総合雑誌の論壇と比較して考えるとわかりやすい。表2は、論壇の特徴によって「第一論壇」と「第二論壇」に分けて、それぞれの特徴を図式化したものである。

「第一論壇」は、総合雑誌を中心として、学者・評論家が自らの専門領域や立場を軸に、持論を展開するスタイルで構成される論壇である。政治・経済・文化・社会問題についてのいわば「おもて」の議論が展開される場であり、その意味では「お座敷論壇」と呼ぶことができるだろう。したがって、論述のスタイルも専門用語を使った学術的なスタイルが中心である。そこで展開される議論は、わかりやすさや面白さよりも、その正当性を論理的に説得していくことに重点がおかれる。このような「お座敷論壇」のフォロワーは、学問的志向の強い読者層が中心となる。

「第二論壇」は、「第一論壇」をややわかりやすく一般化した「準お座敷論壇」と、より日常的なテーマに焦点をあてる「お茶の間論壇」とに分けることができる。「準お座敷論壇」は、「第一論壇（お座敷論壇）」と基本的には類似しているが、より啓蒙的でわかりやすいことが特徴である。論者は総合雑誌と重なっている場合が多いが、テーマには女性問題が多く取り上げられ、日常的な言葉を使ってより一般的にわかりやすく論じる傾

表2 「お座敷論壇」と「お茶の間論壇」

	第一論壇	第二論壇	
特 徴	（お座敷論壇）	（準お座敷論壇）	（お茶の間論壇）
メディア	総合雑誌 学術雑誌	『婦人公論』 第一期	『婦人公論』 第二期〜第三期
論者	専門家 （学者・評論家）	専門家 （学者・評論家）	専門外・新人 （学者・評論家・芸能人）
テーマ	政治・経済・文化・社会問題	女性問題を中心に政治・経済・文化	女性・家族・性を中心とした現実の生活問題
論述スタイル	学術的 専門用語	学術的／一般的 日常用語	一般的 日常用語
議論の特徴及び重点	論理的 正しさ	啓蒙的 正しさ	生活現実的 面白さ

向が強い。『婦人公論』の復刊再生期である第一期が、この「準お座敷論壇」に対応するということができるだろう。

「第二論壇」のもうひとつのタイプである「お茶の間論壇」は、「お座敷論壇」や「準お座敷論壇」とはテーマも論述スタイルもかなりちがっている。テーマに取り上げられるのは、女性や家族、性など、読者の生活に密着した現実的な問題が多い。論者には、専門家よりも、専門外の立場から論じるタイプが多くなる。たとえば、学者や評論家が専門領域とは別に女性問題について論じたり、有名知識人の妻が主婦の立場から議論するような場合である。また、女優や落語家など芸能人が加わって女性の生きかたや夫婦論を述べることもある。専門外の立場という意味では新人ということもできるだろう。

そこでは、理想論やたてまえ論よりも、日常生活の現実に即した議論が中心となる。家族や職場の同僚と気楽に議論し合える場という意味で、「第一論壇」の「お座敷論壇」に対して、「お茶の間論壇」と呼ぶことができるだろう。「お茶の間論壇」では、論理的な整合性や主張の正当性よりも、それが現実の生活感覚に合っているかどうかとか、あるいは感情論を含めた面白さに重点が置かれることになる。『婦人公論』が大きく部数を伸ばしていく第二期は、この「お茶の間論壇」が広がっていった時期である。

次節では、第一期の「準お座敷論壇」から第二期・第三期の「お茶の間論壇」の形成と衰退の過程について、より具体的にみていくことにしたい。

3　「お茶の間論壇」の形成

「準お座敷論壇」の時代

『婦人公論』が復刊から徐々に拡大していく第一期は、戦前期の啓蒙的な姿勢を維持しつつ、戦後社会の新しい理想を掲げてアピールしていった時期である。復刊第一号には、山川菊栄の論説の他に、東畑精一（「日本の農民」）、志賀直哉（「天皇制」）、野上弥生子（「政治への開眼」）、谷川徹三（「心構えの問題」）、三木清（「幼き者のために」）、湯浅年子（「世界の女性ジョリオ・キューリー夫人」）らが寄稿している。それぞれ、専門の領域や立場から、戦後日本の政治や社会問題についての議論の場をつくろうという志向がうかがえる。

表3－1　登場回数の多い執筆者（第一期）

第一期					
論説		論説（連載）		特集	
名前	記事数	名前	記事数	名前	記事数
清水幾太郎	33	福井文雄	20	平林たい子	9
谷川徹三	11	北川正夫	20	清水幾太郎	7
蠟山政道	9	衣奈多喜男	18	丸岡秀子	6
石垣綾子	8	伊藤整	12	清水慶子	6
塩尻公明	8	亀井勝一郎	12	青地晨	6
木村健康	7	高橋正雄	12	石垣綾子	6
中川善之助	7	石垣綾子	12	西清子	5
山川菊栄	7	川島武宜	11	大浜英子	5
中島健蔵	7	帯刀貞代	11	藤島宇内	5
中野好夫	7	都留重人	11	田中寿美子	5

誌面は、論説、特集、座談会、文芸欄などを中心に構成され、女性解放、働く婦人問題、平和問題、混血児問題、農村問題など、戦後社会と女性をめぐるさまざまな問題が取り上げられている。

論者には、戦後社会をリードする学者・評論家・作家などが登場するが、その中心になったのは清水幾太郎である。表3-1から表3-3は、目次をもとに、各時期に論説（単発、連載）、特集に登場する人物の執筆回数をカウントしたものである。★7

まず第一期（表3-1）をみると、論説、特集のいずれにおいても清水幾太郎の登場頻度が圧倒的に高いことがわかる。「修身の復活について」（一九五一年二月号）、「幸福について」（一九五二年一月号）、「抵抗について」（一九五二年四月号）、「村八分について」（一九五二年九月号）、「愛国心について」（一九五三年二月号）など、政治から文化まで戦後社会についてのさまざまなテーマをわかりやすく論じている。

論説部門で次に多いのは、単発記事では谷川徹三、蠟山政道、塩尻公明、木村健康、中川善之助など、総合雑誌の書き手と共通する学者・知識人が多い。連載では、「世界の動き」を担当した福井文雄、北川正夫、衣奈多喜男が上位に挙げられている。伊藤整の「女性に関する十二章」もこの時期に連載されている。

特集では、平林たい子、丸岡秀子など戦前から活躍する女性文化人に加えて、清水慶子、石垣綾子、大浜英子といった戦後派女性文化人の参加も目立つ。それぞれ、「進歩的主婦」や「アメリカ帰り」女性文化人といった立場から、女性問題、家庭問題や社会問題まで論じている。総じて、この時期の『婦人公論』が、「論壇知識人」による啓蒙的な「準お座敷論壇」の傾向をもっていたことがうかがえるだろう。

「お茶の間論壇」の誕生

しかし、出版部数が大幅に増大する第二期になると、執筆者、テーマ、論述スタイルのいずれにおいても、それまでとはかなり違ってくる。連載では、有吉佐和子の「新女大学」（一九五九年二月号～）、犬養道子の「世界のトップレディ会見記」（一九五九年五月号～）、「暮らしの中の日本探検」（一九六二年二月号～）、伊藤整の「現代女性神話」（一九六二年二月号～）、瀬戸内晴美の「女の一生」（一九六四年一月号～）など、女性と暮らしをめぐるテーマが並んでいる。特集でも、「歪められた性からの解放」（一九五七年三月号）「結婚と仕事をめぐる論争」（一九五七年十月号）、「現代花嫁教の教祖たち」（一九六〇年二月号）、「新ライバル女性タイトルマッチ」（一九六一年三月号）など、結婚、仕事、家族、性などをめぐる生活現実に密着したテーマがよく取り上げられている。

執筆者の登場回数でみると、論説、特集ともに女性執筆者の登場回数が目立って多くなっていることがわかる。なかでも、上坂冬子、犬養道子、瀬戸内晴美、角田房子といった新しい世代の女性評論家や作家が執筆回数の上位に並んでいるのが特徴的である（表3-2参照）。

表3－2　登場回数の多い執筆者（第二期）

第二期					
論説		論説（連載）		特集	
名前	記事数	名前	記事数	名前	記事数
上坂冬子	13	犬養道子	33	平林たい子	15
犬養道子	9	伊藤整	24	田中澄江	9
邸永漢	9	日高六郎	14	三宅艶子	9
永井道雄	7	有吉佐和子	12	石垣綾子	8
角田房子	7	亀井勝一郎	12	倉橋由美子	8
桑原武夫	8	瀬戸内晴美	12	大宅壮一	8
小田実	7	石坂洋次郎	12	佐多稲子	7
石垣綾子	7	永井道雄	7	沢野久雄	7
松本清張	7	加藤周一	5	円地文子	6
大宅壮一	7	田中寿美子	4	河盛好蔵	6
北原武夫	6	石垣綾子	3	吉行淳之介	6
田中澄江	6	石川達三	3	十返千鶴子	6
		坂西志保	3	瀬戸内晴美	6
		中野好夫	3	石川達三	6

上坂冬子は、トヨタの女子社員であった経験から、その内側を描いた『職場の群像』（中央公論社、一九五九年）が話題になり、BG（ビジネスガール）から作家に転身した。[★8] 新人作家・評論家として『婦人公論』にもよく登場している。「あなたの笑顔は会社の笑顔？」（一九六一年四月号）、「裏からのぞいた求人ブーム」（一九六一年九月号）、「BGよ、さようなら」（一九六一年十二月号）など、切れ味のいいエッセイや評論が人気で、BG評論家と呼ばれることもあった。『婦人公論』の読者層には、高卒からBG（ビジネスガール）になった未婚女性も多かったことからも、その人気がうかがえる。

犬養道子は、『週刊朝日』に連載した「お嬢さん放浪記」（一九五八年に文藝春秋から出版）ですでに知られていたが、『婦人公論』で連載した「世界のトップレディ会見記」（一九五九年五月号～）は、その華々しさもあって人気を呼んだ。ルーズベルト夫人（アメリカ）、レナータ・テベルディ（イタリア）、フレデリカ女王（ギリシャ）など、世界の政治家、芸術家、王室関係者にインタビューするという大がかりな企画である。[★9] その後つづいて連載した「暮しの中の日本探検」では、主婦やサラリーマンの生活態度から住宅や医療、ゴミ問題まで、独自の視点から鋭く切り込み、好評を博した。連載、論説ともに登場回数が多く、この時期のスターのひとりになった。

瀬戸内晴美がはじめて『婦人公論』に登場したのは、一九六一（昭和三六）年である。作家としてはまだ無名に近かった時期に、編集長の三枝佐枝子から、当時話題になっていた「徳島ラジオ商殺し」で入獄していた富士茂子の取材を依頼されたのである。この取材記事をきっかけに、二〇数年の間この事件に関わることになった。この取材記事から二年後には、佐多稲子とともに中央公論社から第二回「女流文学賞」を受賞している。彼女自身、「第一線の作家として、のれんを張ってこれたのは、ただただ、この賞のおかげ」であり、『婦人公論』には格別の親愛感と恩恵を感じている」（瀬戸内寂聴「作家人生に重き二つの文学賞」『婦人公論』一九九九年九月号、二三二頁）と述べている。

角田房子は、毎日新聞パリ支局長夫人という立場から雑誌に文章を寄せたりしていたものの評論家としては未知数であったのを、『婦人公論』に起用されて評論家・作家として注目されるようになった。★10 アイヒマン裁判を取材した記事が好評を博したのをきっかけに、「私の見たヨーロッパ女性」などの連載もてがけている。

こうした「新人」ライターの登場と同時に、この時期に現われたのは、学者や知識人が専門分野とは異なる土俵で論争をしかけるというスタイルである。たとえば、歴史学者の会田雄次がマイホーム主義を批判する論文を掲載したり（「家庭絶対主義への疑問」一九六三年七月号）、文化人類学者の梅棹忠夫が「妻無用論」（一九五九年六月号）を書いて女性雑誌にデビューし話題になった。国文学者の暉峻《てるおか》康隆も「女子学生世にはばかる」（一九六二年三月号）で「女子大生亡国論者」として一躍有名になっている。

学者・知識人を専門外の分野で登用するというやりかたは、編集者の意図するところでもあった。一九五七年に編集長に就任した嶋中鵬二は、論文筆者にこれまで登場しなかった新人を意識的に採用したという。その場合の新人には、「尾崎士郎、広津和郎といった有名作家が〝婦人論〟を執筆すること」★11 も含まれていた。また、嶋中とともに『婦人公論』を盛りたて、一九五九年からは初の女性編集長として才腕を発揮した三枝佐枝子も、「学者に女性論をお願いする」ことがひとつのスターづくりになったと述べている。★12

女性をめぐる問題について専門外の立場から論じるとなると、その論述スタイルも専門的・学術的なものよりも、日常的・現実的なアプローチが中心になる。学術的な話題をわかりやすく説くという「準お座敷論壇」とはまたちがった内容と語りかたになっているのである。そうした論説や議論が読者も巻き込んだ大きな論争に発展していったものも少なくない。そこには、「お茶の間論壇」の特徴と魅力が大いに発揮されているのをみることができる。そのいくつかを取り上げてみよう。

『婦人公論』誌上の大論争といえば、まず「主婦論争」が思い浮かぶだろう。石垣綾子の「主婦という第二職業論」（一九五五年三月号）という論説が火付け役になって、それが「主婦論争」という大論争に発展していったのである。「主婦第二職業」というのは、編集担当であった三枝佐枝子が、桑原武夫の「俳句第二芸術」にヒントを得て思いついたらしい。それを石垣綾子にもちかけたのである。

石垣綾子といえば、『文藝春秋』に掲載された「第二のアスピリン時代」（一九五一年十二月号）で、ジャーナリズムの注目を浴びるようになった「アメリカ帰り」の評論家である。戦前から戦後にわたる二五年間の滞米経験を武器に幅広く執筆していたが、アメリカ一辺倒から反米的な空気が生じつつあった時期に、激しい論調でアメリカを批判したこの記事が、大きな話題になった。その歯に衣をきせない表現で、今度は「主婦」を手厳しく批判したのである。

「主婦の心はふやけている。昔の主婦が背負っていた重荷からときはなたれても、相かわらず、無計画に家庭の雑事に追いまわされて、人生の貴重な時間を、毎日、いい加減にすごしている」（二四六頁）、「男は生涯を通して職場にしばりつけられているが、女は主婦になるという第二の職業が、いつでも頭のなかにあるから、第一の職業である職場から逃げごしになっている」（二五三頁）といった具合である。内容は「正論」なのだが、「げにいさましき公式性」[★13]などと揶揄されることもあったその論調がここでも大いに発揮され、それが刺激となって賛否両論の大論争になっていったのである。

二ケ月後の一九五五年四月号には、今度は「主婦に捧げる特集」が組まれている。その巻頭で、清水慶子が「主婦の時代は始まった」と題して「進歩的主婦」のすすめを論じ、続いて坂西志保が「〝主婦第二職業論〟の盲点」のなかで、石垣を正面から批判している。さらに七月号の巻頭で、福田恆存が「誤れる女性解放論」で女性解放論者の男性コンプレックスを指摘すると、今度は八月号で石垣綾子が「女性解放を阻むもの」という反論を載せるなど、議論は大いに盛り上がっていった。

ちょうどサラリーマンと専業主婦という家族スタイルが定着しはじめた時期に、主婦という存在を論争のテーマにしたことで、読者の間でも大きな反響があった。自分自身の現実に引き寄せたさまざまな意見が、投書や投稿の形で寄せられていった。

読者が論争に参加するという意味では、愛読者グループの存在も大きい。『婦人公論』には戦前から愛読者グループが組織されていたが、戦後は一九五〇年頃から復活し、全国でグループが組織されるようになった。そこでは、毎月例会を開いて、『婦人公論』の記事を批判検討したり、読書会や講演会を企画するといった活動を行なっていた。この主婦論争のようなテーマは、読者が自分たちのおかれた現実に照らし合わせて議論に参加していきやすい。愛読者グループは、読者が「お茶の間論壇」に参加していくことができる場だったのである。

『婦人公論』の愛読者グループの分析を行なった中尾香によれば、当時、石垣の主張への賛成論もあるものの、全体としては主婦の立場を守ろうとする意見が多かったという。主婦の仕事にも価値があるという主張や、教養を深めたり生きがいをもつことによって「進歩的」な主婦を目指すべきだというのである。[★14]

いずれにせよ、この『婦人公論』誌上でのバトルを媒介として、読者が参加する現実的で身近な議論の場(「お茶の間論壇」)が形成されていったのである。

同様の例として、一九五八年十一月号に掲載された「泣いて職場の花を斬る」という論説も話題になったようである。書いたのは、当時、日経新聞論説委員だった大和勇三である。ここでは、働く女性をめぐる問題は、職場や社会の制度の側にではなく、働く女性の意識のほうにあるという本音に基づいた挑発的な論が展開されている。

当然のことながら、ここでも賛否両論、意見が分かれて議論が沸騰した。内心そうおもっていたことを代弁してくれたと大歓迎するものから、女性解放を妨げる反動的な論だという批判や反論まで、その議論は誌面を超えて職場や学校にまで広がっていったのである。[★15]

「主婦」「職場の花」といったわかりやすい切り口から入ることによって、たてまえや理想論だけでなく、現実の生活感覚をベースとして論じ合う場が生まれる。また、対立軸を設定して、あえて一方の極から議論をしかけることで、論点や問題点もはっきりしてくる。誰もが参加できる議論の場がつくられることで、「女性の職業的自立とは」「主婦とは何か」という抽象的な問題が具体的、現実的なレベルで吟味されることになるのである。

このように、第二期においては、誌上の論争に読者も加わって、家庭や職場、学校にまで広がっていく議論の場がつくられていった。総合雑誌をベースとしたいわゆる「お座敷論壇」とも、またその啓蒙版である「準お座敷論壇」とも異なる「お茶の間論壇」が、読者の関心と話題の的になっていったのである。

ところで、「お茶の間論壇」の魅力には、生活の現実に即して議論できるという魅力があるのと同時に、一方では、現実に密着したテーマを違った視点から考える知的なおもしろさもある。梅棹忠夫が初めて女性誌に登場した「妻無用論」（一九五九年六月号）は、その一例である。

「妻無用論」のなかで、梅棹は、サラリーマン家庭の起源が封建武士の家庭にあることから説きおこし、「封建武士＝サラリーマン型の妻」は無用であるという論を展開する。サラリーマン家庭の妻は、もともと不必要な家事労働を次々と生み出すことで地位を保ってきただけなのだから、家事の外部化がすすめば存在意義もないというわけである。「今まで家事労働に追いまくられて、教養をたかめることもできなかった婦人たちが、これで時間的な余裕ができて、勉強するようになり、その結果、家庭における女性の地位が向上するだろう、と考えるのは、それこそおめでたい楽観論である」と、「進歩的主婦」支持派にはいやみなこともいっている。

この論を読んでショックを受け、あるいは反感や不快感をもった読者はもちろん少なくなかった。とくに、愛読者サークルには「進歩的主婦」をめざして教養をふかめたいという主婦が多かったわけだから、当然である。しかしその一方で、「おもしろい」という反応もあったようである。中尾は、「進歩的主婦」支持層の多い愛読者グループのなかにも、「『妻無用論』は面白いと話題にのぼり論議が百出しました」（一九五九年八月、高松支部）、「『妻無用論』で問題になった梅棹氏の『母という名の切り札』に議論が集中、ひさびさにおもしろかった」（一九六〇年二月、松江支部）など、「主婦第二職業論」のときにはなかった感想がでてきたことに注目し、「自分たちのアイデンティティのレベルで苦悩を伴いつつ受けとめていくというのではなく、そうした議論をむしろ「娯楽」として受けとめ、またそれによって例会が活気づくことを純粋に楽しんでいるようす」がうかがえると指摘している。[16]

「妻無用論」も、女性の「職場進出論」を主張している点では、石垣の「主婦第二職業論」と基本的には同じである。しかし、主婦の現実を追及する石垣とは違って、梅棹の論は「家事労働からの解放」という前提をひっくりかえして、もともと専業主婦の仕事などなかったというところから話を展開していく。その視点や論の展開に意外さやおもしろさを感じた読者も結構いたのである。具体的で現実的なテーマだからこそ、みかたを変えて違う角度からとらえなおすことが新鮮だったのだろう。「お茶の間論壇」の魅力には、こうした知的な娯楽としての側面もあったのである。

身近で現実的なテーマ、論点の明快さとわかりやすさ、論争自体の娯楽性といった「お茶の間論壇」の特性は、雑誌のような活字メディアだけでなく、ラジオやテレビとも親和的である。その例として、一九六〇年代に「お茶の間論壇」を盛り上げた「女子学生亡国論」を取り上げてみよう。

論争のきっかけになったのは、一九六二年三月号に掲載された「女子学生世にはばかる」という論説である。当時、早稲田大学文学部教授だった暉峻康隆が、戦後になって文学部に女子学生が多くなってきたことをとりあげて、文学部が「花嫁学校」化してしまっていると批判したのである。もともと文学部は、文学部以外はどうしてもいやだという男子学生が集まるところだったのに、戦後になって結婚のための教養には文学くらいが適当だという女子学生が、成績がいいというだけでどんどん入ってくるようになった。彼女たちは、まともに文学をやる気などなく、ただの趣味・教養に過ぎないから、一生懸命に教えても意味がない。そういう女子学生に占拠されて文学部が「花嫁学校」化してしまうと、文学部の将来、ひいては大学・高等教育の未来があやぶまれると、半ば本気で半ば揶揄的に論じたのである。

高等教育の大衆化のきざしのなかで、かつての教養主義が衰退し、学生文化も大きく変化していく時期に、「女子学生」という格好の標的をつくることで、女性問題、大学問題、教育問題が重なる現実的な論争の場が生まれたのである。

これが話題を呼んで、TBSラジオ「ただいま放談中」という番組のなかで、今度は暉峻康隆のほかに、慶應義塾大学文学部の奥野信太郎、東京大学教養学部の田辺貞之助も加わって、「大学は花嫁学校か――女子学生亡国論」と題した鼎談が行われた。内容は、暉峻が『婦人公論』で論じたものと同じだが、より具体的な事例やエピソードを交えて面白おかしく展開されている。[★17]それが大きな反響を呼び、「亡国派」と「興国派」に分かれての一大議論になっていったのである。『婦人公論』誌上でも、「大学女禍論―女子学生世にはばかる―」（一九六三年二月号）、「女子学生亡国論の再検討（座談会）」（一九六二年四月号）、「誌上早慶戦・女子卒業生の実態」（一九六四年三月号）などの議論が繰り広げられている。

さらにまた、大学祭などで「女子学生亡国論」をテーマにしたイベントが企画され、それがニュースで報道されるなど、メディア上でも議論の場が広がっていったのである。

このように、誰もが興味をもつような話題をタイミングよくとりあげ、本音でそれに迫ったり、常識や前提をひっくりかえしたりして論争をしかけることによって、読者を挑発し、あるいはおもしろがらせて議論のなかに参加させていく。「お茶の間」をベースとしつつ、その外側にも広がりをもつ井戸端的な公共圏としての議論の場がつくられていったのである。『婦人公論』が大きく出版部数を伸ばしていった第二期は、このような「お茶の間論壇」が形成され、活気を呈した時期だったのである。

「論壇知識人」から「お茶の間文化人」へ

このような論争をしかけた石垣綾子や大和勇三、梅棹忠夫、暉峻康隆は、いずれもすでに評論家、新聞論説委員、大学教授という肩書きで活躍していた知識人・文化人である。しかし、彼らが『婦人公論』で話題になったのは、専門分野とは別に、女性や家庭をめぐる問題に独自のアプローチで切り込んでいったからである。「正論」をわかりやすく説くというのではなく、現実レベルで問題の核心をとらえた切り口が、意外性と同時にインパクトを与えたのである。いわば、「論壇知識人」の「お茶の間論壇」デビューである。

「お茶の間論壇」デビューをきっかけに、女性誌や週刊誌、テレビなどに活躍の幅を広げていく場合も少なくない。たとえば、石垣綾子はそれまでにも総合雑誌などで時事問題から文化論まで幅広く執筆していたが、

「主婦第二職業論」によってさらに知名度を増し、性の問題から人生相談の回答者まで担当する「お茶の間」の有名人になっていった。また、その舌鋒の鋭さと華やかな雰囲気による独特の存在感によってテレビにも頻繁に登場し、テレビ文化人のはしりとなった。

「泣いて職場の花を斬る」の大和勇三も、この論説によって「一夜にしてBG評論家とされ、各職場から講演の依頼が殺到した」[★18]という。この記事をきっかけに、新聞社論説委員から「BG評論家」としてデビューすることになったわけである。「女子学生亡国論」の暉峻康隆も同様である。西鶴研究を中心に著作も多く、国文学者としては知られていたが、『婦人公論』の記事をきっかけに雑誌の対談や座談会などに頻繁に登場し、「亡国論」の第一人者になった。早稲田大学教授、国文学者という肩書きよりも、「亡国論の家元」として、一躍「お茶の間論壇」の有名人になったのである。[★19]

このように、「論壇知識人」が「お茶の間論壇」のスターになっていくことによって、「論壇」と「お茶の間」の境界が取り払われ、「お茶の間文化人」が活躍する領域が大きくなっていくのである。[★20]

学者、評論家、芸能人まで含むさまざまな「お茶の間文化人」によって支えられる「お茶の間論壇」は、女性読者のニーズはもちろん、男性読者の興味も取り込むものであった。「新しい教養を求める知的女性大衆」と同時に、「知的男性大衆」のニーズにも応えられる雑誌として広く読まれたのである。

4　「お茶の間論壇」の広がりと衰退

第三期になると、執筆者、テーマともにますますボーダーレスになっていく（表3-3）。特集では「男と女の甘えの違い」（一九七一年八月号）、「あなたにとって家族とは」（一九七二年九月号）、「いま女の性はどうあるのか」（一九七三年四月号）など、第二期と同様、家族や性、結婚などをめぐるテーマが多い。その主な執筆者には、澤村光博、奈良林祥、樋口恵子、落合恵子など、コラムニストやカウンセラーとして活躍する「お茶の

表3－3　登場回数の多い執筆者（第三期）

第三期					
論説		論説（連載）		特集	
名前	記事数	名前	記事数	名前	記事数
なだいなだ	11	なだいなだ	24	澤村光博	14
北山修	10	井上ひさし	24	奈良林祥	12
石垣純二	8	中村真一郎	15	樋口恵子	11
飯田清悦郎	6	庄司薫	12	佐藤愛子	10
ガイステス・T	5	犬養道子	12	浅野八郎	10
澤村光博	5	古井由吉	4	吉田知子	9
ガイステス・H	4			宋左近	9
丸山邦男	4			中山あい子	9
黒木忍	4			俵萠子	9
山田正弘	4			落合恵子	9
師岡佑行	4				
小田実	4				
武田京子	4				

間文化人」がならんでいる。

連載では、なだいなだの「娘の学校」（一九六八年四月号〜）、「続　娘の学校」（一九七三年一月号〜）、「教育問答」（一九七七年五月号）や、庄司薫の「狼なんかこわくない」（一九七〇年五月号〜）などが人気を得ていた。

また、ひとりひとりの登場頻度はさほど多くはないものの、女優や俳優など芸能人が登場する回数も増えていく。加賀まりこ、高峰秀子、吉村真理、冨士眞奈美など、特集や座談会にもしばしば顔を出している。「論壇文化人」の「お茶の間文化人」化と同時に、芸能人の「お茶の間文化人」化もすすんでいく。それとともに、活字メディアと映像メディアの距離もさらに縮まっていった。

しかし、「お茶の間論壇」の裾野が広がっていくのとは反対に、出版部数は一九六〇年代後半から減少傾向をみせるようになる。図1に戻ってみると、一九六五年には二九万部の実売数であったのが、一九七〇年には二〇万部を下回るようになっている。その後一九七六年から一九八二年までふたたび三〇万部台を回復するが、[★21] その後はまた漸減している。

ところで、「第一論壇」を支える総合雑誌の出版部数が減少していくのもこの時期である。総合雑誌ほど敷居が高くなく、あまり背伸びせず気楽に議論に参加できる「お茶の間論壇」は、高等教育が大衆化しはじめる時期ともあいまって、第二期にはその魅力を大いに発揮した。「新しい教養を求める知的女性大衆」だけでなく、「知的男性大衆」のニーズにも応えられる雑誌として広く受容されたのである。

そこでは、ただわかりやすいというだけでなく、「お座敷論壇」ではできないような本音で論点を鋭くつく「お茶の間論壇」ならではの魅力があった。いいかえれば、総合雑誌が象徴的な知的ヘゲモニーを保持していたからこそ、「お茶の間論壇」の説得力やおもしろさも引き立ったのである。

しかし、一九七〇年代以降、『世界』や『中央公論』など、「第一論壇」を支えてきた総合雑誌が衰退していくのと対応して、「お茶の間論壇」も勢いを失っていく。「お座敷」の議論がなければ、「お茶の間論壇」の現実主義や本音主義も知的なおもしろさを失って「居酒屋」談義とかわらなくなる。「論壇知識人」が後退し、「お茶の間文化人」が膨張していく第三期には、「第一論壇」とも、実用雑誌や週刊誌とも異なる「お茶の間論壇」の独特のポジションが失われていくことになったのである。

この傾向をさらに強める上で、活字メディアからテレビを中心とするメディアへとその主軸が移行していったことも大きい。雑誌からテレビへ、「論壇知識人」から「テレビ文化人」へと文化的ヘゲモニーがとってかわられるなかで、「お茶の間論壇」の場もテレビに移っていった。テレビのバラエティやトーク番組で政治・経済のテーマが取り上げられ、論争がつくられる。政治や社会問題をめぐる「論壇」のバラエティ化と、バラエティ番組の「お茶の間論壇化」がおこる。『婦人公論』がつくりだした「お茶の間論壇」は、総合雑誌の衰退とともに、活字からテレビへとその中心が移っていくプロセスで、その橋渡しの役割を果したといえるのかもしれない。

■註

1　中央公論社『中央公論社の八十年』中央公論社、一九六五年、一三二－一三九頁。

2　戦前期の『婦人公論』の読者層や誌面構成、内容の特徴については、木村涼子『〈主婦〉の誕生――婦人雑誌と女性たちの近代』（吉川弘文館、二〇一〇年）の第三章「婦人雑誌がえがく近代の女」で詳細に分析されている。

3　戦後、復刊・創刊された女性雑誌は、一九四五年十二月までが一一、その後四六年九二、四七年四〇、四八年六二、四九年三〇となっており、その勢いがうかがえる。近代女性文化史研究会『占領下　女性と雑誌』ドメス出版、二〇一〇年。

4　創刊から一九六四年までは正確な実売数は把握できないため、『出版年鑑』の数字に基づいている。一九六五年以降は、出版部数、実売数とも「ＡＢＣ考査部数」の推移表による。

5　一九五四年一月号から、誌名を『主婦の友』に変更すると同時に、版もＡ５版からＢ５版の大判に変わった。

6　この表は、『読書世論調査』の一九五〇年から一九八〇年までの読者調査の結果をもとに、五年ごとに集計したものである。ただし、途中で質問項目が変わっていることから、一九五〇年から一九七〇年までは「毎月買って読んでいる雑誌」、一九七五年以降は「いつも読む月刊誌」の数値に基づいている。

7　分析対象としたのは、政治・社会・文化に関する論説記事（単発および連載）と特集記事である。ここでは、論説（連載）として扱っているのは、社会・文化評論などの領域の連載であり、人物評伝や自伝、回想などは除外している。

8　『職場の群像』は、第一回中央公論社思想の科学新人賞を受賞した。その顛末については、鶴見俊輔・上坂冬子『対論・異色昭和史』（ＰＨＰ新書、二〇〇九年）に述べられている。

9　この企画については、三枝佐枝子が『女性編集者』（筑摩書房、一九六七年、一三八―一四一頁）のなかで、その思い出を書いている。

10　松田ふみ子『婦人公論の五十年』中央公論社、一九六五年、二四一―二四三頁。

11　『日本読書新聞』一九五八年七月七日。

12　今井田勲、三枝佐枝子『編集長から読者へ――婦人雑誌の世界』現代ジャーナリズム出版会、一九六七年、二一七頁。

13　近藤日出造「僕の診断書12　石垣綾子」『中央公論』一九五五年三月号、二三六頁。

14　中尾香『〈進歩的主婦〉を生きる――戦後『婦人公論』のエスノグラフィー』作品社、二〇〇九年。

15　松田前掲書、二三五頁。

16　中尾前掲書、一六六頁。
17　この鼎談の内容は、一九六二年六月の『早稲田文学』創刊号の特集「曲がり角にきた新制大学」のなかに採録されている。
18　松田前掲書、二三五頁。
19　「〝家元〟と語る亡国論いま　むかし——男も女も自分の人生をもて（対談）」（『月刊教育の森』一九八一年十二月）。
20　「お茶の間文化人」ということばは、一九六七年十月号の『文藝春秋』に特別企画「日本を動かす100人の文化人」のなかで、「電化マダム・教育ママの魂をつかんだ電波のオピニオン・リーダー」としてカテゴライズされている。「お茶の間」の首長である主婦（平均的な女性）に受けるソフトで親しみのある文化人を指すという。とくにテレビとの関係が意識されている。ここでは、広く「お茶の間」で人気を得た文化人という意味で使っている。
21　一九七五年からの数年間、部数が大きく伸びたのは、応募手記を中心とした「性の告白」特集によるところが大きい。こうした方針が部数を伸ばすことに貢献したが、しかしそれも一過的なものであった。全体的にみると、一九七〇年代以降は、『婦人公論』がつくってきた「お茶の間論壇」の魅力と牽引力は徐々に衰退していったということができるだろう。

第五章
『暮しの手帖』――山の手知識人の覇権
佐藤八寿子

1　なぜ『暮しの手帖』か？

「総合雑誌の不振」

一九五七年、加藤秀俊（社会学者、一九三〇年〜）は総合雑誌の不振について次のように言及している。

松田説によれば、二十世紀の中葉、すなわち現代こそ「思想」が人をうごかす道具として無力であることが確認された時代である。宗教とか道徳とか何とか主義といったような「思想」――その思想のみちびくままに、これまで民衆は戦争に駆り出されたり、生活の苦しさを我慢したりしてきた。しかし「思想」は大てい生活を裏切るものであった。それにこりた民衆は、もはや思想に幸福を求めることをしなくなった。これからの幸福を保証するのは、高度の「物質文明」以外にない、というのである。

私は、この説に全面的に賛成したい。そして、その観点からすれば、総合雑誌が売れないのはあたりまえであると言いたい。[★1]

冒頭の松田とは、本稿がとりあげる雑誌『暮しの手帖』の主要執筆者のひとりでもある松田道雄★2（一九〇八～一九九八年）だ。加藤はこう続ける。

総合雑誌は、学術雑誌ではないけれども多分に思想雑誌という色彩が濃い。実存主義がどうのこうの、といったような議論が誌面をかざる。しかし、そんなことにうつつをぬかすよりは、電気洗濯機「愛妻号」でも一台買ったほうが、ずっと幸福だ、と民衆の多くは感じるようになってきた。「思想」が「物質文明」に負けた、という説は総合雑誌の不振の根本をついているのである。★3

加藤は、この「総合雑誌の不振」に『暮しの手帖』の「異常なまでの発展」を対置させる。

この雑誌は思想について何も語らない。しかし、電球を買うときにはどこの製品がいいか、といったような日常の物質文明の利用法についてはじつに親切である。そして、総合雑誌の読者の少なからぬ部分が「暮しの手帖」に移った、と考えられるフシがないでもない。

私の友人知己の多くはインテリ中のインテリだが、この人たちのなかにさえ総合雑誌は大学の図書室や組合の文庫で読み、定期的に私宅で購読するのは「暮しの手帖」という型の人が少なくないからである。

このように、インテリをふくめて、民衆一般の幸福探求法が変貌しつつあるということ、これは総合雑誌問題だけでなく、文化の他の領域でも、もっと真剣に考えられてよい。〔中略〕もはや「総合雑誌時代」は終ったのである。★4

インテリが『暮しの手帖』を愛読していたという証言はほかにもある。鶴見俊輔（哲学者、一九二二年～）によれば、梅棹忠夫★5（一九二〇～二〇一〇年）は『暮しの手帖』を書棚に揃えていたという。★6『暮しの手帖』が、インテリ好みの雑誌だったことは間違いないらしい。

論壇の立役者たち

論壇という舞台の主役は論客、すなわち知識人＝インテリ達だ。知識人とは誰かと言えば、近代においては学歴エリート、大学人とほぼ同義であろう。大学人としてその圏内にとどまらない大卒者たちも又、論壇という舞台のコアなオーディエンスとして、論壇成立に大いに寄与していた。例外は常にあるにせよ、大まかな見取り図は大体このようなものとしてよいだろう。

そうしてみると、大学が急速に大衆化していった一九六〇年代から七〇年代前半は、論壇的公共圏にとっても大変動の時代だったことになる。インテリ圏そのものの劇的拡大により、論壇における役者と観客の状況は大きく変容しようとしていた。上の加藤の発言はその前夜のものと言える。

このほぼ同時期、竹内洋[★7]（一九四二年〜）は地方都市で全く別のインテリの姿を目にしていた。中学生だった彼は、赴任してきた教師が書棚に岩波書店の雑誌『世界』を並べているのを目撃し、その雑誌を通して「大学／インテリ」世界への憧れをふくらませる。ところが、

先生の本棚には『世界』のバックナンバーがずらりとならんでいたが、頁をめくったあとはほとんどなかった。たとえ読まなくとも『世界』を定期的に購入し、本棚に並べていることがインテリたる高校教師の証だったのかもしれない。[★8]

総合雑誌は、「教養主義共同体」における、いわば「主義者」としてのアイコンであった。当然「読まれる」ことは二の次、三の次となる。買わずに読むよりも、読まずに買って持つことに意味があった。大学に入った竹内はやがて『中央公論』の読者となる。その『中央公論』の当時の論客の中のひとりが、加藤秀俊だ。冒頭の加藤証言に、この竹内証言を重ねてみると、当時のインテリたちをめぐる、ある構造が浮かびあがって見えてくる。

「高校教師＝地方インテリ」〈総合雑誌購入≠読者〉（←憧れ―中学生）
「インテリ中のインテリ」〈総合雑誌執筆者／読者≠購買者〉＋〈『暮しの手帖』購買〉

ここには（売上部数＝実読者数ではない、ということのほかに）、「地方インテリ＝高校教師」と「中央インテリ＝大学人、論客」との差異が、非常にわかりやすい形で示されている。これを、論壇における「読み手」と「書き手」の問題と言い換えることもまた可能であろう。

竹内は、大学大衆化時代の論壇的公共圏の変容を「山の手」知識人から「下町」知識人へのインテリ王座移管の物語によって読み解いている[★9]。学歴が「山の手」への切符ではない現実が露呈したとき、高学歴の株価下落とともに「主義者アイコン」として購読されていた総合雑誌もその価値を下げて行った。一九五七年の加藤が、来たるべき時代のインテリ界全体の変容を、「総合雑誌の不振」と「『暮しの手帖』の異常なまでの発展」に予感していたならば、論壇的公共圏と『暮しの手帖』との関係は、より一層強い必然に結ばれたものとして浮かび上がってくるだろう。

『暮しの手帖』とは

まず、『暮しの手帖』がどのような雑誌か、基本事項をおさえておこう。

一九四八（昭和二三）年九月、花森安治（一九一一〜一九七八年）と大橋鎮子（一九二〇〜二〇一三年）により、季刊『美しい暮しの手帖』が創刊された。これは、一九四六（昭和二一）年に花森と大橋が刊行した『スタイルブック』を前身とする。「物の無い時代でもおしゃれに美しく暮らしたいと願う女性への、服飾の提案雑誌『スタイルブック』」に、「健康をささえる「食」と、家庭を守る「住」をとり入れ」た、文字通り「衣」「食」「住」の生活提案雑誌である。一九五三（昭和二八）年十二月、第二二号から雑誌名が『美しい暮しの手帖』から『暮しの手帖』へと変更され、一九六八（昭和四三）年二月、第九三号から隔月刊となり現在に至る。

『暮しの手帖』は他誌とは一線を画する個性的な雑誌だった。各種メーカー品を客観的立場で比較試用する

「商品テスト」企画、自社書籍以外の広告を一切排除したスタイルなど、独自の誌面づくりによって発行部数一〇〇万部を超える人気雑誌となった。創刊者である初代編集長・花森安治の、「一人ひとりが自分の暮らしを大切にすることを通じて、戦争のない平和な世の中に」という理念、「暮しの変革を理念よりも日常生活の実践を通して」という方針は、加藤秀俊が指摘した「思想より物質文明」という戦後社会の一般大衆の感情にフィットしたということになる。

しかし、ここでひとつ疑問がわく。

戦後、「思想より物質」「理念より実践」になったという説明は、雑誌問題のみならず、さまざまな現象にしばしばひかれるものではあるのだが、では戦中戦前は「物質より思想」「実践より理念」だったのだろうか。戦後社会における価値観の変容とは「思想→物質」だったのか。そして、インテリ読者は果たして戦後「移った」のだろうか。戦後は確かに物の無い窮乏の時代であったにせよ、「衣食足りて礼節を知る」は普遍的現象であるにせよ、いつの世にも「思想より物質」の大衆は人口の一定を占めているものなのではなかろうか。加藤が総合雑誌の不振を指摘した、ちょうど同時期、たとえば戦前空前の売り上げを誇った『キング』もまた低迷し、一九五七（昭和三二）年に廃刊となっている。つまり、凋落はひとり思想雑誌のみのものではなかった。はたして『暮しの手帖』の本質は「思想より物質」という流れによって説明できるものだったのか、このことは本稿末尾で再検討を試みたい。

花森安治と大卒の株価

少なくとも、『暮しの手帖』は、ただのファッション、料理、健康関連、インテリアなどの紹介雑誌ではなく、生活者本位、反商業主義、平和主義、反戦・反差別、中立といった立場を旗幟鮮明に打ち出した、ある意味、非常にとがった雑誌だった。その雑誌としての個性が、初代編集長である花森安治の個性に負うことは、しばしば指摘されている。確かに『暮しの手帖』について語るとき花森という人物をさけて通ることはできないが、人物論は小論の射程外になるので、以下簡単に紹介するに留める。

山本滋子、山本利助、山本隆久、四家文子、四賀光子、四方田耕三、市河三喜、市川房枝、氏家壽子、獅子文六、児玉貞介、寺井芳郎、時雨音羽、鹿内信隆、鹿兒島和子、柴山みよか、柴田早苗、柴田万里子、柴田錬三郎、芝木好子、若山喜志子、守健二、秋山ちゑ子、秋山安三郎、秋山初枝、秋田雨雀、住井すゑ、住吉弘人、渋沢秀雄、緒方竹虎、諸田章造、勝矢武男、小山いと子、小出博、小西四郎、小川順、小川常緑子、小川量平、小泉信三、小倉登里、小倉遊亀、小沢幸一、小汀利得、小島政二郎、小畑修、小畠昇、小堀杏奴、小野喬、小林完、小林勇、小絲源太郎、昇曙夢、松岡和夫、松下一之、松山いね、松山保子、松田治、松田正義、松島栄一、松方三郎、松本千恵子、松本長造、松林久吉、松澤一鶴、上林暁、信夫韓一郎、新木栄吉、森井真、森於菟、森暁、森口多里、森崎重夫、森三千代、森荘已池、森田元子、森律子、森茉莉、深井昌司、深尾須磨子、神理和、親里夏江、須田昭義、須田浅一郎、水ノ谷豊子、水原茂、水口健、水口健子、水谷長三郎、水谷八重子、水野成夫、水澤文治郎、杉本健吉、杉野定子、杉野芳子、菅楯彦、菅野沖彦、瀬田克孝、星野立子、晴木誠、清水はる子、清水安子、清水基吉、清水茂登吉、清川虹子、生田花朝、生方敏郎、西村秀治、西塚庫男、西田誠一、西尾末廣、西堀栄三郎、西野照代、青山ユミ、石井衣子、石井定男、石井桃子、石垣綾子、石橋湛山、石坂洋次郎、石山俊次、石川欣一、石川美佐子、石川壽美、石田君江、赤松常子、川勝堅一、川村松之助、川村冬子、川村良子、川端康成、川北禎一、泉山三六、浅沼稲次郎、浅倉文夫、船戸船惠子、前田多門、倉谷純一、相馬黒光、草加やす子、草野心平、増田れい子、増田一子、袖山喜久雄、村岡花子、村上ゆりこ、村上元三、村田孝子、多治見義長、多田光江、帯刀貞代、泰豊吉、大下宇陀兒、大角吾郎、大宮房江、大橋久三、大熊喜英、大植美代子、大村しげ、大宅壮一、大谷竹次郎、大町文衛、大塚末子、大田洋子、大島昭、大内兵衛、大畑嘉一郎、大平千枝子、大野安子、大野義輝、大矢定義、大友奎堂、大佛次郎、滝本和男、瀧澤秀雄、沢村貞子、辰野隆、丹阿彌谷津子、丹羽文雄、団美智子、池田亀鑑、池田君子、池田敬子、池田潔、池田健、池本長一郎、竹腰重丸、竹内好、中井実、中井正一、中勘助、中原淳一、中戸弘之、中山とみ子、中正雄、中西進、中川一政、中村メイコ、中村佳辰、中村研一、中村光子、中村敏郎、中村敏郎、中村和子、中谷静子、中田公、中田芙美子、中島こう、中島健蔵、中野家子、中野好夫、中里恒子、猪熊文子、猪飼道夫、猪瀬弦一郎、朝比奈正二郎、潮田勢吉、長岡半太郎、長谷川堪兵衛、長谷川春子、長谷川紳、長門美保、長與善郎、鳥井日佐子、鳥居きみ子、津田正夫、椎名麟三、辻勝三郎、辻豊、坪井忠二、坪田譲治、壺井栄、紬屋吉平、鶴見和子、天野貞祐、殿木圭一、田崎勇三、田所太郎、田村浩三、田代茂樹、田中しづえ、田中マリ子、田中耕太郎、田中市之助、田中仁吾、田中澄江、田中千代、田中壽美子、田島道治、田付たつ子、田辺浩子、田辺聖子、田辺和雄、田邊英蔵、渡辺一夫、渡邊正子、渡邊道子、渡邊留子、都築正男、土岐善麿、唐木邦雄、島津忠承、島田謹介、島田勉、東久邇成子、東山千栄子、東俊郎、東条舟寿、東畑精一、棟方志功、湯浅芳子、湯木貞一、藤井司、藤井徹、藤崎智子、藤川栄子、藤川進、藤田たき、藤島亥治郎、藤本一枝、藤本和子、堂本印象、栃内吉彦、内海岩雄、内田司、内田清之助、内田誠、内藤寿七郎、内藤直茂、鍋井克之、二本木仁、日浦貞子、馬場恒吾、馬杉縫子、畑井満喜子、畑中政春、八尾福女、鳩山一郎、半田しげ子、飯沢匡、飯島正代、飯島幡司、尾高朝雄、尾崎喜八、尾崎士郎、尾西誌、美土路昌一、富本陽子、布瀬川準一、武井孝子、武者小路公共、武者小路実篤、武谷三男、武藤てう、伏見千瑞子、福元淑子、福原麟太郎、福島繁太郎、福林正之、平岡峯太郎、平山蘆江、平塚らいてう、平田阿岐良、平野みち、平野禮子、平林たい子、平澤徳雄、並河亮、米窪満亮、米山信子、米川正夫、碧川道夫、辺見雄介、穂積重遠、邦枝完二、望月喜美子、望月優子、北岡加世子、北見志保子、北川千代、北川民次、北畠八穂、牧野富太郎、堀義路、堀口大學、堀江武三、堀茂、堀壽子、本田静哉、麻生武治、末廣恭雄、無着成恭、名村和子、明石照男、綿田三郎、茂木照子、茂木誠、木下順二、木村秀政、木村荘十二、木村荘八、木田久、木田文夫、門倉國輝、門倉國彦、門田勲、野間宏、野間仁根、野口ゆき、野上彌生子、野尻抱影、野川喜八、野村胡堂、野呂信次郎、野澤節子、矢部季、矢部連兆、矢澤貞子、柳悦孝、柳宗悦、柳生方一、柳田國男、有田義信、有馬頼寧、由起しげ子、利根川光人、里見勝蔵、立野信之、林きむ子、林静三郎、鈴木信太郎、鈴木茂三郎、廉常清佐、蠟山政道、和達清夫、和田実枝子、和田信賢、和田伝、和田博雄、國分一太郎、圓地文子、廣瀬君子、彌永昌吉、澁澤秀雄、澤田廉三、眞山美保、齋藤公子、齋藤達雄、齋藤勇、與田文子

※順不同。小コラムと、手芸、裁縫、料理、木工等の実作のみの担当者の氏名は省略。

表1　『暮しの手帖』第1世紀：1号～100号（1948［昭和23］～1969［昭和44］年）主要執筆者一覧

50回以上	花森安治（編集長）、清水一（「家のある風景」など担当。建築家）、藤城清治（影絵作家）、富本一枝（影絵物語の文章担当。文筆家）
30回以上	瀧澤敬一（「リヨン通信」随筆家）、藤尾婦ミ（随筆家）、津守健二（「オペラ物語」「音楽通信」「音楽の部屋」等担当）、戸板康二（「歌舞伎ダイジェスト」担当）
20回以上	浦松佐美太郎（評論家・登山家）、石井好子（エッセイスト・シャンソン歌手）、堀川あき子（「エプロン・メモ」担当）
10回以上	常原久彌（帝国ホテル第九代料理長）、中谷宇吉郎（物理学者・随筆家）、笠信太郎（朝日新聞論説主幹）、澁澤敬一（実業家）、犬養道子（評論家）、田賀周二（随筆家）、ヘレン・K・ニールセン（随筆家）、伊藤昇（随筆家）、竹本初江（「ぶっくがいど」担当）、中西ふさ（「ぶっくがいど」担当）、平山蘆江（「きもの帖」担当）、大島信子（「ベビー・コーナー」担当）
5回以上	松田道雄、坂西志保（「アメリカの暮しと日本の暮し」などエッセイ）、幸田文、サトウ・サンペイ、町田仁、木村義晴、島田巽、渡邊紳一郎、中村汀女、森田たま、志賀直哉、薩摩治郎八、里見弴、福島慶子、田宮虎彦、中江百合、相島敏夫、扇谷正造、室生犀星、阿川弘之、矢野健太郎、瀧井孝作、千葉千代吉、佐藤春夫、吉川英治、井伏鱒二、ジェラルド・ダレル、茂木政、ベレンスタイン（漫画）、津村秀夫（「映画ノート」担当）、筈見恒夫、双葉十三郎（「映画通信」担当）、片山廣子
1回以上	E・キングストン、G・ローレンス、M・マシゥス、P・リンゼイ、おがわさちこ、きだ・みのる、ささきふさ、アーネスト・ヘーブマン、アラン・ベック、アラン・レヴィ、サト・ナガセ、サトウ・ハチロー、ジュリアス・シーガル、ジョーン・メリアム、ジョイス・ブラザース、ジョルジュサンド、ノエル・ヌエット、バッチョ・バッチ、ブリアン・バーランド、ベンジャミン・スポック、マヤ片岡、ラリー・ハックマン、リー・ウインダム、リチャード・ラトレッジ、レオナード・W・ロビンソン、ロバート・トランブル夫人、阿藤明秋、阿部艶子、阿部次郎、阿部直吉、阿部展也、阿閉明、安井曾太郎、安達雅彦、安藤鶴夫、安倍能成、伊藤あい子、伊藤永之介、伊藤均、伊藤整、伊藤節子、伊藤和子、井出博之、井上はま、井上ふさ、井上靖、井町梅子、井筒明夫、蔭山美佐子、羽仁説子、羽田文子、鵜飼正直、臼田勝美、浦山金儀、永井龍男、永瀬義郎、永田雅一、永田清、榎恵、遠山茂樹、奥むめお、奥村和、奥野信太郎、横山佳子、横山隆一、岡田八千代、岡本そのみ、岡野妙子、荻野三治、桶谷繁雄、下村海南、加納久朗、嘉治隆一、河原崎長十郎、河上丈太郎、河盛好蔵、河野一郎、河野広道、火野葦平、海音寺潮五郎、芥川也寸志、貝谷八百子、柿沼健友、角千鶴、角田憲治、笠置シヅ子、梶井剛、梶田照夫、鎌田あや子、茅伊登子、茅誠司、漢東種一郎、閑院直子、館野守男、丸岡秀子、丸山明子、岸田日出刀、岸田國士、岩井屋不彫、岩井新六、岩崎さくら子、鬼塚保子、菊池重三郎、菊池南海子、吉井勇、吉浦盛純、吉岡弥生、吉屋信子、吉城愈子、吉川春壽、吉村公三郎、吉田綾子、吉田栄治郎、吉田健一、吉田五十八、吉田紘二郎、吉田十四夫、吉田小五郎、吉田茂、吉田實、吉武彩子、吉野源三郎、杵屋六佐衛門、久永京子、久松潜一、久富志子、久門英夫、久留島秀三郎、及川全三、宮崎尚三、宮崎白蓮、宮木高明、宮澤久子、宮澤憲衛、弓館小鰐、魚返善雄、橋本政尾、橋本徳三、桐山禎子、芹澤光治良、芹澤銈介、近藤すま、近藤浩一路、金子程子、金田尚志、隈部英雄、栗谷川健一、桑村洋子、桑沢洋子、桂ユキ子、桂信子、月江寺明、兼常清佐、犬丸徹三、犬養健、犬養哲夫、原武、古瀬一男、古谷綱正、古谷綱武、戸川行男、戸村愛子、戸袋タマ、戸塚文子、戸島加壽夫、五十嵐喜芳、五島美代子、向坂逸郎、工藤昭四郎、工藤陽子、甲野わか子、綱町一夫、荒垣秀雄、高橋キミ子、高橋英彦、高橋小夜子、高橋静香、高橋忠雄、高橋長造、高見順、高原四郎、高田なほ子、高浜虚子、高平隆二、高木健夫、高野素十、高良とみ、高濱五平、国木田治、黒田チカ、黒田初子、黒田長禮、黒澤酉蔵、今火出海、佐佐木信綱、佐佐木茂索、佐村英吉、佐多稲子、佐藤金雄、佐藤助庵、佐藤智慧子、佐藤念腹、佐藤美子、佐伯米子、佐野利器、嵯峨根遼吉、斎藤公子、斎藤寅郎、細見健三、細川ちか子、細川嘉六、坂口安吾、坂口郁子、坂口真佐子、坂村博、坂田勝茂、桜井たかね、桜井英、三井高陽、三岸節子、三国一朗、三宅艶子、三宅周太郎、三谷茉沙夫、三田庸子、三島由紀夫、山岡保之助、山下毅雄、山岸美代、山形暢彦、山口毅、山口登、山口波津女、山高しげり、山崎和三郎、山手樹一郎、山川菊栄、山川均、山川千秋、山村はつね、山中三平、山田一、山田五郎、山田耕作、山田徳兵衛、山田敏文、山内以九士、山内義雄、山本一清、山本嘉次郎、

一九一一年、神戸市に生まれた花森は、旧制兵庫県立第三神戸中学校から一年の浪人を経て旧制松江高等学校に進む。旧制高校時代では校友会雑誌、東京帝国大学進学後は学生新聞の編集を経験した。伊東胡蝶園宣伝広告のブレーンだった洋画家・佐野繁次郎（一九〇〇～一九八七年）に学生新聞への寄稿依頼したことが縁で、在学中から佐野のもとで広告制作の仕事に入り、卒業後そのまま伊東胡蝶園広告部に就職した。[★10] 戦争中応召するも疾病により除隊し、その後大政翼賛会外郭団体で国策広告に携わった。終戦後、大橋鎮子と共に衣装研究所を設立し『スタイルブック』を創刊する。反骨と信念の人であると同時に、おかっぱ頭やスカート姿という独特のいでたちでもよく知られていた。一九七二（昭和四七）年には著書『一戔五厘の旗』（暮しの手帖社、一九七一年）で第二三回読売文学賞随筆・紀行賞を、『暮しの手帖』の活動によりラモン・マグサイサイ賞を受賞した。一九七八（昭和五三）年、心筋梗塞により没する。

花森は、『暮しの手帖』創刊号から亡くなる前の一九七八年春号に至るまで、毎号の企画、取材、デザイン、レイアウトから印刷に至るまで、すべてに関わり、表紙画も担当し続けた。花森の死後、『暮しの手帖』は低迷期には売上部数約一〇万部まで落ちるが、二〇〇七（平成一九）年には新たに松浦弥太郎（一九六五年～）を編集長に迎え新規捲きなおしを図った。二〇一一（平成二三）年は、花森生誕一〇〇年の年にあたることから、全国十数カ所の書店店頭で、「花森安治生誕一〇〇年フェア」が開催され、『花森安治 戯文集』（ブックエンド、二〇一一年）、酒井寛『花森安治の仕事』（朝日文庫、一九八八年）が暮しの手帖社から復刊され、暮しの手帖別冊『花森安治のデザイン』（暮しの手帖社、二〇一一年）、馬場マコト『戦争と広告』（白水社、二〇一〇年）、『花森安治の青春』（白水社、二〇一一年）、『花森安治――美しい「暮し」の創始者』（河出書房新社、二〇一一年）、がその前後に出版された。

大宅壮一（ジャーナリスト、一九〇〇～一九七〇年）は、「戦後マスコミの三羽ガラス」として、『文藝春秋』の池島信平、『週刊朝日』の扇谷正造、『暮しの手帖』の花森安治の三人をあげている。[★11] おそらく二〇一四年現在、書店店頭で（あるいはウェブ書店の通販でも）、三羽ガラスの中で最も簡単にその著書を手に取って読むことが出来るのは、花森安治だろう。二〇一二年の関連書出版ラッシュの後も、二〇一二年には『社会時評集

——花森安治「きのうきょう」』（ＪＲＣ）が復刊され、二〇一三年七月には『灯をともす言葉』（河出書房新社）が刊行されている。

さて、「戦後マスコミの三羽ガラス」・池島信平、扇谷正造、花森安治は、全員が東京帝国大学文学部の卒業生である。扇谷は、帝国大学新聞編集部で花森の一年先輩でもあった。論壇の主役は知識人であり、知識人は大学人とほぼ同義だ、と上記した。少なくとも「三羽ガラス」たちが活躍した一九六〇年代頃までは、大学人の輝きは確かなものだった。

「インテリ／民衆」の差異は一体何を意味したのか。竹内洋はそこに公然と密輸されていた「山の手／下町」格差、つまり学歴効果による生活文化の格差の存在を看破している。問題は卒業証書そのものではなく、それによって大きく違ってくるはずの、その後の人生、文化、生活そのものだった。そしてそれは、建前上、万人にアクセス可能なはずのライフコースで、学歴は言わばその約束手形にすぎない。万人にひらかれている、ということは極めて重要で、インテリが隔絶した雲上人であるならば、民衆とは無縁の存在で終わる。しかし、手を伸ばせば届く、すぐ隣にいる、ちょっと上の人だからこそ、オーラと吸引力を持ちえた。そして、上からすれば啓蒙の歓び、見上げる側からすれば憧憬の愉しさというものが存在した。「上から目線」を拒まない、謙虚さと恥じらいと向上心のある時代でもあった。その上昇移動のエネルギーをかきたてる文化装置こそが、雑誌だったのではないか。

その意味において、『暮しの手帖』は学歴的上昇ではなく、その根にある文化と教養のライフスタイルそのものずばりのサンプルカタログであった。表紙に至るまで文字しか並んでいない、紙質も悪い思想雑誌と、「美しさ」に徹底的にこだわりぬいたこの雑誌を比べてみる時、上昇をかきたてるベクトルの質が全く異なるものであることは明白だ。たとえば、「下町」文化人に熱狂した全共闘世代の敗北後の姿を、そのまま「山の手」のマイホームをめざして『暮しの手帖』を買い求めるサラリーマンの姿へと連ねて想像してみることは、あっけないほど容易である。しかも、そのコンテンツに、中立、平和、反商業主義といった理念ももりこまれているとあれば、インテリにとっては、さらに申し分ない、ということになる。

以下、「インテリ／民衆」から、「山の手／下町」へと論点は移る。上記の「論壇における演者と観客」状況の大変容という時代背景を強く意識しつつ、『暮しの手帖』の「書き手」と「読み手」に注目し考察していくが、その底にあるのはこの「山の手／下町」の文化問題である。そこから論壇的公共圏に対する『暮しの手帖』の位置を明らかにして行きたい。

2 『暮しの手帖』の書き手

第一世紀の書き手たち

『暮しの手帖』は二〇一四年現在も現役の雑誌だが、ここでは以上のねらいから、とりあえず創刊より一〇〇号（一九六九年）までを対象に書き手分析を試みることとする。この一〇〇号分を花森安治は第一世紀と名づけた。草創期、最も勢いも影響力もあった時期の執筆者たちとはどのような顔ぶれだったのか、簡単な一覧を作成した（一三八頁、表1参照）。編集長・花森は別格として、常連執筆者の何人かを見てみよう。

清水一（一九〇二〜一九七二年）は建築家で、「衣食住」の「住」担当だ。ホテルオークラ、ホテルニューオータニなどの建築を手がけ、一九五六年には『すまいの四季』（暮しの手帖社）で日本エッセイストクラブ賞を受賞している。「食」の担当は常原久彌（一九〇五年〜）だ。戦前のパリで修行し、戦後は帝国ホテル第九代料理長をつとめた。『暮しの手帖』連載中は大阪グランドホテル料理長だった。藤城清治（一九二四年〜）は、一九四八（昭和二三）年より半世紀以上にわたり子ども向けの読み物に影絵作品を提供した。彼は、一九四七（昭和二二）年、慶應義塾大学経済学部卒業後、人形劇と影絵の劇場「ジュヌ・パントル」（後の「木馬座」）を結成している。藤城の影絵読み物の文章のほうを主に担当したのが、富本一枝（一八九三〜一九六六年）だ。平塚らいてうの同性の恋人で、後に陶芸家の富本憲吉と結婚した。『婦人公論』などにも随筆、評論を書いていた。ほか、在外経験豊富なシャンソン歌手・石井好子（一九二二〜二〇一〇年）もいる。松田道雄の名前も見える。

執筆回数こそ上位ではないが、最も重要な書き手のひとりだったのが、東久邇成子（一九二五～一九六一年）だ。第五号巻頭に随筆「やりくりの記」を寄せた彼女は、昭和天皇と香淳皇后の第一皇女、今上天皇と常陸宮正仁親王の長姉にあたる。[★12]東久邇成子の随筆が掲載されるや、『暮しの手帖』は創刊以来の赤字から脱し一気に上昇気流に乗る。当時巷には「庶民は窮乏しているが皇族は美味いものを喰っている」という風評があったが、随筆には皇室出身でありながら庶民同様「やりくり」に苦心する暮しぶりが率直に描かれていた。「自ら筆を執って雑誌に寄稿されたのは、皇室御一家の中今回の照宮さまが初めて！」という広告が打たれ、第五号は完売となった。以後『暮しの手帖』の売り上げは急上昇する。

「宮さま」自らが寄稿というイメージは『暮しの手帖』という雑誌にとって決定打となったことは疑いない。それは、質素な中にも上品な、育ちの良さ、つまりは本稿でいう「山の手」テイストと換言してよいだろう。

では、「下町」代表ともいうべき女優の沢村貞子（一九〇八～一九九六年）が『暮しの手帖』の執筆者であることはどう解釈できるか。まず、沢村が「私の浅草」を『暮しの手帖』に連載し始めるのは一九七三（昭和四八）年以降であることをおさえておこう。連載は一九七六（昭和五一）年に単行本にまとめられ、翌年、第二五回日本エッセイスト・クラブ賞を受賞している。NHKの連続テレビ小説『おていちゃん』としてテレビドラマ化もされた。つまり「下町」イメージがマス化するのは七〇年代も後半のことで、小論があつかう変革の時期よりは後のことになる。それでは第一世紀の沢村は読者にとってどのような存在だったか。

明治生まれの沢村は、府立第一高等女学校（現東京都立白鷗高等学校）卒業後、日本女子大学師範家政学部を中退、在学中に新築地劇団に入っている。中退していようが、戦前、女子が大学に進学するということは、下町のみならず日本全体から見ても同世代人口のほんの数パーセントにすぎず、圧倒的エリート、インテリ中のインテリであることに間違いない。もう一つ重要なことは、沢村の下町は東京であるという点だ。東京人にとっての浅草は下町だが、日本人にとっての浅草は首都東京なのである。戦後の大学大衆化時代とは、地理的大移動の時代でもあった。首都東京への憧憬は強烈なものだった。つまり、スクリーンの中の沢村貞子は、確かに粋な下町の香りそのものだったが、現実の彼女は生粋の東京人であり、高学歴女優、つまりは読者にとっては上にいる人に違いなかったというわけだ。

さて、初期の『暮しの手帖』の執筆者について、酒井寛はこう言っている。

いちばんおおいのが学者、研究者で、断然、男がおおい。暮らしに男の衣食住を引き込んで、婦人雑誌の定形を破ろうとしている。婦人雑誌のテーマに、いわば総合雑誌の執筆者を組み合わせているようだ。その意味では、「生活的」というより、「文化的」な色合いがつよい。暮らしを扱いながらヌカミソくさくないのは、このへんに理由があるかもしれない。[★13]

「婦人雑誌のテーマに、いわば総合雑誌の執筆者を組み合わせ」ることで、「ヌカミソくさくない」生活総合雑誌が可能となったというわけだ。では次に、その「文化的」誌面が具体的にはどのような文体で構成されていたかを検討してみよう。

『暮しの手帖』の文体とロゲルギスト

花森安治は、文章についても確固たる信念を持っていた。

きみの書いた文章が、八百屋の奥さんにそのまま読んでもらえるか、魚屋の奥さんにわかってもらえるか、それを考えて書け。[★14]

わかりやすい言葉以外は使うな。ぜんぶ、ひら仮名で書いてみて、そのままでわかる言葉を使え、最小の漢字で書き、漢字は画のすくないものを使え。改行を多くしろ。やさしい言葉で怒れ。[★15]

この文章哲学を彼自身が端的に示してみせたのが、次の有名な宣言文である。

これはあなたの手帖です
いろいろのことが　書きつけてある
この中の　どれか　一つ二つは
すぐ今日　あなたの暮しに役立ち
せめて　どれか　もう一つ二つは
すぐには役に立たないように見えても
やがて　こころの底ふかく沈んで
いつか　あなたの暮し方を変えてしまう
そんなふうな
これは　あなたの暮しの手帖です

花森安治

一九四八（昭和二三）年九月創刊号以来、『暮しの手帖』を開くとまずこの文が目に入る。この文が『暮しの手帖』の基調文体となった。仰々しい表現、難解な修辞を避けた平易で明快な文体であり、しばしば「あなた」や「きみ」に対する「私」や「ぼく」からの呼びかけの言葉として書かれている。話し言葉的一人称文体だ。

第一世紀一〇〇冊分の目次からざっとみだしをピックアップするだけでもそれがわかる。

あたたかい部屋靴をつくりましょう／手袋を縫いましょう／ちょっとした思いつきですけれど／僕たちの家を見てください／ワッフルを焼きましょう／もっとペンキを使いましょう／目ざまし時計は一年もっ

たでしょうか／おむつカバーははずせないものでしょうか／スポンジタワシはどれもおなじでしょうか／チャイコフスキーとメンデルスゾーンのバイオリン協奏曲は、どの盤を買ったらいいでしょうか／中性洗剤はほんとに必要なものでしょうか／ボートをこいでみませんか／バレーボールをやってみませんか／野菜を作ってみませんか／さあお茶にしましょう／チョッキを編みましょう

花森とともに『暮しの手帖』を創刊した大橋鎮子は、一九六九年から同誌にエッセイ「すてきなあなたに」を連載し好評を博するが、そのエッセイもまた完全にこの文体にのっとったものだ。人気連載の「暮しのヒント集」も同様である。

出かけるときは、何があってもいいように早めに家を出ましょう。そして、いつもよりもゆっくりと歩きましょう。約束に早く着いたら待てばいいのです。／ドアは閉めるときまでドアノブから手を離さないようにしましょう。そうすれば静かにドアの開け閉めができるでしょう。／キッチンペーパーを使うのをやめて、台所に古布を置いてみましょう。考えていたほど不便ではありませんし、気兼ねなく汚れを掃除できるでしょう。／何事においても失敗は成功のもとです。失敗を喜びましょう。なぜ失敗したかを考えること、それは暮らしや仕事を豊かにする最初の一歩です。／一日ぼんやりしてみませんか？　からだの力を抜いて、何をするでもなく一日を過ごしてみることも、ときには必要です。

といった具合だ。★16

もちろん、『暮しの手帖』の中にも例外的な文章はあるだろうし、『暮しの手帖』以外の雑誌でもこのような文体はあっただろう。しかし、ここに圧倒的『暮しの手帖』臭を感じとるのは筆者だけではないはずだ。この『暮しの手帖』を象徴するような、話し言葉的一人称の文体は、いったい何を意味しているのだろうか。

津野海太郎★17（一九三八年〜）は、「なぜ私たちには『暮しの手帖』がマネできないのか」という問いにこう応

えている。

花森安治がトテツもない天才だったからだと、おおくの人がいう。たぶんね。でも、おそらくそれだけではない。花森のような人物を生んだ時代の空気というものがある。具体的にいうなら、たとえば『暮しの手帖』は同時代のロゲルギストのスタイルによく似ているとおもう。[★18]

ロゲルギストとは誰か。

寺田虎彦、中谷宇吉郎、藤原咲平らの流れをくむ東大物理学教室系の、七人の中堅(当時)学者たち[★19]が共同つかっていたペンネームが「ロゲルギスト」である。かれらが、一九五九年に中央公論社の雑誌『自然』ではじめた連載エッセイが、六三年に『物理の散歩道』(岩波書店)としてまとめられ、のちに発行所をかえて『新物理の散歩道』(中央公論社)となり、八三年までにあわせて十巻が刊行された。[★20]

後に、津野海太郎はこの中のひとりである木下是雄に直接確認をし、彼らと『暮しの手帖』には「可視的なネットワークは存在していなかった」としているが、右の文章の中に『暮しの手帖』執筆者の名が見える。中谷宇吉郎(一九〇〇〜一九六二年)だ。

中谷は、北海道帝国大学理学部教授、北海道大学理学部教授などを歴任した物理学者、随筆家だ。戦前イギリスに留学し、一九三六(昭和一一)年、人工雪の製造に世界で初めて成功した。彼の、「雪は天から送られた手紙である」という言葉は人口に膾炙した。彼はまた、『文藝春秋』や『中央公論』にも登場した論壇知識人のひとりでもある。

一九六三年に出たばかりの『物理の散歩道』を読んだ津野海太郎は、「おや、まるで『暮しの手帖』じゃないの」と思ったという。[★21]ロゲルギストと『暮しの手帖』の線上に中谷がいたとすると、彼の果たした役割は無視できない。津野が言うとおり、『暮しの手帖』を『暮しの手帖』たらしめたのは、花森だけではなかったはずだからだ。

ロゲルギストの科学「実験」と花森の商品「テスト」とには、「戦前戦中の非合理主義からぬけだし、日本人の生活に合理性をとりもどしたいという強烈なねがいが底流していた」と、津野は分析する。さらに、興味深いのは、『暮しの手帖』、ロゲルギストたちだけではなく、さらには京都大学人文科学研究所の梅棹忠夫や鶴見俊輔ら、戦後知識人たちもが、「おなじ時代の空気をバラバラに呼吸していただけ」にすぎないのにもかかわらず、その文体が酷似していた、という指摘である。

確かに、指摘されてみれば、梅棹、鶴見だけではなく、冒頭に紹介した加藤秀俊自身の文章もまた、平易でわかりやすい、漢字よりかなを多用した、話し言葉的文章であることに気づく。

それはまさに、「時代の空気」＝この時代の特定の研究者集団の雰囲気だったのだ。

新かな論争

その、平易をむねとする文章を推奨実践していた花森安治が、そして中谷宇吉郎が、「新かなづかい」に真向から反対していたというと、意外の感を覚える人も多いだろう。

一九五一（昭和二六）年、『文藝春秋』三月号の座談会における「新かな」をめぐる中谷の発言について、吉川幸次郎（中国文学者、一九〇四～一九八〇年）が『中央公論』同年九月号「一古典学者の発言」で反論し、同誌上で中谷が「吉川氏に答へる」を寄稿している。二人の議論の間に、詩人・三好達治（一九〇〇～一九六四年）も「私一箇の場合」を書いており、この三本が『中央公論』九月号誌上で「新かな論争」として括られている。

主題だけ眺めたとき、古典学者である吉川が「旧かな」保護で、ロゲルギスト文体の中谷が「新かな」擁護かと、筆者は早合点したが、いざ読んでみれば内容は正反対だった。中谷が「變な仮名づかひを強制したりして、古典を読めないやうに皆をしてしま」うことを憂いたのに対し、吉川は中国語との比較から、また歴史的必然から、現代かなづかいの理を説いた。これに対して中谷は、吉川の論を全面的に受け入れている。

今度の吉川さんの論文を讀むと、日本語といふものは、その性格上、新假名づかひの方へ進化して行くべき性質のもののやうである。それならば話は別であつて、さういふ風に自然に生長して行くことは大賛成である。新假名づかひの制定よりも、吉川さんの今度の論文の方が先にでてゐたら、恐らく私なども、もつとちがつた考へになつてゐたであらう。新假名づかひは、不幸な誕生をみたものである。[★22]

と、潔く脱帽しつつ、しかしなお、制定の経緯への不快の意は明確に示しつつ論を締めくくっている。その不快とは、以下のとおりだ。

私の新假名づかひに對する嫌惡の情は、それが國會で、法律か或はそれに類似のもので決められたといふ點に起因してゐるらしい。法律でなくて勸告かもしれないが、終戰後のどさくさに乘じ、まだ統制權力華やかなりし時代に、國民の代表、即ち主權の代表たる國會から、「勸告」によつてかういふことが決められたのならなほ惡質である。それが氣にくはないのである。[★23]

この思いは花森の新かな批判と全く重なっている。しかし、学者・中谷としては、言語学的にそれが道理のあることとして説かれれば、「それならば」「大賛成である」ということになる。

中谷のこの文章は真にさりげないものでありながら、だからこそそこに、中谷らしさ、花森安治につながる心性、いわば『暮しの手帖』のスタイルが、凝縮されているように思えてならない。

第一に、官制の改革としてのお仕着せの半強制に対する率直な嫌悪感の表示。これは、戦後知識人たちが大前提として共有する感覚であった。敗戦の反動として、統制されるということに対しては条件反射的にまず抗わずにはいられない。その意思表示はきちんとする。

しかし、第二段階として、理路整然たる説得がなされれば、あっさりとその正当性を認める。これはきわめて客観的、中立的態度である。決して感情や沽券などに流されない「科学的立場」だ。

そして、第三に――ここが最も『暮しの手帖』的核心部分となるのだが――、実に飄々としている。中谷の文章には、いわゆる「金持ち喧嘩せず」といった、どこかとぼけた風情があるのだ。それに比べると、吉川幸次郎の文章は力が入っている。新かなでありながらも固い文であることは、両者を音読してみれば歴然とする。文体だけではなく、新かなに対する中谷のスタンスそのものも、実に肩の力がぬけている。

實は私は、もともと新假名づかひの積極的な反對論者ではないのである。今更辯解がましいことをいふやうであるが、随筆を書くと、たいていの場合、原稿の欄外に「新假名づかひに訂正差しつかへなし」と書き加へておくことにしてゐる。しかしたいていの場合は、編輯者の方で面倒臭がつてかどうか、舊假名のままで出してゐることが多い。[★24]

名エッセイストである中谷だが、では文章表記について細かいこだわりがあったかというと、さにあらず。実際は編集者まかせで、ようするに、基本的には「どっちでもよい」といった態度だったのだ。

中谷宇吉郎の美意識

では、彼の主張がどこにあったかというと、「日本人全體の心の中に灯をともすもの」としての古典の尊重という点だ。その具体例として、彼は森鷗外の『即興詩人』をあげる。『即興詩人』は童話作家ハンス・クリスチャン・アンデルセンの長編小説（一八三五年）だが、森鷗外による翻訳（単行本初版、春陽堂、一九〇二年）は、「原作を超える作品」として高く評価されてきた。鷗外の時代は言文一致運動により口語体がさかんに使われるようになっていたが、鷗外はあえて雅俗折衷の擬古文体で翻訳した。鷗外の美文に酔いしれた中谷は、「若い連中」「娘」などに薦めるが、反応はぱっとしない。

一寸淋しい気もする。かういふ傾向は、今度の漢字の制限と、新假名づかひの半強制とで、ますます拍車をかけられるであらう。新假名づかひだけでなく、漢字の制限と相まつて、その威力が發揮されるのである。もちろん、舊假名をつかつてをれば、古典が讀めるといふのではない。私の議論は、「ビフテキを喰ふには、ナイフがある方が便利だ」といふだけである。「ナイフがあつても、ビフテキが無ければ喰へないぢやないか」といふ話とは、別の問題である。又ナイフがなくても齧ればよいわけであるが、やつぱりあつた方が便利である。[★25]

中谷のこの嘆きは、まさしく旧制高校教養主義そのものと言えよう。

旧制高校教養主義は一九七〇年代までは大学における規範文化であった。[★26] 旧制高校教養主義では、外国語の習得が必須だったが、それは外国語というツールを手に入れることで初めて接しうる知識、教養を、すばらしい宝とする前提に立つ。その立場からすれば、ビフテキとナイフの比喩はまことに的確だ。

しかし、中谷が忘れていることがひとつある。それは、ビフテキがあったところで、そもそも万人がそれにありつけるわけではない、ということだ。銀のナイフを使いこなしてビフテキを味わったことのある者のみが、ナイフを失うことを惜しむ。しかし、そもそもビフテキと縁のない者にとっては、ナイフの使い方など嫌悪の対象にしかなるまい。あるいは、その必要がわかったとしても、肉をより大勢で分配しようとする立場に立つならば、挽肉にし、混ぜ物をし、成形焼成し丸パンにはさんで、手で持ち直接口に運ぼう、という主張が出てくるのも自然である。筆者個人は中谷の主張に強い共感を抱きつつも、やはり吉川の正しさは認めないわけにはいかない。

過去の日本の文學は、博士のいわゆる「變なかなづかい」を使うことによつて、にわかにわれわれから遮断されるものなのであろうか。逆にまた「變なかなづかい」さえ使わずに、舊かなづかいを守つていさ

えすれば、いちじるしくわれわれと接近するものなのであろうか。そうではないと考える。★27

新旧かなづかいの変化が、はたして古典に親しむ人口にどの程度の影響を与えたかは、歴史にｉｆが無い以上知るすべは無い。しかし、かなづかい如何にかかわらず、そうした教養と「われわれ」との距離感にそう大きな変化はないだろうと言う吉川の論は説得力がある。

ここで、吉川の言う「われわれ」は、加藤秀俊が言った「インテリをふくめ」た「民衆一般」といったところだろう。つまり、「われわれ」の中には、新かなづかいであっても古典を読もうとする人間もいれば、旧かなづかいであっても読まない人間もいる。そうした総体としての「われわれ」ということだ。

啓蒙の歓び

吉川の「われわれ」に対し、中谷や花森は一人称で書くことを常とした。創刊時から今日に至るまで、つまり、「われわれ」が拡声器で叫ばれるようになる一九六〇年代を通して、『暮しの手帖』はこの文体を一貫して堅持してきた。

「われわれ」が集団の、「私」や「あなた」が個人の意識に基づくものであることは言うまでもない。そこには「同調」と「差異化」という決定的な違いがある。

ここでもう一度、『暮しの手帖』第一世紀執筆者一覧の顔ぶれを見てみよう。清水一はホテルオークラ、ホテルニューオータニなどの建築を手がけた建築家。常原久彌は戦前パリのホテルリッツで学び、帝国ホテル料理長をつとめた。瀧澤敬一（一八八四〜一九六五年）はリヨン在住、石井好子もしばしばパリからの情報を寄せた。そして、最初期の決定打となった東久邇成子。それがたとえ窮乏をつづった「やりくりの記」であったところで、彼らが発信した文化が圧倒的に上流階層からのものであることは明白である。

『暮しの手帖』の書き手と書きぶりからは、この雑誌が、「上」をめざす「個」のための差異化装置として仕掛けられていたことが見えてくる。が、花森安治のすごさは、おそらく彼自身この『暮しの手帖』臭を十二分に認識していたと思しきところだ。いくつかの言葉が、それを示している。

教えてやろう、というようなニオイのする文章がいちばんイヤラシイ。[★28]

賢そうな顔をしていやらしいものは、朝日新聞とＮＨＫと暮しの手帖だ。
一段高いところから読者に指図するのはよくない。[★29]

「一段高いところ」に立てば反感を買う。隣か、手の届くほんの少し上からの発言だからこそ、それは大きな吸引力を持つ。「宮さま」でも庶民と同じ苦労をしている、博士たちがわかりやすい話をしてくれる、大卒の女優さんの話は親しみやすい、その絶妙のさじ加減において、『暮しの手帖』は大成功をおさめた。そしてその成功を支えたのは、それまで存在しなかった社会集団を新しく生み出しつつある動態そのものだった。大学進学率急増の時代とは、万人学習時代でもあった。「暮しのヒント」や「商品テスト」結果は、その中味は極めてオーソドックスで、仕入れれば、今度は自分が誰かにそれを教えてあげられるようなプチ啓蒙である。『暮しの手帖』は、そんな時代の寵児だったと言える。そしてこの雑誌は、全員等しく焼け跡から始めざるをえなかった戦後において、「山の手」的ライフスタイルが、高嶺の花から手の届きそうな射程に入ってきたと万人に「思わせる」に十分な、「差異化」促進のメディアだったのではないか。

3 『暮しの手帖』の読み手たち

「山の手」テイスト

以上のような認識をもって調査を進めていた筆者にとって、次の一文との出会いは、小さなカルチャーショックだった。

昭和の時代において、家庭の主婦が定期購読しがちないくつかの雑誌のうち、最大勢力は「ミセス」〔ママ〕と「暮しの手帖」で、そのどちらを取っていたかで、お宅の雰囲気がまる分かり、という説をどこかで聞いたことがある。高級で上品な（ものを志向しがちな）奥さまは「ミセス」で、堅実で現実的な（ものを志向しがちな）おかあさんは「暮しの手帖」といったかんじだろうか。★30

海月書林店主で文筆家の市川慎子は一九七八年、花森の亡くなった年に生まれている。彼女が『暮しの手帖』と本格的に出会うのは、一九九〇年代以降でしかも「古書」としてである。若い世代には筆者と全く異なる印象があったか、と虚をつかれた。『暮しの手帖』が「山の手」テイストの雑誌であることは、筆者には自明すぎたため、その点の検証を怠っていたのだ。そこでこれを確認すべく聞き取り調査を始めた（二〇一一〜二〇一二年）。

対象としたのは、現在、埼玉、千葉、東京、長野、愛知、京都、大阪、兵庫、広島、大分各都府県在住の、五十代から八十代の男女十名である。『ミセス』と『暮しの手帖』について、どちらの雑誌を購読している主婦が「高級で上品な（ものを志向しがちな）奥さま」で、どちらが「堅実で現実的な（ものを志向しがちな）おかあさん」か、というイメージをたずねた。結果、市川が「どこかで聞いた」のと同じ感覚を持つものは、一〇名中一人も無く、少なくとも一九五〇年代以前に生まれた世代にとっては、筆者のイメージが一般的であることが確認できた。『ミセス』は世俗的で大衆的、『暮しの手帖』は上品で高級、というイメージだ。わずか一〇名を対象とする聞き取りだったが、一〇名が一〇名とも、個人の印象というより、世間一般がそうとらえている、と語った点も共通している。

念のため、市川の文章そのものについても検討してみた。「（ものを志向しがちな）」という表現は曲者で、欠乏理論に立つならば、「高級で上品な（ものを志向しがちな）奥さま」は「高級で上品」ではないからこそそれらを「志向しがち」なのであり、「堅実で現実的な（ものを志向しがちな）おかあさん」とはすでに「高級で上品」であるから、それを志向する必要はなく、逆に「堅実で現実」志向となる、という読み込みも可能になる。しかし、これも調査対象者にたずねたところ、そういう読み方は「ふつうは」できない、という回答ばかりだった。「高級で上品」であれば、ますます「高級で上品」を志向するだろう、という「富める者はますます富む」的解読が一般的であるようだ。

とすると、市川が「どこかで聞いた」はずのそのイメージは、どこから来たものなのか。彼女独自のものなのか。以下に続く文章を読めば、市川が上のように対置させた理由もなんとなく見えてくる。

ちなみにわたしが育った家は、同居していた祖母（大正生まれ）も母（昭和戦後生まれ）も筋金入りの「暮しの手帖」派であった。そのため隔月ごとに届く「暮しの手帖」の影絵話は子どもたち共通の楽しみであったし、リビングの本棚には暮しの手帖社の出版物が何冊も並んでいた。ようするに「暮しの手帖」的なものが、珍しくない家であったのだ。[★31]

なるほど、これでもし、『暮しの手帖』のほうが『ミセス』よりも「高級で上品」と言ったら、ただの自慢になってしまう。自らを『暮しの手帖』文化の「中の人」と位置づけるからこそ、『ミセス』のほうが「高級で上品」志向だと譲ったのではないか。まさに、上品な『暮しの手帖』的発言ではないか。

『暮しの手帖』を読んだ人々

一〇人への聞き取り調査からは、多くの興味深い証言が得られた。すでに「『暮しの手帖』と私」といった回顧はさまざまなメディアで語りつくされてきた感もあるが、実際に筆者が聞き取ったことからいくつかをピックアップして紹介する。

【証言1】（八十代女性）

『暮しの手帖』を、新築祝いとして、年下の夫婦に、一年間分を贈ったことがある。とても喜ばれた。本当にセンスのいい、感じのいい贈り物になったと思う。今は、結婚祝いや新築祝いにふさわしい、上品な雑誌など見当たらない。自分が読むには役にたつ雑誌はあるけれど。けれども、実際自分が『暮しの手帖』を読んでどうかというと、横文字の名前のお料理のページは、あまり庶民的ではなく、日常からはかけ離れていた。ながめて楽しんだだけで、ほかの雑誌のほうがずっと役にたった。インテリアも、家も、こんな広い部屋、こんな広い庭に住んでる人いないわよ、と思いながら見ていた（図1）。

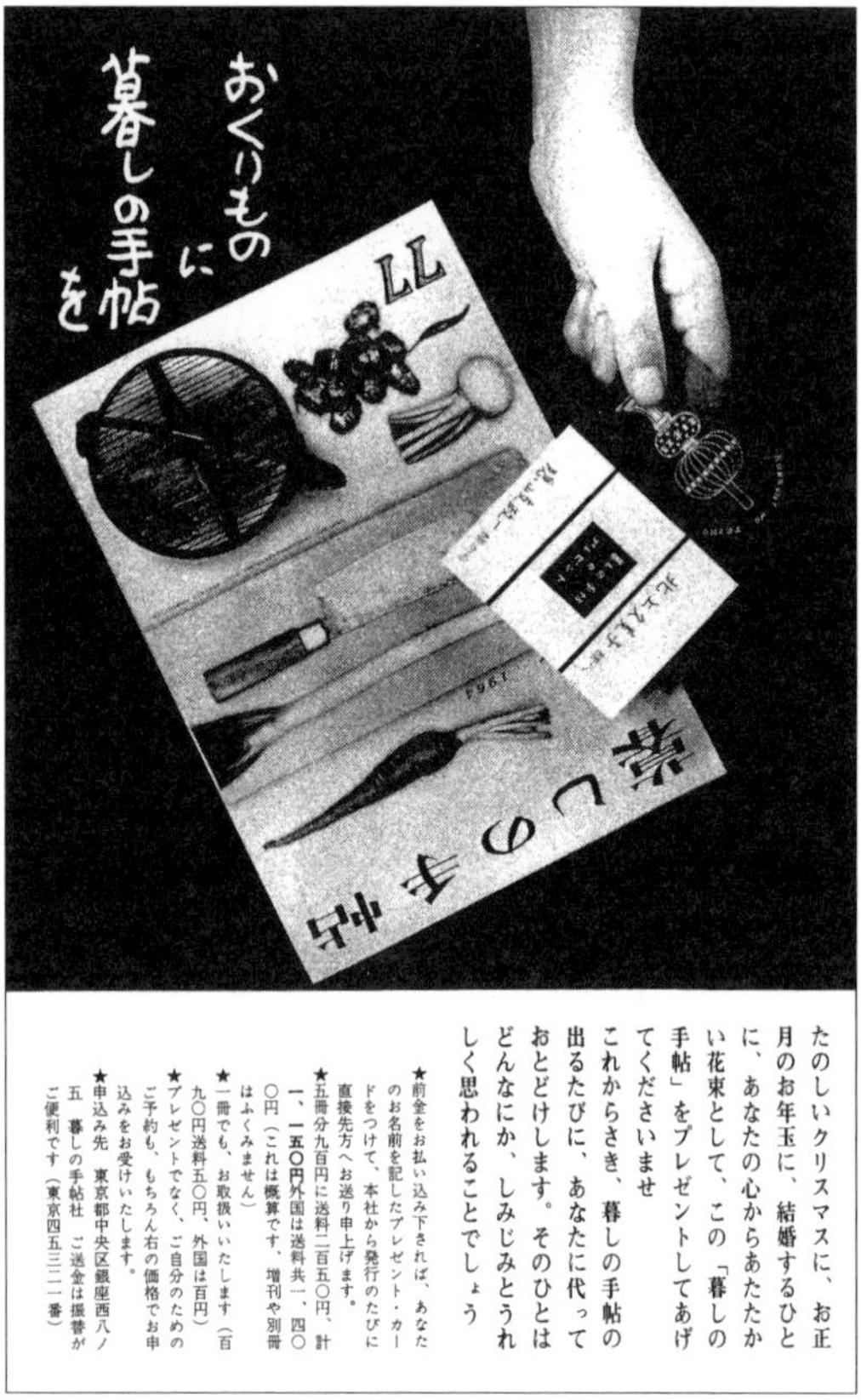

図1　『暮しの手帖』第1世紀77号季刊第3号1965年

【証言2】（八十代男性）

『暮しの手帖』は、広告を一切入れず、中立の立場で、客観的に、商品テストをしている。これは、メーカー側にとっては、批判されたら大打撃です。きっと、メーカーからの反発も色々あったと思う。それでもひるまず無広告を貫き続けたのは、本当にすごいことだ。この編集長は、本当に信念の人だった。けれども、それが出来たのはなぜかといえば、よく知らないけれど、たしか、この人は大金持ちの息子だったとか。[★32] 金には困っていなかったからだと聞いたことがある。商品テストの実験でも、ちがう種類をたくさん買ってきて並べて、それをいじってこわしたりしちゃったりもする。お金がなきゃ出来ない。それにしてもやはり立派であることにかわりはない。本当にいい仕事をするためには、やはり生活には余裕が無くてはいけないんだと思う。

【証言3】（七十代男性）
まず、装丁が美しい。こういう暮しを実現できる、北欧の家具を置けるような、マイホームへの夢がふくらんだ。バックナンバーも捨てずにおいて、何度も読み返した。読み物もそれにふさわしい内容だった。子どもは影絵を楽しみにしていた。作者はケロヨン[★33]の作者だが、当時のキャラクターは、なんというか、今のものよりはるかに味わいが上品だ。

【証言2】（六十代女性）
『暮しの手帖』は、家族全員で楽しめるというのがとても良かった。老若男女、皆が楽しく読めた。ちょっとお洒落な外国情報やエッセイも、他の雑誌には無い感じで楽しみだった。

【証言5】（五十代女性）
『暮しの手帖』本誌ではないが、『すてきなあなたに』を友人の結婚祝いに贈った。紅茶を飲むときに、「ポットに1つ　あなたに1つ」と、いうのがとても印象的で、結婚したら、そんな優雅なティータイムを楽しむマダムになってね、という願いをこめて贈った。彼女もとても喜んでくれた。今でも彼女を思う時、そうして優雅に紅茶を飲む姿が連想される。

もうひとつ、やはり『暮しの手帖』本誌についてではないが、「『暮しの手帖』といえば、忘れられない存在」として語られた人物評にもふれておく。

【証言6】（六十代女性）

森村桂★34（エッセイスト、一九四〇～二〇〇四年）のファンだった。苦労して、悩んで、最後は自殺してしまって、残念でした。学習院出身で、皇后美智子さまのご友人で、雅子さまとのご成婚の時にはケーキを焼いてお祝いしたとか。あこがれた。軽井沢にも行った。本当に、同世代の女性のあこがれだったと思う。

以上の証言からは様々な事が読み取れよう。「結婚、新築、独立祝いの贈答品として購読＝ライフスタイル提案」「広告を掲載しない＝反商業主義」「商品テスト＝反・大量消費」「バックナンバーを揃える＝モノを大切にする。エコ思想」等々は、すでに先行研究でも繰り返し指摘されてきた点であり、分析視覚である。

しかし、本論で指摘したいのは、これらすべての証言に共通しているのが、「山の手」感覚だ、ということにつきる。花森の実家からの資金云々の真偽は、ここでは問題ではない。読者側が『暮しの手帖』をどのようにとらえていたかが問題なのだ。

インテリ読者

『暮しの手帖』が、ほんの少し「上から目線」の啓蒙文体でほぼ統一されていることについてはすでに指摘した。しかし、これが単なる啓蒙、宣伝であるならば、「面白くてためになる」戦前の一〇〇万雑誌『キング』となんら変わらない。皇室ネタならむしろ女性週刊誌の得意とするところだ。女性週刊誌やかつての『キング』と『暮しの手帖』との差異は、前者の文体の大仰さ麗々しさと、後者のひらがな文を比較しても歴然としているが、最大の違いは、たとえば国民大衆雑誌『キング』が、膨大な集団としての「われわれ」を想定して編集されていたのに対し、上流中間層をイメージさせる『暮しの手帖』は、個を強く意識させる「あなた」や「私」つまり、「すてきなあなた」や「人とはちょっと違う私」のものだったということだろう。つまり、前者が同調装置、後者は差異化装置である。

そして、その「私」や「あなた」の中には、実に多くのインテリがふくまれていた。換言するならば、「私」や「あなた」には、〈下町〉知識人がリードした「われわれ」とは真っ向から対立する〈山の手〉知識人のスタンスが現われているのだ。

執筆者に男性の学者が多かったこと、つまり総合雑誌の書き手が『暮しの手帖』にのりいれていたことは、酒井寛が指摘したとおりであり、読者にもインテリが多かったことは、加藤秀俊や鶴見俊輔証言に見たとおりだ。これらの事実は、津野海太郎が嗅ぎ取った「時代の空気」を裏づけるものとも言える。実際、上記の聞き取りに応えた年配の男性二人は、二人とも同世代人口からみれば稀少な大卒者であり、うち一人は大学教員である。つまり、彼らは総合雑誌の読み手であると同時に書き手でもありうる「論壇公共圏」内の人々なのだ。

彼らは、戦後知識人界にあって一体どのような位置を占めていたのか。論壇内では「山の手」知識人はすでに大学生の範型とはなりえなくなり、「下町」知識人が台頭していた。では、論壇から撤収した「山の手」知識人たちは、一体どこへ行ってしまったのか。

4　論壇にとって『暮しの手帖』とは何だったのか?

「山の手」知識人の「勝利」

加藤秀俊は、「総合雑誌の読者（＝インテリ）の少なからぬ部分が『暮しの手帖』に移った」と分析した（一九五七年）。もちろん、実際に「移った」例もあっただろう。しかし、インテリ集団がまさに急激に膨張せんとしていた戦後社会の人口動態をふまえるならば、さらに一歩進んで、彼ら、戦後の新知識人集団こそが、戦後生まれの雑誌『暮しの手帖』をつくった、ととらえることも又可能なのではないだろうか。

戦後の日本人が直面したライフコースの変容は劇的なものだった。その人口動態の中に、より大きな読者集団として新たに発生しつつあったインテリ層を位置づけるとき、戦後社会における『暮しの手帖』の隆盛は、抜けたパズルがはまるようにぴたりとおさまってくる。拡大する読者集団には、たとえば戦前期は稀少だった女性インテリも、相当の割合で含まれてくることは言うまでもない。

小著『ミッション・スクール――あこがれの園』(中公新書、二〇〇六年)でもとりあげた戦後の流行作家・石坂洋二郎(一九〇〇～一九八六年)を、竹内洋は、「戦後日本の大衆モダニズム=草の根革新幻想のイデオローグ」と位置づけた。[★35]代表作『若い人』は、ミッション・スクールを舞台としているが、その他の小説においても、上流中産階級の家庭の人々、医師、弁護士、会社社長が登場する。「電話があり、お手伝いがいて、広い洋間の居間が」あり、「洋酒、応接セットが揃って」おり、「洗練された言葉遣い、垢抜けた服装」、「朝食は、ハム・エッグスとトースト、紅茶、バナナ」という日常が描かれる。これは、まさしく初期『暮しの手帖』の世界そのものだ。

石坂の小説を「理念型としての都会生活小説」、「近代的生活様式への予期的社会化のためのテキスト」「大衆近代主義的リスペクタビリティ(尊敬に価する市民性)への案内書」とする竹内説はすべて、『暮しの手帖』にもそのままあてはまる。さらに重要なのは、そうした「生活様式への予期的社会化」が、「草の根革新幻想を搬送した」という指摘だ。戦後日本のいわゆる「進歩的知識人」が旗振りをした「革新幻想」は、「大衆にその受け皿が存在していた」からこそ社会現象となった。

小説や映画はフィクションだが、雑誌はリアルな生活の延長線上にある。フィクションと相補的に、時としてフィクション以上の威力を直接的に発揮しえたであろうことは想像に難くない。加藤秀俊は『暮しの手帖』を、「この雑誌は思想について何も語らない」と言ったが、言説レベルで「思想について何も語らない」からこそ、むしろ言説より深いレベル、基盤レベルの思想(幻想)を搬送する格好のメディアとなったと解することもできよう。

『暮しの手帖』執筆者でもあった鶴見俊輔について、竹内はこう分析する。

鶴見の大衆像は、「一番」や「優等生」を嫌い、「うまれついたところと、ほぼ反対のところ」への「退行計画」(『展望』一九六八年三月号)によって、おぼっちゃまがみた異形崇拝じみてる。丸山が意地悪く抽出した「亜インテリ」の特徴を裏返し(よき面)にしただけの大衆像とはいえまいか。[★36]

鶴見の大衆像は、知識人との共同戦線のために実在の大衆の一面を切り取った以上のものではない。ただしこの「以上ではない」つまり、以下でもないというところに、鶴見の知識人界における覇権を目指さないことによる覇権という無欲(退行計画)の勝利があった。[★37]

実にこのスタンスこそが、『暮しの手帖』知識人たちの文体そのものだったのではないか。

中谷宇吉郎の「新かな論争」の文章はまるで「金持ち喧嘩せず」の体であった。戦後日本社会を席巻した「革新幻想」に対し、「山の手」知識人たちは、言説レベルの土俵に自らあがることよりむしろ「退行」する戦略をとることで、自らの勝利を手中におさめたのではなかったか。そして彼らが選んだ立ち位置こそが『暮しの手帖』の「書き手」であり「読み手」であったと考えられる。

いや、それは果たして「退行」だったのだろうか。論壇的公共圏における壇上の座を「下町」知識人に奪取されたかに見えた「山の手」知識人だが、実は彼らこそが主体的に新しい文体を起こし、勃興拡大しつつある新しい社会集団として『暮しの手帖』を成立せしめたとするなら、それは決して「退行」ではなく進攻であり、創出だったと解釈することも又可能だろう。

二〇一三年現在、すでに読み捨てられ忘れ去られた戦後知識人と、今も若い世代にも読み継がれている『暮しの手帖』と、その言葉の鮮度と強度を感じつつ読み比べてみる時、そう感じずにはいられない。

■註

1 加藤秀俊「総合雑誌よどこへゆく」一九五七年一〇月一八日付、『毎日新聞』。

2 ベストセラーとなった『育児の百科』（岩波書店、一九六七年）などで知られる医師、評論家。映画化された『私は赤ちゃん』（岩波新書、一九六〇年）ほか、『人生ってなんだろう』正、続（筑摩書房、一九七三、四年）等の著書によって、同時代の母親たちを中心に広く社会に影響を与えた。

3 加藤前掲記事。

4 加藤前掲記事。

5 民族学、文化人類学者。国立民族学博物館初代館長。京都大学人文科学研究所名誉所員。総合研究大学院大学名誉教授。京都大学名誉教授。

6 鶴見俊輔「花森安治賛」『花森安治――美しい「暮し」の創始者』河出書房新社、二〇一一年、一八頁。

7 教育社会学者。新潟県佐渡島で幼少期を過ごしている。

8 竹内洋『革新幻想の戦後史』中央公論新社、二〇一一年、六一頁。

9 竹内洋『メディアと知識人――清水幾太郎の覇権と忘却』中央公論新社、二〇一二年。

10 後のパピリオ化粧品。

11 丸山邦男「花森安治　『暮しの手帖』をとりでに、生活の革新を説きつづけた編集者」『人物昭和史4　マスコミの旗手』一九七八年、筑摩書房、二三七頁など、引用は非常に多いが、大宅が何時何処で発言したものかは確認できなかった。

12 花森安治の発案で大橋鎮子が苦心して原稿を取りに行った経緯は、酒井寛『花森安治の仕事』（朝日新聞社、一九八八年）や、植田康夫『雑誌は見ていた――戦後ジャーナリズムの興亡』（水曜社、二〇〇九年）に詳しい。

13 酒井前掲書、一二六頁。

14 唐澤平吉『花森安治の編集室』晶文社、一九九七年、一〇四頁。

15 酒井前掲書、「花森の文章哲学」。

16　単行本はシリーズ化されており、二〇一三年現在、公式フェイスブックで発信されているほか、二〇一三年七月現在、非公式ツイッターの「暮らしのヒント集ｂｏｔ」では一〇万四九八三のフォロワーがついている。
17　晶文社の編集者、演劇評論家としても知られる。新潮社の季刊誌『考える人』に、二〇一〇年夏号〜二〇一二年秋号まで「花森安治伝」を連載した。
18　津野海太郎「時代の空気　ロゲルギストと花森安治」『考える人』新潮社、二〇〇六年冬号、二〇〇五年一二月二八日刊。
19　具体的には、近角総信、磯部孝、近藤正夫、木下是雄、高橋秀俊、大川章哉、今井功を指す。寺田虎彦は物理学者にして夏目漱石との交友でも知られる随筆家であり、藤原咲平はその後任者である。
20　津野前掲書。
21　津野前掲書。
22　中谷宇吉郎「吉川氏に答へる」『中央公論』一九五一年九月号。
23　中谷前掲記事。
24　中谷前掲記事。
25　中谷前掲記事。
26　竹内洋『教養主義の没落――変わりゆくエリート学生文化』中公新書、二〇〇三年。
27　「一古典學者の發言」『中央公論』一九五一年九月号。
28　唐澤前掲書、一〇五頁。
29　酒井前掲書。
30　市川慎子「花森安治のこと」『花森安治――美しい「暮し」の創始者』河出書房新社、二〇一一年、一二三頁。
31　市川前掲書、一二三頁。
32　花森安治の神戸の生家は、祖父の代からの貿易商で、彼は幼少のころから毎月宝塚歌劇に連れて行ってもらっていたなどのエピソードがある。

33　ケロヨンは、藤城清治のプロデュースによるキャラクターで、一九六六年から始まった日本テレビ系番組「木馬座アワー」で活躍し、一世を風靡した。「ケロヨーン」「バハハーイ」は流行語となった。
34　学習院大学卒業。暮しの手帖社に入社したが短期で退社し、一九六四年にニューカレドニアに一人旅に出る。その後エッセイを続々と執筆し人気作家となる。『天国にいちばん近い島――地球の先っぽにある土人島での物語』（学習研究社、一九六六年）は一九八四年に映画化され、本は二〇〇万部を超える大ベストセラーとなった。一九八五年に、軽井沢に手作りのケーキとジャムの店「アリスの丘」を開く。二〇〇四年うつ病のため入院中自殺。
35　竹内前掲『革新幻想の戦後』四六六頁。
36　竹内前掲『メディアと知識人』三三〇頁。
37　竹内前掲書、三三一頁。

第六章　『朝日ジャーナル』――桜色の若者論壇誌

長崎励朗

1　アカイアカイアサヒ？

朝日は赤くなければ朝日ではないのだ。ホワイト色の朝日なんてあるべきではない。せめて櫻色に……。[★1]

この一節は一九七一（昭和四六）年三月一九日発行の『朝日ジャーナル』誌上で連載中だった風刺漫画、「櫻画報」の欄外に書かれたコメントである。漫画本体に目を転じると、中央には「アカイ／アカイ／アサヒ／アサヒ」と書きこまれ、水平線から朝日新聞のロゴが昇ってくるという挑発的な構図が描かれている（図1）。他のメディアに掲載されたならともかく、朝日新聞社のオピニオン誌とも目されていた『朝日ジャーナル』誌上にこの漫画が掲載されたことは社内に波乱を巻き起こし、最終的にこの事件は朝日ジャーナルの自主回収騒動にまで発展した。事件の影響はそれだけにとどまらず、同年五月に朝日新聞社は『朝日ジャーナル』編集部の人員大幅入れ替えを断行する。[★2]

図1　アカイアカイアサヒ『朝日ジャーナル』1971年3月19日号

そんな激動のさなか、人員入れ替えの一環として『週刊朝日』編集部から『朝日ジャーナル』への異動を命じられた一人の新聞記者がいた。彼の名は川本三郎。二〇一一年に映画化されてヒットした『マイ・バック・ページ』（河出書房新社、一九八八年）の著者であり、劇中で妻夫木聡が演じた『東都ジャーナル』記者、沢田のモデルでもある。この川本の転属が朝日新聞社にとっては思わぬ結果をもたらすことになる。参考までに映画の筋を少し追ってみよう。

映画の舞台は一九七一年。映画のストーリーは妻夫木演じる東都ジャーナル記者、沢田と松山ケンイチ演じる学生運動家、「梅山」（偽名）との友情関係を中心に展開する。物語のクライマックスでは「梅山」が自衛隊員を殺害し、逃亡、やがて逮捕にいたる。その過程で独占取材を試みた沢田は、証拠品をあずかり、処分したことで証憑隠滅罪に問われ、東都新聞社を辞職に追い込まれる……。

映画のストーリーは固有名を除いて、川本の同名のノンフィクションにある程度忠実である。実際に川本が証憑隠滅罪で逮捕されたのは一九七二年一月九日。★3『朝日ジャーナル』は一年足らずの間に二度も「アカイ」イメージを世間にアピールしてしまったことになる。こうして、一九六〇年代末から一九七〇年代初頭までの

『朝日ジャーナル』は「右手に『少年マガジン』、左手に『朝日ジャーナル』」という表語とともに、朝日が、そして若者たちが最も「アカ」かった時代の象徴となったのである。

ところが近年、そんな『朝日ジャーナル』観を見直そうとする動きが出始めている。御厨貴はその門下生たちとともにおこなった『朝日ジャーナル』研究会を経て、次のような議論を展開している。

一九六〇年の安保闘争のときも六〇年代末の学園紛争のときも、『ジャーナル』は最後まで中立的な立場を保ちながら報道を続けた。では、『ジャーナル』はなぜ〝左翼〟と見られたのか。それは座談会の出席者に先鋭な学者が多かったからだ。全共闘の活動家を誌面に積極的に起用した。これも〝左〟に見られる理由のひとつだっただろう。誌面で言葉が躍っている。相当に〝左〟。だが、編集部自体は、記者の現場報告に力点を置き、現場の声を聞き取ることに重点を置いていた。そうすることによって編集部自体はむしろ穏健な印象を与えていた。[★4]

誌面に登場する論者は左だったが、編集部自体は中立的であったとする議論である。対談形式で御厨の話を聞いた『朝日ジャーナル』記者もこれに同調している。

しかし、「記者の現場報告に力点をおいていた」という事実をもって『朝日ジャーナル』が「左でなかった」などと言ってしまえるのだろうか。また、ここでいう「穏健」とは誰に対して与えていた印象を指しているのだろうか。朝日新聞社内では、「経営首脳が、そういった〔左翼的だと批判されるような〕『朝日ジャーナル』の編集部に神経をとがらせ、危険視していた」[★5]ようだし、読者たちにいたっては記者による現場報告に力点をおいていたとか、そういった編集部の内部事情など問題にもしなかっただろう。「躍っていた」という言葉こそが強いインパクトを残していたに違いない。

もちろん、そこに所属している記者たちには報道を生業とするものとしてのプロ意識があったかもしれない。右に引用した御厨の議論が正しいとすれば、編集部の人間が書いた記事内容自体は「中立」であった可能性も十分にある。だが、それは『朝日ジャーナル』という媒体自体が穏健中立であったことの証拠にはなりえない。少なくとも読者たちにとっては目の前にある雑誌が全てであり、寄稿や座談会が大半を占める論壇誌において、そこに誰を採用するかという選択が、雑誌の性格そのものであったはずである。だとすれば、この寄稿者たちこそが、『朝日ジャーナル』という媒体を考える上での主役とならねばならない。

　本稿では、このような観点から執筆者に注目し、論壇における朝日ジャーナルの位置をネットワーク分析の手法によって明らかにしてみたい。ネットワーク分析とは、「ネットワークの要素同士の関係を記述し、その位置特性を分析する」[★6]手法である。「つながり」の分布を可視化しようとするもので、結果は点と線で構成された簡単な図で表すことができる。フェイスブックを初めとするSNSが隆盛を迎える中、人間同士のつながりをそういった図で表そうとする発想はよく見かける。その意味で、本稿は過去の雑誌を人間に見立て、想像上のフェイスブックを構築してみようとする試みだと理解してもらえば、分かりやすい。

『朝日ジャーナル』は本当にアカかったのか。それともそうでなかったのか。「アカい」の定義を明確にすることは難しい。しかし、どの雑誌とどの程度執筆者を共有しているか、というポイントに着目すれば、少なくとも論壇において『朝日ジャーナル』が占めていた相対的な位置は把握することができる。完成したダイアグラムと各論壇誌に関する我々のイメージを照らし合わせたとき、『朝日ジャーナル』は、はたしてどのような像を結ぶのだろうか。

　しかし、結論は少し先に延ばしたい。若者向け論壇誌としての『朝日ジャーナル』には全共闘時代以外に、もう一つの青春リバイバルが存在していたからだ。実際の分析に入る前に、そちらにも言及しておくことにする。

2 「筑紫軽チャー路線」の「多事争論」

『朝日ジャーナル』の青春時代といえば、まず学生運動が頂点に達した一九六九年前後が頭に浮かぶ。しかし、『朝日ジャーナル』が脚光を浴びた時期はもう一つある。それは「筑紫軽チャー路線」などと揶揄されながらも、若者に支持されている著名人を大胆に起用した筑紫哲也編集長時代。一九八四年からの約三年間である。

この頃の最も有名な企画は「若者たちの神々」に代表される筑紫哲也と著名人たちとの対談である。その第一回に招かれた論者が『構造と力』(勁草書房、一九八三年)の著者、浅田彰であったことからも分かるように、この企画はニューアカデミズム(以下、ニューアカ)のブームと密接に結びついていた。当時、ニューアカブームの牙城として脚光を浴びていたのは雑誌『現代思想』だったが、時事ネタを旨とする論壇誌の中では『朝日ジャーナル』のこの企画は一際目立っていたようだ。文化偏重とも批判された自身の編集方針について、筑紫は後に宮崎哲弥との対談で次のように語っている。

一番面白かったのは創刊時の思想で、当時最大の言論人だった笠信太郎ら朝日幹部が考えたのは『政治、経済、社会の大状況を文化で斬る雑誌』でした。だから僕は先祖返りしただけなんです。[★7]

筑紫がとった「新しい」路線は実は新しくなかったという主張だ。朝日ジャーナルの創刊は一九五九年だから、先に言及した一九七〇年頃よりも十年遡った時代の形に戻ったと言っているのである。さらに、『朝日ジャーナル』の編集方針についても筑紫は同じ記事の中で言及している。筑紫の冗長な語りを要約した宮崎の発言を引いてみよう。

なるほど雑誌の極意ですね。ちょっと引いて眺めると、一方的にある立場の議論をプロモートするのではなく、対立する議論も同時にプロモートすることで、雑誌自体は多様性に開かれていく……。しかも昨今の新聞の、主体回避的な両論併記じゃなくてもっと荒々しく暴力的なもので……。非常にポストモダン的だな。[★8]

このような編集方針を筑紫は「マッチポンプ」と称し、それを「かっこよく言えば多事争論」だとも語っている。要は、様々な対立する意見の混在する雑誌だったということだ。本当にそうだったのかどうか。それはこれからの分析で検証してみたい。

一九七〇年頃と一九八四年頃、この二つの時期の『朝日ジャーナル』は論壇においてどのような位置にあったのか。以下では現在すでに休廃刊してしまったいくつかの論壇誌の位置づけを簡単に確認した上で、『朝日ジャーナル』とそれをとりまく論壇の姿を描き出してみよう。

3　論壇誌のイメージ

分析の手順の第一として、一九六九（昭和四四）年と一九八四（昭和五九）年に発行されていた論壇誌の間で共通する著者の人数を調べ上げた。[★9] 一九六九年を選択したのは、安保闘争がクライマックスに達したこの年代が最も雑誌の性質を検出しやすいと判断したからだ。逆に言えば、この年に「アカ」くないならば、『朝日ジャーナル』が「アカ」かったとは言えないはずである。

扱った雑誌は『朝日ジャーナル』（朝ジャ）、『中央公論』（中公）、『文藝春秋』（文春）、『自由』、『展望』、『思想』、『世界』、『心』、『潮』、『現代の眼』（現眼）、『現代の理論』（現理）、『思想の科学』（思科）、『諸君！』の一三誌である。ひとくちに「論壇誌」といってもその定義は難しい。出版指標年報を眺めても「論壇誌」というカテゴリー自体は存在しない。ただ、『朝日ジャーナル』の論壇における位置づけを知る、という目的に限って言えば、ひとまずこれらの雑誌との関係を探ればある程度達成されると考えた。

扱った雑誌のうちいくつかはすでに休廃刊して久しい。とくに『自由』『展望』『心』『現代の眼』『現代の理論』の五誌についてはイメージどころか存在すら知らない読者が多くいるだろう。まずはこれらのイメージをある程度確定しておきたい。

表1　雑誌の頻出著者と論考タイトル

雑誌名	頻出の著者	代表的な論考のタイトル
1969年		
現代の理論	中岡哲郎	闘争は終らない
展　望	松田道雄	ロシア・マルクス主義の有効性
現代の眼	吉原公一郎	国民的基盤なき軍隊の危機
自　由	武藤光朗	暴力革命とエロス的幻想――マルクーゼ批判
心	高山岩男	日本の位置と政治的文化的精神（日本民族の心・覚書-3-）
1984年		
現代の理論	海江田万里	中国共産党党内闘争史-11-文化大革命の嵐-1-
自　由	山崎太喜男	ソ連の狙いは日本の「従属化」―― INF交渉決裂後の極東情勢

表2　1969年1月号の編集後記および巻頭論文

現代の理論	特集形式の七〇年闘争は本号で終りますが、今年もとうぜん、この歴史的なたたかいにきりこむ編集を精力的におこないたいと思います（p.148）。
展　望	行動的であると同時に、内面的でもある現在の学生たちは、新しい論理をいまはもたぬかもしれぬが、新しい論理を形成すべき場へ自らを立たせていることはたしかなことに思われる（p.264）。
現代の眼	学生たちの要求が、たんに権力の〝告発〟ではなく、日本の、それどころか全世界を決定的な方向転換させる意気を秘めていることは、今号の特集でおわかりのことと存じます（p.246）。
自　由	大学生は無頼の徒ではあるまい。学園の自治、学問の自由を侵す角材や鉄帽の横行、無銭飲食、無賃乗車等は自らの破滅をまねくだけで「正義」「革新」の看板が泣く（p.256）。
心	若干の大学においては、ストライキの名において、家宅侵入・器物破損・窃盗・暴行・不法監禁などの犯罪行為が公然と行われている。これをそのまま放置しておいてよいものであろうか。／しかしそれよりも、もっと危険なことは相当数の教師たちが、これらの不法行為を容認し、これに屈服していることである（p.2）。

表3　重複する著者の数（1969年）

雑誌名	朝ジャ	世界	文春	思科	現理	現眼	展望	自由	潮	中公	思想	心
朝ジャ		29	8	20	14	30	35	11	27	20	12	2
世界	29		6	10	9	12	18	3	13	13	10	2
文春	8	6		5	1	5	8	16	25	14	1	3
思科	20	10	5		6	15	15	3	8	5	5	1
現理	14	9	1	6		9	7	0	1	4	2	0
現眼	30	12	5	15	9		26	1	15	17	3	1
展望	35	18	8	15	7	26		6	13	18	6	2
自由	11	3	16	3	0	1	6		21	15	1	10
潮	27	13	25	8	1	15	13	21		18	6	8
中公	20	13	14	5	4	17	18	15	18		7	3
思想	12	10	1	5	2	3	6	1	6	7		3
心	2	2	3	1	0	1	2	10	8	3	3	

表1は一九六九年と一九八四年における各誌の最頻出著者（連載小説やエッセーの著者を除く）を、論考のタイトルとともに抜き出したものだ。

さらに、この表だけでは分かりにくい部分があるので、学生運動に対する立場を中心に、雑誌本体の巻頭論文や編集後記など、雑誌編集部の方針がはっきり出やすい部分を抜粋して表2を作成した。学生運動に対する立場に限って言えば、これで随分位置づけがクリアになるのではないだろうか。

もちろん、学生運動への賛否がそのまま保革の位置づけに結びつくわけではない。とくに『自由』の発行元である自由社などは位置づけが難しい。自由社自体は近年になって「新しい歴史教科書をつくる会」の教科書を発行したことで物議をかもしたが、創業者であり、『自由』発行の中心人物でもある石原萠記はそもそも社会主義者であって、完全な保守であるとは言いがたいのである。

ただ、その時代に突出していたアジェンダに対する態度は、各誌のイメージを形成し、雑誌間の関係をおしはかるためには有用である。以下の分析結果を読み解くために、ここに挙げた表を適宜参照してほしい。

4　魚拓型論壇のえら部分——一九六九年

ここまでの議論を踏まえて、いよいよ分析の結果を示していこう。まず、重複する著者の数は表3のようになった。各セル内の数字が共通の

表4　平均値以上の雑誌同士のつながり（1969年）

雑誌名	朝ジャ	世界	文春	思科	現理	現眼	展望	自由	潮	中公	思想	心
朝ジャ		1	0	1	1	1	1	0	1	1	1	0
世界	1		0	1	1	0	1	0	0	0	1	0
文春	0	0		0	0	0	0	1	1	1	0	0
思科	1	1	0		0	1	1	0	0	0	0	0
現理	1	1	0	0		1	0	0	0	0	0	0
現眼	1	0	0	1	1		1	0	1	1	0	0
展望	1	1	0	1	0	1		0	1	1	1	0
自由	0	0	1	0	0	0	0		1	1	0	1
潮	1	0	1	0	0	1	1	1		1	1	1
中公	1	0	1	0	0	1	1	1	1		1	0
思想	1	1	0	0	0	0	1	0	1	1		0
心	0	0	0	0	0	0	0	1	1	0	0	

著者の数を表している。これが雑誌同士のつながりの強さを表す数値、あるいはもう一歩踏み込んでいえば、雑誌の論調の近さを表す数値だといえる。

しかし、このままでは、雑誌の掲載記事本数が多いものほど、単純に数字が大きくなってしまい、比較ができない。ましてや『朝日ジャーナル』は週刊誌なので、記事数も多く、数字が大きくなって当然だ。

その影響を排除するために、標準化の作業をおこなう。各セルの数値が二つの雑誌で共通する著者の数を示しているのは前述のとおりだ。その数値を、二誌が掲載した一九六九年の記事総数のうち、少ない方の値で割る。これによって、記事総数の違いがあっても比較できる数値を導き出した。★10

さらに、その標準化された数値の中で平均値より大きい数値を「1」、平均値以下の数値を「0」に変換すると、表4ができあがる。表4を見れば、どの雑誌同士が相対的に強いつながりをもっていたのかがわかる仕組みになっている。つまり、「1」が入っている雑誌同士は相対的に近い論調の雑誌だと言ってよいだろう。ここまでの作業で「1」が入っている雑誌同士を線で結んでいくと図2のようなダイアグラムが完成する。

次に、これらを派閥ごとに囲んでみよう。その結果が図3である。なお、派閥の定義は、「全ての点が線で結ばれている四つ以上の雑誌の組み合わせ」である。これらの結果をもとに当時の論壇について考察を加えてみたい。

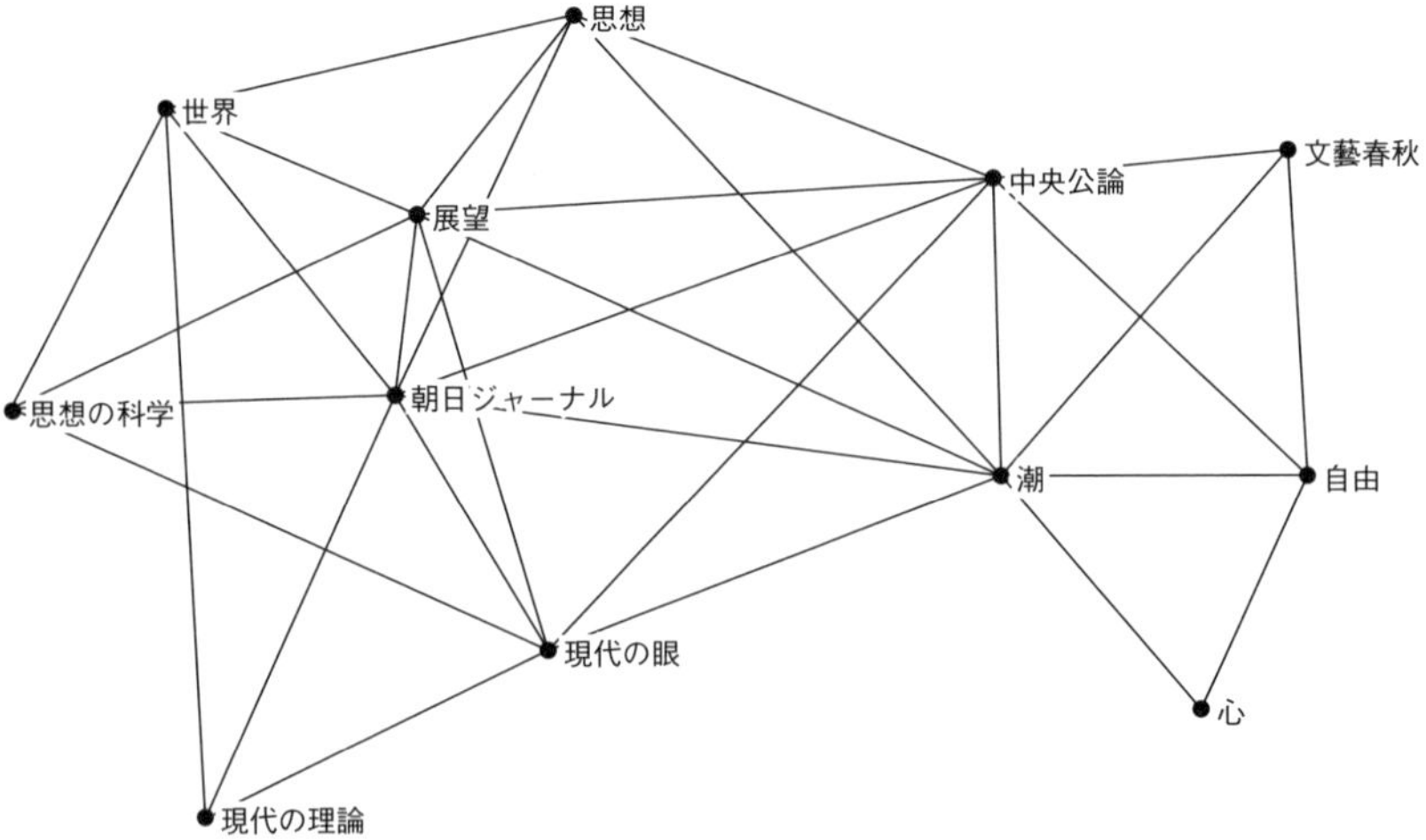

図2　雑誌同士のネットワーク図（1969年）

まず直感的に見て、図2はちょうど魚拓のような形をしている。これにどういう意味があるのか。それは図3の派閥を見ればよくわかる。ちょうど保革とそれをつなぐ派閥が頭部と尾ひれ、胴体という3つの部位に分かれた構造になっているのである。詳しく説明しよう。

図3の中で、第一に注目してほしいのは①、②、③（頭部）の派閥と⑥（尾ひれ）の派閥が全く重なり合っていないことだ。雑誌名を見れば、これはある程度、雑誌における保革のイメージと合致しているように思われる。その意味で、この点にのみ着目すれば①、②、③すべての派閥に入る朝日ジャーナルは革新の側に属しているように見える。

第二に注目してほしいのは④、⑤（胴体）という派閥の存在だ。この派閥はちょうど保革の橋渡しをしているように見える。その意味で、一九六九年の論壇はこの胴体部分に属する雑誌によってゆるやかなつながりを担保された魚拓型といえそうだ。

『朝日ジャーナル』は④、⑤派閥の両方に所属している革新側の雑誌であり、『展望』とならんで保革のつながりを担保するポジションにある。先に述べたように魚拓にたとえるならばちょうど頭部の端でもあり、胴体の端でもあるえらにあたる。

つまり著者の起用という観点から見た場合、一九六九年時

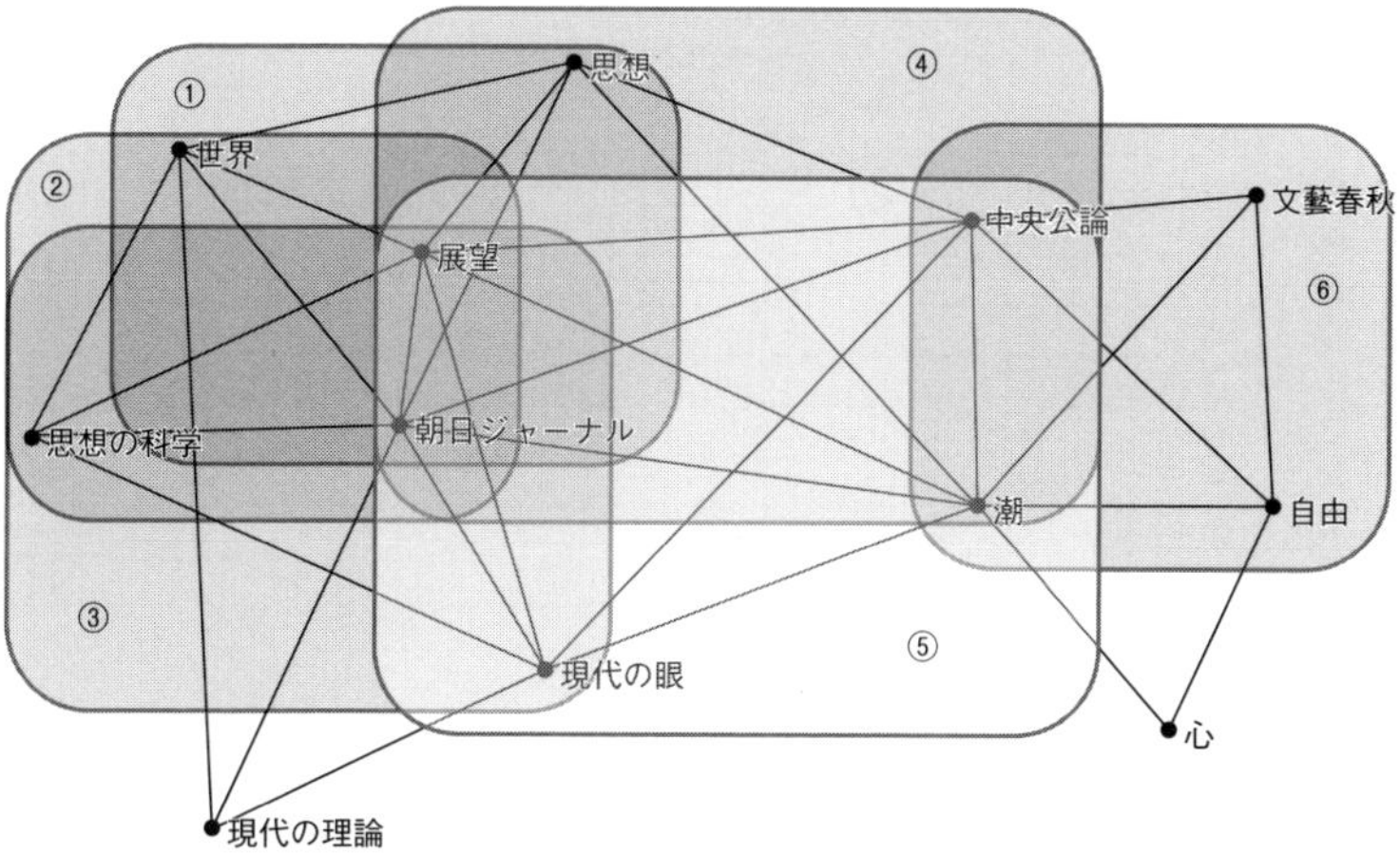

図3　雑誌の派閥（1969年）

点の朝日ジャーナルは、左派論壇の一員としての性格を持ちつつも、様々な著者が相互乗り入れすることのできる媒体として存在していたと結論づけられる。

5　アメーバ型論壇の心臓部――一九八四年

本稿の冒頭に登場した『マイ・バック・ページ』の著者、川本三郎は一九八二年に興味深い指摘をしている。

> この一〇年の変化は、単に、高速道路ができたとか、高層ビルが建ったといった〝風景の変化〟にとどまらない。〝風景の変化〟がそのまま言葉・思考の世界に影響を及ぼし、かつての言葉の体系や思考の枠組みを無効にしている。★11

川本はこの変化を「論壇の崩壊」とパラレルだと論じている。そして彼が指摘するとおり、この頃の論壇はひとことで言って壊滅状態に見える。というのも、一九六九年に存在した主要論壇誌のうち、三誌が廃刊し、論壇誌の数自体が減ってしまっているからだ。以下に一九六九年に扱った雑誌のうち、一九八四年までの間に廃刊した雑誌を挙げておく。

『展望』（一九七八年八月号にて廃刊）
『現代の眼』（一九八三年五月号にて廃刊）
『心』（一九八一年七・八月合併号にて廃刊）

かわって登場したのは文藝春秋社がオピニオン誌として創刊した『諸君！』であるが、『Voice』や『創』、『新潮45』など、二〇一三年現在に存在する論壇誌といえそうな新興の雑誌は当時まだ創刊していない。したがって一九八四年の分析で扱う雑誌は『朝日ジャーナル』、『中央公論』、『文藝春秋』、『自由』、『思想』、『世界』、『潮』、『現代の理論』、『思想の科学』、『諸君！』の合計一〇誌となる。

基本的には一九六九年と同様の手法で分析するが、今回の分析は一九八四年四月から一九八五年三月までを対象としたい（ただし、煩瑣になるので以下では「一九八四年」と表記する）。これは筑紫哲也が就任し、対談企画『若者たちの神々』が開始されたのが一九八四年の四月であったためだ。

まずは、共通する著者の数を見てみよう（表5）。雑誌の数自体が減っているので、必然的に数字も小さくなるが、この表を何気なく見回しただけで、「0」が目立つ。すなわち、全く著者を共有していない雑誌の組

表5　重複する著者の数（1984年）

雑誌名	朝ジャ	潮	世界	中公	諸君	文春	自由	思想	思科	現理
朝ジャ		15	34	14	7	16	0	3	15	7
潮	15		13	7	3	9	0	0	6	3
世界	34	13		15	6	6	0	6	5	5
中公	14	7	15		20	32	1	4	2	4
諸君	7	3	6	20		31	2	0	2	2
文春	16	9	6	32	31		0	0	2	2
自由	0	0	0	1	2	0		0	0	0
思想	3	0	6	4	0	0	0		1	0
思科	15	6	5	2	2	2	0	1		4
現理	7	3	5	4	2	2	0	0	4	

表6　平均値以上の雑誌同士のつながり（1984年）

雑誌名	朝ジャ	潮	世界	中公	諸君	文春	自由	思想	思科	現理
朝ジャ		1	1	1	0	1	0	0	1	1
潮	1		1	0	0	1	0	0	0	0
世界	1	1		1	0	0	0	1	0	1
中公	1	0	1		1	1	0	1	0	1
諸君	0	0	0	1		1	0	0	0	0
文春	1	1	0	1	1		0	0	0	0
自由	0	0	0	0	0	0		0	0	0
思想	0	0	1	1	0	0	0		0	0
思科	1	0	0	0	0	0	0	0		1
現理	1	0	1	1	0	0	0	0	1	

み合わせがかなり存在するということがわかる。
つづいて前回同様の計算をおこない、平均値以下を「0」に変換し、表と図を作成した（表6と図4）。図4には検出できた派閥も加えているが、一九六九年と同じ条件で見た場合、一九八四年には雑誌間の派閥が一つしか形成されていない。この状態からは保革の構造など読み取るべくもない。これが川本の言う「論壇の崩壊」状態なのだろうか。

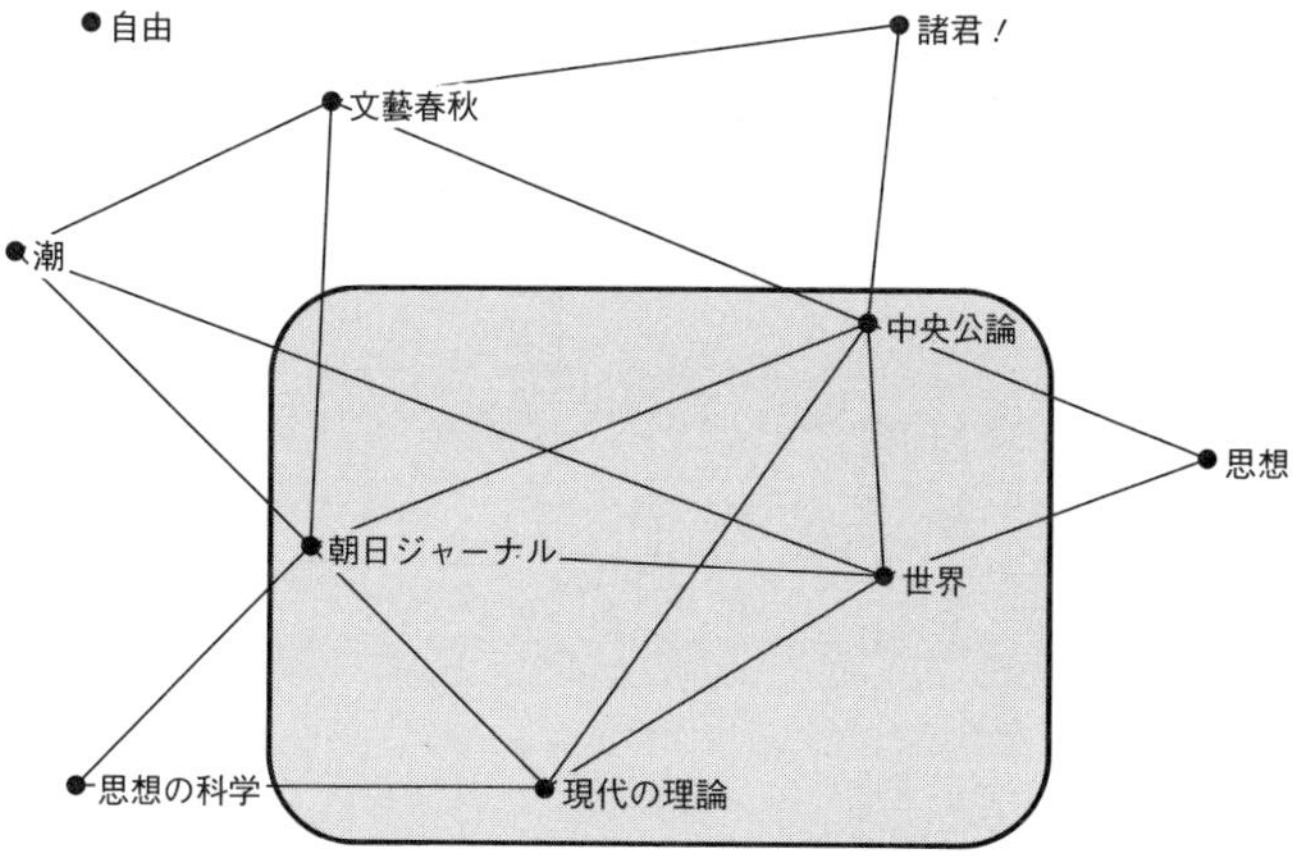

図4　平均値以上のネットワークと派閥（1984年）

そのような結論を出してしまう前に、このデータにもう少し手を加えてみたい。理由は二点ある。第一点は一九六九年に比べて今回は雑誌数自体が減っているため、四つ以上の雑誌が所属する派閥がやや形成されにくいこと。そして第二点はいくつかの雑誌が突出して強いつながりを示してしまったことだ。一九六九年は平均値と中央値（大きい方から並べた場合、ちょうど真ん中の順位になる数値）の間にほとんど差がなく、雑誌同士の組み合わせのうち、約半数を線で結ぶことができたが、今回は約三分の一程度しか線を引けない。★12

そこで、少し条件を変えた上で、再度派閥の検出を試みた。表5を作る際には一九六九年のものと同じく、平均値を境に「1」「0」を分けたが、今度は中央値を「1」「0」の境界とし、それをもとに作成したのが図5である。これについてもいくつか考察を加えてみたい。

まず直感的に見て一九六九年を示す図2が魚のような形、すなわち、頭部と胴体と尾ひれとみなせるような部位にわかれた形になっていたのに対して、図5を何かにたとえるのは至難のわざで

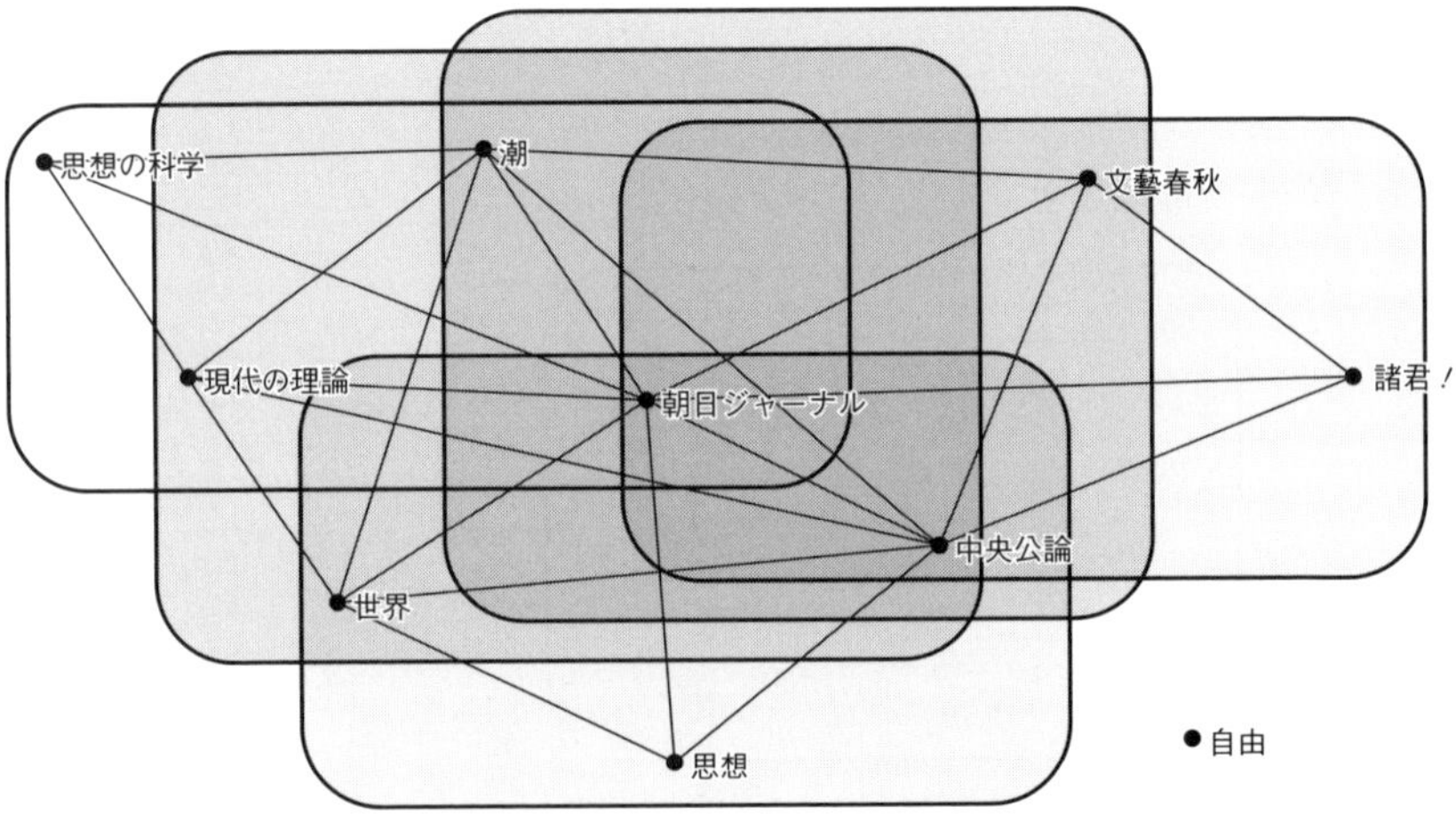

図5　中央値以上のネットワークと派閥（1984年）

ある。しいていえば不定形生物、「アメーバ状論壇」である。検出された派閥もかさなりあっており、部分に分けるのは難しい。

一つだけはっきり分かるのは、この頃の朝日ジャーナルが全ての派閥に属している唯一の雑誌であるということだ。つまり、この頃の『朝日ジャーナル』が相対的に見ればたしかに「多事争論」の場として機能していたことがわかる。

また、直感的なイメージとのズレを感じる点としては、論壇の中でこの頃の朝日ジャーナルに最も近い役割を果たしていたのが『中央公論』であったことを指摘できる。『中央公論』も一つの派閥を除いて全ての派閥に属しているからだ。ただ、保革の構造がもはや見いだせないこの状況にあってはこの事実がどの程度意味を持つのかは疑問である。

ここまでの結論をまとめよう。冒頭に提示した問い「『朝日ジャーナル』は本当にアカかったのか」という問いに対する答えとしては、ネットワーク分析の結果をみた限りでは、一九六九年は「櫻色」、一九八四年は「白色」、あるいは無色透明であったと考えられる。

また、一九八四年における論壇の「アメーバ状」のありかたを「論壇の崩壊」と呼ぶべきか否か。論壇の崩壊を左右の思想枠組みの崩壊として捉えれば、そういえるのかもしれない。この点に関しては次節で改めて論じてみたい。この問いはもう少し大きな問題系と関連づける必要があるからだ。

6 櫻色ならなお良い……。

これまで、二つの時代における『朝日ジャーナル』のありかたを見てきた。そこから考えることができるのは参加型民主主義と討議型民主主義の問題である。論壇とは知識人が活字を媒体として時事問題に関する意見を提示しあう場であり、民主主義における討議のありかたとメディアの関係を考えるための一つのサンプルとして考えられるからだ。最後に、そのような視点から当時の『朝日ジャーナル』が果たした役割について論じておきたい。

まず、ここで言う参加型民主主義とは、読んで字のごとく、多くの人間が参加する民主主義のありかたを、一方、討議型民主主義とは、異なる意見を持つ者同士が接触し、討議をおこなう民主主義のありかたをそれぞれ示している。両者はともに民主主義の理想的なありかたに関する考え方だが、不幸なことにこれらは共存しにくい。D・マッツの研究によれば、周囲に同じ意見を持つ者が多いほど人は声を上げやすくなり、政治参加は促進されるが、その場合、異なる意見との接触は当然少なくなる。両者はトレードオフの関係にあるというのだ。その結果、ほとんど接触のない集団同士がそれぞれの仲間内で大声をあげているという政治的分極化状態が生じてしまい、民主主義が機能不全を起こすとマッツは論じている。[★13]

政治的分極化という視点で眺めたとき、一九六九年の方が一九八四年の論壇よりも明らかに分極化が進んでいるように見える。そして論壇誌自体の売り上げは、一定のプレゼンスのあった雑誌が三誌消滅したことからも読み取れるように、一九八四年よりも一九六九年当時の方が好況である。論壇誌というメディアを購読することを「参加」と考えるならば、まさにマッツの考えるとおり、分極化状態における参加型民主主義の時代が到来していたわけである。

しかし、少なくとも論壇における政治的分極化状態が解消し、人々による購読行動という「参加」が減少した一九八四年に、はたして討議型民主主義は実現していただろうか。むしろ読者である一般の人々は政治に対する関心をなくし、いわゆる「私生活主義」の中に閉じこもっていったのではないか。[14]「論壇の崩壊」といわれる現象はこのような問題系とつながっているのである。

しかも論壇の状況に注目すれば、分析の過程で述べたように、突出して強いつながりを持つ雑誌とそうでない雑誌の差が大きく広がっていた。このことは思想の二項対立が消失したことによって、異質な他者の意見と出会う可能性が増加するどころか、むしろ減少し、島宇宙が形成されていた可能性も示唆している。それは論壇における議論の活発不活発というだけでなく、論壇誌の読者の側にも影響を及ぼしていたはずだ。自分の懇意にしている雑誌を読んでも異なる意見を持った異質な他者の意見と出会うことがないのだから。

参加型民主主義と討議型民主主義がトレードオフであるという考え方は今後、見直される必要があるのかもしれない。どちらが先にあるのかをはっきりと言い切ることはできないが、少なくとも「参加」のない場所には「討議」も発生しないのではないか。

その意味で、すべての派閥に属し、思想的に「白く」なっている一九八四年よりも一九六九年の方が『朝日ジャーナル』が果たしていた役割は大きいといえる。思想の二項対立や分極化が起こり、しかしそれゆえに多くの人々が「参加」していた時代の中で、保革を橋渡しする役割を担っていたからだ。加えてそのターゲットには大学生などの若年層が多く含まれていた。一九六九年の状況を軽々に理想視することは避けたいが、それでも、参加型民主主義と討議型民主主義を両立させるヒントを一九六九年の『朝日ジャーナル』は含んでいるのではないだろうか。

さて、本稿はここまでネットワーク分析の結果をもとに議論を展開してきた。注意しておきたいのは、この調査があくまでつながりを示す量的な側面のみに着目してなされたことだ。雑誌間のネットワークは雑誌や記事の持つ「個別の特徴を抹消して、質的な情報を極限まで削っていく」[15]ことによって成立している。例えば、記事内容がいかに過激であっても、その内容の極端さは考慮されず、他のいくつの雑誌にその著者が登場しているか、という数に還元されてしまう。その意味では論調自体に関する質的な研究も今後、さらに精度の高いものが必要だろう。また、ネットワーク自体に関して言えば、編集者や著者の間に存在する人脈との関連性も本来は考慮に入れる必要がある。雑誌を創り出しているそういった影の要素に光を当てていくことも今後は重要である。

最後に赤瀬川の漫画にならって本稿の結論を提示しておこう。

朝日は赤くてもよいのだ。ホワイト色の朝日なんてあるべきではない。しかし、櫻色ならなお良い……。

人間は二項対立でしかものを考えられない生き物なのかもしれない。だからこそ、理性的な議論の成立する限り、そして『朝日ジャーナル』のように二つの考え方を架橋する手段がある限りにおいて、二項対立の復権もまた民主主義を機能させるための選択肢の一つである。もちろん、それがネガティブな結果を招くこともありえるし、あの時代を「古い」と嘲笑することもできる。しかし、二項対立の政治の季節に翻弄された川本三郎自身が一九八〇年代に次のように語っているのを見た上で、果たしてそのような選択肢を嘲笑し続けることが我々にできるだろうか。川本の三度の登場で本稿を終えたい。

私たちにいま必要なのは「一応」、七〇年代のさまざまな「何かが変わってきている」現象を肯定したうえで、それを踏まえたうえで、「でも」と、たった一言で、その変化の総体をひっくり返す知的作業なのではないだろうか。

私個人としては「硬直しきった『おとな』」もうんざりではあるけれど、同時に、「硬直しきった『若者』」もまた、同様にうんざりなのである。★16

最も全共闘時代を憎んでいてもおかしくない川本が時代の変化を肯定しつつ、「でも」と逆接を口にする時、そこで彼が危惧したのは世代間のディスコミュニケーションであった。それは互いに異なる思想を持つ者同士が、それでも意見をたたかわせることのできる時代を生きた人間が、抱くべくして抱いた感慨であったろう。イデオロギーの対立が世代間の対立へと姿を変え、深刻なコミュニケーション不全を伴いながら八〇年代以降、継続しているとすれば、論壇における輿論形成の歴史は決して「古い」問題ではないのである。

■註

1 赤瀬川原平「櫻画報」『朝日ジャーナル』一九七一年三月一九日号。
2 宮森雅照「『朝日ジャーナル』回収事件顛末——雑誌にとっての編集権を考える」日本出版学会『出版の検証——敗戦から現在まで1945〜1995』文化通信社、一九九六年、一一六-一一九頁。
3 川本三郎『マイ・バック・ページ——ある60年代の物語』河出書房新社、一九八八年。
4 村上義雄『「朝日ジャーナル」現代を撃つ』朝日新聞出版、二〇〇九年、四六-四七頁。
5 宮森前掲論文、一一六-一一七頁。
6 安田雪『実践ネットワーク分析——関係を解く理論と技法』新曜社、二〇〇一年、三五頁。
7 筑紫哲也・宮崎哲弥「85周年記念企画——朝日ジャーナルを覚えていますか？　知を育む論争の場の復権を」『週刊朝日』二〇〇七年三月一六日号、五頁。
8 筑紫・宮崎前掲記事、六頁。
9 データは国会図書館データベースの雑誌記事検索を用いて作成した。
10 少ない方の雑誌の記事総数で割った理由は、各雑誌の組み合わせが最大限一致する場合の著者の数が、少ない方の記事総数と等しいからである。各雑誌の記事総数は以下のとおり。

◀各誌の年代別記事数

1969年	
雑誌名	記事総数
朝ジャ	660
世界	430
文春	283
思科	221
現理	178
現眼	323
展望	229
自由	330
潮	365
中公	299
思想	118
心	136

1984年	
雑誌名	記事総数
朝ジャ	694
潮	283
世界	415
中公	297
諸君	271
文春	276
自由	157
思想	110
思科	243
現理	129

例えば一九六九年の『世界』と『展望』の組み合わせならば、展望の方が記事総数が少ないので、重複する著者の数一八を二二九で割ることになる。それを全て行った表は小数点以下が膨大で煩瑣になるので省略した。

11 川本三郎「今、本はどう書かれているのか」植田康夫ほか編『変貌する読書空間』学陽書房、一九八二年、八八頁。

12 なお、一九六九年の平均値は〇・〇四四、中央値は〇・〇四一、全部で六六とおりの組み合わせのうち平均値より大きい雑誌同士の組み合わせは三一とおりであったのに対して、一九八四年の平均値は〇・〇二八、中央値は〇・〇二二、全部で四五とおりの組み合わせのうち、平均値より大きい雑誌同士の組み合わせは一七とおりであった。

13 Mutz, C., Diana. *Hearing the Other Side : Deliberative versus Participatory Democracy.* Cambridge : Cambridge University Press. 2006.

14 このことは本稿で用いている複数の論考でも言及されているし、ステレオタイプ的にそう理解されている。しかし、現実問題として本当に一九八〇年代が私生活主義の時代であったかどうか。この点に関して、本稿では客観的に論じることはできないが、ひとまずここではこの考え方に則して話を進めたい。

15 安田前掲書、五頁。

16 川本前掲論文、九三―九四頁。

第七章
『ニューズウィーク日本版』——論壇は国際化の夢を見る

松永智子

1　論壇誌の黄昏、国際誌の夜明け？

一九八九（昭和六四・平成元）年一月、朝日新聞で論壇時評を担当した政治学者の佐々木毅は、この年最初の時評を次のような言葉で書き起こしている。

あまりに激しい世界の動きに、われわれの目はまわりそうである。数年前であれば大事件であったような変化が、今ではほとんど毎週のように起こる。一つの出来事についてじっくり考える暇が与えられないうちに、また新しい重要な動きが続いていく。[★1]

つづく文章で佐々木が最初に言及したのは、週刊誌『ニューズウィーク日本版』（一九八六［昭和六一］年～。以下、『ニューズウィーク』、米誌『Newsweek』とする）の新年特別号であった。天安門事件、ベルリンの壁崩壊、ソ連解体、湾岸戦争……。佐々木が論壇時評を担当した一九八九年一月から一九九二年三月は、まさに歴史的重大事件が相次ぐ「短い二〇世紀」(E・ホブズボーム)の転換期であり、ニュースの提示する議題も、月単位ではなく週単位で変化していった。ジャパン・マネーが世界経済を席巻し、国際社会における政治的立場が問われていた当時の日本で、それら海外での事件はもはや対岸の火事ではなかった。「一つの出来事についてじっくり考える」余裕もなかった。国際情勢激変の時代、佐々木は「それまで日本の論壇を形成してきた(とされる)メディア(月刊雑誌)」のみを追いかける時評形式に限界を感じ、週刊誌や海外の雑誌にも目配りしていく方針を決めていたという。[★2]「論壇の国際化」を企図した理由について、九二年にこう振り返っている。

われわれが日本の議論を突き放してみるという感覚をなくし、立場の違いを越えて、自己満足の議論をしているうちに、世界ははっきりと、しかもとてつもなく変わり始めているという直感があったからである。もちろん、当時、ソ連が消滅するなどということは全く念頭になかったが、おおげさにいえば、「論壇の国際化」とでもいうものを少しやってみようと考えたわけである。

米誌『TIME』、英誌『The Economist』、独紙『Die Zeit』など欧米の新聞・雑誌のほか、時評では日本語で読むことが可能な『ニューズウィーク』や『フォーリン・アフェアーズ』(九一年から『中央公論』で翻訳連載が開始)[★3]の記事や論文も「新しい重要な動き」をフォローするため積極的に起用された。

自身もオピニオン・リーダーの佐々木が目指した「論壇の国際化」は、フォロワーとしての一般読者の志向ともシンクロしていた。サントリーの出資で一九八六年に創刊された米誌の地域版『ニューズウィーク』(TBSブリタニカ、米誌創刊一九三三年)が、総合誌不振の出版界で商業的成功を収めたのである。記事の八五%は米誌からの翻訳、一五%が日本版のオリジナルというこの国際誌の創刊号一八万部は完売し、スペースシャトル事故、フィリピン大統領選挙など世界的事件の勃発を追い風に部数を伸ばした。湾岸戦争時の発行部数二七万部(一九九一年一月)、ソ連政変時で二三万部(一九九一年八月)を記録した『ニューズウィーク』は、出版界の「ニュース」と化した。一方、筑紫哲也編集長(一九八四〜一九八七年)が「若者たちの神々」を連載していた週刊誌『朝日ジャーナル』の発行部数は、八六年で約八万部、九一年には六万部を割っていた。[4]一九九一年度版の『出版指標年報』は『ニューズウィーク』の成功について、同誌の提供する米国発の「情報」と「視点」が、読者の需要に応えていると解釈している。[5]

その背景には、「論壇誌退潮」傾向があった。当時『中央公論』『世界』『朝日ジャーナル』『文藝春秋』『諸君!』『正論』などのいわゆる論壇誌は軒並み部数を低下させ、ポスト論壇誌時代の総合誌のあり方が、ビジネスの側からも問われていたのである。『ニューズウィーク』の姉妹誌に当たるオピニオン・リーダー誌『季刊アステイオン』(一九八六年~、TBSブリタニカ)がサントリー文化財団理事の山崎正和、元『中央公論』編集長の粕谷一希らによって創刊されたものの、「志やよしとしたいが、いかにせよ論壇の影響力がかつてとは比ぶべくもないほど低下したいま、やはり売れない」[6]。ダニエル・ベル(ハーバード大学名誉教授)ら外国人学者を迎えた「国際的総合誌」の編集形態も、部数の増加に結びつくことはなかった。[7]一方、日本語で読める米国発の週刊誌『ニューズウィーク』は、『エスクァイア日本版』(一九八七~二〇〇九年)、『Forbes 日本版』(一九九二~二〇〇九年)、『GQ JAPAN』(一九九三年~)、『ナショナルジオグラフィック日本版』(一九九五年~)などの海外提携誌、『AERA』(一九八八年~)『週刊金曜日』(一九九三年~)など硬派週刊誌創刊の先鞭をつけた。海外雑誌の日本版こそ、混迷する出版界の見出した一つの針路だったといえる。[8]

論壇における議論のスピード化と国際化が求められたとき、米誌の地域版という国際的週刊誌『ニューズウィーク』は、先例のない「ニュー・メディア」として論壇の空隙に組み込まれていったのではないか。本稿では、この実験的メディアに着目し、ポスト論壇誌時代に受け入れられた国際誌のあり方について検討したい。

研究対象とするのは、『ニューズウィーク』が部数として最も成功していた一九八〇年代末から九〇年代前半である。同誌の発行部数は、湾岸戦争が勃発した一九九一年の平均一七万九五三四部を頂点として緩やかに低下しはじめ、二〇〇〇年代に入ると十万部を下回るようになった。毎日新聞社「読書世論調査」によれば、『ニューズウィーク』は一九八八年から一九九七年まで「好きな週刊誌/よく読む週刊誌三〇冊」にランクインしている。『女性自身』(光文社)『週刊ポスト』(小学館)など女性誌や男性誌が多数を占める週刊誌ランキングで異色の存在感を示していた『ニューズウィーク』の黄金時代は、衛星放送の普及からインターネットの実用化まで、国際的情報メディアの変革期にも重なっている。また、日本人の海外渡航もこの時期に飛躍的に伸び、海外はより身近なものとなっていた。一九八七年当時、日本企業の海外駐在員数は一七万五千人を超え、その数は十年前の一・五倍に相当した。アメリカ合衆国に関していえば、二万八五〇三人（一九七七年）から六万四三五八人（一九八七年）へと二倍以上も増加している。[★9]日本人の海外留学者数も、一万八〇六六人（一九八三年）から五万二二九五人（一九九三年）へのおよそ二・五倍増となっていた。[★10]「テレビ論壇」（第十章）以後、「ネット論壇」（第十一章）以前のメディア環境において、『ニューズウィーク』は国際化時代の「ニュー・メディア」足り得たのかもしれない。

いうまでもなく、全記事頁約五〇頁、時事問題に関する分析レポートや短文のコラムが主要コンテンツの週刊誌『ニューズウィーク』は、長文の文明論や外交論が展開されるいわゆる論壇誌とは質的に異なっている。しかし、論壇誌と新聞文化面をフォローしてさえいれば最新の思想動向が把握できる単純な構造が瓦解した現代、「論壇」研究では旧来ならば「論壇的」と見なされなかった媒体や書き手をも論壇に組み込んでいく必要性が説かれている。[★11]したがって、『ニューズウィーク』のメディア的特徴と受容形式を考察することは、「論壇」の語義を拡張し組み替える作業に貢献するものと考える。国際誌『ニューズウィーク』が「論壇」で果した機能について、本稿では同誌の提供した日本像を切り口に考察したい。同誌の黄金期は、日本人が海外からの評判を強く意識した時代でもあったからである。経済学者の中谷巌は『季刊アステイオン』において当時の「国際化」現象の逆説を次のように述べていた。

世界は明らかにナショナリズムの時代からグローバリズムの時代へと移行しつつある。そんな時代にあっても、日本人の「日本」という国に対する思い入れは、ことのほか深いようである。そのひとつの現れは、逆説的であるが、昨今の日本の新聞や雑誌でもっとも頻繁に使われる言葉のひとつが「国際化」であるという事実だろう。日本人は「日本」のことが気になって仕方がないのであり、それ故に海外の諸国

が日本のことをどう見ているのかに異常な関心を寄せるのである。[★12]

『ニューズウィーク』創刊号の特集が「世界に映った日本」であったことは、ただの偶然ではないだろう。[★13]敗戦直後の日本で一世を風靡した米国発文芸誌『リーダーズ・ダイジェスト日本版』が『ニューズウィーク』創刊と入れ替わるように休刊したことも、米国文化の紹介のみでは読者の需要に応えられないことを物語っていた。[★14]国際誌『ニューズウィーク』の頻出特集の一つは日本論であったし、部数の飛躍につながった湾岸戦争こそ、日本の国際的評価が議論された事件でもあった。[★15]そもそも版元のTBSブリタニカは、日本で七〇万部以上のベストセラーとなったハーバード大学エズラ・F・ヴォーゲル教授の『ジャパン・アズ・ナンバーワン――アメリカへの教訓』（一九七九年）をはじめとした外国人の日本論を数多く世に送り出している。海外の日本評は「国際化」する日本社会で需要が高かった。[★16]

以下では、創刊経緯や編集プロセスから『ニューズウィーク』のメディア形式をみた上で、米国発硬派ニュース誌の参入に対する日本社会の期待と実態、および読者像など、その新しさについて分析する（2節）。つづいて、「日本からでなく、海外からみた視点」を強調した同誌の意義はどのようなものだったのか、湾岸戦争をめぐる日本関係記事から検討する（3節）。最後に、「論壇の国際化」と言語の問題を考える上で、日本版オリジナル記事を英訳し米本社に送る同誌の発信機能の可能性について述べる（4節）。

2　米誌地域版という「ニュー・メディア」――リーダイが去りニューズウィークがやって来た

日本語の威信、米誌のわけまえ

「私は日本語でニューズウィークを読みたい」。

『TIME』（一九二三年創刊）と並び、アメリカの伝統ある二大ニュース誌として知られていた『Newsweek』（一九三三年創刊）[17]の日本版発行計画が胎動したのは、ある国際的経営者の発言に端を発する。一九八四年、『Newsweek』の親会社ワシントン・ポスト社のキャサリン・グラハム会長に面会したサントリーの佐治敬三会長は、その理由をこう付け加えた。「英語があまり得意じゃないから」。サントリー美術館（一九六一年）やサントリーホール（一九八六年）の創設をはじめとした文化事業で国際的信頼を得ていた佐治会長の提案に、グラハム女史はその場で賛同を示したという。[18]しかし、米国外に三〇〇万以上の読者を持つ『Newsweek』にも、国内版と国際版の別があるのみで、外国語版の先例はなかった。英語がダメなら日本語で、という佐治氏の発想が通用すること自体、日本経済の国際的競争力の反映だろう。時あたかも「ジャパン・アズ・ナンバーワン」、日本語の威信は高かった。

とはいえ、『Newsweek』史上初の地域版が日本に上陸するまで、実際には二年以上の歳月を要している。ジャーナリズム特有の文体をもった英文を適確な日本語に翻訳できるのか。そこに読者の需要は生まれるのか。Newsweek 本社とTBSブリタニカ社の間で、翻訳テストとマーケティング調査が慎重に繰り返された。[19]米国発のニュース素材と、日本人読者の関心とのマッチングが検討された結果、国際版からの翻訳記事八五%、日本版のオリジナル記事一五%という誌面構成の割合が決定された。たとえば、オリンピックなどの国際試合の場合、米国が主語の原文では必然的に日本人読者の関心とはずれるため、米誌とは別特集を組むよう企画された。[20]同プロジェクトの目的は、「日本語版」の発行ではなく、「日本版」の誕生だったのである。

米誌の日本化は、記事内容の選別のみならず、翻訳手法にも反映された。『ニューズウィーク』では、原文の作者が何を言おうとしているのかに主眼を置き、訳文の正確さを犠牲にしてでも、読みやすさ・分かりやすさを優先させる「超訳」方式が導入された。通信衛星で本社から送られてきた記事を約五〇人のスタッフが分担して翻訳し、日本語リテラシーのあるネイティブ・チェカーが点検した後、原稿は編集者の手で二校、三校と推敲されて校了となる。超訳によって、『Newsweek』の質的水準を保つことが目指された。その反面、原文とはやや離れてしまうため、英語学習を目的に英語版（国際版）と日本語版を併読する読者から「対訳になっていない」という批判が寄せられることもしばしばであったという。[21]日曜早朝に国際版記事を受け取ってからの翻訳、編集作業となり、木曜発売の日本版には数日遅れのニュースが並んだ。[★22]鮮度の落ちたニュースに需要はあるかと懸念する声が出版社内外からあがっていたが、リチャード・スミス『Newsweek』編集主幹は、タイムラグを逆手に取り、ニュースの選別を同誌の売りにするよう強調した。同事業に対する佐治敬三の支持も終始揺るがなかったという。グラハム女史の回想によれば、「日本人が、アメリカについてもっと知りたがっていること、国際的なニュースについてアメリカ的な視点を持ちたがっていることを、彼は固く信じていた」。果たしてこの地域版が成功するか否か。周到な準備と訓練が費やされても、日本版創刊は商業的にはギャンブルに他ならず、「超人的ともいうべき大変な企て」だった。[★23]

一九八六年一月、かくして『ニューズウィーク』は創刊される。翻訳家で東京国際大学教授、TBS放送のニュース・キャスターも務めていた「学者ジャーナリスト」浅野輔《たすく》（一九三六～二〇〇〇年）が初代編集長に迎えられ、サントリー宣伝部出身の著名作家・開高健が企画指揮を担当した。「国際化時代を生き抜く雑誌」と銘打たれた『ニューズウィーク』の新聞広告で、開高は次のように語っている。

わが国は、一切の物の大半を海外から輸入しています。わが国の死活を左右するのは海外諸国です。それらについての知識と情報です。今世紀は一切がからみあい、響きあう時代。何であれ知ッテルのと知ラナイのとでは　生キルか死ヌぐらいの相違が生じる時代です。『ニューズウィーク日本版』は、この痛覚から企図され、私も今少し生きのびたくて、この企画にちょっぴり顔をつっこむことにしました。[★24]

浅野編集長による創刊の辞が「国際情報を日本から見るのではなく、世界から見た目で伝える」であったように、一八万部を完売した創刊号には「国際」「海外」「世界」という言葉が躍った。しかし、それらの内実はアメリカン・ジャーナリズムである。浅野編集長の言葉には、同誌に「言葉の障害を破り、太平洋の彼我に横たわる文化の違いに橋をかける」ことを期待するレーガン大統領の激励文が添えられた。中曽根康弘首相をはじめとした著名人が政財官学から招待され、レーガン大統領のビデオ・メッセージも上映された創刊記念パーティーは、あたかも日米民間外交イベントであった。ロン・ヤスが肩入れを示したことに、アメリカの情報攻勢を嗅ぎとった読者も少なくなかっただろう。『朝日ジャーナル』の「メディア時評」（一九八六年二月七日号）は、「創刊パーティーに出席したフランス人記者」にこう語らせている。

日本人がこういう雑誌をありがたがる気持ちが僕にはどうにも理解できないね。アメリカの大統領や駐日大使、ましてや自分の国の総理大臣までが推薦するようなメディアを、いったい国民が信用するのかね。もしもフランスで、ミッテラン御推薦なんていう雑誌が出たら、ちょっと気の利いた読者なら本気で怒りだすよ。記者会見では、『ニューズウィーク』は日本語版がクリアできたら、仏語版や独語版にもチャレンジするという話が出てたけど、少なくともフランス人は日本人ほど甘くないよ。[★25]

他国への情報発信回路の拡大は、一国にとって重要なメディア政策である。敗戦直後の日本で『TIME』や『Newsweek』が定期購読できるようになったのも、アメリカのパブリック・ディプロマシー（広報文化外交）であったことが指摘されている。[★26]『ニューズウィーク』創刊は、経済大国となった日本側の自信と、アメリカ側の外交的利点が抱き合わせになっていたといえるだろう。日本版の成功は、韓国版（一九九一年）、スペイン語版、ロシア版（一九九六年）、アラビア語版（二〇〇〇年）などの他の地域版創刊のモデルとなった。[★27]

知的ヤングの週刊誌

出版界にとって予想外のヒットを飛ばした『ニューズウィーク』は、誰に、どのように読まれたのか。編集長の浅野によれば、雑誌の性格上、「国際化」に脅迫観念を抱き世界の動きに敏感に反応する三十代から四十代の中堅ビジネスマンを読者ターゲットにしていたが、実際には幅広い世代、職種の人々に受け入れられたという。[★28]

『ニューズウィーク』読者欄〈Letters〉をみても、中学生から大学生までの学生、教員、医師、会社員など、読者の社会的属性は多岐にわたる。[★29] 一方、浅野が「うれしい誤算」として挙げるのが、大学生などの「ヤング層」の反応が強かったことである。「『ニューズウィーク』には音楽、映画などの最新情報も載ってますから、そこが彼らに受けたのかもしれませんが、一種のファッションでしょうね」。[★30] 創刊から間もない八六年二月一三日号の『ニューズウィーク』には東京都狛江市の学生による次のような投書が掲載された。

創刊号発売の日、私は早速、大学の書籍部へ足を運んだが、もはや売り切れだった。学生の立場からすれば、いま一番注目されている雑誌だし、「ニューズウィークの○○のところでさぁー」と友達から言われて何も答えられなくては恥だから、ということで本屋へ走るのかもしれない。とにかく、日本版の創刊で、大学生の間でも、ニューズウィークの話題が増えることはまちがいない。われわれは、カッコよくみせるためや「知的な学生」のふりをするためなら何でもするのだ。[★31]

学生に最も注目されている「ナウイ」週刊誌こそ、『ニューズウィーク』だったというわけである。[★32] 実際、若手読者は相対的にも増加した。一九八九年に定期購読を始めた読者のうち、三五%は二十代の「ヤング」だった。また新規購読者全体の三二%を女性が占め、二十代一四%、女性九%だった創刊当時から大幅に伸びている。『ニューズウィーク』は、「権威があると評判だった新聞や雑誌が、いまは信じられない」若い世代の関心を集めているというのだ。[★33] では、何がヤングを惹きつけるのか。読者の反応や編集者の回想をたどっていけば、『ニューズウィーク』の新しい魅力は、①知的・硬派、②ビジュアル性、③超日本的視点に特徴づけられる。以下でみてゆこう。

まず、『ニューズウィーク』は「知的・硬派」な週刊誌の台頭として読者や出版界で歓迎された。硬派週刊誌の「お仲間」として同誌を最も意識した他雑誌は筑紫哲也編集長の『朝日ジャーナル』といえるだろう。日本版が創刊される以前、同誌は『Newsweek』からの記事を翻訳掲載していた。筑紫編集長は、同誌の名物連載「多事争論」(一九八六年二月七日号)にて、『ニューズウィーク』創刊を「welcome」と書いた。

そこに〔『ニューズウィーク』に〕アメリカ製による味付け、バイアスがあることは不可避だろうが、そのこと自体もまた相手を知る情報素材たりうる。そしてこの素材をたたき台にして、それを超え、対抗しうるものを日本側メディアも出す努力をしたらよい。その励みになる。それより何より私が『ニューズウィーク』の発刊を歓迎したいのは、表紙で美女が誘いかけておらず、ヌードグラビアやポルノ連載小説やソープランド情報によって客を集めようとしない一般週刊誌の「お仲間」がようやく現れたことに対してである。ひとりっ子ではなかなか育ちにくいものなのだ。

冗舌や余計な形容詞、感嘆詞、思わせぶりな疑問詞に禁欲的な『ニューズウィーク』の文体や、報道分析の鋭さは、日本のメディア、ジャーナリズムにとってよい刺激になると期待された。上智大学新聞学科教授の武市英雄もまた、同誌の登場によって日本のジャーナリズムが底上げされることを期待するコメントを寄せていた。[★34] メディア関係者や専門家、一般読者まで、『Newsweek』ブランドは共有されていたといえるだろう。

知的・硬派と目された『ニューズウィーク』だが、構成については同じサントリー資本の姉妹誌『アスティオン』などの総合誌とは一線を画していた。米誌『フォーリン・アフェアーズ』上で論争となったサミュエル・ハンチントンの「文明の衝突?」(一九九三年)についていち早く特集を組む(一九九四年冬号)など、『アスティオン』が論文を基調とした活字媒体であったのに対し、『ニューズウィーク』はビジュアル性の強さをその特徴としていた。[★35] 週刊誌、月刊誌を問わず活字媒体で使用される再生紙ではなく、同誌は写真誌に一般的な上質紙を使用し、全頁カラー印刷を実現した。米誌のカラー頁は一部に限定されているにもかかわらず、である。ニュース記事のカラー化について当時の編集者・瀬下恵介は、「ほとんど無意識のうちにテレビを意識していた」と振り返っている。[★36] 広告も含め全七〇頁あまり、写真を多用した〈World Affairs〉〈U.S. Affairs〉〈Business〉〈Architecture〉〈Photography〉〈Entertainment〉〈Science〉〈Special Report〉〈Interview〉〈Family〉

〈Lifestyle〉〈Books〉〈Movies〉〈Music〉〈Sports〉〈Health〉〈Justice〉〈My Opinion〉〈Columnist〉〈Letters〉といった多ジャンル情報のインデックス式レイアウトは、まるでテレビ・ワイドショーの番組構成のようである。内容面でも、スペースシャトル事故をめぐりセレブリティ・ビクティム（被害者の有名人化）などテレビ報道の手法が駆使されることもあり、「知的・硬派」イメージとは裏腹に、『ニューズウィーク』は情報伝達の娯楽性も兼ね備えていたといえるだろう。編集者を務めた沢田博自身、「それはかつて日本人の知識人が愛した「総合誌」のようなものではなく、むしろ週刊文春や週刊新潮に近い体質のメディアだった」と振り返っている。[★37]

それでも、新興メディア『ニューズウィーク』が日本の幅広い読者層に受容されたのは、「論壇」の観念的な議論とは異なる超日本的視点や報道が支持されたからだろう。読者は、『ニューズウィーク』の記事や媒体そのものを、「日本のメディアとは異なる」という枠組みで評価している。

〔『ニューズウィーク』の特集は〕日本人の特派員が伝えてくる「受け売り」とは違い、内部事情に精通した人にしか書けない内容のあるものでした。いかに今までは海外ニュースのつまみ食いをさせられていたかということを感じます。

（愛知県豊田市 塾教師女性[★38]）

ジャーナリストの鎌田慧も、週刊誌『エコノミスト』（毎日新聞社）における筑紫哲也との対談「メディアの変貌はジャーナリズムに何をもたらすのか？」（一九九二年一月）で、愛読者であることを明かす。

ぼくは、週刊誌は『ニューズウィーク』を買ったりするが、『ニューズウィーク』を読んでいるほうが、はるかに世界が動いている感じがある。いま日本の雑誌を読んでも、あまり世界が動いているような感じがしない。[★39]

図1 「カバーで振り返る日本の 15 年」2001 年 1 月 31 日号

躍動する世界という超日本的な視点から「日本」を論じた特集も、『ニューズウィーク』人気の根幹にあった。日米貿易摩擦が問題化し、米国内でも日本への関心が高かった八〇年代後半から九〇年代にかけて『Newsweek』は「ＯＤＡ大国日本の評判「世界一の援助国」日本の経済力が政治力に変わる日」（一九八九年二月九日号）や「日本人ビジネスマン　海外での気になる評判」（一九八九年四月三〇日号）など頻繁に日本特集を組み、それらは日本版でも採用された（図1）。また、八九年からは英国人経済アナリストで日本論の著書があるピーター・タスカを『ニューズウィーク』の日本版専門のコラムニストに起用するなど、時評としての日本論を重点的に掲載した。日本・日本人特集には、読者の関心も高かったことが投書から伺える。

創刊号でさまざまな人たちの日本人論を読んで、日本人として、どれもみな興味深く、またどれもみな真実であると感じた。一見、相矛盾しているような日本人の気質が実は共存しているという事実を、まったく客観的な彼らの意見をきくことで、なぜかひどく生々しくおのれを知った気がして興奮した。いくら身内で論じ合っても解決をみない日本人像を、日本をよく知る外国人によって明らかにされたことが、とても新鮮な感覚だった。★40

（東京都中野区　男子学生）

その「新鮮な感覚」は日本メディアの外国人論文では得られない、と『朝日ジャーナル』「メディア時評」（一九九一年二月）は『ニューズウィーク』人気の理由について分析している。同記事によれば、一九九一年一月の湾岸戦争以降、電車のなかで『ニューズウィーク』を読みふける読者の姿がよく目につくようになったという。中東の紛争に対しアメリカと国連が参戦した湾岸戦争は、経済大国となった日本の国際的な態度が問われた事件であり、「世界」とりわけ「アメリカから見た日本」についての関心が最も高まった時期でもあった。

なるほどテレビや新聞でも米国筋のコマギレな議論は聞ける。日本人政治学者のややこしい米国論もある。しかし本当のアメリカ人の声を、われわれは知りたいのではないか。★41

たしかに外国人著者の論文、海外メディアの記事そのものに関しては、日本のメディアでも閲読することが十分に可能であった。時事通信社『世界週報』（一九四五～二〇〇七年、継続前誌は一九二〇年創刊の『國際週報』）をはじめ、『中央公論』や『世界』などの月刊誌、『エコノミスト』や『朝日ジャーナル』などの週刊誌も海外記事の翻訳掲載欄を設けていた。しかし、読者にとって「本当のアメリカ人の声」は、アメリカ発のメディアで触れてこそリアリティを持ったのかもしれない。彼らは何を考えているのか。日本についてどう思っているのか。日本メディアの手垢の付いていない（と思われる）生の声に、米誌地域版『ニューズウィーク』のメディアとしての新しさがあったのだろう。しかもそれは、「知的・硬派」なイメージを持たれつつ、ビジュアル性に富むメディアであった。次節では、『ニューズウィーク』の提供する「本当のアメリカ人の声」が読者にどのように受け取られたのか、「論壇」においてどのように機能したのかを、部数拡大の契機となった湾岸戦争をめぐる同誌の日本評について検討したい。

3　日本の popularity（評判）を読む

湾岸戦争をめぐる政治・論壇・世論

冷戦の終焉とそれに引き続く湾岸戦争は、日本の安全保障の考え方にパラダイム転換を迫った。冷戦下においては、戦争の放棄と戦力の不保持を規定した憲法を守ることが平和主義の実践を意味し、米ソ対立を背景にした日米安保条約によって、憲法の存在にもかかわらず国防が保証されることになっていた。しかし、その構造が崩れた後の湾岸戦争において、政治、論壇、世論はそれぞれに混乱した。結果として日本は、国際社会よりリーダーシップの欠如という烙印を押されたのである。逆に、湾岸危機に対する武力介入を他国に理解された米国は「ソフト・パワー」（ジョセフ・ナイ）の成功として、当時高く評価された。★42

湾岸戦争の経緯と日本政府の対応についてまず簡単に整理しよう。★43 一九九〇年八月三日にイラクがクウェートを侵攻した「湾岸危機」に対し、アメリカをはじめとした石油輸入国はイラクに対する経済制裁を決定した。海部俊樹首相も八月五日には経済制裁の実施を発表している。八月二九日、日本政府は国連軍に対する資金援助として一〇〇〇万ドルを提供することを公表したが、中東に石油輸入を頼る経済大国としては少額過ぎるとアメリカ政府より批判される。ブレイディ財務長官と橋本龍太郎大蔵大臣との交渉の結果、九月七日に援助額を四〇億ドルに変更することで日米が合意した。その間、資金援助のみならず、自衛隊の海外派遣を可能にするための「国連平和協力法案」が十月に国会に提出されたが、野党の反対により廃案となっている。政府内でも、自衛隊とは別組織を結成して派遣させたいという海部首相派と、憲法改正まで視野に入れて自衛隊派遣を検討する自民党小沢派とが対立し、世論もまた自衛隊の派遣に二割程度しか賛成していなかった。そうしたなか翌一九九一年一月一七日に多国籍軍がイラクへの空爆を開始し、湾岸戦争が始まった。日本政府は一月二四日に追加で九〇億ドルの支援を行うことを決定し、多くの物資支援も行った。やがて地上戦に入った戦争は二月二七日にイラクがクウェートを解放することで停戦となる。戦争中は躊躇された自衛隊派遣も、非戦闘時ならば違憲ではないとの解釈から、海上自衛隊がペルシャ湾に派遣され、機雷掃海にあたった。最終的に日本は合計一三〇億ドルの資金援助や物資支援、掃海艇の派遣などを行ったが、三月一一日にクウェート政府が『ワシントン・ポスト』紙に掲載した謝辞「米国と世界の国々にありがとう」の三〇カ国の中に日本の名前がないなど、国際的なイメージの低下という敗北感が残った。湾岸戦争後の世論調査（一九九一年六月一九日付『朝日新聞』）では、今後の国際紛争の解決について「これまで以上に積極的な役割を果たす必要がある」（六一％）が「いまの程度でよい」（三一％）を大幅に上回る結果となった。[★44] 翌九二年には国際平和協力法が成立し、自衛隊が史上初めてカンボジアに派遣されている。

論壇では日本のとるべき対応をめぐって議論が白熱した。自衛隊派遣の是非、派遣論拠としての憲法の解釈、改正の是非、国連とアメリカへの評価についてなど論点は多岐にわたり、護憲派の主張を貫いた『世界』と、現実主義に基づき戦争への関与を訴えた『中央公論』『文藝春秋』とが対立した。[★45] その間、政府は外交行動にもたつき、国民世論は平和憲法を論拠に自衛隊の派遣に反対していたことから、論壇では「不見識な政府　無責任な「世論」」（佐藤誠三郎・田中明彦『中央公論』一九九一年三月号）と批判されている。湾岸戦争への対応をめぐり、政治、論壇、世論の三者は互いに不信感を募らせていた。一方、三者が共通して注目したのは「海外からの日本の評価」であった。国際貢献の是非をめぐる政治も、保守系雑誌で顕著となった論壇の「反米・嫌米」傾向も、一国平和主義の限界を認める世論調査結果も、「湾岸戦争で海外に認められなかった日本」という認識を共有していた。以下では、湾岸危機以降、米国発のメディアとして「海外からの日本の評価」を提供し続けた『ニューズウィーク』の報道と、その機能についてみていく。

期待はずれの大国

一九九〇年八月の湾岸危機以降、『ニューズウィーク』は米国の参戦の妥当性について多くの頁を割くなか、日本の対応についてもしばしば言及した。[★46]『Newsweek』からの翻訳記事「日本には何ができるのか――金銭面を超えた政治的役割が求められている」（一九九〇年八月三〇日号、二六頁）、「見直し迫られる日本の「平和主義」――湾岸危機で浮かび上がる平和憲法の限界としがらみ」(十月四日号、三二―三三頁)、「弱体化する海部内閣――国連平和協力法案はすでに廃案同然」(十一月一五日号、三〇頁)では、主題の通り、日本がドメスティックな論理に縛られ国際的評価を損なっていることを報じた。同じ主旨の日本版オリジナル記事としては、「期待外れだった「日本の貢献」――こんな対応では日本と友好国との関係が悪化しかねない」(九月一三日号、一九頁)がある。日本版の専属コラムニスト、ピーター・タスカは、湾岸危機のコラム「サダム・フセインが証明した日本の「大国失格」」(十月四日号、六二―六三頁)以後、日本の政治、メディア、世論に対して辛辣なコメントを繰り返した。「授業料にもならない九〇億ドル」(一九九一年二月二一日号、三三頁)で批判するのは「自衛隊輸送機の中東派遣といったちっぽけな問題で紛糾する」世論の「滑稽」さである。

世論調査によれば、多国籍軍の武力行使を支持する国民よりも、反対する国民が多い。また過半は九〇億ドルの資金援助に反対し、自衛隊機派遣問題ではさらに反対派が増える。こうした日本人の平和主義的・孤立主義的傾向は、「ニュースステーション」(テレビ朝日系)など影響力のあるテレビ番組や大新聞に反映し、また、それらによって増幅されている。

世論批判、「日本のメディア」批判は、自らをそれらの外部に位置づける『ニューズウィーク』の特権ともいえるだろう。湾岸戦争後、論壇で高まった反米感情も「独りよがりの平和主義と右翼にも左翼にも共通する神経症的ナショナリズムとが、奇妙にもないまぜになった」ものとして厳しく非難する。湾岸戦争にアメリカの陰謀を説く論文が『文藝春秋』などで展開される状況も、「日本の政治状況にみる「ティラミス症候群」(一九九一年五月二・九日号、五〇―五一頁)と断じた。

「アメリカの次なる標的は誰か?」「日本は白人社会と一線を画すべきだ」――一部インテリグループの間では、こうした論議が今や流行となりつつある。OLの間でティラミスが流行しているのと同じだろうか。そういえば、どちらもソフト（根拠薄弱）でウエット（感傷的）で甘い。

歯に衣着せぬ表現に反発を抱いた読者も少なくないだろう。読者欄でタスカに反論する投書も散見される。[★47]しかし、日本異質論に依らないタスカの辛口コラムはむしろ痛快なものとして人気を博し、湾岸戦争以後、氏は日本経済新聞社のマーケット・アナリスト人気ランキングで三年連続一位（一九九一〜一九九三年）を獲得している。[★48]

『ニューズウィーク』誌上では、自衛隊派遣拒否を批判する議論ばかりではなく、日本の外交政策や広報活動に期待するコラムニストの声も多数、紹介された。ラミ・G・クーリー（ヨルダンの政治評論家）「アラブから日本への提言」（一九九〇年十月一一日号、二〇頁）、「賞賛される日本の貢献――国際救助機関への拠出は世界一だが／「国連平和協力隊」は前途多難」（十月一一日号、一九頁）、岡 孝（米クリスチャン・サイエンス・モニター紙編集委員）「難民救済こそ日本の使命」（十一月二九日号、三一頁）は、中東で植民地主義に加担した歴史をもたない日本は、外交によって中東の平和に貢献する可能性があること、欧米とは異なる独自の政治倫理を諸外国に示し「自分本位」というイメージを払拭すべきことを説いた。『Newsweek』編集者で英人ジャーナリストのアンソニー・サンプソンも、「日本が批判されるのも信念と自己主張がないからだ」と説く。彼はむしろ、日本の平和主義を国際化すべきだと主張した（「日本は腰を据えて平和の主導権を握るべきだ」一九九一年二月二一日号、五〇−五一頁）。論者の国籍、評論内容の多様性も『ニューズウィーク』の特徴だろう。日本と同様に軍事介入を拒否しながら、諸外国から支持を得たドイツ（テオ・ゾンマー、『Die Zeit』編集主幹「また始まった戦争の悲劇」一九九一年一月三一日号、三七頁）の立場や、湾岸戦争を文明戦争と位置づけ軍事介入を否定したピエール・ルルーシュ（シラク元仏首相の外交顧問）のコラム（同上、三六頁）、「第三世界」の代表として大国の論理に疑問を呈するプラネイ・グプテ（インドの作家・TVプロデューサー）の声（二月二八日号、六二頁）など、米国政府の立場とは独立した見解の紹介が、『ニューズウィーク』日本評の幅を広げた。自衛隊派遣をめぐっては、日本の軍事化を懸念するアジア諸国への配慮が一つの論点になっていたが、フィリピンの作家F・シオニル・ホセは、「アジアを収奪する巨大な「掃除機」国家」日本こそ、自衛隊による人道支援を行いアジア諸国の信頼を取り戻すべきだったと指摘した（一九九一年一月一七日号、五〇頁）。

湾岸危機が勃発した昨年八月、日本が人道主義に基いて行動するチャンスが訪れた。出稼ぎに出ていた数十万人のアジア人労働者が、イラクやヨルダン、サウジアラビアで難民化していたのである。日本の国力をもってすれば、大量に飛行機を派遣して彼らを帰国させることができたはずだ。それが実現すれば、また一つアジアとの架け橋ができただろう。しかし日本政府は論議を繰り返すのみで、日本には真の外交能力が欠けていることをさらけだした。

時評「日本」、その機能

開戦前までは様々な可能性も示されていた『ニューズウィーク』の日本評も、停戦後は否定的なものばかりとなる。『Newsweek』の看板コラムニスト、ロバート・サミュエルソンは「出口が見えないジャパン・プロブレム」（一九九一年四月一八日号、四六頁）のなかで「日本には責任感というものがほとんどない」と明確に批判した。

アメリカが湾岸危機から学んだのはもっと単純なこと、すなわち、困ったときに日本は当てにできないということだ。日本人は、世界秩序については誰か（つまりアメリカ）が責任をもってくれる、自分たちは目先の経済的利益だけを追っていればよいと考えている。

いわゆるジャパン・バッシャーではないサミュエルソンの評価は、他誌や投書での反響が大きかった。毎日新聞社の鈴木健二は、「米国のマスコミの日本の見る目は、湾岸戦争を一つの契機に変わったようだ」とし、日本に対しては穏健派のサミュエルソンの苦言にショックを隠せないと告白している。★49『ニューズウィーク』

五月二三日号読者欄でも、サミュエルソン評への賛否がそれぞれに掲載されている。

まさにそのとおり。問題の根本的な原因は、日本人の精神構造だと思う。集団に埋没して異質なものを拒絶したがる卑屈な精神構造から抜け出さないかぎり、日本はますます世界から孤立してしまう。これこそ、日本人が乗り越えなければならないハードルだ。
（岐阜県可児市　男性）

またもや、アメリカの道徳基準が勝っているという議論だ。たとえ善意からとはいえ、アメリカは身勝手に自分の価値基準を押しつけ、それに従わなければみんな悪者にしてしまう。
（埼玉県越谷市　男性）

両者にみるべきは、反応の相違より「われわれ」日本人対「彼ら」アメリカ人という認識の共通性である。戦争への対応をめぐり、日本の論壇には様々な意見や論理が混在していたが、海外の視点を専らとする『ニューズウィーク』の言説空間では、それらの脈絡から自由な外国人による日本評が、論理の妥当性よりもpopularity（評判）のレベルで受け取られる。次のような投書（三月七日号、九四頁）の恥の感情も、「われわれ」を非難する「彼ら」の存在によって喚起され、説得力をもつものだろう。

今回の湾岸戦争で、改めて日本人の特色を見た気がする。国会論議にしても、野党はやみくもに派兵反対を叫ぶだけで、具体的な対応策は何も打ち出さない。国民は国民で、『対岸の火事だ』と思っている。経済大国日本は、他国で起こっている問題にこれほど無関心なのだ。どうしてこんな国に生まれたのかと、恥ずかしく思うのは私だけだろうか。
（横浜市港北区　男性）

読者にとって『ニューズウィーク』は、時評として展開される「海外（特にアメリカ）から見た日本」、つまり日本の popularity を確認する媒体だったといえる。同誌の提供する「日本の評判」は、旧来の「論壇」の外にあって、左右どちらの立場からも議論のたたき台にしやすかったと考えられる。[50]『ニューズウィーク』の日本評が論壇や論壇時評で直接言及されることはほとんどなかったが、同誌の提供する国際的評価のバロメータは、政治と論壇と世論の摩擦を軽減する潤滑油として機能したのではないか。阿部和義は、「海外での日本の評判」が、普段は世論のバッシングを避けて自粛しがちなタカ派の財界人に発言しやすい雰囲気をつくったと論じている。[51]日本版オリジナル記事「復興事業に日本の出番はない？」（三月一四日号、三五―三六頁）、「日本人は「一番病」にかかっている？　何にでもトップになりたがる性癖は、本当に軍事化につながるのか」（六月一三日号、一六―二〇頁）では、日本はどうすれば湾岸戦争で失われた評判を取り戻せるかが議論された。しかし、『Newsweek』からの翻訳記事 C.S. Manegold「危険なアジアを誰が守るのか」（八月八日、一四―一五頁）では、湾岸戦争によって「自国なり同盟国なりの利益を守ろうとする際の、国家としての意思の欠如」を国際社会にさらけだした日本は、今後もアメリカの庇護に頼るだろうという見解が示されている。

戦争が終わってから、日本はペルシャ湾に何隻かの掃海艇を派遣したが時すでに遅く、日本のイメージはガタ落ちになってしまった。日本は、同盟国と肩を並べて戦うよりも金を出して傍観者に回る「平時専門の兵士」と思われてしまったのである。

経済評論家の大前研一は、自身も九〇年代にコラムニストを務めていた『Newsweek』を、「大局観のないメディア」と諌める。[52]しかし、長期的視野をもつ論（opinion）や検証された評価（reputation）ではなく、移ろいやすい時評（popularity）を提供するからこそ、『ニューズウィーク』が多数の読者を獲得し、新しいメディアとして論壇の空隙に組みこまれていった所以であろう。魅力によって望む結果を得る能力、ソフト・パワーが重視される冷戦後の世界で、日本「イメージ」は、時に「オピニオン」より影響力をもつ。

4　国際化の夢、日本語の壁

論壇誌退潮の出版界において、いわば実験的メディアであった『ニューズウィーク』の成功により、九〇年代前後は「国際」を掲げる雑誌の創刊が相次いだ。[★53]「国際派人間のための地球情報誌」『This is 読売』（読売新聞社、一九九〇～一九九九年、継続前誌『This is』一九八四年創刊）、「国際論壇レビュー」を設けた『フォーサイト』（新潮社、一九九〇～二〇一〇年、以後はウェブ配信）、仏誌『Paris Match』との提携誌『マルコポーロ』（文藝春秋、一九九一～一九九五年）など老舗新聞社や出版社が挑戦するも、いずれも短命に終わっている。二〇一三年現在、現存するものとしては「国際情報誌」『SAPIO』（小学館、一九八九年～）があり、二〇〇五年には講談社が仏誌『Courrier International』の提携誌「世界一五〇〇のメディアからニュースを厳選したグローバルマガジン」『クーリエ・ジャポン』を創刊している。「世界のさまざまな話題を、各国の現地メディアはどう報じているのか、そして世界は日本をどう見ているのか」、『クーリエ』のコンセプトには既視感がある。[★54]また、一九九八年からはフランスのクオリティ・ペーパー『Le Monde』の翻訳記事が有料メール『ル・モンド・ディプロマティーク日本版』（一九九九年から有志スタッフの翻訳による電子版が無料公開）として配信されており、雑誌の国際化はインターネットの普及によって益々加速している感がある。逆に日本の論壇記事を英訳して海外発信するものとしては『JAPAN ECHO』（ジャパン・エコー社、一九七四～二〇一〇年）仏語版『CAHIERS DU JAPON』（同上、一九七九～二〇〇八年）があり、部数約三万部の八割は外務省が買い上げ一五〇カ国のオピニオン・リーダーや図書館に無料配布された。にもかかわらず、国際誌『アステイオン』発行人の一人でもあった山崎正和は、「日本の国際化で一番遅れているのが論壇」（『読売新聞』一九九八年一月二〇日付朝刊、四面）と苦言を呈している。

明らかに、日本の新聞は一億人だけが話す日本語の壁に守られて、あいまいさを許し、言論の敵対的な関係を嫌い、真実よりは社会の「空気」を好む、特殊な情報空間に生きているのである。当然、この情報空間は新聞だけでなく、社会的な構造の異なる雑誌の言論をも包んでいる。[★55]

「論壇の国際化」への夢は、論壇の内部や出版界、論壇時評でこれまでも繰り返し語られてきた。そしておそらく、これからも言及されるだろう。それは、明治時代から幾度と無く繰り返された英語公用語論争と似ている。日本経済の低迷とともに発行部数が下降傾向にあった一九九九年十月二〇日号の『ニューズウィーク』に、インターネット時代、日本語が国際語として通用しないことを嘆く中学生の投書が掲載された。興味のあるサイトは英語ばかり、「いっそ日本語などなくしてしまって、日本も英語を使えばいいとさえ思う」。(東京都男子中学生、八〇頁)。日本人の英語による発信力の強化が、特に経済界から盛んに問われるようになるのもこの頃からである。[★56]日本版の魅力も、どの程度まで日本経済の国際的競争力に支えられていたのだろうか。

いずれにせよ『ニューズウィーク』は、国際版の記事を日本語に翻訳するのみならず、日本版の記事を英訳して国際版に提供する発信媒体でもある。特に、『Newsweek』国内版・国際版の東京特派員も兼任する横田孝が日本版の編集長に就任した二〇一〇年からは、その傾向が強まっているといえる。[★57]横田によれば、市場や米誌の内容が変容したことに伴い、現在の『ニューズウィーク』は独自編集記事の割合が六割にまで拡大した。[★58]さらに、『Newsweek』が記事の大半をウェブ公開していること、フェイスブックやツイッターなどのソーシャル・ネットワーキングサービスが世界的に普及したことなど、昨今のメディア環境の変化は、『ニューズウィーク』記事の対外発信可能性を広げている。たとえば、竹島（独島）をめぐる領土問題で日韓関係が悪化した二〇一二年夏、八月二九日発売の『ニューズウィーク』(九月五日号)は、特集記事「暴走する韓国　竹島「偏執」の原点」(知久敏久［同誌記者］朴辰娥［ソウル］二六―三〇頁)を掲載した。翌週九月三日には同趣旨の記事が Yokota Takashi「*Why Japan and South Korea Are Feuding Over a Cluster of Rocks*」として『Newsweek』ウェブ上にも掲載されている。この英文記事への反響は、アナログ的に計量される読者のSNS利用や、記事に並列されるコメントによって即座に視覚的に示される。二〇一三年八月一五日現在、同記事のフェイスブック上の「share」

九四件、「Like!」一八七件、ツイッターでの言及二二五件、寄せられたコメントは一一三九件にのぼった。[★59]読者はもはや、日本が世界にどう見られているか、という日本評に触れるだけではなく、日本発の記事が海外読者にどう受け取られるかを知り、自ら議論に参加することもできる。英語コメントが大半のウェブサイトでは、当事者としての「日本人」、「韓国人」、第三者としての「アメリカ人」など、自分の立場を明らかにした読者間で議論が展開されているのだ。

一方、日本語、韓国語発信されたSNS上のコメントは、言語の壁によって内輪の議論に閉じがちである。ただしそれは、英訳によって自分の言語圏外にも晒された記事を土台にしている点で、山崎が批判するような「特殊な情報空間」に自閉することとは異なるだろう。メディアのグローバル化と読者の細分化が進む現代において、情報空間を形成する「日本語の壁」自体、その輪郭はあいまいなものになっている。「壁」を自明のものとして、海外メディアの情報、言論をその内側に持ち込んだり、逆に、内のものを外へ発信したりすることのみを「論壇の国際化」の理念型と捉えることはもはや難しい。しかし「壁」がなくなることも考えにくい。ボーダーレスな情報空間が分散するなか、日本語を参入条件とした言論の場の意義を、改めて問うていく必要があるだろう。その意味で、「壁」の境界に位置する受信発信媒体『ニューズウィーク』は、未だ実験的メディアといえるのかもしれない。

■註

1　佐々木毅「西欧は世界をどう見ているか」『論壇時評——一九八九年一月〜一九九二年三月』朝日新聞社、一九九二年、三頁。

2　佐々木前掲書、二三七―二三八頁。

3　一九九一年から一九九八年までは『中央公論』(中央公論新社)で、一九九八年から二〇〇八年九月までは月刊『論座』(朝日新聞社)で、『フォーリン・アフェアーズ』の一部論文の邦訳が紹介されてきた。

また二〇〇八年三月からは、フォーリン・アフェアーズ・ジャパン（東京都文京区）から、フォーリン・アフェアーズ論文だけでなく、英語版には掲載されていない同誌を発行するシンクタンク米外交問題評議会でのリポートやミーティング、研究員へのインタビューなどを掲載した『フォーリン・アフェアーズ日本語版＝ Foreign Affairs and CFR Papers』が月刊の直接定期購読誌として出版されてきた。日本語版は二〇〇九年二月号を最後に休刊されたが、その後継メディアとして二〇〇九年三月から『フォーリン・アフェアーズ・リポート（月刊誌）』がフォーリン・アフェアーズ・ジャパンから直接定期購読誌として出版されている。

4　一九八六年から一九九二年に発行された『雑誌新聞総かたろぐ』（メディア・リサーチ・センター発行）収録のＡＢＣ発行部数レポート参照。

5　全国出版協会出版科学研究所『出版指標年報１９９１年』全国出版協会、一九九二年、二二九頁。

6　全国出版協会出版科学研究所『出版指標年報１９８６年』全国出版協会、一九八七年、一九四頁。

7　都会派総合誌『東京人』編集長と兼任した粕谷一希に加え、関西で組織された編集委員には高坂正堯、森口親司、山崎正和、蠟山昌一、ダニエル・ベル、ハーバート・パッシンが名を連ねた。

8　川井良介「九〇年代出版ジャーナリズムの見取り図」『マス・コミュニケーション研究』五一号、一九九七年七月号、七〇－二六四頁。

9　「日本人ビジネスマン　海外での気になる評判」（Rubbing Elbows with the World）『ニューズウィーク』ＴＢＳブリタニカ、一九八九年四月二〇日号。

10　文部科学省集計「日本人の海外留学者数」平成二五年二月　www.mext.go.jp/b_menu/houdou/25/02/__icsFiles/afieldfile/2013/02/08/1330698_01.pdf

11　大澤聡「「編輯」と「綜合」――研究領域としての雑誌メディア」吉田則昭・岡田章子編『雑誌メディアの文化史――変貌する戦後パラダイム』森話社、二〇一二年、六一頁。

12　中谷巌「「国際化」の夢から現実へ」『季刊アステイオン』二号、ＴＢＳブリタニカ、一九八六年十月号、一六七頁。

13　「日本の文化・歴史を国際的な連携・協力の下で研究するとともに、外国の日本研究者を支援するという大切な使命をもった、国の交付金によって運営されている大学共同利用機関」国際日本文化研究センター

が京都市に創設されたのも一九八七年である。www.nichibun.ac.jp/ja/

14　大前正臣「リーダイが去りニューズウィークがやって来た」『知識』五三号、一九八六年五月号、一八六―一九二頁。

15　早稲田大学生協の本部キャンパス書籍売り場で、開戦初日の一七日発売の『ニューズウィーク日本版・湾岸戦争特集号』八〇部が即日完売したことが『読売新聞』（一九九一年一月二一日付朝刊、三〇面）で報じられている。

16　青木保『「日本文化論」の変容――戦後日本の文化とアイデンティティー』中公文庫、一九九九年。

17　当初は先行誌『TIME』（一九二三年～）のコピーと皮肉られる二流雑誌だったが、一九六一年にワシントン・ポスト社が買収して誌面を一新。ベトナム戦争や公民権運動などをめぐり、ニュースに分析や見解を加えるオズボーン・エリオット編集長の新方針の成功により、『TIME』と競い合う実力雑誌に成長した。一九七二年より「国内版」「国際版」に分けて発刊。一九八六年に『ニューズウィーク日本版』が出たのを皮切りに、九一年に『韓国版』、九六年に『スペイン語版』と『ロシア版』（一時政府系雑誌に買収され休刊、二〇〇四年に復刊）二〇〇〇年に『アラビア語版』〇一年に『ポーランド版』、〇四年『（月刊）中国語版』と外国版の創刊が相次いだ。二〇一〇年八月に音響機器メーカーの創業者シドニー・ハーマン氏に売却され、一一年二月にはニュースサイトの「デイリー・ビースト」と合併。現在はＩＡＣ／インタラクティブ社が運営している。更に一二年十月には紙媒体を年内で廃刊することが発表された。ティナ・ブラウン編集長は紙媒体の打ち切りを決めた理由として、タブレット型コンピューターで同誌を読む読者が増えたこと、紙媒体の広告低迷が続いているのを挙げ、「ニューズウィークは来年の八〇周年に向けて、ジャーナリズムとしての役割を維持し、すべてがデジタル化される未来に対応しなければならない」と述べた。過去一年間の発行部数は紙媒体が一二〇万部だったのに対し、有料の電子版は平均二万六三八四部にとどまっている。二〇〇六年まで発行部数は三一〇万部を超えていた。一方、競合する『TIME』の紙媒体の発行部数は三三〇万部となっている。日本版は紙媒体・電子媒体の二刀流を継続している（紙四五〇円／電子三五〇円）。オズボーン・エリオット著、竹林卓訳『ニューズウィークの世界』時事通信社、一九八四年。『ニューズウィーク日本版』オフィシャル・ホームページ、www.newsweekjapan.jp/magazine/

CNN「米ニューズウィーク、紙媒体を廃止へ　電子版のみ継続」（二〇一二年十月一九日）www.cnn.co.jp/business/35023265.html

18　藤田正美「追悼佐治敬三会長」『ニューズウィーク』TBSブリタニカ社、一九九九年十一月一七日号、七九頁。

19　佐治氏の提案に先立つ一九七五年に、日本版発行を検討していた『Newsweek』本社がマーケティング調査をしたことがあったが、当時この計画に手を挙げる出版社もなく、本社側が断念したという経緯があった。バーナード・クリッシャー「この雑誌の存在意義を語る」『綜合ジャーナリズム研究』東京社、一九八六年、二三巻一号、三五－四三頁。

20　石澤靖治『戦争とマスメディア――湾岸戦争における米ジャーナリズムの「敗北」をめぐって』ミネルヴァ書房、二〇〇五年、二六頁。

21　坪井睦子『ボスニア紛争報道――メディアの表象と翻訳行為』みすず書房、二〇一三年、二一二－二一五頁。尚、『ニューズウィーク』創刊当時より、翻訳スタッフから編集主幹を務めたJames Wagner氏に、当時の翻訳、編集作業の様子について伺った（二〇一一年十月）。記してお礼申し上げる。

22　植田康夫「浅野輔（『ニューズウィーク』編集長）週刊ニュース誌に賭けた学者ジャーナリスト」『政界往來』政界往來社、五二巻九号、一九八六年九月号、九二－一〇一頁。

23　キャサリン・グラハム、サントリー株式会社編『佐治敬三追想録』サントリー株式会社、二〇〇〇年、三七五－三七七頁。

24　（広告）『読売新聞』（一九八五年十二月二一日付朝刊、七面）。

25　アホ・デンネン「メディア時評　蒙御免！　日米首脳に祝福された『NW』日本版の門出」『朝日ジャーナル』朝日新聞社、一九八六年二月七日号、一〇六頁。

26　松田武『戦後日本におけるアメリカのソフト・パワー――半永久的依存の起原』岩波書店、二〇〇八年。『Newsweek』については、愛読者で結成されたクラブの日本語会報『news Bulletin』も刊行されていた。福島鑄郎『雑誌で見る戦後史』大月書店、一九八七年、三七頁。

27　グラハム前掲書、三七五頁。

28 辻井雪「うわさの人『ニューズウィーク日本版』の編集長浅野輔の巻」『噂の真相』一九八六年、七四頁。
29 『雑誌新聞総かたろぐ』二〇〇一年版に掲載された購読者調査の内訳によれば、会社員（国内）四八％、公務員・団体職員一六％、専門職八％、学生六％、自営業六％、会社員（外資）四％、自由業二％、その他一〇％となっている。
30 辻井前掲記事、七四–七五頁。誌面からは学生向け読者プレゼントも頻繁に企画されたことがわかる。例えば、「就職応援ブック（百名様）」は「『いま、求められる国際感覚』をテーマに、ヤング・ビジネスマンへのインタビューや「企業はいま、こんな人を求める」、入社試験に役立つ『キーワード三〇』、目で見るデータ『世界で働く日本人』などを収録。今年就職予定の学生諸君はもちろん一般の方も手軽に読めます。」（一九八九年四月六日、一六頁。）また、一九九一年の「日本版創刊五周年記念論文コンテスト」受賞者の大半が三十代以下である。
31 『ニューズウィーク』一九八六年二月一三日号。
32 勿論、投稿者の描く「知的な学生」像を一般化することはできない。私立大学図書館の多くが創刊号から所蔵する『ニューズウィーク』も、東京大学や京都大学では国際版『Newsweek』のみで、日本版の所蔵は一九九二年以降となっている。また、『読売新聞』（一九九一年一月二一日付、三〇頁）は、早稲田大学生協で「ニューズウィーク日本版・湾岸戦争特集号」が即日完売したことを報じている。
33 「女性と若者と『日本版』」『ニューズウィーク家庭版』一九九一年一月号、八–九頁。
34 武市英雄「外から見たニッポン・ジャーナリズムの素顔——ニューズウィーク日本語版がもたらした功罪」『世界週報』六七巻九号、一九八六年二月二五日号、四〇–四三頁。
35 サミュエル・ハンチントン著、鈴木主税訳『文明の衝突』集英社、一九九八年、四九八頁。
36 瀬下恵介「国際情報の「すき間」に食い込む——『ニューズウィーク日本版』の目指すもの」『新聞研究』四三一号、一九八七年六月号、六一–六四頁。
37 沢田博「『ニューズウィーク日本版』の四年」『総合ジャーナリズム研究』一三二号、一九九〇年、九八–一〇二頁。
38 『ニューズウィーク』一九八六年二月二七日号。

39 『エコノミスト』「特集 現代に取り残されるメディア：対談 筑紫哲也×鎌田慧 メディアの変貌はジャーナリズムに何をもたらすのか？」毎日新聞社、一九九二年一月二八日号、四四－四九頁。

40 『ニューズウィーク』一九八六年二月一三日号。

41 青木利夫『朝日ジャーナル』「メディア時評「湾岸」でがんばる雑誌たち」一九九一年二月二二日号、八五頁。

42 『ニューズウィーク』一九九一年三月一四日号。

43 国正武重『湾岸戦争という転回点――動顛する日本政治』岩波書店、一九九九年。石澤前掲書、西谷真規子「湾岸戦争と国際世論（上）」『東京大学社会情報学研究所紀要』六〇号、二〇〇〇年。

44 西平重喜「各国民は湾岸戦争についてどう考えたか――「世論調査」の分析を通じて」『国際問題』一九九一年八月号、四〇－五一頁。

45 都築勉「隠れたる市民社会――引き延ばされた社会契約の結び直し」『社會科學研究』第五八巻第一号、二〇〇六年、六九－九三頁。

46 石澤前掲書（二三四頁）、によれば、米国内でも武力介入については意見が割れていた湾岸危機当時の『Newsweek』編集幹部の大多数は開戦派（hawkish）であり、経済制裁より軍事行動をとるべきだと考えていたことを明らかにしている。MacArthur, John R, Bagdikian, Ben H., *Second Front : Censorship and Propaganda in the Gulf War* : Berkley : University of California Press, 1993. p.99

47 『ニューズウィーク』一九九一年三月七日、九四頁。「貴誌は誤解している。日本人が問題にしているのは経済的な犠牲ではない。この金が『戦費』として使われるためだ。平和国家である日本は、まちがっても戦争に加担してはならない。」（東京都新宿区　男性）、「多くのアメリカ人は、日本が何らかの形で湾岸戦争に援助するのは当然だと考えているようだ。しかし日本政府はともかく、国民はそうは思っていない。」（岡山県邑久郡　女性）。

48 ピーター・タスカ「（証券アナリスト）求められる日本人による新「日本観」（日本を生きる外国人今橋映子の著者と語る（1））」『アスティオン』TBSブリタニカ、一九九四年、二二二－二二九頁。

49 鈴木健二「パールハーバー五〇年の日・米　日米は「危機」か」『エコノミスト』一九九一年八月二〇

日号、六二－六七頁。

50　『読売新聞』（一九九〇年十月一三日付朝刊、一三面）「首相所信表明演説　抽象論だけの平和協力隊自衛隊論議に指導力発揮を」では、『ニューズウィーク』の記事が引用されている。「自衛官の身分や指揮系統などをめぐる調整は官僚にまかせ、自らイニシアチブを発揮せず、政府・自民党内の確執が収まるのをひたすら待った。「どうしたら兵士は兵士でなくなるのか。海部首相はいまだに、このナゾ解きに苦慮している」（米誌『ニューズウィーク日本版』）とヤユされもした。」。

51　阿部和義「湾岸戦争と日本の経済界の対応――対米関係の悪化を憂慮した経済界」『国際問題』一九九一年八月号、五三頁。

52　大前研一「『奇跡は終わった?』と報じた『ニューズ・ウィーク』はアジアの実情を何もわかってない!」『SAPIO』小学館、一九九七年十月二二日号、二一頁。

53　出版界ではミニコミ誌に分類される様々なエスニック・メディアもこの時期に増大し、そのなかには「国際誌」を掲げたものも少なくない。また、ロンドンの社会起業家により一九九一年に刊行されたホームレス自立支援のためのオピニオン誌『THE BIG ISSUE』の日本版（隔週）が、二〇〇三年に創刊されている。

54　『クーリエ・ジャポン』オフィシャル・ホームページ、courrier.jp。

55　山﨑正和「日本の言論界　否定できない鎖国的体質（論壇時評）」『朝日新聞』一九九八年年三月三一日付夕刊、四頁。

56　船橋洋一『あえて英語公用語論』文藝春秋、二〇〇〇年。

57　二〇〇三年に親会社のサントリーが阪急ホールディングスに株を売却したことに伴い、『ニューズウィーク』の版元はＴＢＳブリタニカから阪急コミュニケーションズに移行した。また、筆者は二〇一一年十月に横田編集長より現在の『ニューズウィーク』の編集方針について伺う機会に恵まれた。

58　石塚嘉一「メディアに聞く　国際ニュースの本質を提供したい――横田孝『ニューズウィーク日本版』編集長」『経済広報』二〇一二年九月号。

59　thedailybeast.com/newsweek/2012/09/02/why-japan-and-south-korea-are-feuding-over-a-cluster-of-rocks.html（二〇一三年八月一五日現在）。

第三部
論壇のフロンティア

第八章
『諸君!』——革新幻想への解毒剤

井上義和

1　二つの論壇誌の最終号——「進化」と「遺書」

二〇〇〇年代に『論座』と『諸君!』という二つの論壇誌がたて続けに休刊した。『論座』は〇八年十月号、『諸君!』は翌〇九年六月号がそれぞれの最終号となった。

創刊は『諸君!』のほうが早い。詳しくは後述するが、文藝春秋から一九六九年七月号をもって創刊、国民雑誌を自任する『文藝春秋』に代わる自由度の高いオピニオン誌を標榜し、産経新聞社の『正論』(一九七三年創刊)とともに保守論壇の一角を担ってきた。他方、『論座』は朝日新聞社から一九九五年四月号をもって創刊、岩波書店の『世界』(一九四六年創刊)とともにリベラル論壇の一角を担い、とくに二〇〇〇年代の小泉政権の頃から日本社会の「右傾化」に警鐘を鳴らし[★1]、保守論壇を検証する特集を組むなど[★2]、論壇全体の活性化に努めてきた。

両誌は左右両陣営の思想的なカウンターパートとみられていたから、これは雑誌業界というより論壇空間にとっての象徴的な出来事として話題となった。とはいえ論壇誌そのものの歴史的役割はすでに終わっていた、とみることもできる（古くは教養主義の没落や東西冷戦の終結によって、新しくはインターネットの普及や広告収入の減少によって）[★3]。両誌の休刊は、朝日新聞社と文藝春秋という新聞・出版界の最大手でさえ、経営的に維持が困難になったというにすぎない。したがって、ここで両誌の休刊を取り上げるのは、その歴史的役割の画期を論ずるためではない。

筆者は本稿の準備のために『諸君！』最終号を先に入手していたが、参考のためと思い『論座』最終号と比べてみると、二冊の誌面があまりにも対照的なのに驚いた。雑誌に対する思い入れの強さがまったく異なるのだ。それは一三年と四〇年という歴史の長さの違いだけでは説明がつかない。

まず『論座』であるが、表紙や目次をみても最終号とはわからない。表紙には「進化を続ける「論座」的空間」の文字が強調される。巻頭論文の川出良枝「砂のように孤立化していく個人をどう救うか――デモクラシーと集団を考える」に続けて、柄谷行人・山口二郎・中島岳志による座談会「現状に切り込むための「足場」を再構築せよ――理念、社会、共同体」。さらに政治や経済の問題をめぐる対談やインタビューや論考が掲載されているが、巻末の読者の広場や編集手帳を除き、『論座』の一三年間の歴史を振り返る企画はみられない。「終わり」をことさらに前面に出さないのは、おそらく復刊の可能性を織り込んでのことで、雑誌の終わり方としてはこれが一般的なのかもしれない。

それに対して『諸君！』の表紙には「最終号特別企画　日本への遺書」の極太字。巻頭には名物連載コラムの三〇年分の総集編「ベリー・ベスト・オブ紳士と淑女 1980–2009」五〇頁。石原慎太郎はじめ九人の論客による「日本への遺書」、「8人ラスト大座談会諸君！　これだけは言っておく」、一一人の保守思想家を取り上げた「輝ける論壇の巨星たち」と畳みかけ、「常連筆者から愛読者まで各界三十二人」が「『諸君！』と私」の思い出を語り最期の別れを盛り上げる。自らの歴史への誌上葬儀（生前葬？）として構成されているのである。

さらに『諸君！』の巻頭カラーページには『正論』からのメッセージが掲載された。「『諸君！』の四十年に深甚なる敬意を表します。惜別の思いを決意にかえ、「正論」は〝保守〟の松明を掲げ続けます」と。それに対して編集後記で「長年の盟友にして、良きライバルだった雑誌『正論』にエールを送ります。一層のご健闘を。上島編集長、後はよろしく頼みました」と応えている。このようなアツいエール交換は、例えば『論座』と『世界』の間にはみられないものだ。

両誌の差異は、いったい何に由来するものなのか。『諸君！』に集う保守系知識人たちの思想的な同質性が高いからか。おそらく、そうではあるまい。個別の課題によっては、リベラル系知識人よりも意見の分散は大きく、保守系同士が激しく対立することもある。『諸君！』の論調に対しても温度差があり、各界から思い出を集めた「『諸君！』と私」のなかには近年の誌面への違和感を表明するものもあった。それでも、雑誌に対する思い入れの強さにおいて『諸君！』は『論座』を圧倒しているのだ。

本章の作業仮説をあらかじめ示しておけば、彼らを結びつけるのは思想的な同質性や理想社会の構想ではなく、闘いの歴史の共有である。彼らの関係は、同じ神を信じる信者ではなく、同じ敵に立ち向かう戦友である。『文藝春秋』が同級生的公共性（第二章）ならば、『諸君！』はいわば戦友的公共性ということになる。それはリベラル系知識人が闘っていない、ということではなく、闘いを意味づける社会的文脈が異なるのである。

以下の節で考えたいのは次の二つの問いである。第一に、いったい彼らは何と闘ってきたのだろうか。「保守の敵はリベラル」ではない。彼らが闘ってきたのは、狭義のリベラル論壇にとどまらずマス・メディアや学界を含む広義の言論空間を支える戦後的な「革新幻想」（竹内洋[★4]）であった。創刊の辞で「世の中どこか間違っている」と問題提起した『諸君！』は、この革新幻想に挑戦する新しい「反体制」雑誌だったのだ。

第二に、どのようにして闘いに目覚めていくのか。この問いは『諸君！』創刊以降に思想形成していく世代に照準している。仮に「革新幻想」に疑問を抱いたとしても、知的な世界では「保守＝右翼＝反動」を十把一絡げに忌避する意識が依然として根強かったからだ（『諸君！』が広範な読者を獲得し始めるのは八〇年代以降）。そのような時代に高校大学時代を過ごした世代の証言をもとに、知的な若者たちの保守思想への接近の条件を考察する。

なお、「保守」「リベラル」という語の使用にあたって、本来なら政治思想史的な概念整理がなされるところであるが、本章ではさしあたり『諸君!』と『論座』がそれぞれ自己規定に用いた言葉の二〇〇〇年代以降の慣習的用法にしたがいつつ、闘いの歴史を共有する社会集団の成り立ちに遡っていく。

2　「不自由」な言論空間と「反体制」の雑誌

「右翼偏向オジサン」が「胸のつかえを晴らす場所」?

彼らが何と闘ってきたのかという問いを扱う際には、二つの水準を区別する必要がある。ひとつは理念や政策、社会集団や政治勢力のような具体的な対象として言論空間の内部に位置づけられる水準。もうひとつは論壇を支配する空気やそれを支持する世間の空気のような言論空間そのものの成立条件に関わる水準。後者は前者のメタ・レベルにあり、前者を価値的・規範的に格付けする社会的文脈に相当する。先回りしていえば、『諸君!』が切り拓いた保守論壇の闘いは、もともと後者に狙いを定めてはじまり、二つの水準で同時に遂行されていたのである(それが次第に朝日新聞や中国・韓国などの「反日」勢力との闘いという前者のベタな水準に収斂していく)。[★5]

あるものが正統なものとして社会的に認知されるためには、前者の努力だけでなく後者の水準での転換が必要である。竹内洋によれば、かつて「壮士あがりのならず者やごろつき集団まがい」のイメージが強かった社会主義は、東京帝国大学助教授森戸辰男の処分事件をきっかけに「知的青年の社会思想や社会運動」へと格上げされ、またかつて「野卑」で「淫猥」と貶められた小説も、東京帝国大学講師だった夏目漱石の名前とともに「知識人の嗜み」へと格上げされた。[★6]「格下げ」もありうる。とくに社会主義(広義の左派)が知的青年にとって必須の教養科目になると、「壮士あがりのならず者やごろつき集団まがい」のラベルは日本主義(広義の右派)に貼り替えられ、現在にいたる。

言論空間での格付けは、帝国大学のような知的権威だけではなく、戦争や占領などの体制やメディア編成を含むさまざまな歴史的社会的条件（広義の社会的文脈）によって規定される。後で述べるように、とりわけ戦後の言論空間は、戦前の格付け構造に敗戦経験と占領政策も加わり、「革新幻想」の強力な磁場によって支配されていく。『諸君！』はこうした状況への解毒剤として登場するのである。

前出の最終号に掲載された「『諸君！』と私」三二人の証言は、『諸君！』創刊の舞台裏やその社会的受容の実態の一端をうかがい知る貴重な資料である。まずはここで手がかりを探ってみる。

中曽根康弘（一九一八年生・創刊年に五一歳、以下同）は「保守言論人にとっては胸のつかえを晴らす場所が与えられた」（傍点引用者、以下同）ように感じたという。[★7] また渡邉恒雄（一九二六年生・四三歳）は「保守というより反左翼であり、左翼的偽善派をこっぴどく叩いて、私たちの欲求不満をやわらげて来てくれていた」と振り返る。[★8] 内閣総理大臣（一九八二〜八七年）を務めた大勲位と読売新聞グループ本社会長・主筆（二〇〇五年〜）という、いわば体制そのものでもある人物たちが吐露する当時の「胸のつかえ」「欲求不満」に注目しておこう。中曽根と渡邉は権力の頂点を極める以前の助走時代から、自民党と読売新聞社の内側から保守的な覚醒を促す役割を果たしてきた。読売新聞が保守的な立場を鮮明にしていくのは、渡邉が論説委員長となった一九七九年からとされる。[★9] 改憲派の「青年将校」と呼ばれていた中曽根と読売の政治記者だった渡邉は、お互いまだ三十代の頃に知り合い、政治や経済の勉強会を毎週開くなど、[★10] 政治的な同志に近かった。

重要なのは、政治権力とメディアの中枢にいた中曽根と渡邉が、ともに「胸のつかえ」「欲求不満」という言葉で自らを言論空間のマイノリティーに位置づけ、文化的ヘゲモニーからの疎外を訴えている点である。それは少数派というより、あたかも表現の機会を奪われた被抑圧者のようである。彼らの疎外感も知的な世界では受け入れてもらえなかったから、『諸君！』は思想的な同伴者として頼もしく映ったはずだ。

この言論空間の抑圧状況について、創刊から間もない頃の『諸君！』をめぐる大学生の証言からも裏づけておこう。東大生だった鹿島茂（一九四九年生・二〇歳）は「頭カチカチの右翼偏向オジサンがプンプン怒っている超保守派雑誌という世間の偏見に毒されていた」という。[★11] 上智大生だった関川夏央（一九四九年生・二〇歳）は「『右翼雑誌』と呼ばれ、ずいぶんな非難を浴びたことも覚えている」が、その一方で「メランコリックな「朝日ジャーナル」と違って「諸君!」は元気のよい印象ではあった」[12]。鹿島も関川も全共闘世代だが左翼活動家というわけではない。それでも大学時代にこの雑誌を手に取ることはなかった。当時の知的世界を支配する空気がよくわかる。

東谷暁（一九五三年生・一六歳）が早稲田大生だった頃にはすでに全共闘運動は終わっていたが、「「右はダサくて、左がカッコいい」という風潮はまだ生きていた。[13]「右」の代表のような『諸君!』は唾棄すべきものだった」が、一九七四年当時とっていた出版ゼミで、『諸君!』一年分の論文を分類して統計的に分析せよ、という課題を与えられ半ば強制的に読まされた。[14]逆にいえば、そうした強制力が働かないかぎりは、手を触れることすらはばかられる雑誌だったのである。

「あら、反体制の雑誌じゃありませんか」

頭が固くて怒っている右翼雑誌、元気のよい右翼雑誌、ダサくて唾棄すべき右翼雑誌……。学生時代は共通して「読まず嫌い」の偏見を抱いていた彼らも、物書きになってから『諸君!』に寄稿するようになる。これを転向と批判すべきか、それとも成熟と評価すべきかはここでは問題ではない。「何を読むべきか」を指示するホワイトリストとしての教養主義が一九七〇年を境に規範的な力を失い、[15]知的な世界のトレンドも、中心点をもつ階層構造としてのツリー（樹木）から多方向に分散し横断的に接続するリゾーム（地下茎）へと転換しつつあるにもかかわらず、[16]「何を読むべきでないか」を指示するブラックリストとしての言論空間の抑圧構造は厳然と残ったままだったのである。そこから抜け出るには相当な時間や経験が必要だった、ということがさしあたり確認できればよい。

『諸君!』はそうした不自由な言論空間に挑戦する雑誌として受容された。論壇誌というと、具体的な問題について理念や政策を掲げて議論するという先の第一水準でイメージされるが、保守論壇には、じつは言論空間にも「何を問題にすべきでないか」を指示するブラックリストが存在していたと明らかにする第二水準の使命が期待されていた。敵は大きく戦線は長い。損耗を抑えつつ戦果を高めるにはどうすればよいか。その意味で、第二章で取り上げた国民雑誌『文藝春秋』を象徴するのが長期連載グラビア「同級生交歓」だとすれば、『諸君！』を象徴するのは巻頭の「紳士と淑女」と巻末の「笑わぬでもなし」という二つの長期連載コラムである。

「紳士と淑女」は一九八〇年一月号から三〇年続き、最終号では、ずっと覆面で担当してきた筆者が徳岡孝夫であることを明かした。「笑わぬでもなし」（山本夏彦）は一九七三年四月号から始まったが、「最初の稿をもらったとき、編集部はその号だけのつもりであった。ところが、そのシニカルなペンは『諸君！』のかねがね欲している〝隠し味〟にもってこいであった」（傍点原文）と社史は記している。[★17] 連載は山本夏彦が二〇〇二年に没する直前まで二九年続いた。

元『諸君！』編集長の白井浩司は「実は就任して初めて『諸君！』はまずこの二つのコラムから読む」という読者が意外に多いことに驚いた」という。[★18]「笑わぬでもなし」の山本夏彦が「横町のご隠居風にやや斜に構えて見せた」のに対して「紳士と淑女」はあくまで寸鉄人を刺す正攻法で、「『諸君！』と私」でも何人かがファンを公言している。すでに読売新聞の論説委員長となっていた渡邉恒雄も、毎号『諸君！』を手にするや「紳士と淑女」を「とびつくように読んでいた」。「巧みなユーモアと、批評の切れ味の良さは、時には抱擁し、時には感嘆し、読後満足感にひたらせる」[★19]。学生時代は『諸君！』を敬遠していた関川夏央も、「義憤を発しながらも軽妙な文章は、早起きの寝床の中のたのしみであった」と、渡邉と同じことをいっている。さらに「左翼も右翼もはかないが、ユーモアは永遠に不滅だと思いながら、いつか自分がこの匿名コラムの書き手になってやるぞと野心を抱いた」とまでいうのだ。[★20]

文藝春秋編『「諸君！」の30年』の冒頭、「紳士と淑女」の中では、「いったい「諸君！」はどんな性格の雑誌か？」と自問して、「巻末連載「笑わぬでもなし」山本夏彦が「諸君！」に寄稿していると聞いて、詩人田村隆一（故人）の夫人が発した「あら、反体制の雑誌じゃありませんか」の一言に尽きる」と答えている。[★21] すなわち「権威への挑戦であり、手法は遊撃的である。尊大に構える体制に背後から食いつき、倒れたところを食い荒らす。機敏で神出鬼没、体系というものがない」と。真正面から挑むだけでなく、側面や背面に回り込んでユーモアとともに鋭く刺すこと。これが第二水準における持久戦の秘密である。

しかし山本夏彦自身が書いているように、田村夫人の率直な感想は彼女が「インテリではない」からだ。[★22] 『諸君！』を「反体制」の雑誌として受け止めるには、当時の知的な世界はあまりにも不自由だった。

3 『諸君！』創刊の頃

ライバル誌は『自由』――保守論壇の再編へ

もっとも、『諸君！』が知的な世界で「右翼雑誌」と警戒されたのも無理はない。それは文藝春秋の雑誌でありながら、創刊の経緯をみると自民党と結びついた「タカ派文化人の牙城」に他ならないからだ。[★23] 『文藝春秋』を戦後国民雑誌に成長させた中興の祖・池島信平（第二章参照）が、文藝春秋の三代目社長になったのは一九六六年十二月である。二年後の六八年七月、池島社長は「日本文化会議の機関誌をわが社で発行する」と社内で発表して、社員の猛反発を食らった。日本文化会議はその直前の六月に結成された文化団体で、理事長に田中美知太郎、理事には小林秀雄、林健太郎、福田恆存といった保守系知識人の重鎮が名を連ねていた。しかし社員の反発の理由はそこ（保守系だから）ではなく、「思想の如何を問わず、特定外部団体の機関誌をだすことは、編集の自由と独立をみずから放棄することである。新雑誌をだすなら社独自のものであるべきである」（反対署名趣旨）というものだったから、池島は提案を変更して社独自の新雑誌を作ることにした。[★24] それが『諸君』である（誌名が『諸君！』になるのは七〇年一月号から）。

以上の経緯は業界の常識であり、社史にもはっきり書かれている。しかし、そのために「右翼雑誌」のイメージが先行してしまった。雑誌業界をよく知るジャーナリストの松浦総三は創刊からの七年間の誌面の推移を振り返って「どれを取ってみても、「極右・反動的」であり、それは自民党イデオロギーそのものという外はない」と断言している。[★25] 先に挙げた大学生たちとは違い、創刊号から七六年六月号までの掲載記事を丁寧に分類・分析しているにもかかわらず、である。『諸君！』こそが国民雑誌『文藝春秋』では叶わなかった〝本音〟編集ができる「右派文春の伝統をつぐ雑誌」である[★26]――という松浦自身の背後仮説のゆえだろう。

　ところが『諸君！』創刊に向けた準備は、意外にも試行錯誤のなかで進められていた。もしも最初から「自民党イデオロギーを代弁する極右・反動的雑誌」を編集するつもりであれば、もっと簡単にできたはずである。しかし初代編集長に指名された田中健五によれば、新雑誌の方針について池島から具体的な指示は何もなく、すべてが手探りだった[★27]。「ひとつだけ確かだったことは、信平さんが『諸君！』のライバル誌を『自由』〔中略〕だと考えていた点だろう」[★28]。『自由』は反共産主義を標榜する日本文化フォーラム（一九五六年設立）を母体として、自由社から一九五九年十二月に創刊した保守系論壇雑誌である[★29]。六〇年安保を控え「日米安保条約支持」と「反共」で一致する知識人がここに結集した。「それは、本当なら文藝春秋が作りたかったのだと信平さんは考えておられたはずだ」と田中は忖度する[★30]。ただしこれには注釈が必要である。

　元『論座』編集長の上丸洋一によれば、日本文化フォーラムは、アメリカのフォード財団が関与する国際反共組織・文化自由会議（The Congress for Cultural Freedom）から資金の援助を受けていたが、しかし六〇年代後半に文化自由会議の本部から援助の打ち切りを通告された。それを機に、財界を中心に国内で資金を集めて発足したのが、日本文化会議である[★31]。そうした経緯から、日本文化フォーラムと日本文化会議はメンバーの重なりが大きく、『自由』と『諸君！』も執筆者の供給源はほぼ同じとみなしてよい。

　上丸は両者の連続性を論証するために以上の事実を指摘しているが、ここで重要なのはむしろ断絶のほうである。外国の資金や国際組織との関係を断ち切るということは、純国産の新体制で保守論壇を再編するということではないか[★32]。すなわち、池島が『自由』を「ライバル誌」とみなしたのには、同じ保守系論壇雑誌として競合するという以上に、次の二つの意味が込められていたと考えられる。

　ひとつは、保守論壇の環境条件を刷新するという使命感である。そのきっかけとなった事件がある。池島信平が文藝春秋社長になって半年後の一九六七年七月三日号の『週刊文春』に「林健太郎はＣＩＡの手先か？」という記事が掲載された。米国の中央情報局（ＣＩＡ）が文化自由会議を通じて雑誌『自由』に資金援助をしているとして警鐘を鳴らす米人ジャーナリストの問題作を取り上げて、さまざまな関係者に取材したかぎりそうした事実は認められないとする内容であるが、誤解を招くような「不用意で無神経な」表題が問題だったとして、池島は文藝春秋社長としての釈明文を『自由』に寄稿した。[★33]

池島の寄稿は、迷惑をかけた林個人への謝罪とともに『自由』への仁義を通す意味が大きかったと考えられるが、同時に今回の出来事は、そうした陰謀史観めいた誤解を招きやすい『自由』の運営体制の危うさに改めて眼を向ける契機となった。もっといえば、日本の保守論壇の存立に「広い意味での「アメリカの意思」が介在」[★34]することの危うさである。たとえ実際には、そうした外部の「意思」に雑誌の編集が左右されることはなかったとしても、である。だからこそ、純国産の日本文化会議が発足したときに機関誌発行を引き受けようとしたのではないか。[★35]

「世の中どこか間違っている」――革新幻想への解毒剤

もうひとつは保守論壇の問題設定を刷新するという自負心である。六〇年安保直前に『自由』が冷戦体制下の左右の全体主義に対する切迫した危機意識から出発したのに対して、[★36]七〇年安保直前の『諸君!』は次にみるように戦後日本社会および言論空間への根本的な懐疑から出発しているからだ。

池島信平は前出の『自由』掲載の釈明文の場を借りて、幾つかの事例を挙げながら「ヘンな世相とマスコミ」を論じている。このような機会でもなければ、社長自ら世相を論ずることもないだろう。のちの新雑誌構想を予感させる率直な感想として貴重である。例えば朝日訴訟事件で基本的人権としての最低生活の保障という原則が確立したとされるが、それと車の両輪をなすべき独立自尊の考え方（経済的独立なくして個人の尊厳なし）が疎かになっているのは「到底完全であるとは思えない」。国立大学に自衛官が制服で出入しただけで学生が騒いだりするのは「奇妙な感じ」「何か欠けている感じ」がするし、自衛隊の演習用の電線を切るという行為（北海道の恵庭事件）が英雄視されたりするのも「どうしてもうなずけない」……。「日本の国だけが、平和愛好のあまり、それだけ進歩したというのだろうか。どうもわたくしには、このごろ、解せぬことばかりだ[37]」。

『自由』がその批判対象を「左右の全体主義」として明確に名指したのとは対照的に、ここで表明されているのは日本の「世相」への漠然とした、しかし根本的な違和感である。こうした素朴な違和感の集積を一言で要約したのが、創刊の辞の「世の中どこか間違っている」という例のフレーズにほかならない。しかし「創刊号の校了の目次を見た信平さんの表情からは、「満足」していないことがありありと覗えた[38]」という田中編集長の回顧から想像するに、少なくとも当初の目次には、この趣旨を十分に反映しきれなかったのかもしれない。とはいえ中身を実際に読んでみると、福田恆存「利己心のすすめ」や清水幾太郎「戦後史をどう見るか」など戦後社会のあり方を問い直す論考が並んでいる。

創刊号発売日（五月二四日）の朝日新聞広告には、写真のレンズから眼がのぞくコラージュのまわりに、「幻想から解放され　事実を正確にとらえる「眼」／狂熱の社会にクールなレンズ」というコピーが配置された（図1）。幻想と狂熱の世相に、クールな事実認識で対峙すること。そして政治的な適切さ（political correctness）が支配する抑圧的な言論空間に自由を取り戻すこと。こうした意図は、創刊号編集後記の頁に載せた池島自身による「創刊にあたって」にも明らかである。以下

図1　『諸君』創刊号広告（『朝日新聞』1969年5月24日付朝刊）

に抜粋しておこう。

世の中どこか間違っている——事ごとに感じるいまの世相で、その間違っているところを、自由に読者と一緒に考え、納得していこうというのが、新雑誌「諸君」発刊の目的です。

石も叫ぶ時代——と昔の人はいいました。わたくしたちは沈黙している、あるいは無視されている路傍の石ではありません。

正しい発言をしましょう。諸君、本当の事実を知る権利を行使しましょう。新雑誌「諸君」は新しいオピニオン誌です。この雑誌には日本人として恥ずかしくないこと、そして世界のどの国にも正しく通用することをどしどし盛り込んでいきたい、と思います。

池島が違和感を抱いた世相とは、竹内洋のいう「革新幻想」である。[★39]革新幻想とは、革新主義や革新思想といった狭義の政治思想ではなく、「左翼にあらずんばインテリにあらず」という空気である。本節のはじめに述べた第二の水準、すなわち特定の主義や思想を価値的・規範的に格付けする社会的文脈に照準した概念である。

革新幻想の展開のプロセスは、大きく三つの段階に分けることができる。[★40]第一は戦前のインテリに限定されたエリート段階である。戦前の左翼思想は欧米の先端思想であるだけでなく、近代的な価値意識や生活様式(モダニズム)と一体となって知識階層を引きつけた。[★41]先にも述べた一九二〇年代以降に社会主義思想が知的青年の教養の必須科目に「格上げ」されたこととも重なる。第二は戦後に大衆化するマス段階である。戦後の教育機会の拡大と産業構造の転換により、モダニズムが実現可能な未来として大衆の憧れの対象になると、[★42]それにともない革新幻想も大衆化した。一九五〇年代に石坂洋次郎の小説が「実現可能な未来」を先取りする案内書として受容され、[★43]社会党の支持率とモダニズムの実現度(高学歴層・ホワイトカラー層・若年層)のあいだの相関が強まった。

とはいえ、この段階までは、庶民のあいだに伝統的な価値意識や生活様式(「庶民宗教」)がまだ根強く残っていたから、草の根革新幻想=大衆モダニズム(「市民宗教」)はそうした草の根伝統主義を中和する解毒剤の役割を果たしていた。逆にいえば、草の根伝統主義は革新幻想の行き過ぎに対する一定の歯止めとなっていた。

ところが、大衆モダニズムが実現して、さまざまな文化的落差(欧米と日本、中央と地方、都市と農村……)も縮小、伝統的な価値意識や生活様式が解体するとどうなるか。モダニズムとともに革新幻想の輝きが失われるだけではない。草の根伝統主義とともに歯止めをも失うことになる。「庶民宗教という非公式カリキュラムが蒸発してしまえば、保守思想の原型である智恵が畏れるような自己主張や権利という名のもとでの抑制なき露骨な欲望の奔流となる」[★44]。本節のはじめに思想の格付けについて述べたのと同じように、思想の機能も、社会的文脈の変化によって反転しうるのだ。この定着と堕落のユニバーサル段階に入るのが一九六〇年代半ばだった、と竹内は分析する。新しい保守論壇には、この第三段階に入った革新幻想を中和する解毒剤としての役割が求められていた。

4 保守思想に接近する若者たち

逆風下の『諸君!』を愛読したのはだれか?

『諸君!』は一九六九年七月号をもって創刊した(当初の誌名は『諸君』)。最初の発行部数は一〇万五千部だったが、なかなか世間に受け入れられなかった。元編集長の白井浩司はこう振り返る。「創刊時の学生運動の熱気が冷めるとともに、『諸君!』の部数は下がり続けたようだ。一時は廃刊がウワサされたこともあったと聞いた。それが持ち直したのは六代目の堤堯編集長の時代(一九八一~八四年)、一気に実売五万部まで伸ばしたからである。余勢を駆って次の七代目編集長時代(一九八四~八八年)には六万部超まで行ったこともあったが、その後はまた下降線をたどり、私が就任した時(一九八八年)は五万部を切っていた」[★45]。これは第一章の図3

（四〇頁）に示された実売部数のグラフとも符合する。

ここで考えたいのは、一九八〇年代より以前の、いわば逆風下の『諸君！』あるいは保守思想に接近していく若者たちのことである。仮に革新幻想への違和感を抱くことがあったとしても、知的な世界には「左翼にあらずんばインテリにあらず」ないしは「保守＝右翼＝反動はナンセンス」という言論空間の格付けが厳然として存在していたから、自らの違和感の思想的受け皿を探し求めるのは相当な勇気が必要であった。そうした困難な状況のもとで保守思想に接近するのはどのような条件においてだろうか。

第二章で『文藝春秋』の読者層を分析する際には、毎日新聞社の読書世論調査を利用した。これはその雑誌が愛読誌ランキングの上位常連誌だったことで、読者の属性分布の統計が意味のあるデータとして使用できたからである。『諸君！』のようにランキングに載らないマイナーな雑誌にはこの方法は使えないので、関係者の証言や回顧録を分析することになる。ただし回顧録の場合は同時代の雑誌イメージ（「右翼雑誌」）の影響を考慮する必要がある。そこでまずは、前節でも利用した最終号特集「『諸君！』と私」を中心にみてみよう。

「『諸君！』と私」のなかで、創刊の頃から愛読者だった若者は二人いる。東大の大学院生だった長谷川三千子（一九四六年生・二三歳）と慶應義塾普通部生だった阿川尚之（一九五一年生・一八歳）である。長谷川は「はじめて『諸君』〔中略〕を読んだときの衝撃は忘れられない」と振り返る。[★46] 現在は日本会議の代表委員も務める保守の論客のひとりであるが、彼女の保守への目覚めは早かった。当時、全共闘が「純粋」で「根源的」だという世間のイメージに対して、「連中と延べ何十時間も討論して彼らの思考停止ぶりをイヤというほど知つてゐる」経験から違和感を抱いていたが、自らの違和感の思想的受け皿は哲学専攻の長谷川にも見当たらなかった。それが『諸君！』と出会って「さうだ！　その通り！」と膝をうって叫び「紛争以来ずつと心の内にわだかまつてゐた孤独な憤激をいやされる思ひ」がしたのだという。

長谷川は全共闘世代の鹿島茂や関川夏央より年長であり、その違和感は中曽根康弘や渡邉恒雄と通ずるものがあるが、単純に世代の違いには解消しきれない。次にみる阿川尚之は長谷川より五歳年下である。

阿川尚之は最終号の一〇年前にも「『諸君！』と私——「左翼伝染病」からの逃走」という文章を書いてお

り、[★47]そちらのほうが詳しい。阿川と『諸君！』の出会いは、父親（弘之）のもとに創刊以来送られてくるのを手に取ったことから始まる。当時、病気療養のために三年遅れで学校に復学すると、「校内では変なヘルメットをかぶった連中が気勢を上げている。〔中略〕なんだか浦島太郎のような気がした。そしてこの時代の空気がどこかおかしいと感じた」[★48]。そうした違和感に言葉を与えてくれたのが『諸君！』だった。「私にとって「諸君！」は、左翼伝染病に対する免疫の役割を果たしたようである」[★49]と、長谷川と同じことをいっている。

尚之の父・阿川弘之（一九二〇年生・四九歳）は志賀直哉の弟子で日本海軍を舞台とした戦記文学で有名な作家であるが、日本文化フォーラムの親睦交流事業に招かれたり[★50]、また日本文化会議の発起人のひとりで企画委員も務めたりしている[★51]。そうした「保守反動の家に育ったため、読むことには抵抗がなかった」ともいう。「周りでこの雑誌を読んでいる者など一人もいなかった」から「変人の部類に属した」が、阿川は平気だった。病気による遅れを取り戻すために家庭教師に来てもらっていた真面目な東大生からは「君、『諸君！』のような偏ったものばかり読んではいけないよ。もう少しまともな雑誌を読みなさい」と諭された。『世界』とか『朝日ジャーナル』のことである。しかしその忠告に従うことはなかった。

長谷川より一一歳年下の石破茂（一九五七年生・一二歳）も、早くからの愛読者である。創刊時に鳥取大学附属中学一年生だった石破は、鳥取県知事の父・二朗（一九〇八年生・六一歳）が夕食時に「『諸君！』にフクタコウゾンがこう書いているが、あれはなかなか面白いぞ」と話していたのを記憶している[★52]。そのときはそれがどんな雑誌か（「右翼雑誌」かどうかも）福田恆存の名前も知らなかったが、中学三年になると父から「まあ、これを読んでみろ」と一冊の『諸君！』を手渡された。「地方の権力者の倅としてなんとなく心鬱々として楽しまない日々を送っていた私の心中をあるいは察したのかもしれない」と当時の自分を振り返りながら父の意図を推し量っている。

そこから先は長谷川や阿川と同じく、心の内のわだかまりや時代の空気への違和感に言葉を与えてくれる思想的受け皿として、石破は『諸君！』を愛読するようになる。「地方権力者の倅」というのは阿川の「保守反動の家」と同じく、周囲からの視線を織り込んだ屈折した自己規定であるが、一九七二年に東京の慶應義塾高校に進学して以降、その「疎外感は一層強くなっていった」こともあり、『正論』も創刊時（一九七三年）から愛読するようになった。[53]「その頃父は田中派参議院議員となっていたのだが、「打倒田中軍国主義内閣！」などと罵られて口惜しくてたまらず、「諸君！」を発売日に買い求め、むさぼるように読んでは反論ペーパーなどをせっせと書いていた」[54]。これが演説討論の基礎を作り、その後慶應義塾大学二年生のときに第二六回全日本学生法律討論会（一九七六年）で優勝している。[55]

エスタブリッシュメントの子供たち

石破茂以上の「権力者」の家庭環境で育ち、やはり『諸君！』に思想形成の拠り所を求めた政治家に、安倍晋三（一九五四年生・一五歳）がいる。安倍は小泉内閣の官房長官だった二〇〇六年に刊行した『美しい国へ』のなかで、岸信介（一八九六年生・七三歳）の孫としての自らの生い立ちを語っている。「小さなころから、祖父が「保守反動の権化」だとか「政界の黒幕」とか呼ばれていたのを知っていたし、「お前のおじいさんは、A級戦犯の容疑者じゃないか」といわれることもあったので、その反発から、「保守」という言葉に、逆に親近感をおぼえたのかもしれない」[56]。保守反動の家に生まれた疎外感は、阿川や石破と通ずるものがある。

安倍は石破のように理論武装して「反論ペーパー」をせっせと書くようなタイプではなかったが、それでも反転攻勢の機会が訪れる。成蹊高校（一九七〇年入学）に在学中、担任の先生が七〇年を機に安保条約を廃棄すべしとの立場から話をしたとき、クラスの雰囲気もそれに同調するなか、「安保について詳しくは知らなかったが、この場で反論できるのは、わたししかいない。いや、むしろ反論すべきではないか」という思いから、新条約の経済条項にからめた質問をして一矢報いた。「中身も吟味せずに、何かというと、革新とか反権力を叫ぶ人たちを、どこかうさんくさいなあ、と感じていたから、この先生のうろたえぶりは、わたしにとって決定的だった」[57]と振り返る。

安倍が『諸君！』を読み始めるのは成蹊大学（一九七三年入学）在学中である。「このころには、保守系の雑誌も出はじめ、新聞には福田恆存氏、江藤淳氏ら保守系言論人が執筆するコーナーができたりして、すこしは変化してきたのかな、と感じさせるようになっていた。かれらの主張には、当時のメインストリームだった考え方や歴史観とは別の見方が提示されていて、わたしには刺激的であり、新鮮だった。とりわけ現代史においてそれがいえた」[58]。これは直接には、産経新聞の「正論」欄（一九七三年六月から）およびそこから発展した『正論』（一九七三年十二月号創刊）のことを指すが、安倍首相のブレーン・八木秀次（一九六二年生・七歳）は日本経済新聞のインタビュー記事のなかでこう証言する。

「安倍さんは学校教育の中で、自民党の悪口を散々聞かされ、どうやって反論するかを常に考えながら育った。大学時代に文藝春秋のオピニオン誌の月刊『諸君！』を読み出し、批判する側の左翼がおかしいということを再認識した。安倍さんの保守思想の根底は『諸君！』によって形成されたと言ってもいい」[59]。側近の八木がそう断言するからには安倍から直接聞いたのだろうが、本人にとっては『正論』と『諸君！』どちらも保守系雑誌という括りで認識されていたのかもしれない。

ここまで挙げた長谷川、阿川、石破、安倍の四人は、エスタブリッシュメントの子供たちという共通点をもつ。それは親が大学教授や小説家や政治家など威信の高い職業に就いている、というにとどまらない。

エスタブリッシュメントを直訳すると確立（establish）された体制・制度やそれを代表する階級・勢力ということになるが、この「確立」のニュアンスを損なわずに日本語に置き換えるのは難しい。小谷野敦が『日本の有名一族』の副題を「近代エスタブリッシュメントの系図集」としたように[60]、有名人がひしめき合う家系図で表現されるような、さまざまな分野に指導的人材を輩出する華麗なる一族というのが、日本的な理念型になるだろうか。社会学的には「これ以上は上昇する必要がなく、再生産されている階層」であるが、そこには親職や親学歴といった変数には還元できない、社会的威信と規範意識がある。こうした存在は計量分析をベースとした通常の社会階層論では扱いにくいものの、本人の人格形成に少なからず影響を及ぼすであろうことは容易に想像できる。ちなみに長谷川三千子は小谷野の『日本の有名一族』でも取り上げられるほどの学者一族から出ている[61]。

もちろん良家の子女だからといって、必ずしも保守思想に接近するわけではない。先に紹介した革新幻想の展開はエリートから大衆へという順序だったように、かつては、むしろ良家の子女だから左傾化するパターンのほうが典型的だった。著名人の家系図に詳しい小谷野敦の「ブルジョア左翼と貧乏保守」というエッセイに次のようなエピソードが紹介されている。★62「数年前、若い学生で左翼が多い、と聞いて、何でなんでしょう、とある先輩に訊いたら、そりゃああれだよ、みんなプチブル家庭に育っているからさあ、罪悪感があるわけじゃない、と言われて、ああそういう構図は今でも続いているのかあ、と思ったものである」。高度経済成長期までは、自分が大学に進学できたのはそこそこ裕福な（プチブル）家庭に育ったから、という負い目があった。この負い目はもちろん出身階層によって、またその社会全体の総量も歴史的社会的条件によって増減する。

保守思想への接近には、たしかに負い目（罪悪感）との切断が必要である。小谷野は「比較的貧しい家の生まれ育ち」（貧乏保守！）の例を挙げているが、これは社会の流動化や不透明化、あるいは身分の不安定化に耐えられない人たちが心の拠り所を国家的なものに求めて「右傾化」するといった現代のリベラル論壇側の議論★63と同様に、下の階層の挙動にのみ注目する見方である。しかしながら、負い目との切断は、下の階層だけではなく、論理的にはプチブル家庭よりも上の階層でも起こりえたはずである。すなわちプチブル的な罪悪感よりも、一族の歴史から期待される社会的な義務感のほうが上回る場合である。その結果として辿りつくのは左翼思想とは限らない。むしろ革新幻想の時代にあっては、あえて「保守反動」に傾くことも辞さない。このような「エスタブリッシュメントの子供たち」問題は、政治思想史と教育社会学が交錯する開拓途上の領域であるが★64、ここでは限られた事例をもとに仮説を述べるにとどめる。

孤独な目覚め——保守思想との出会いかた

革新幻想の「逆風」のもとでは、保守思想との出会いかたは個別的である。最後にその事例をひとつだけ挙げておこう。文筆家の坪内祐三（一九五八年生・一一歳）も「『諸君！』と私」に文章を寄せているが、先に挙げた例のように、若い頃に『諸君！』に思想的受け皿を見出したような書き方をしていない。しかし逆風下の保守思想家・福田恆存と個人的なやりかたで出会っている。

坪内祐三は早稲田大学二年生のとき（一九七九年十二月）、福田恆存に会うために、わざわざ福田の仕事場の銀座東急ホテルまで出かけている[★65]。福田が主宰する劇団の事務局員に応募するためという名目だったが、坪内はすでに福田の熱心な読者だった。別のところで「一九七九年といえば、私が福田恆存の文章を本格的に読みはじめたのもこの年のことだ」と書いているので[★66]、読みはじめてから面会まで一年たらずである。当時の自分は「複雑に社会的な関心を持っている大学生だった」が、「そんな私のことをミニコミの先輩や同輩たちは「右翼」とみなしていた」と振り返っている。「それはつまり、かつての若者たちのように、左翼的ではなく、けれど社会に対しての関心を失なうことのできない若者だったわけである（それを「右翼的」と言われてもどこか違っている気がする）」と[★67]。

坪内は小谷野の『日本の有名一族』にも載る「エスタブリッシュメントの子供」であり[★68]、福田恆存も「父親の友人」で著者サイン入り献呈本が書棚に並んでいるぐらいだったので、「物心ついた時には、福田恆存という名前は、その人が戦後の文学界や演劇界や論壇の上でどのような存在であるのかも知らずに、なじみでした」という[★69]。さらに世田谷区の公立小・中学校時代から日教組系の教師たちを通して「左翼の持つダブルスタンダードに反撥を感じて」いたから[★70]、保守思想に接近する条件はじゅうぶんに揃っていたようにもみえる。にもかかわらず、福田恆存を思想的に「発見」するのは二〇歳になってからだった。

なぜか。ひとつには本章で詳しく述べてきた言論空間の抑圧構造のゆえである。当時の知的な少年らしく、岩波新書の青版や朝日新聞の「論壇時評」（中野好夫）の愛読者だったから「左翼嫌いのつもりでありながら〔中略〕無意識の内に左翼の影響を受けていた[★71]」（傍点原文）。だから書棚にあった福田恆存の著作を開いても「やはり保守反動」としか思えなかった。もうひとつは、福田恆存を本格的に読みはじめるきっかけが大学入学後に出会った友人の影響だったということ。その友人の読書は教養主義的なものではなく「もっと体の入った読書」であり、彼と議論をすれば「冷静かつユーモラスで正確な意見」にいつも蒙を啓かれたというから[★72]、自分より一つ年下だったが一目置く存在だった。

したがって、坪内が保守思想家・福田恆存と出会うのは、父親の友人だったからでも左翼への反発からでも熱心な読書家だったからでもない。それらの「好条件」が重なっても福田恆存とは出会えない――むしろ「保守反動」として拒絶させる――のが、一九七〇年代の社会的文脈だった。坪内は別のところで自身の雑誌遍歴を詳細に書き記しており[★73]、大学時代の自分を「文春小僧」と呼び就職の「第一志望は文春」というほどの文藝春秋のファンだったが、愛読していたのは『週刊文春』であり、『諸君!』ではなかった（『諸君!』の記述が皆無なのがかえって不自然に思えるほどだ）。やはり『諸君!』は「保守反動」雑誌として敬遠されており、福田恆存を読むことと『諸君!』を読むことは等価ではなかったと考えれば、この雑誌遍歴もけっして「不自然」ではない。

坪内が自身の「複雑に社会的な関心」に言葉を与えてくれる思想的受け皿として、福田恆存を「発見」するのは、一人の友人との出会いという、じつに個別的なきっかけだった。このエピソードをそのまま一般化することはできないが、革新幻想のもとで知的な若者たちが左翼（進歩）思想と出会うやり方とは、まったく異なる。出会った思想をその後どのように自分の血肉としていくのか（いかないのか）についても、おそらく重要な差異が認められるのではないだろうか。

坪内祐三よりも若い世代の回顧録が出てくるのはこれからである。ということは、一九八〇年代における保守思想への接近の条件について、七〇年代と比較分析できるのもこれからである。八〇年代といえば『諸君!』が実売部数を倍増させ、広範な読者を獲得する時期である。保守論壇の「変容」や「再生」を論ずるためにも、この七〇年代から八〇年代にかけて保守思想の受容のしかたにどのような変化が起こったのかを、引き続き今後の課題としたい。

■註

1　『論座』編集部編『リベラルからの反撃――アジア・靖国・9条』朝日選書、二〇〇六年。『論座』二〇〇五年六月号から〇六年一月号までの論考・対談から収録。

2　『論座』二〇〇六年三月号「特集　保守論壇」、〇六年五月号「特集　諸君！それでも正論か――検証保守論壇［第2弾］」など。『論座』編集長（二〇〇二年九月〜〇五年一月）を務めた上丸洋一による『『諸君！』『正論』の研究――保守言論はどう変容してきたか』岩波書店、二〇一一年も参照。

3　元編集長の田中健五と白井浩司の証言からは広告収入の減少が『諸君！』休刊のダメ押しとなったことがわかる。田中によれば「総合誌、論壇誌が流行らなくなった時代になったことに加えて、雑誌に入れる広告が「ネット広告」に押されて極端に減り、赤字の垂れ流しに耐えられなくなったからだ」という（『諸君！』二〇〇九年六月号、一六一頁）。また白井によれば、創刊以来営業黒字になったことは一度もなく、とくに「広告収入の落ち込みは決定的だった。もともと『諸君！』自体は広告の入らないオピニオン誌だから直接的な影響はないが、他部門の収入が大幅に減って、『諸君！』にまわす余裕はなくなった」（『オンリー・イエスタデイ1989――『諸君！』追想』小学館、二〇一一年、六頁）という。

4　竹内洋『革新幻想の戦後史』中央公論新社、二〇一一年。

5　例えば、姜尚中「「反日」かどうかを尺度とする自家中毒――歴史認識をめぐって」『論座』二〇〇六年五月号。「保守言論の変容」を分析する上丸前掲書は、基本的に前者のベタな水準にあわせた批判であり、後者のメタな水準の評価は不十分である。

6　竹内洋『教養主義の没落――変わりゆくエリート学生文化』中公新書、二〇〇三年、四一頁。

7　中曽根康弘「わが内なる憂国の情は晴れない」『諸君！』二〇〇九年六月号、一五五頁。

8　渡邉恒雄「「紳士と淑女」の快感が味わえなくなるとは…」『諸君！』二〇〇九年六月号、一五九頁。

9　魚住昭『渡邉恒雄――メディアと権力』講談社文庫、二〇〇三年、三五一頁。「それまで論説委員たちの会議で決められてきた社説の論調は、渡邉がほとんど独断で決定する〝渡邉社論〟へと転換していった」（同）。また渡邉自身が憲法改正を真剣に考えはじめるのも論説委員長になった一九七九年からである（御厨貴・伊藤隆・飯尾潤『渡邉恒雄回顧録』中公文庫、二〇〇七年、五〇七頁）。

10　御厨ほか前掲書、一九三頁。読書会はその後の中曽根の派閥である「政策科学研究所」に発展する。二人が知り合うのは、一九五六年十二月の自民党総裁選の情報収集のために、読売新聞社社主・正力松太郎の指示で、渡邉（三〇歳）が中曽根（三八歳）に接近したのが最初である。正力と中曽根は、同年五月に正力が初代科学技術庁長官になったときに「原子力の平和利用」という共通の関心をもつ中曽根を、戦前以来の正力の兄弟分だった三木武吉が引き合せたのが最初である（御厨ほか前掲書、一六九頁）。

11 鹿島茂「性の大座談会を仕掛けた理由」『諸君！』二〇〇九年六月号、一八〇頁。

12 関川夏央「かなわなかった「紳士と淑女」執筆の夢」『諸君！』二〇〇九年六月号、一八一頁。

13 東谷暁「「日本十進分類法」による『諸君！』一年分の分析」『諸君！』二〇〇九年六月号、一八四頁。

14 東谷の場合は例外的であるが、それを機に『諸君！』に特別な感情を抱くようになり、「この雑誌を攻撃する人間に対して嫌悪の感情が働くのである」（東谷前掲記事、一八五頁）。

15 竹内前掲『教養主義の没落』。

16 例えば浅田彰『構造と力——記号論を超えて』勁草書房、一九八三年。

17 『文藝春秋七十年史』文藝春秋、一九九一年、三〇七頁（以下『七十年史』）。

18 白井前掲書、一三四頁。

19 渡邉前掲記事、一五八頁。

20 徳岡孝夫を囲んでコラム三〇年を記念するパーティでも関川は「もし許されるなら、徳岡さんの後は私に書かせてほしいですね」と発言している（白井前掲書、一四一頁）。

21 文藝春秋編『「諸君！」の30年——1969〜1999』文藝春秋、一九九九年、九頁。

22 文藝春秋編前掲書、四八八頁。もととなったエピソードについて山本夏彦自身が明らかにしている。「田村隆一は私の古い読者で諸君を買ってまっ先に「笑わぬでもなし」を一読して笑い、次いで何度目かの細君、高田博厚の娘に朗読させて再び笑うことを常としていたという。博厚の娘はインテリではないらしい、諸君を一瞥して「これ『反体制』の雑誌ね」と評したと聞いて私は大笑いした」（傍点引用者）。

23 松浦総三「タカ派文化人の牙城「諸君！」の危険な構造」松浦編『「文藝春秋」の研究——タカ派ジャーナリズムの思想と論理』晩聲社、一九七七年所収。『諸君！』創刊の経緯については、『七十年史』『文藝春秋の八十五年』文藝春秋、二〇〇六年（以下『八十五年』）のほか、白井前掲書、上丸前掲書も参照。『諸君！』を含む戦後の保守系雑誌の歴史については、奥武則「戦後「保守系・右派系雑誌」の系譜と現在——『心』『自由』から『諸君！』『正論』まで」『論座』二〇〇六年三月号、竹内前掲『革新幻想の戦後史』

四四〇頁以下を参照。

24　一九六八年九月二七日、池島社長は「全社員をホールに集めて〝新雑誌〟について説明（釈明）し、決意を披瀝す」（『七十年史』四二五頁）。機関誌の発刊計画は取り下げられたものの、この問題を契機とした社員側の動きは収まらず、十二月八日、「これまでの「社員会」が労働組合に移行することが決定す」（同上）。その三日後に人事異動が発表され、田中健五が新雑誌編集長となる。

25　松浦前掲書、九七頁。

26　松浦前掲書、一〇〇頁。

27　田中健五「池島信平と『諸君！』の時代」『新潮45』二〇一三年十二月号。また、入社間もなかった白井浩司はその様子を次のように観察していた。「創刊当時、田中さんが新しい雑誌のイメージを求めて毎月たいへんな努力を重ねていることは、傍から見ても分かった。どんな雑誌にも、体臭というカラーのようなものがある。白紙に新しい絵を描くように、田中さんは毎月実験を試み、『諸君！』カラーが生まれるのをじっと待っていたのだった」（白井前掲書、一八頁）。

28　田中前掲記事、九〇頁。上丸前掲書、五六頁も参照。

29　二〇〇九年二月号で廃刊。雑誌『自由』と日本文化フォーラムについては、石原萠記『戦後日本知識人の発言軌跡』自由社、一九九九年、九〇七頁以下、上丸前掲書、四〇頁以下、および竹内前掲『革新幻想の戦後史』六六頁以下を参照。

30　田中前掲記事。

31　上丸前掲書、五五頁以下、石原前掲書、九一六頁以下。文化自由会議から日本文化フォーラムへの資金援助は一九七二年に打ち切られた。なお上丸の記述は、文化自由会議の日本連絡員として日本文化フォーラム設立の中心となり、同事務局長兼『自由』編集長を務めた石原萠記へのインタビューにもとづく。石原の証言によると「雑誌『自由』の最盛期は、左右のイデオロギーが対立した六〇年代から七〇年代初めにかけて。ただし実売部数はそのころでも二万部ほどだったという」（四五頁）。『諸君！』の実売部数も七〇年代は二～三万部程度であり、『自由』と大差ない。両誌の差が開くのは八〇年代以降である。

32　つねに組織運営の中心で実務を担い、新団体のために「財界を回って四千数百万円の資金にめどをつけた」(上丸前掲書、五五頁)石原萠記が、設立の会合に招かれなかったのも示唆的である。石原自身は「発足の見通しがたった段階で、自分の仕事もあるので、中心から手を引いた。それにしても、何の手違いか知らぬが、六月十日の設立総会には、一言も連絡もなかった。これが文化人と名のる人々の行為かと思うと涙も出ない」(石原前掲書、九二二頁)と書くにとどめているが、上丸のインタビューに対しては「日本文化会議の専務理事となった元神奈川県教育長の鈴木重信が主導権を握ろうとして自分(石原)を排除したのではないか、と推測した」(上丸前掲書、五六頁)という。内部の人間関係はともかく、客観的には、国際組織・文化自由会議との関係(石原は日本連絡員だった)を断ち切ることを意味する。外国からの資金援助を受けなかった日本文化会議は、一九九四年に解散した。その理由は「バブル経済崩壊で法人からの会費・寄付金収入が減」ったためとされる(六二頁)。

33 上丸前掲書、四〇頁。「問題作」の邦訳は、デイヴィド・コンデ著、陸井三郎・田中勇訳『絶望のアメリカ』徳間書店、一九六七年。池島信平の釈明文「困ったマスコミ――マスコミ競争が生み出した妙な傾向」は『自由』一九六七年九月号に掲載された。池島が『自由』誌上で謝罪した事実について、『七十年史』にも『八十五年』にも記述がないので、上丸は「今後、社史を出す場合には、ぜひふれてほしい」(五一頁)と要望している。ただし池島が自己批判するのはあくまでも表題の付け方であり、「記事自身とすれば、コンデ氏の主張していることが何の理由もなく、また、かれの非難している人たち、ひとりひとりにみな、反論、駁論を書かせているから、内容的には中正なものであると、わたしは考える」(池島前掲記事、一六二頁)。この騒動に関しては、石原前掲書、一一一七頁以下も参照のこと。

34 上丸前掲書、五五頁。

35 田中健五は日本文化会議の機関誌発行は池島信平の発案ではなかったと庇う。「文春側から最初に接触して動いたのは上林吾郎さん〔常務取締役〕だった。社史などの〝正史〟には信平さんが独り走ったように書かれているが、どうだろう。むしろ小林秀雄さんあたりに新たな雑誌を作るよう促された上林さんが役員会で言い出したというのが真相に近いと思う」(田中前掲記事、八九頁)。今となっては藪の中であるが、機関誌を引き受けるという社長としての決断は、『週刊文春』の記事で迷惑をかけた保守論壇に対する池島なりの責任の取り方だったと考えると筋が通る。

36　前出の池島の釈明文が掲載された号の最終頁に「社告「自由」の編集方針」という編集委員会名の文章が掲げられている。米人ジャーナリストの著作が事実無根の中傷記事であると批判、創刊以来の編集方針の堅持を再確認したうえで、次のように自らの思想的立場の一貫性を強調している。「本誌は、現代の世界状況において人間の自由を脅かす諸力を、特に独裁権力を背景として独断的教義を強要してくる左右の全体主義を、きびしく批判してまいりました。問題の米人ジャーナリストは、共産主義と対決する彼の祖国米国の世界政策を一方的に敵視しております。編集委員会はそのような偏狭独断的米国敵視の立場をとってはおりません。現代の共産主義的全体主義と対決する米国の世界政策には、人間の自由の名において肯定さるべき幾多の要素がある、と編集委員会は考えております」(『自由』一九六七年九月号、二二四頁、傍点引用者)。これは六〇年代末の保守論壇に求められる問題設定としては「不自由」な拘束にならないだろうか。池島が『自由』の限界を再確認し、問題設定の刷新の必要性を痛感した所以である。

37　池島前掲記事、一六一頁。

38　田中前掲記事。

39　竹内前掲『革新幻想の戦後史』。

40　以下の三段階の図式化は竹内の議論を筆者が整理したものである。エリート段階、マス段階、ユニバーサル段階という呼称もマーチン・トロウの高等教育論(天野郁夫・喜多村和之訳『高学歴社会の大学――エリートからマスへ』東京大学出版会、一九七六年)から借用したもので、竹内の用語ではない。

41　竹内前掲書、四九〇頁。

42　竹内前掲書、四八二頁。それに加えて、昭和一〇年代の(左傾)大学文化の解体と軍国主義の昂進という共変関係が因果関係に読み替えられることで、(左傾)大学文化の蘇生なくして軍国主義を防ぐ道はなし(左傾バスに乗り遅れるな!)という空気が、戦後の知識人のあいだに広がったという事情もある(同書、一二二、四〇二頁)。

43　石坂自身は保守的な思想の持ち主であり、日本文化フォーラムの発足(一九五六年二月)以来の役員だった(竹内前掲書、五〇六頁、石原前掲書、九〇八頁)。

44　竹内前掲書、五〇四頁。

45 白井前掲書、三一頁。
46 長谷川三千子「オピニオンは死なず」『諸君！』二〇〇九年六月号、一七八頁。
47 阿川尚之「「諸君！」と私――「左翼伝染病」からの逃走」文藝春秋編『「諸君！」の30年――196 9～1999』文藝春秋、一九九九年。
48 阿川前掲記事、一六二頁。
49 阿川前掲記事、一六三頁。
50 石原前掲書、九〇九頁。
51 松浦前掲書、一一九、一二二頁、
52 石破茂「中学生だった私に『諸君！』を渡した父」『諸君！』二〇〇九年六月号、一八七頁。
53 石破茂「生粋の愛読者が抱く「正論」「諸君！」への違和感」『論座』二〇〇六年八月号、五一頁。
54 石破前掲「中学生だった私に『諸君！』を渡した父」一八八頁。
55 石破茂オフィシャルサイト（ishiba.com/modules/profile/content0002.html）。
56 安倍晋三『美しい国へ』文春新書、二〇〇六年、二二頁。
57 安倍前掲書、二四～二五頁。このエピソードに関して、高校時代の担任の証言が『毎日新聞』二〇一二年十二月三一日に掲載された（「教え子・安倍君へ：「立場違う人を大事に」 元成蹊高校教諭」）。元担任は記者のインタビューに応じてこう振り返る。「論破しては彼を傷つけることにもなるから、いなして済ませたのではないでしょうか」「メンツをつぶされた気持ちはありません。彼が疑問をぶつけてくれたことには拍手を送りたい」と。ただ、安倍が「戦後レジームの脱却」を主張し、憲法改正や自衛隊の「国防軍」化を目指す姿勢を心配しているという。
58 安倍前掲書、二八～二九頁。
59 「八木秀次高崎経済大教授「首相の保守思想の根底は『諸君！』」」『日本経済新聞』二〇一三年十一月一七日。偶然だろうが、翌一八日に、注27で前出の田中健五「池島信平と『諸君！』の時代」が掲載された『新潮45』二〇一三年十二月号が発売されている。
60 小谷野敦『日本の有名一族――近代エスタブリッシュメントの系図集』幻冬舎新書、二〇〇七年。

61 小谷野前掲書、一二五頁、「野上彌生子、長谷川三千子の一族」。
62 小谷野敦『俺も女を泣かせてみたい』筑摩書房、二〇〇四年、五七頁。
63 『論座』編集部前掲書、一四頁。
64 例えば井上義和『日本主義と東京大学――昭和期学生思想運動の系譜』柏書房、二〇〇八年では、戦時体制下の保守主義に到達する歴史的社会的条件を分析するなかで、この問題に言及している。
65 坪内祐三『ストリートワイズ』講談社文庫、二〇〇九年、一九頁。
66 坪内祐三『同時代も歴史である 一九七九年問題』文春新書、二〇〇六年、二三四頁。
67 坪内前掲『同時代も歴史である 一九七九年問題』二三五頁。
68 小谷野前掲『日本の有名一族』、一六六頁以下「柳田國男、坪内祐三の一族」を参照。
69 坪内祐三『考える人』新潮文庫、二〇〇六年、二八七頁。
70 坪内前掲『考える人』、二八八頁。
71 同前。
72 坪内前掲『考える人』、二九〇頁。
73 坪内祐三『私の体を通り過ぎていった雑誌たち』新潮文庫、二〇〇八年。

第九章

『流動』――新左翼系総会屋雑誌と対抗的言論空間

大澤聡

1　課題の設定――とある研究者の卒業論文

ある優秀な研究者がいる。昔からコアな読者も存在した。だが、きわめて寡作である。単著もない。いまのところは。それを皮肉ったのだろう、ネット上でこんな戯言を見かけた。彼の最高傑作は『流動』に載った卒業論文だ、と――けだし至言である。たしかに、それは雑誌に掲載された。一部略で三段組全一三頁に及ぶ。『流動』は商業誌だ。一般誌が学部生の卒論をかくも長々と掲載するとはいかなる事態なのか。

『流動』はA5判の月刊総合誌スタイルを採る。一九六九年十二月に創刊。八二年十二月まで丸一三年刊行された。特集「大学卒業論文」は名物企画のひとつだった。全国から人文・社会科学系の卒業論文を募集し、各分野の優秀作を数本掲載する（多くは教員を通じた紹介らしく、選考も偶発的）。一九七四年五月に開始され、好評だったのか翌年五月に本格化した。以来、年一回の恒例と化す――七七年七月号より「恒例企画」の冠が付く。のちに研究者となる人物の若書きもいくつか拾えてしまう。とはいえ大半は無名の存在である。主要大学各学部の「卒論題目一覧」も整理されている。当人や関係者の掲載号購入が多少は見込まれもしたはずだ。

回数を重ねるたびに当該企画は充実していく。採択大学の範囲も順次拡張した。また、一九七六年五月号以降は、グラビアページを利用して芸術方面の卒業制作も掲出するようになった。七七年七月号には、すでに文芸評論家／作家として知名度のあった中島梓（栗本薫）の卒論「想像力の構造——文字は有効であるのか」（一九七五年度提出）を特別掲載。七九年六月臨時増刊号の特集「大学卒業論文《明治から昭和まで》」では、三田誠広、中島梓（再掲）、影山三郎、泉井久之介《ママ》、荒正人、小沢昭一、川端康成、池島信平、梅本克己、折口信夫、三木清、中島敦の卒業論文、そして、横山大観、和田英作、杉山寧、平山郁夫、篠山紀信の卒業制作を紹介、あわせて著名人へのアンケート「私の卒業論文」の回答を多数列挙する。その種の発展企画も誕生した。特集「大学修士論文発表」（七七年九月号、七八年七月号）まで組まれた——ただしこちらは定着せず。結局、休刊まで九年間継続することになる。連載枠の休載さえして一冊全三〇〇頁余を卒論特集（と修論特集）に費やした一九七八年七月号をピークとし、完全に定番＝マンネリ化する。休刊間際の逼迫した状況では、過去の優秀論文の再録だけで一冊を作ってしまう（「大学卒業論文大全」八二年七月号）。コストパフォーマンスの良い、頼みの看板企画となっていたことが推察される。考えてみれば、卒論で一般商業誌を成立させるというのも無謀な話ではある。

　全号を通覧してみれば、他にもユニークな企画が数多く見出せる。例えば、見開きの無署名コラムを五五本ひたすら並べた特集「コラム55号」（七七年五月号）はメタ・メディア論の実践としてじつに斬新だ。だが、寄稿経験者らに訊ねると、たいてい「とるに足らない媒体」と一蹴されてしまう。その感想こそ実情に近いのだろう。しかしながら、一定の距離を担保した位地から、例えば本論集が採用するスケールにおいて振り返るとき、多少なりともとるに足る相貌を現わすことになる。本章が取りあげるのは『流動』である。ただし、急いで付言しておけば、最終的な目的は一誌の検討に存してはいない。『流動』というサンプルの分析を梃子に、いまとなってはほとんど顧みられる機会のないある一群の雑誌たちが言論史に示す位置価を測定することにこそ課題は設定される。

　——「ある一群の雑誌たち」とは何か。

2 経営と編集――新左翼系総会屋雑誌の盛衰

一九七七年二月に、書評紙『日本読書新聞』が「左派雑誌メディアの現在」と題した特集を組んでいる。「左派ジャーナリズムの衰退」という見出しの記事がメインだ。[★1] 署名は「グループ九〇一」。こう結論する。「首をめぐらして「左派メディア」を見ると、〔中略〕機関誌的なものから、左翼商業メディアまでひっくるめて、これ衰弱の一語に尽きる」。具体的な「指標」として三点が並べられた。①『情況』の休刊。②『流動』の倉林公夫（版元社長）の逮捕。③『キネマ旬報』の上森子鐵（版元社長）による白井佳夫編集長解任。いずれも、七六年十月から十一月にかけて立て続けに観察された出来事である。簡単に確認しておこう。

①の『情況』は全共闘運動の文脈から登場した理論的メディアの代表格だ。哲学者である廣松渉の発案・尽力による。一九六八年八月に創刊し、七六年十一月に休刊。ただし、その後、九〇年七月に第二期として復刊（現在、第四期）。一貫して「変革のための総合誌」を謳う。③の『キネマ旬報』は一九一九年七月に創刊し、四〇年十二月に休刊。その後、五〇年十月に復刊し現在にいたる。七六年十一月の編集長解任、および竹中労と斎藤正治の人気連載二本の急遽打ち切りを受け、読者たちの抗議運動が勃興した。特集内の残りの記事が部分的に伝えるとおりだ。[★2] 同年十二月には、「キネ旬読者葬」なるイベントが盛大に開催された。上森子鐵は大物総会屋として知られた人物である。児玉誉士夫の系譜に連なる。

さて、②について。一九七六年十月三〇日、各紙夕刊はおよそ以下のように報じた。都内一流デパートの土地（時価約一一億円）を騙し取った詐欺の容疑で、警視庁捜査四課は倉林公夫に対し逮捕令状を取り、現在その行方を追っている、と（同日、倉林が顧問を務める不動産会社「観光企業」の社員三人が同容疑で逮捕された）。十一月二日の各紙朝刊によると、同月一日に倉林出頭。逮捕となる。一連の報道記事は倉林を次の二点で説明した。ひとつは、『流動』の版元の社長であるということ。もうひとつは、児玉誉士夫の元筆頭秘書であるということ。当該事件の背後には児玉介在の可能性が多分にあるとして引続き捜査が進められる。どの新聞記事もそう締めくくった。雑誌経営と総会屋稼業――。ふたつの側面から紹介される。

かねてより、『流動』と児玉の浅からぬ関係は言及されていた。[★3]半年ほど遡ろう。同年三月一三日、児玉が脱税容疑で起訴された。世間の話題となる。連日、起訴を伝える記事が各紙紙面を覆った。当然、児玉に関する解説も多数書かれた。『朝日新聞』は「落ちた黒幕――児玉、利権屋の素顔」という見出しでこう紹介している。「言論」と小見出しが付された箇所だ。

〔児玉誉士夫は〕新聞や雑誌も表と裏を使い分けていた、と捜査当局などではみている。総合雑誌「流動」を側近グループの一人、倉林公夫氏に経営させたりしているのが表とするなら、一方ではブラックジャーナリズムといわれる暴露雑誌や新聞を使って、政財界の情報を集めさせ、この情報を買い取ったり、ときには企業の恥部を赤裸々に報道させる。[★4]

これに対し、『流動』は同年五月号の編集後記（「編集メモ」）で反論している。「本誌が何かに利用されているかの如き記述がある。見当違いもはなはだしい」[★5]。だが、言及はそれにとどまり、大々的な抗議には発展しない。それどころか、ロッキード事件についても誌面で取りあげない。『文藝春秋』（および『週刊文春』）が同事件に関連する立花隆のレポートを毎号のように掲載したのとちょうど対蹠的な対応だ。

児玉との直接的なつながりはともかく、『流動』はオーナー倉林の総会屋活動を資金面でのバックボーンとしていた。膨大に掲載される入広告も、大半は特定商品の販促を目的とした商品広告ではない。企業広告の類である。企業イメージを訴えることに特化した空虚なコピーが並ぶ（広告効果は期待されていない）。宣伝部や広告部ではなく総務部が窓口となる。賛助広告に属しよう。銀行、証券会社、鉄鋼関係、電力会社、電機メーカーなどが広告主だ。資本主義の極みといった印象を与える。しかしながら、『流動』はそうした経営基盤とは逆行する誌面傾向を特徴とした。通常、同誌は新左翼系のオピニオン総合誌に分類される。記事は体制批判的な諸要素で満たされる。反権力を標榜する書き手が目次に並ぶ。つまるところ、経営面と編集面は分離独立していたようなのだ。広告ページを除き、記事内容に経営側の介入した形跡は見られない（皆無ではない）。資本主義批判を全面展開した特集や記事が載る。だが、その物的な誌面は資本主義の暗部ともいわれる経営主体に支えられていた。絵に描いたような矛盾だ。そして、矛盾の内幕はいわば公然の秘密として業界内で認知されていた。

当時、これと同型のねじれを備えた雑誌は少なくなかった。『現代の眼』をはじめ、『構造』（後継＝『創』）、『月刊ペン』、『新評』、『世界政経』（月刊→季刊）などはいずれも、（元／現）総会屋をオーナーにもつ新左翼系の言論誌であった。一九六〇年代半ば以降に陸続と創刊している。なかでも『現代の眼』『流動』『構造』などは一定の発行部数をキープし（七〇年代前半の段階で一万部から三万部といわれた）[★6]、既成論壇に対する補完／対抗機能を果たしていた。七四年のある記事も指摘するように[★7]、「旧総合誌界の低迷している間隙をぬって、順調に伸びてい」た。同記事は「業界の〝世代交代〟」の可能性を読み取る。じっさい、一群の雑誌によって新たな批判的言論の空間が醸成されていた。

同時代に鈴木均が以下のように分析している[★8]。既存の総合誌（『世界』『中央公論』『展望』など）は社会の現状を正確に捉えることができなくなってしまった。伝統的な評価を与えられてきたがため、かえって回避せざるをえない問題領域（＝タブー）が拡大しているのだ。その傾向は総合誌の権威低下をもたらす。部数不振の要因でもある。そこに新興の総合誌群が出現した。本来的に市民権を有すはずのない経営体を抱えながらも、それゆえに「危険なテーマ」「少数派の意見」へと切り込むことが可能となる（鈴木は「ジャーナリスティックな冒険」と表現）。ここにもねじれが看取される。正統性の備給源である官学アカデミズムへの依存度の相違を指摘してもよい。既存総合誌の巻頭論文は講壇知識人で占められる。アカデミズムと接近しすぎていた。他方、新興総合誌は一定の距離を置く。むしろ大学批判の姿勢をとる。それに共鳴する読者に支えられた。左派メディアの間に棲み分けが成立していた。

一群の雑誌は「中間雑誌」[★9]、「中間総合誌」[★10]、「ミディコミ」[★11]などと位置づけられる。誌面傾向は新左翼寄り、編集部も学生運動あがりの若者が大部分を占めた。アマチュアリズムが編集の基底にある。そうした共通点から一括りに論及された。揶揄的な文脈で「マイナー系雑誌」や「総会屋雑誌」、あるいは端的に「新左翼系雑誌」などと。ここでは、中立的に「新左翼系総会屋雑誌」と呼ぶことにしよう。言論誌ではないが、③の『キネマ旬報』も同系列にあった（なお、①の『情況』は例外的に総会屋型ではない有力な新左翼系雑誌）。

いずれも収益の大部分を企業広告に依存している。だが同時に、編集権の独立は確保する。誌面では反体制的でラディカルな論調を顕示した。なぜそれが可能だったのか。『創』編集長を長く務める篠田博之の表現に倣えば、「企業が金を出すのは、オーナーの総会屋としての活動に対する対価であって、誌面とはほとんど関わりがなかった」からだ。広告媒体としての評価ではない。「雑誌への広告出稿は、金を出す理由づけのためのもので、いわば領収書代わりのようなものだった[12]」。ゆえに、スポンサーの意志に由来する内容規制が極端に少ない。総会屋も雑誌が刊行され（ある程度売れ）ていさえすればよかった——しばしば「金は出しても口は出さない」と表現される（媒体差はある[13]）。編集サイドはその条件を最大限に利用した。大手マスコミやメジャー総合誌では実現不可能な対抗的誌面を存分に追及した。新左翼系のオピニオン総合誌が一般商業誌として存在しえた所以だ。その点、狭義の総会屋活動ではなく暴露情報と簡易誌面を活用したゆすりを行ない、賛助金や広告費、購読料などの名目で資金を獲得するいわゆる「トリ屋雑誌」とは性質を異にする（それらは店頭にほとんど流通しない）。前述した児玉解説記事も『流動』の出版経営を「ブラックジャーナリズム」とは区別していた。「表」の活動と見なした。

とはいうものの、当然ながら、主義主張と経営形態をめぐるイデオロギー上の齟齬は非難の対象となった。編集者たちもたえず自問したはずだ[14]。どう反論したのか。『現代の眼』休刊に際して、『朝日新聞』は「新左翼系雑誌 糧道断たれ総崩れ」という見出しのもと新左翼系総会屋雑誌を概括している[15]。そこにいくつか典型的な弁明パターンがあげられている。例えば次のような論理。「党派の機関誌などではないのだから、商業誌である以上、本物の左翼、新左翼雑誌なんて本質的にあり得ない」。商業誌としての限界を持ち出す。あるいは、「経営者と執筆者、読者との板ばさみからくる編集者の緊張感が、内容の質を高め、面白くした」。制約を逆手にとる。

また、先に引証した『日本読書新聞』の特集記事から二週間後、当時の『流動』編集長佐藤修が同紙に反論を寄せた。経営形態への批判部分を受けていう。「『世界政経』社長でもある上野国男氏を理事長に戴く読書新聞編集部の自己批判として理解したい」[★16]。じっさい一九七五年以降、大物総会屋の上野が『日本読書新聞』の経営（と紙面）に介入するようになっていた[★17]。新左翼系総会屋雑誌と同じ状況にあったのだ（『世界政経』もまた新左翼系総会屋雑誌）。読者層も重合する。佐藤はお互いさまといわんばかりに釘を刺したうえでこう展開した。体制批判というミッションのために「利用できるものは利用するにこしたことはない」、と。

『現代の眼』編集長だった丸山実は同誌刊行中より、ことあるごとに「ジャーナリズム二元論」を説いた。「経営権と編集権はそれぞれ独立したものであり、互いに干渉せず、責任を持たない原則をつらぬき通す姿勢」[★18]を指す。『流動』末期に掲載されたある匿名コラムはそれを暗に批判した。だが、「純粋で矛盾のないメディアを求めることなど、まったく愚劣な倒錯に過ぎない」[★19]と述べ、結局その先へは進展しない。できない。ここには《言論と資本》をめぐる決定的なアポリアが横たわる。新左翼系総会屋雑誌のなかでももっとも先鋭的だった『構造』編集部は自らの矛盾を問うた結果（自己否定の痕跡は編集後記に見える）、七一年春に労働組合を結成する。オーナーと対立。たちまち、雑誌廃刊・全社員解雇にいたった（その後、外部への編集委託という形式で七一年十一月号より『創』刊行）。そう、当該問題は突き詰めると自壊へと帰着する。同系誌は何らかの妥協点を見出し継続するほかなかった。しかし、ある出来事を機に否応なく限界が露呈することになる。

冒頭の記事は②③を総合しこう分析した。「右翼総会屋が経営していた「新左翼的」ないし「的的」雑誌が、急激に底割れしてきたということを意味している」[★20]。記事が執筆された一九七〇年代後半、一連の雑誌は「衰退」していった。読者たちが雑誌に期待する要件の変容に起因していよう（後述）。さらに八二年十月、改正商法が施行された。同法改正は総会屋排除に目的があった。新左翼系総会屋雑誌はその影響を直に受ける。「衰退」は「消滅」へと進む。

条文には「株主の権利行使に関する利益供与の禁止」という項目が盛り込まれた。推定規定により、「株主の権利行使」はどこまでも恣意的に拡大解釈される可能性が残る[★21]。そのことで企業側は広告出稿を一斉に停止せざるをえなくなった。商品広告（広告代理店－宣伝部経由）ではない企業広告（総務部経由）は寄付行為の一種と見なされ、処罰の対象となるためだ。いわゆる「付合い広告」や「名刺広告」の類の出稿も控えられる（便乗的整理の面もあった[★22]）。資金源を断たれた総会屋雑誌は続々と休刊へと追い込まれる。総会屋と無関係であれ、広告依存度の高い雑誌群は同様の状況に陥った。『東洋経済』『週刊ダイヤモンド』など一般経済誌にまで余波は及ぶ。広告量が激減する（『経済春秋』『野田経済』などは廃刊）。中小規模の経済誌であればなおさらだ。存続じたいが困難となる。一九八二年秋に休廃刊した経済誌（大半はリトルマガジン）は「数百をこえ」たともいわれる（『出版レポート'83』[★23]）。賛助広告に支えられた地域のミニコミも苦境に立たされた。施行前後、当局の言論統制を読み取る議論が活発化した。

　試みに、先掲した新左翼系総会屋雑誌の創刊／廃刊のタイミングを確認しておこう。『現代の眼』＝一九六三年十二月号〜八三年五月号[★24]、『構造』＝一九七〇年一月号〜七一年六月号、同後継『創』＝一九七一年十一月号〜現在（ただし、八二年八・九月号で廃刊、編集者三人が独立し新発行所より同年十一月号として再開[★25]）、『月刊ペン』＝一九六八年十一月号〜八六年七月号、『新評』＝一九六六年八月号〜八二年十月号、『世界政経』＝一九七二年三月号〜八二年八月号。商法改正の影響は明らかだ。相次ぐ休刊は総会屋資本への依存を白日の下に晒した[★26]。施行前には、各誌の動向（続刊／廃刊）をめぐって怪情報や憶測が飛び交った。八二年八月に収録されたある匿名鼎談は某広告代理店が作成した資料を紹介している[★27]。各紙誌の現状に関してAからFまでのランクづけがしてあるという。『新評』『現代の眼』『流動』『創』などはなべてEに該当。廃刊予想が下される。雑駁な印象に基づくランキングのようだが、鼎談者たちも「縮小ないし、休刊の方向は必定」と見ている。

　とりわけ『流動』の進退については、ずいぶん情報が錯綜した跡が見られる。例えば、八月段階で「廃刊宣言をした」、「すでに広告に頼らずに部数で採算にのせられる新しいジャンルの雑誌を検討しているという話もある[★28]」、また十月段階で「いまの総合誌スタイルを放棄して、逆に、経済雑誌のようなトーンのものにして、出直す、なんて情報もある[★29]」といった具合に。「廃刊宣言」は誤報だった。しかし、この種の情報ゆえ、「流動出版がオーナー倉林公夫氏の資金を投入して続刊との方針を決めた九月には、業界内では、既に『流動』廃刊説が普遍化してしまっていた」[30]。じっさい、誤認も多発している（実際の廃刊後でさえ「秋に廃刊した」という誤記が散見）。その後、十・十一月合併号、十二月号と続行。一時は「新年号より大幅に誌面転換する」[31]といった情報も流れた。しかし、十二月号をもって社長の小山敦彦は雑誌廃刊と会社解散とを決断する。業界情勢と社内方針が時々刻々と転変したことが垣間見える。

これに誌面上の変化を対応させておこう。まず、一九八〇年十二月号に大幅減頁が敢行される。二五〇頁前後が二〇〇頁弱へ。デザインと印刷所も変更。両観音だった目次も片観音に収まる。経営悪化に起因する合理化と思われる（全社員の半数の退職も断行された）。八一年八月号の「全特集・資料集成――原発」を機に、既存資料の転写のみで構成された特集が急増する。編集部スタッフや無名ライターによる作成だろう（八一年十二月号の特集「変貌する日本・事件150」には「編集部構成」の冠）。簡素化は目次にも表われた。前述「大学卒業論文大全」はその極地である。この八二年七月号の後記には「次号から誌面を一新します」[32]とある。翌号より編集人の名義が変更され、この時点で編集部内に変動があった[33]（編集長と古参編集者が退社）。その結果、経営のみならず誌面作りそのものが困難になったと考えられる。

八月号以降は連載枠や寄稿記事が一切なくなり、全て資料集成ものとなる。おそらく関連図書からの再引用で間に合わせている。号を追って総頁数も減少（最終的に一三〇頁台）。広告も激減した。商法改正直後には代理店ルートの広告を補填するも、それも程なく消滅する。むろん書店売上のみで採算ベースに乗る媒体ではない。初の合併号を挟み、廃刊にいたる[34]。その後、元編集者による自主刊行が模索された形跡もあるが、結局実現しない[35]。程度差はあれ同系他誌も事情は変わらない。かくして、短期的ながら一時代を築いた新左翼系総会屋雑誌はあっけなく一掃された。その結果、左翼ジャーナリズムの再編が進行する。のみならず、雑誌業界全体における地政図も組み変わる。七〇年代的な雑誌空間から八〇年代的な雑誌空間へ。あとで検討する。

先を急ぎすぎた。ともあれ、『流動』に関する調査・研究は皆無である。「取るに足らない」以前に存在じたいが忘却されている。同誌の履歴を整理しよう。

3　ビジネスから学生へ——雑誌『流動』の略歴

すでに触れたとおり、『流動』は一九六九年十二月に創刊した（保守派では同年七月に『諸君』〔のち『諸君！』〕が創刊）。一三年継続し八二年十二月に休刊。毎月刊行され、臨時増刊号も数度発行された。その間、「発行所」を二度変更する。東亜経済研究所（一九六九年十二月号〜七〇年四月号）、株式会社流動（七〇年五月号〜七七年三月号）、流動出版株式会社（七七年四月号〜八二年十二月号）と遷移した——所在地としては同一ビル内での移動程度。奥付の「発行人」欄を通覧すると、創刊から流動出版発行に切替わるまでの期間は倉林公夫、それ以降は小山敦彦の名がそれぞれ充てられている。交替は七六年十一月の倉林逮捕と連動していた（出版部を分離独立させ、いわば流動の子会社として流動出版を設立。編集局長だった小山が社長に、倉林が会長に各々就任した[★36]）。

誌面はルポルタージュや調査レポート、各種評論、座談会、創作、コラム、グラビアなど種々の記事ジャンルで構成される。「総合雑誌」と呼ぶに相応しい。ただし編集の力点は時期により異なる。企画傾向の変容もそれにともなう。こう要約できる。〝経済・外交もの〟から〝文化・思想もの〟へと機軸がシフトした、と。あわせて政治的関心も変位する。すなわち、政党政治的な「政治」から学生運動的な「政治」へ。想定読者層がビジネスパーソンから学生・思想読者へと移行したらしい。埋草的な常設コラム欄の変化からもそれはもうかがえる。初期には「麻雀入門」「囲碁」「将棋」「ゴルフ情報」「家庭の税法」といった項目が中心だった。それがしだいに、「写真」「美術」「演劇」などカルチャー関連の項目に置き換わる。一三年間に雑誌の性質じたいを大きく変えた。

変化は時代精神やジャーナリズム動向を反映した結果だ。編集体制の変化とも多少関わっていよう。「編集人」名義は以下のように推移した。小山敦彦①（一九六九年十二月号〜七二年四月号）、小口章（七二年五月号〜七三年七月号）、服部秀夫（七三年八月号〜七四年十一月号）、小山②（七四年十二月号〜七五年四月号）、佐藤修（七五年五月号〜七七年六月号）、小山③（七七年七月号〜七九年八月号）、木原啓二（七九年九月号〜八〇年十一月号）、小山④（八〇年十二月号～八一年八月号）、円城寺康忠（八一年九月号～八二年七月号）、小山⑤（八二年十・十一月号、十二月号）。社長になって以降の小山の在任期間には実質上、他の編集部員が任務にあたったと思われる（例えば、小山③の時期には中野立子や木原啓二）。ここに便宜的な時期区分を施してみる。誌面の配列形式やモードの変化を手掛かりに整理する。小山①と小口の期間を「前期」。服部から佐藤の期間を「中期」。小山③から小山⑤の期間を「後期」。スタイルは次のように対応する。前期は言論誌型、中期はムック型、後期は参考書型。順に確認していこう。

「前期」（一九六九年十二月号～七三年七月号）は、社会情勢や政治、経済、外交に関する解説・分析が基調をなす。時事的課題に絡めた中小規模の特集や個別記事が一誌に林立する。幕の内弁当型の典型的な言論誌／総合雑誌スタイルだ。ごく初期には、先行する『現代の眼』などのフォーマットが参照されたと思われる。ビッグゲストによる対談や座談会、特別寄稿や独占記事が各号の目玉となり表紙を飾る。例えば創刊号には、座談会「この危機からなにが生まれるか」（中曽根康弘、石原慎太郎、藤原弘達、唐島基智三）、対談「リモコン左翼に誠なし」（林房雄、三島由紀夫）が掲載された。翌号には、対談「七〇年の日本を考える」（福田赳夫、松下幸之助）。

　創刊号の巻頭特集は「情報化社会――一九八〇年」、次号は「情報化時代と〝テクノストラクチャー〟」だ。七〇年代の入口にあって、各領域の情報環境の行方を予見する議論が続く。メディア状況を見定める作業から同誌は出発した（六九年に話題を呼んだ林雄二郎『情報化社会』[★37]のインパクトも想起されよう）。そこに各種七〇年代予測論や現代SF論の文脈が合流する。初期には小松左京が幾度か寄稿している（「サブナショナルの国〝日本〟」［六九年十二月号］、「「古き欧州」の清算をするアメリカ」［七〇年三月号］など）。山野浩一「逆流した歴史は終末に始まる」（七二年九月号）ほかニューウェーブSFへの目配りも確認できる。誌面全体を活用した立体的な社会分析と未来予想が進む。

　科学論説欄「科学シリーズ」（七〇年一月号～四月号）、「科学の話」（同年五月号～七二年一月号）の常設も前期のみの特徴だ。他方、特集「古代史の謎」（七三年一月号）、中期の谷川健一「古代史ノオト」全一六回[★38]（七四年二月号〜七五年五月号）をはじめ、七〇年代の古代史ブームにも対応した。当時、雑誌業界で隆盛したルポはどうか。初期から特定企業に関する分析や告発のレポート記事が散見される（中期に本格化）。資生堂、武田薬品工業、味の素、森永乳業を順次調査した平沢正夫のシリーズ企画「新・企業論」（七一年〜七三年）、各業種の現場を取材した本誌編集部「市民検察シリーズ」（七〇年五月号〜十一月号）などはまとまった成果である。青野豊作「誕生する総合情報企業――野村證券グループ」（七〇年三月号）や、宗田清「同――富士銀行」（同年四月号）、青木貞伸「フジ・サンケイグループを裸にする」（同年五月号）など単発記事も多い。批判的ジャーナリズムの場を提供した。特集「公明党と共産党」（七〇年一月号）、特集「社会党第三の危機を解明する」（同年二月号）など政党分析、特集「現代政治家の条件」（七一年十二月号）など政治家論も初期からの特徴だ。

巻末には連載小説が並ぶ。他誌同様、戦前から続く総合雑誌のオーソドックスなフォーマットが踏襲される。初期には読者を広く獲得した作品が続く。林房雄「西郷隆盛　城山の巻」全一二回（七〇年一月号〜十二月号）、戸川猪佐武「小説吉田学校」全十回（七一年一月号〜十月号）などがそうだ。[★39]「短篇小説シリーズ」（七四年一月号〜十二月号）の設置や、短期連載が中期前半に存在するが、以降は創作欄じたいが消失した。

「中期」（一九七三年八月号〜七七年六月号）に入ると特集大型化へと向かう。特集主義が採られ、一号一号のコンセプトが絞り込まれた。特集枠と連載枠が目次の大部分を占める。ムックと呼ぶ方が相応しいケースも多い。前期の総合性が後退する。テーマも前期の特集「吉本隆明をどう粉砕するか」（七二年三月号）や特集「連合赤軍事件」（同年五月号）を画期として、新左翼問題の再検討に踏み込む。これが『流動』のカラーを決定した。第三世界問題をはじめ海外レポートの類も充実する。特集「少数民族の世界」（七五年二月号）、特集「アフリカ大陸への照射」（同年三月号）などがそれだ。また、「重信房子「アラブ大戦略を語る」」（七四年一月号〜三月号）のように特ダネ扱いの証言紹介も散見される。

前期の特集「大正六十年――七〇年代の源流」（七二年十二月号）を嚆矢に近現代史関連の特集も増える。「戦後史」という枠組が誌面に定着していく。資料集型の特集「「戦後」を決定した重要会議」（七三年九月号）やフェミニズム潮流と接合させた特集「おんなの戦後史」（七四年八月号）などにうかがえる。同様に「昭和」

も歴史化されていく。特集「昭和五十年」（七五年一月号）は「昭和史の新証言」や「昭和を動かした重要コメント」などの項で構成され総合的な検討に資する。特集「民衆にとっての明治」（七四年一月号）など民衆史の考察もこれに連なる。

企業分析も本格化した。連続特集「企業大山脈」（七五年八月号〜十月号）は、「鉄の王国 新日鉄のすべて」（八月号）、「トヨタ自動車にみる巨大会社の条件」（九月号）、「商社の雄・三菱商事の研究」（十月号）と続く。毎回、青地晨と大野力の総論に続き、企業史研究会（構成員不明）の各種レポートと資料が収録される。企業ものにかぎらず、大型連続企画は中期の特徴だ。特集の括り方もユニークなものが増える。それらが同誌隆盛をもたらした。

「後期」（一九七七年七月号〜八二年十二月号）には、ムックスタイルを維持したままテーマが「新左翼」や「大学」「学問」「就職」「出版」などへと限定されていく。いずれも中期に萌芽がある。「就職」を例にとれば、当該年度の就職動向や企業情報を整理した特集「就職への道」（七五年七月号）、特集「学生による学生のための会社研究'76」（七六年八月号）といった中期の実験的企画が定着していく。以前の企業分析が就職対策へと変換される。読者層が学生に移行した。これは他でも指摘可能だ。例えば、特定主題の重要論文のセレクションに解説や関連年表を付した特集。中期の特集「新左翼をつくった重要論文」（七四年九月号）にはじまる。同特集に典型的だが、「新左翼」「全共闘」の来歴と基礎知識を整理したものが急増する。特集「総括—新左翼理論20年史」（七八年二月号）など多角的検証をサポートする資料集成のほか、「全共闘は甦るか」（七九年三月号）、「安保と全共闘」（八〇年四月号）、「作家にとって全共闘体験とは何か」（同年九月号）などが続く。小山も回想するように、「なつメロ・回顧《ママ》趣味」★40 として当事者世代にリーチした。全共闘一〇年を迎えノスタルジックに語られる時期にあった。ノスタルジーに訴える時点で役割は終えている。パロディの対象にすらなる（ウニタ書舗の閉店は八二年九月で、島田雅彦「優しいサヨクのための嬉遊曲」の発表は八三年六月だ）。しかし、その種の大型企画を毎号のように組み好評を博した。終焉の到来を加速させた。その一方で、後続世代の教養的需要に即応したとも考えられる。特集「新左翼20年 激闘の軌跡」（七七年八月号）であれば、「史的展開」「論文抄録」

「新左翼を代表する36人」の三部で構成されている。いわば「お勉強路線」が強化された。

ブックガイド／ガイドブック型の特集の頻用にもそれは表われる。中期以降、特集「悪書ノスヽメ」（七四年十月号）をはじめ、シリーズ特集「現代著作年鑑」の「思想篇」（七六年三月号）、「海外篇」（同年八月号）、「大衆文学傑作50選」（同年十一月号）、「日本人のための日本文化概略」（七七年四月号）が続く。「主体性論争への招待」（七六年四月号）や「「政治と文学」論争の帰結」（七六年十月号）などを含む連続企画「論争の発見」も充実している。ここでも近代史への視線が見える。事典風小項目形式も後期の特徴だ。例えば、特集「七〇年代ラジカリズムの構造」（七九年十一月号）にはキーワード集「70年代用語解説」が付く。お勉強路線に相応しい。早い例としては、前期の特集「日本の評論家」（七三年三月号）があり、各分野の評論家二五六人を五十音順事典形式で整理した。「日本の資本主義を作った一〇〇人」（七四年六月号）など人物列伝型の特集もここに含めてよいだろう。特集「〝六〇年代体験〟再考」（七六年二月号）には関連論文が並ぶほか、竹内成明「六〇年代の思想と行動を決定した重要論文」や編集部編「六〇年代に活躍した一〇〇人」が追加されている。各時代の雑誌群から重要論説を精選復刻した『復録日本大雑誌』全五巻（流動出版、一九七九年[★41]）もこの流れに位置する。

「宇野経済学」「丸山政治学」「大塚史学」「川島法学」などの項目のもと論考が並ぶ特集「学問の王国」（七五年四月号）を契機に、大学や学問が頻繁にクローズアップされる。特集「学問史の試み」（七六年七月号）に典型的だ。また、数校のゼミを紹介し「ゼミ演習題目一覧」を付した特集「全国大学ゼミナール紹介」（七六年六月号）や、全国三〇校を分析した特集「一校一学――大学別学問論」（七六年九月号）などもある。冒頭に触れた「大学卒業論文」もこの一環に位置づけるべきだ。そのほか、末期の低迷は前節のとおりである。

さて、こうした『流動』の誌面上の揺動と変遷は雑誌ジャーナリズム全域の動向に位置づけなおした場合、どのような意味をもつのか。突き合わせていこう。

4　メディア論の時代——最後尾からの自己言及

六〇年安保闘争以降、『世界』『中央公論』の影響力が低下した。一連の新左翼系雑誌の隆盛はその補完現象として位置づけられうる。『流動』創刊の数ケ月前（一九六九年七月）、書評紙『週刊読書人』が「〈造反時代の総合雑誌〉」と題した特集を組む。そのなかの記事が都内書店の証言を引いている。「決して『世界』や『中公』が売れないわけではない。ただ『現代の眼』とか『情況』の方が売れる。それに『話の特集』もいい」[★42]。記事は学園闘争の渦中で発行部数三万に達した『情況』の分析を進める。他方、同特集の松浦総三は総合雑誌史をコンパクトにまとめる。そのうえで、現状から「総合雑誌の大衆化[★43]」を析出した。真意は詳述されない。試みに、松浦のフレーズを切開してみよう。以下のような事態を指しているはずだ。

『現代の眼』は一九六七年十二月号で特集「学生運動の知的戦慄」を組んだ。それを機に新左翼系総合誌としての相貌を前面に打ち出す。ときに全共闘の機関誌的存在と評された（『朝日ジャーナル』も同様）。飛躍的に部数を伸ばす。同誌の成功が刺激となったのだろう、追随雑誌が簇生《そうせい》した。極端には賛助金の名目誌にすぎなかった（純）総会屋経済誌から、編集を充実させた新左翼系総合誌への転態。例えば、経済誌『評』は六六年八月号より『新評』に発展改題した。経済誌『証券エース』は『経済構造』へ、さらに七〇年一月号より『構造』へと転身しラディカリズムを追及する。同様の動きが連出した（元々、『現代の眼』も六〇年四月創刊の経済誌『芽』が前身）。どれもA5版の総合誌スタイルだ。一定部数を保持する。そうした時期に『流動』は参入した。ゆえに、当初より総合誌として創刊する。当然、先行誌群のスタイルが意識される。「総合雑誌の大衆化」を体現したような存在であった。前節で確認したとおり、その後は形式を転々と変えた。それも後発性に由来する。つまり、誌歴が浅いゆえに自在な方針転換が可能となった。雑誌界の動向が一誌に圧縮的に反映される。

一九七〇年前後、新興総合誌つまり新左翼系総会屋雑誌が急速に出揃う。こう捉えなおしておこう。すなわち、社会全域を見とおす特定メディアが全体性を代表しうる時代の終焉を意味している、と。高度消費社会が到来する。そうした状況にあって、拡散する個別の志向（＝嗜好）に即応した多元的なメディアが希求される。既存の総合雑誌はもはや「総合」性を担保しえない。いや、もともと統一的視点の存在などフィクションでしかなかった。現実が露見する。その結果、媒体のセグメント化が進行する。領域ごとの専門誌が陸続と誕生した。七〇年代全般を貫く傾向だ。そこで遂行されるのは分散化した小さな全体の「総合」にすぎない――作り手の意識としては新たな総合性の提示にこそ狙いがあるにもかかわらず。新興総合誌の時代はこうして誕生した。『流動』一誌の誌面編成の変化も同型的に整理できる。「総合」から「分化」へ。総合誌型（前期）からムック型（中期）へ。

一九七三年頃から日本の出版界に「ムック」ブームが観察される[★44]。テーマ主義を採るムックスタイルの別冊や臨時増刊号が定着した（『別冊太陽』『文藝春秋デラックス』など）。書籍の売上不振を補填せんとする各社の目論見が背景にある。専門誌増加と同根の現象でもあった。クラスマガジン化やムックブームと並行して、雑誌の趣味偏重傾向が見られる。七〇年代中盤、各ジャンルで情報誌やガイド、カタログ誌の類が隆盛する。七二年七月の『ぴあ』創刊が象徴例だ。同誌は「映画・演劇・音楽の総合ガイド誌」を謳った。街のカルチャー情報が局所網羅的に集約される。あらゆる情報はフラットに並列され、実用性が優先される。情報総合化のモメントは問われない。ここに若者向けのライフスタイル誌の増加が加わる（『an・an』は七〇年三月創刊、『POPEYE』は七六年六月創刊）。読者のライフスタイルの分化＝多様化を反映する。読者の求める要素は天下国家を大所高所から論じたオピニオンではない。半径五メートル圏に散らばるカルチャーや生活の情報の束だ。情報が徹底して手段化される。「論」から「情報」へ。反体制から非体制へ。言論誌衰退と情報誌隆盛が重畳する。現象をイデオロギーの終焉から説明してもよい。

一九八〇年代になると事態はさらに進行する。各種雑誌の創刊が相次ぐ。八〇年代中盤まで恒常的に「雑誌の時代」が連呼された[★45]（八〇年十一月の『雑誌ニュース』創刊に象徴されよう）。創刊点数は、一九八〇年二三五点、八一年一八八点、八二年一八一点、八三年二五七点、八四年二六七点に及ぶ[★46]。むろん、それら新雑誌が提出するのは啓蒙的な「論」ではない。一九八四年から数年の「ニューアカデミズム」ブームを演出した媒体が言論に比重をおくも、読者の手元では思想や知識人までもが次々とカタログ化されてしまうのだった。メディアもそう仕向ける。言論の情報化と商品化が加速する。

一九七〇年代から八〇年代にかけての変化を大雑把にそう整理しておこう。では、一連の新左翼系総会屋雑誌はどう応接したのか。すでに見てきたとおり部分的に呼応した。とりわけ最後発の『流動』はそうだ。後期のキーワード集など参考書モードは思想のカタログ化を体現していた（一九八四年一月のリニューアル後の『朝日ジャーナル』と接続させて記述すべきかもしれない）。随時適応のかたわら、一貫した傾向も析出できる。出版やメディア、ジャーナリズムの現状と来歴への目配りである。広義の自己言及を反復する。創刊号の「創刊のことば」を顧みるならば、メディア批評の視点は初発段階でプログラムされていたことがうかがえる（ちなみに、同文の上には児玉誉士夫の筆になる「流動」の題字が大きく掲げられている）。

いずれ情報化社会の進展によって、近く雑誌という形態も大きく変わるであろう。／その残されたある時期に、次のマスメディアの形態を求めつつ、この流動する社会に生きる多くの人々のため、雑誌「流動」は未来を探り、現在を照らしながら、若々しく力強く第一歩を踏み出す。★47

むろん、情報化社会論やニューメディア言説が氾濫するなかでの空疎な作文にすぎない。しかしながら、その後の同誌はまさに「次のマスメディアの形態」を模索する方向に進んでいく。安定しない誌面方針とユニークな「形態」の企画の数々は――好意的に捉えるならば――そうしたモチーフに支えられていた。そして、誌面を活用したメディア論や出版論の試みは、七〇年代中盤以降の〝本の本〟の隆盛とも即応しつつ、自誌編集へも少なからず還元されていたはずだ。特集「総合雑誌の研究」（七九年七月号）に典型的である。

前期の連載「マスコミ名勝負物語」（七一年八月号～七二年一月号）は、金子謙「『平凡パンチ』対『プレイボーイ』」（七一年九月号）、片岡正巳「『週刊朝日』対『サンデー毎日』」（同年十月号）など二つの同種メディアを対比的に検討した好企画だ（連載題は村松梢風「近世名勝負物語」の模倣か）。履歴や各種データ、関係者への聞き取りなど総合的分析が展開され、現在でも一読に値する。〝週刊誌の時代〟を受け、各誌の批評を並べた特集「週刊誌」(七一年一月号)などとも連動した。また、植田康夫や尾崎秀樹、紀田順一郎、塩澤実信といった出版評論家によるジャーナリズム分析が適宜あり、並行して、田村紀雄や有山輝雄、山本武利ら研究者によるメディア史・出版史の資料紹介や考察が並走する(まとまったものとしては、有山「朝日新聞『白虹事件』」全六回〔七二年十月号〜七三年三月号〕)。

例えば、前期の特集「マスコミは自由を濫用していないか」(七一年七月号)には、ジャーナリズム研究者の清水英夫や稲葉三千男と評論家の松浦総三が同列に並ぶが、そうした権力分析としてのマスコミ論は次第に後退していき、業界分析に力点がおかれるようになる。大型特集「出版社の研究」(七七年十二月臨時増刊号)、「続―出版社の研究」(七八年六月号)などは、急増するマスコミ志望の学生にリーチしたはずだ(後期の定番である「就職」と「出版」が掛け合わさる)。業界情報案内としても機能した。八二年には流動出版よりマスコミ関連職業三〇種のガイド『マスコミ職業ブック』も刊行された。『マスコミひょうろん』(『マスコミ評論』)や『噂の真相』などメディア批評誌が七〇年代後半に話題となる。『創』も八〇年代に入り出版・放送などの業界批評に特化する。それで売上げを伸ばした。『流動』の一連の出版ジャーナリズム企画はそうした空気を醸成した。七二年四月号より巻頭に常設された匿名コラム欄「編集地下室」では、政治や経済、社会とともに、文壇・論壇や出版の業界内ゴシップが随時公開された。後発誌がメディア批評やジャーナリズム論を主軸に設定するのは珍しくない。[★48] しかし、それは内塞的傾向を必ず強める。商法改正を経ずとも、失速は時間の問題だった。

5　再編される地図――次代言論の実験場

一九七〇年に『展望』のある無署名記事はこう記した。[★49] 「おしなべて総合雑誌がおもしろくないのは、数少ない書き手がいろんなところであいさつしているからだ」。事態を「総合同人誌」と評しもした。新左翼系総会屋雑誌はその固着化した「数少ない書き手」ではない書き手に発言の場を提供する。キャリアの浅い若手を広く登用した。『流動』編集長退任後の佐藤修はこう述べる。「論壇なるものは、アカデミズムだとか、専門だとかの権威主義に毒されると決まって駄目になる。そしてその閉塞状況は、〝素人〟の鋭い問題提起によってよく拓かれる」[★50]。かかる認識から「素人」を続々と誌面に吸引した。予算の関係もあったろうし、後発ゆえの依頼範囲の限界や棲分けの必要もあったろう。しかし結果的に、そこに新たな言論場が形成されていく。そう、多方面に対抗的姿勢を示す言論空間が（反アカデミズム、反代々木、反文芸誌、反論壇誌など）。その空間を前述の「グループ九〇一」が的確に表現している。「既成論壇に対抗して新進の知性を登場させてきた「オフ・論壇[★51]」と。では、「オフ・論壇」はどのような書き手によって構成されたのか。『流動』を例に見てみよう。

　前期には竹中労や平岡正明、太田竜ら一群の新左翼評論家の幅広い寄稿が目につく。中期には鎌田慧や梅原正紀、猪野健治、丸山邦男、田原総一朗らノンフィクションやルポの担い手の活躍が特筆される。〝ルポの時代〟を支えた。津村喬や上野昂志、荒俣宏、松田政男なども常連執筆陣となり、後期に近づくにつれ、高橋敏夫や高野庸一、菅孝行、絓秀実、菊田均、笠井潔、竹田青嗣、川村湊（当初は本名の川村正典）、富岡幸一郎といった文芸批評家が層をなして登場する。同誌を業界参入のステップとした論客も散見される（ルポライターに顕著）。竹田は「在日朝鮮人二世——帰属への叛乱」（七七年十月号掲載）がデビュー論文だ（肩書は「会社勤務」）。当面は『流動』を主な発表媒体とした。笠井は連載「暗殺の現象学」全四回（八一年十一月号、八二年一月号、四月号、五月号）を発表し、批評家としての初期代表作『テロルの現象学』にまとめた[★52]。論考やルポを一挙掲載する「今月の一〇〇枚」枠などが活用される。

　絓はあるインタビューに答えてこう回想している。自分たちが主催した文芸誌『杼《ひ》』が「回転しなくなると、同人皆で「流動」に一挙にわっと書いたり、特集を自分達で作ったり[★53]」した、と。『杼』創刊は八三年五月だから記憶違いだ（それ以前に関わった『現代評論』『現代批評』と混同か）。だが、『流動』はじめ新左翼系総会屋雑誌群が若手の稼ぎ場として存在したことは確かだ。「グループ九〇一」もいう。「新左翼的評論家・ジャーナリストは、かなりの程度、これ（＝寄稿）で食いつないだ」[★54]。編集をジャックしたと思われるケースも多い（編集部の弱体化はむしろそれを歓迎したはずだ）。例えば、後期の参考書型特集には文献収集と解題執筆が大量に求められる。作業に若手批評家――紅野謙介ら若手研究者も――が数多く動員された。そうした機会に乗じて、「批評研究会」グループや「マルクス葬送派」がこぞって参入する[★55]。企画立案へとつながる。特集「昭和論争全史」[★56]（七九年一月号）をはじめ論壇や文壇の歴史の再検討[★57]、あるいは文芸批評の原理的考察（八〇年三月号の特集「批評は甦るか」は好例）はまさに彼ら自身の実存的な関心の所在を示してもいた。後期にはそれまで手薄だった文芸ジャーナリズム関連の企画が急増することになる。

　第二節で引いた『朝日新聞』記事はこう問う。総会屋雑誌が壊滅する。ならば、そこに凝集していた書き手は「どこにその場を求めるのか[★58]」、と。フェードアウトの例は多いが、中央論壇や文壇へと活躍の「場」を移行した論客も少なくない。現時から振り返るならば、彼らはジャーナリズムの各方面へと遍在的に拡散したのだ。折しも、運動から距離をとった新規の理論・批評メディアが増加した。書き手の需要が高まっていた。彼らは一九八〇年代の〝批評の時代〟の一端を担う――能力の是非はここでは問わない。とするならば、こう解釈できるだろう。すなわち、新左翼系総会屋雑誌群は次代の批評家やライターを育成し、論壇・文壇へと送り込む、いわば実験場として作用した、と。政治の時代（一九五〇年代、六〇年代）と批評／情報の時代（八〇年代）とを繋ぐミッシングリンクとしての七〇年代。新左翼系総会屋雑誌を効果の射程において測定する言論史が描かれなければならない。主要論壇誌からは見えない言論の空間がたしかに存在した。マイナーな媒体とつきあわせることではじめて、当時の言論状況を立体的に把握することが可能になる。

　新商法の施行直前、宮崎達郎は関連記事をこう締め括った。「改正商法実施は、雑誌界の歴史に一項を残すほどの大きな影響を及ぼすかもしれない[★59]」。じっさい、本章が確認した新左翼系総会屋雑誌の隆盛から商法改正にいたる一連の流れは、既存の言論場のヒエラルキーを瓦解させるプロセスでもあった。執筆者や雑誌の既成の遠近や序列がことごとくキャンセルされ、そこにねじれが生じる。言論空間の地図が再編される。徐々に。しかし決定的に。にもかかわらず、それらの出来事が「雑誌界の歴史に一項を残す」ことはなかった。取るに足らないメディアによって担われたがゆえにつねに忘却されてしまう。

■註

1　グループ九〇一「左派ジャーナリズムの衰退――解体する「オフ・論壇」」『日本読書新聞』第一八九三号、一九七七年二月一四日、七面。ちなみに、同名義記事として以下が先行。同「現代右派ジャーナリズム論」『同』第一八八三号、一九七六年十一月二九日、一面。

2　松田政男「〈こわい〉メディアの只中で――「キネ旬」事件・私的中間総括」『日本読書新聞』第一八九三号、一九七七年二月一四日、斎藤正治「〈組織論〉への新たな視角――「烏合の会」と日活ポルノ裁判」同前。

3　創刊号には、児玉誉士夫「シベリヤ開発などとんでもない」が掲載されている。他にも初期には児玉名義の寄稿が目につく。例えば、「孤高の国士『北一輝』を偲ぶ」一九七〇年三月号、「『よど号』事件にみる日本の矛盾と弱点」同年六月号。

4　無署名「落ちた黒幕――児玉、利権屋の素顔」『朝日新聞』一九七六年三月一四日付朝刊、一九面（東京）。

5　修「編集メモ」『流動』一九七六年五月号、二八二頁。署名は当時の編集長佐藤修を指す。

6　鈴木均「雑誌ジャーナリズムの〝分化〟状況――「スペシャル・インタレスト・マガジン」時代の始まり」『月刊アドバタイジング』一九七三年十一月号、一六頁。

7　編集室「月刊誌…浮沈のなかの…総合誌」『マスコミ文化』第二六号、一九七四年、三九頁。

8　鈴木均「雑誌ジャーナリズムの〝分化〟状況」前掲、一六―一七頁。なお、新興の総合誌のほかに『潮』『灯台』『いんなあとりっぷ』など宗教団体発行の一般誌にも触れ、総会屋系総合誌が「現代型思想雑誌の側面」をもつとすれば、これらは「現代型人生雑誌の側面」をもつと対比的に整理する（一七頁）。

9　一般的に媒体規模を指して「中間」という。ただし、イデオロギー上の「中間」を含意した用例も散見される。松浦総三「総合雑誌盛衰史」（『月刊ペン』一九七六年一月号）は、六〇年代以降に創刊された総合雑誌を列挙し、以下のように整理する。「ニューライトの「正論」「諸君」「自由」「浪漫」」、「ニューレフトの「現代の眼」「情況」」、「あとの残りは、いわゆる「中間総合誌」」と（一四七頁）。『流動』『月刊ペン』『世界政経』などがそこに含まれる。松浦『現代ジャーナリズム事件誌』（白川書院、一九七七年）収録分により引用部の明らかな誤植を改めた。

10 『出版年鑑73年版』（出版ニュース社、一九七三年）は「総合誌的広さと専門誌的問題意識の深さと抽象化の中間的機能を果している」として「中間総合誌」と呼び、「盛況」を伝える（七八頁）。

11 鈴木均「知的組織者としての編集者――総合雑誌の編集について」『流動』一九七九年七月号、六九頁。『現代の眼』『創』『新評』『流動』への言及である。鈴木『出版界――その理想と現実』（理想出版社、一九七九年）に収録。

12 篠田博之「ドキュメント『創』第一回――総会屋系雑誌の壊滅」『創』一九九六年九月号、一四〇頁。

13 篠田博之「総会屋オーナーが撤退した新生雑誌『創』の近況」（『噂の真相』一九八二年十月号）によると、前身『構造』末期に噴出した労働争議の反省から、『創』は発行人岩崎行雄が「ことがあるごとに編集内容に介入した」（五五頁）。

14 一九七一年から七三年のあいだ、『現代の眼』編集部に在籍した作家の車谷長吉（本名＝車谷嘉彦）は、自伝的小説『贋世捨人』（新潮社、二〇〇二年）のなかで当該編集部の様子を戯画的に描いた。総会屋オーナーと運動あがりの編集部員との奇妙な関係性が垣間見える。

15 高木正幸「新左翼系雑誌 糧道断たれ総崩れ」『朝日新聞』一九八三年四月一七日付朝刊、四面（東京）。同記事の「終えんにさしかかった新左翼を象徴」という記述に対し、『インパクション』第二三号（一九八三年五月）の「編集後記」（署名「F」）が反論した。「ただ総会屋型総合誌が終焉したにすぎない」（一二八頁）。自誌が「広告費にも組織売りにも一切依存」しないことを強調する。現に新左翼系リトルマガジンは一九八〇-九〇年代をとおして細々と存続した。「雑誌研究その5――思想誌」（『朝日ジャーナル』一九八三年七月二二日号、署名「東風」）は次のようにいう（四〇頁）。商法改正のあおりをうけ「旧新左翼系の評論誌」が続々休刊した（傍点原文）。その結果、「本来なら商業誌のうちに数えられないようなマイナー雑誌群が、第一線に浮上してきた」。新左翼系論壇の内部でドラスティックな再編が進んだ。

16 佐藤修「雑誌メディアと経営スタイル――主体的編集確立のために」『日本読書新聞』第一八九五号、一九七七年二月二八日、七面。

17 佐野眞一『業界紙諸君!』（中央公論社、一九八七年）所収の「『日本読書新聞』の〝戦後総決算〟」に追加された欄外コラムがさしあたり参考になる。

18 丸山実『マスコミの内側――『現代の眼』編集長が語る』幸洋出版、一九八〇年、三〇頁。

19 無署名「深化する出版界の危機」『流動』一九八二年九月号、一二頁。掲載誌の経営構造に関する例外的な自己言及である。

20 グループ九〇一「左派ジャーナリズムの衰退」前掲記事、七面。

21 施行前には法規の適用範囲をめぐる論議（をめぐる論議）が盛んに行なわれた。石川明保「改正商法をめぐるミニコミの動向」（『マスコミ評論』一九八二年八月号）などに詳しい。

22 「商法改正 ミニコミ紙誌悲鳴――縁切り企業続出」『朝日新聞』一九八二年十月一日付夕刊、一八面（東京）。

23 出版レポート編集部「1年間で数百の雑誌が消滅!――商法改正と出版の自由」『出版レポート'83』日本出版労働組合連合会、一九八三年七月、七頁。

24 丸山実「総会屋系総合雑誌のリーダー『現代の眼』突如休刊の〝真相〟」（『噂の真相』一九八三年五月号）は編集長自身による経過報告である。

25 篠田博之「『創』発行元変更の真相――マイナー系雑誌はいま……」（『創』一九八二年十一月号）が編集長自身によるリアルタイム解説としてまとまっている。なお、同記事は連載「同時進行ドキュメント」の第一回に相当。他誌含め総会屋雑誌の行方を克明にレポートしていく。

26 「総会屋、瀬戸際に立つ」（『毎日新聞』一九八二年六月二八日付朝刊）では、『創』のオーナー藤江三郎の廃刊宣言が公然と紹介される。

27 緊急匿名鼎談「商法改正前夜――ミニコミ、経済誌全滅説の周辺を語る!」『噂の真相』一九八二年十月号、一九―二〇頁。

28 同前、一九頁、二〇頁。
29 匿名座談会「新商法下、新聞・雑誌の〝攻防〟と〝興亡〟」『マスコミ評論』一九八二年十二月号、七二頁。ルポライター「C」の発言。
30 篠田博之「メディア界をめぐるクラーイ話――同時進行ドキュメント③」『創』一九八三年一月号、一五二―一五三頁。
31 篠田博之「『創』発行元変更の真相」前掲、一八八頁。
32 無署名「編集メモ」『流動』一九八二年七月号、一九二頁。
33 各種図書館の『流動』所蔵状況を見ると、同号で定期購入を中止したと判断するほかないケースが数件ある。配本ルートの変更など調査を要す。
34 同一版元より刊行された『NO．1（月刊ナンバー）』も八三年一月号をもって休刊。未見、詳細不明。
35 総評全国一般東京地南部支部流動出版分会「「商法改正」は何をもたらしたか――出版業界再編合理化に抗する闘い」（『日本読書新聞』第二一九六号、一九八三年二月二八日）、七面。元『流動』編集者による匿名寄稿。「総会屋資本と切れたところでの雑誌「流動」の自主刊行の道を模索している」とある（ちなみに、流動出版の全収入に占める賛助金・広告料の割合は「六～九割」だったという）。しかしながら、その数ケ月後、杉村雄次「〝左翼総会屋雑誌〟の終焉」（『新地平』一九八三年七月号）の末尾の「付記」には自主刊行の「積極的意義」はもはや見出しえなくなった、とある（九六頁）。ここから、前記事の執筆者が杉村だったと判明する。中居寛・杉村雄次「対談〈アダ花〉としての左翼総会屋雑誌」（『日本読書新聞』第二二一九号、一九八三年八月八日）の対談者紹介によると杉村は一九七九年に流動出版に入社（五面）。
36 「「商法改正」は何をもたらしたか」前掲記事、七面。
37 林雄二郎『情報化社会――ハードな社会からソフトな社会へ』講談社現代新書、一九六九年。
38 谷川健一『古代史ノオト』（大和書房、一九七五年）として単行本化。ただし、七五年二月号掲載分まで。第四回は水野祐との対談「飯豊の青の皇女」。
39 林房雄『西郷隆盛 第二十二巻 城山の巻』（徳間書店、一九七〇年）、戸川猪佐武『小説吉田学校』（流動、一九七一年＊以降続刊）として単行本化。

40　木本至『雑誌で読む戦後史』新潮社、一九八五年、二二七頁。
41　まず一九七八年に、『明治大雑誌』『大正大雑誌』『昭和大雑誌―戦前篇』『同―戦中篇』『同―戦後篇』として個別刊行された。
42　D・Y・M「険しい〝歩むべき道〟――若い世代の読者をつかむ」『週刊読書人』第七八五号、一九六九年七月二一日、一面。
43　松浦総三「総合雑誌　戦後24年の歩み」『週刊読書人』同前、三面。
44　早期の言及例として、布川角左衛門「本の周辺45ムック（mook）とは」（『ちくま』一九七三年二月号）がある。一九七〇年代初頭にアメリカの出版界で magazine と book との合成語として発生したという（二六頁）。なお、雑誌のムック化はバックナンバーの売行にも影響したと考えられる。
45　加藤秀俊「雑誌の時代は表現の時代――進行するコミュニケーション革命」（『出版ニュース』一九八一年一月上・中旬号）はこれを「第四の雑誌の時代」だという（第一は明治初期、第二は一九二〇年代、第三は敗戦直後）。そして、「雑誌の種類が増えた」ことに最大の特徴を見ている（六頁）。
46　『出版年鑑』各年度版（出版ニュース社）による。
47　無署名「創刊のことば」『流動』一九六九年十二月号、二五頁。
48　大澤聡「雑誌『経済往来』の履歴――誌面構成と編集体制」（『メディア史研究』第二五号、二〇〇九年五月）を参照のこと。
49　無署名「時評　総合雑誌のゆくえ」『展望』一九七〇年十月号、一〇二、一〇三頁。
50　佐藤修「戦略的課題を論ずる者の衰退」『現代の眼』一九七九年八月号、九一頁。なお、同稿は特集「論壇の崩壊――80年代状況の混迷のなかで」に寄せたものである。
51　グループ九〇一「左派ジャーナリズムの衰退」前掲記事、七面。
52　笠井潔『テロルの現象学――観念批判論序説』作品社、一九八四年。同書「あとがき」ほか、笠井「ボーダレスは存在するか」（『海燕』一九九五年十月号）などいくつかの機会に当該連載の執筆経緯を回顧している。
53　連続インタヴュー「雑誌、同人誌の構想と現実」『重力』01号、二〇〇二年二月、八五頁。

54　グループ九〇一「左派ジャーナリズムの衰退」前掲記事、七面。
55　「雑誌マニア鼎談 いまやなつかしの休刊雑誌、この20年を語る!」（『別冊「噂の真相」日本の雑誌』噂の真相、一九九〇年十一月）では、「新左翼思い出カタログ」とともに「マルクス葬送派文化人のおしゃべりサロン」のレッテルを『流動』に与えている（六八頁）。
56　松本健一編『詳解現代論争事典』（流動出版、一九八〇年）として単行本化。版元解散後は加筆のうえ『論争の同時代史』（新泉社、一九八六年）として刊行された。
57　アンケート「80年代わが誌の編集方針はこれだ!――各誌編集長60人にきく（順不同）」（『創』一九八〇年九月号）に、当時の編集長木原啓二が回答している（六八頁）。「五〇、六〇年代の論壇状況をなつかしがるわけではないが、現在の状況は少しさみしい」。そのうえで、「論争を活性化させ」たいと主張。しかし、まさに「なつかしがる」企画が連続し「論争」に発展することはない。むしろ、「論争」を整理する企画だけが延々と続く。
58　高木正幸「新左翼系雑誌 糧道断たれ総崩れ」前掲記事、四面。
59　宮崎達郎「休刊説が取沙汰される総会屋雑誌『創』の内部事情の緊急急変」『噂の真相』一九八二年七月号、二七頁。

※大澤聡「雑誌『流動』基礎資料――特集および連載記事一覧」（『メディア史研究』第三四号、二〇一三年十一月）で『流動』全号の特集枠の表題、および連載記事の総題を一覧化した。あわせて参照されたい。

第十章

『放送朝日』——戦後京都学派とテレビ論壇

赤上裕幸

1　裏がえしの放送メディア史

「わたしは大工」「わたしは極地探検家」「わたしは芸術家」「わたしは映画製作者」「わたしはスポーツマン」「わたしはプレイボーイ」。

　これらは、梅棹忠夫が自らの半生を描いた『裏がえしの自伝』（中公文庫、二〇一一年）の目次である。言うまでもないが、人生には無数の別れ道があり、どちらを選ぶかでその後の運命も変わってくる。梅棹はかく言う。「こういうものになりたいとおもい、またその機会と可能性もじゅうぶんあったのだが、けっきょくはそうはならなかった。あるいはなれなかった人生の話なのである[★1]」。

　同じことは、メディアの歴史についてもあてはまる。どのメディアにも、ニューメディアと言われた「青年期」が存在し、さまざまな分岐点を経てやがて成熟していく。本稿では、テレビが勢いを持っていた一九六〇年代に注目し、その歴史を「裏がえし」てみることで、電波メディアさらには電波論壇が持っていた（かもしれない）可能性の再検討を行う。対象とするのは、梅棹も論を寄せた大阪・朝日放送のPR誌『放送朝日』である。

一九五一年十一月に開局した朝日放送（ＡＢＣ）では、イギリスＢＢＣ放送の広報誌『The Listener』を手本に、一九五四年四月に「ＡＢＣ友の会」の会誌『月刊 朝日放送』を創刊する。一九五五年四月に誌名を『放送朝日』に改め、同年八月には第三種郵便物の許可を受けて一般販売を開始した。一九五八年五月以降は、学生・教師・知識層をターゲットとした編集方針に切り替え、用紙や体裁も一新した。書店でも販売されていたが、その大部分は各界のオピニオン・リーダーと目される人物に無料配布された。[★2] 朝日放送がテレビ放送を開始したのは一九五九年のことである。当時の朝日放送副社長・平井常次郎は、『放送朝日』一九六二年九月号に「誌齢一〇〇号をむかえて」を寄せ、雑誌の特色を明らかにしている。

> 『放送朝日』の取材の主流はいうまでもなく放送の番組であり、媒体価値の測定であり、また技術の革新である。その意味においては専門誌的な色彩が濃い。しかしいちめん総合誌的な行き方も没却できない。専門の内外を通じて一人でも多くの読者を獲得して放送知識、といって堅苦る《ママ》しければ放送常識の涵養と、研究討議の中心となりたいという編集者の意欲はさかんである。

一九六三年一月号からは、ページ数を増加し、「カラーセクション」「ブックレビュー」などの新企画を登場させた。一九六四年五月号より体裁をさらに改め、表紙もグラフィックデザイナーの粟津潔が担当した。[★3] この号の特集は「日本文化論の方法と課題」であり、岡本太郎・小田実・原 清による座談会「世界のなかの日本・日本のなかの世界」が誌面を飾った。一九六五年四月号以降は、メディア分野の論壇時評に相当する「マスコミ・ジャーナル」も掲載されている。常連執筆者の一人であった加藤秀俊は、「ＰＲ誌のすすめ」（『朝日新聞』一九六九年三月二七日付）において、『放送朝日』を好意的に取り上げている。

> 文明論、文化論、そして都市問題、といったふうに、話題は自由に展開し、本業の「放送」とはあんま

り関係のないところで、大いに読ませる。これも、通常のPR誌とちがって、新種の総合雑誌と呼ばれるにふさわしい。

「論壇」の衰退・終焉が叫ばれるようになって久しい。しかし、そこで扱われるのは、『世界』や『中央公論』といった総合雑誌の役割に限定される。本稿では少し視点を変えて、当時は記録にほとんど残らなかった電波メディア——その特性を補強する活字メディアすなわち電波論壇の機能に光を当てる。この分野のトップランナーとして、中部日本放送（名古屋）の『CBCレポート』（一九五七年六月～六五年九月）を忘れてはならない。他に、民放局PR誌の代表的なものとして、TBS『調査情報（新・調査情報）』（一九五八年八月～現在）、大阪・読売テレビ放送『YTVレポート』（一九五九年四月～七五年九月［隔月刊］）なども重要である。水野肇「放送局発行誌を点検する」（『放送批評』一九七二年四月号）のアンケート調査によると、この頃の発行部数は『放送朝日』が一万部、『調査情報』が四千部、『YTVレポート』が五千部であったという。[★4]本稿では、一九七五年十二月まで二一年八ケ月にわたって電波論壇の一翼を担った『放送朝日』を主たる分析対象とする。

2 「未来」という論壇の可能性

戦前における京都学派の「後裔」として今西錦司、貝塚茂樹、桑原武夫など京都大学人文科学研究所（人文研）に連なるネットワークは「新京都学派」と呼ばれた。この人脈とも重なる『放送朝日』の主要執筆メンバーを、本稿では「戦後京都学派」と定義しておく。『放送朝日』には今西、桑原、多田道太郎、樋口謹一、会田雄次、藤岡喜愛なども論を寄せているが、文化人類学のパイオニアと言われる梅棹忠夫が中心的な役割を果たした。

梅棹は、朝日放送番組審議会委員を務めた縁もあって、『放送朝日』一九六一年十月号に「放送人、偉大なるアマチュア——この新しい職業集団の人間学的考察」を発表する。さらに梅棹は、『放送朝日』一九六三年一月号に「情報産業論——きたるべき外胚葉産業時代の夜明け」を発表し、同じ号には梅棹・大宅壮一・加藤秀俊・三島彰による座談会「情報産業の新局面」も掲載された。梅棹の「情報産業論」は、『中央公論』一九六三年三月号に加筆訂正のうえ転載され、情報産業時代の到来を文明史のなかで位置づける巨視的な視点が論壇に大きなインパクトを残した。

梅棹忠夫の「フロンティーア・インテリゲンチャ」論

ここでは、梅棹の議論が電波メディアの特性に着想を得て展開されたことを確認しておきたい。梅棹は、「放送人、偉大なるアマチュア」の中で、否定的に捉えられることの多い放送のメディア特性を積極的に評価した。それは放送の「一回性」という特性であった。

まったく、ラジオもテレビも、放送してしまえばおしまいだ。どんなに苦心して、うまくつくりあげた番組も、一回コッキリ、あとになんにものこらない。そのために、何日も、何週間もまえから、ひじょうな努力をはらうのである。これは、ひきあうことだろうか。

「送りっ放し」という電波の特質上、番組の「効果」を検証することは難しい。NHK総合放送文化研究所編『放送の未来像』によると、一九六〇年代当時は、「毎日総合雑誌何冊分かに匹敵する情報を放送しつづけながらも、放送局のスタジオには何か流れ去り消えゆく作品を創りつづけるあきらめに似た雰囲気」さえあったという。[★5] 当時から視聴率調査は行われていたものの、商業放送の効果は、肝心の商品が売れてはじめて意味を持つ。放送の実質的な効果は測定不可能という状態のなかで、梅棹は、放送人のアイデンティティ崩壊を防いでいるのは、文化的効果への「確信」だという結論に行き着く。「ある一定時間を、さまざまな文化的情報でみたすことによって、その時間を売ることができる、ということを発見したときに、情報産業の一種としての商業放送が成立したのである」。

さらに梅棹は、放送人の特性を明らかにしていく。「社会の木鐸」とも言われる新聞人の専門性や啓蒙主義的な規範を放送人は必要としない。一定の知識さえあれば、「誰でもできる」放送人の仕事は、しがらみを生まず、自由な発想を呼び込む。かくして梅棹は、放送人を「偉大なるアマチュア」と位置づけ、放送のメディア特性よりもニューメディアとしてのポジションに価値を見出していく。

放送業というものは、現代の日本におけるフロンティーアなのだ。これは、あたらしい開拓地である。しかも、土地は肥えて、みのり豊かな開拓地である。放送人は、その開拓地に、いまや独特の文化を樹立しつつあるパイオニーアたちである。そこでは、人手は足りないから、だれでもが何でもやらなければならない。偉大なるアマチュアこそは、フロンティーア・インテリゲンチャの特性である。[★6]

梅棹は、最前線たるフロンティアの利点として「人間関係にまだスキマがある」ことを挙げ、「人間関係の序列化」や「官僚的セクショナリズム」を何とか避けようとした。

初期の『放送朝日』を代表する梅棹の論文（「放送人、偉大なるアマチュア」および「情報産業論」）に目を通してみると、放送というフロンティアの存在を確認し、その消滅にそなえて、情報産業という新たなフロンティアを見出したことがよくわかる。梅棹は「情報産業論」のなかで、農業→工業→精神産業（情報産業）という三段階発展論を示し、それまで軍事・スパイ用語として知られていた「情報」を、新聞・出版・放送などのマス・メディアから競馬・競輪の予想屋を含むものとして「拡大解釈」した。そして「人間と人間とのあいだで伝達される一さいの記号系列を意味するもの」と定義しなおした。[★7]

電波論壇たる『放送朝日』の特徴として、第一に、「フロンティア感覚」を挙げることができる。電波という未知なる存在（メディア特性）の分析を通じて、その視点が常に時代の最先端領域に向けられ、未来について語る場が確保されていった。当然のごとく、そこでの議論は放送という一分野に限定されず、文化一般へと還元されていく。

第二の特徴はユーモアである。梅棹の「情報産業論」は、電波料が「お布施の原理」で決定することを明らかにした。僧侶に払う対価（お布施）は、僧侶が話した内容や労働時間に応じて算出されるのではなく、僧侶や檀家の格によって決定される。同じように電波料も放送局やスポンサーの格によって決定するというわけである。後藤和彦は、「電波メディアのPR誌の現状」（『図書新聞』一九六五年二月二七日号）のなかでこう述べている。

> この「PR誌」はしばしば日本文化の問題として放送をとりあげる。その場合でも、文化のとらえ方は固定化したアプローチからまったく自由である。そうした自由さ、「あそび」といってもいいだろうが、それが『放送朝日』の特色を生み出しているようにみえる。

第三の特徴として、SF的発想も忘れてはならない。例えば、一九六二年八月号では星新一・糸川英夫・手塚治虫・寺山修司・円谷英二らが特集「電波にかける夢」に寄稿している。そして一九六三年九月号には、小松左京が「〈エリヤ《ママ》をゆく〉瀬戸内海（一）高天原計画」を発表した。

小松左京のSFルポルタージュ

「エリアを行く」は一九六一年十一月号からスタートし、朝日放送がカバーする地域のカラー写真を掲載してきた。SFを専門とする小松がこの連載を引き継いだ理由については、大阪万博でプロデューサーを務めた浅井栄一が明らかにしている。大阪枚方市の香里団地に住んでいた浅井は、情報誌『団地ジャーナル』に掲載された小松の短篇小説を愛読していた。★8 浅井は、日本文化を紹介する朝日放送出版課発行の小冊子『Here is Japan』（一九六三年）の編集を担当した縁もあって、『放送朝日』編集長・仁木哲から雑誌のモデルチェンジについて相談を受けていた。この時、まっさきに浮かんだのが小松の名前であったという。当時、浅井は大阪電通のビルにＡＡＰ（advanced application program）という社名の部屋を構えており、そこに連絡を受けた小松がやってきた。以下は浅井の回想である。

電通に案内されてきた小松さんは怪訝な顔をして私の名刺を見つめ「ＡＰ通信の社長があなたのように若い訳はありませんよね。それにＡＰ通信が電通のなかにあるなんてね[9]」本気か冗談なのか、あるいは怒っているのか。「いや、実は家を出るとき女房に、ついにＡＰ通信から原稿の依頼がきたぞ、これで安心して喰っていけるぞと、言うたんです」そう言って、小松さんは笑い、私もつられて笑った。

一九六〇年代はＳＦがジャンルとして確立しはじめた時期にあたり、ＳＦ作家はさまざまな仕事を掛け持ちすることで糊口をしのいでいた。小松は一九六三年に処女短編集『地には平和を』（早川書房）を発表するが、長編『日本アパッチ族』（光文社）を刊行したのは、「エリアを行く」よりも後の一九六四年三月のことであった。ちょうど朝日放送が西日本へのサービスエリア拡大を企図するなかで、編集部は、小松に「情報産業」のルーツを探るような作品を期待した[10]。編集部と議論を繰り返した小松は、シャロウエルという「未来から来た青年」を宮崎県の高天原から瀬戸内海へと旅させるアイデアを思いつく。それは、「ＳＦルポルタージュ」とも呼ぶべき新機軸の完成であった。福田紀一・藤田邦昭・粟津潔・浅井栄一が参加した座談会で、小松は「未来人」を登場させた理由をこう語っている。「超未来の時点で現在をふり返ってみた場合に、いまわれわれの日常の中でいろいろ評価されているポイントは、非常に違ったものになってくるだろう」（座談会「ＳＦルポ・「エリアをゆく」『瀬戸内海』を終えて」一九六四年三月号[11]）。

『放送朝日』編集長・仁木哲は、小松が旧制三高時代に下宿した「生活研究所」の長を務めていた[12]。仁木と編集部の貢献は大きかったようで、のちに小松は「物書きとしての私の半分以上は、実に、この雑誌によって形成された、といっても過言ではない」と回想している。小松はこうも指摘する。

何より僕にとって大きかったのは、人的繋がりの部分だ。実は、京大人文研人脈、「万博を考える会」や「未来学研究会」のコアメンバーとの出会いは、いずれもこの「エリアを行く」がきっかけになっている。正確に言えば、『放送朝日』という場が、僕にとっては知的サロンであり、そうした人々との出会いを与えてくれたのだ。[★13]

近年、人的ネットワークや議論が形成される「場」としての論壇に注目が集まる。さきに『団地ジャーナル』での連載がきっかけとなって小松が『放送朝日』の執筆陣に加わったことに触れた。例えば、原武史『団地の空間政治学』（NHKブックス、二〇一二年）など一連の団地研究も、「場（共同体）」の持つ重要性を再認識させてくれる。だが、本稿で扱う『放送朝日』の「戦後京都学派」は、京都や大阪を足場にしつつも、さらなる特徴として、未来という「時間軸」をテーマに論争を行った人々である点に注目したい。

3　活字・電波・タレント知識人？

『放送朝日』は、京都大学アフリカ学術調査隊（一九六三年六月〜六四年三月）に参加した梅棹の帰国を待って、特集「「情報産業論」の展開のために」を組む（表1）。第一回目は、梅棹・小松・山本明による鼎談「実業と虚業のあいだ――脱工業時代の展望」（一九六四年十一月号）であった。後に小松が「「情報社会」問題の、すくなくともその文化論的な側面に関しては、ほとんどあますことなく触れられている」と自賛したように、「未来の情報産業の価値論」についてレベルの高い議論が交わされた。[★14] かつてはフロンティア（「あたらしい開拓地」）と位置づけられた電波産業も開拓が進むことで、土地が成熟化し、そこでの人間関係も硬直化していく。これを座談会では「熟地化」と呼んで警戒感を示した。さらには、放送というフロンティアの「熟地化」を遅らせるために梅棹の「情報産業論」が提唱されたこと、今や情報産業までもが「熟地化」の危機を迎えている

表1　特集「「情報産業論」の展開のために」(1964年11月号〜1966年7月号)

1	1964・11	梅棹忠夫・小松左京・山本明「実業と虚業のあいだ——脱工業時代の展望」
2	1964・12	山本明「情報産業としての広告代理店」
3	1965・1	梅棹忠夫・鎌倉昇「経済と文化の対応」
4	1965・3	唐津一「情報価格決定論——不可測を可測へ」
5	1965・4	林雄二郎・梅棹忠夫・粟津潔・黒川紀章「創造的価値のゆくえ——こまった人類のはなし」
6	1965・5	中原勲平「販売の哲学——情報産業への不安」
7	1965・6	会田雄次・梅棹忠夫「商業文明論——日本の商業はなぜこんなにアカンのか」
8	1965・7	大熊信行「欲望と経済」
9	1965・8	川喜田二郎・松平誠・有田恭助・加藤秀俊「「情報」の収集と管理」
10	1965・9	佐竹和子「情報人間の誕生」
11	1965・10	大宅壮一・小谷正一・堤清二・梅棹忠夫「企業家と思想家とのあいだ——産業社会における知識人の役割」
12	1965・11	梅棹忠夫・加藤秀俊・瀬木庸介・山本明「人間企業としての情報産業」
13	1965・11	鎌田道「放送人の悲劇」
14	1965・12	山本明「情報社会の「受け手」たち」
15	1966・1	梅棹忠夫・志方浩次「情報産業と教育」
16	1966・3	村上兵衛「教育メディアとしてのテレビ」
17	1966・4	南 博・鶴見俊輔・永六輔「マスコミストの条件」
18	1966・5	山本明「マスコミと組織——その密月は不可能か」
19	1966・6	坂本晋「情報社会の組織と人間」
20	1966・7	梅棹忠夫・加藤秀俊「情報産業社会と女性」

ことが確認されている。それを回避するために特集「「情報産業論」の展開のために」が組まれたというわけである。「先走り《フロンティア》」感覚の重要性は、次のように語られている。

梅棹　いまわれわれのいっていることはお《ママ》先走りであって、われわれが言うている脱工業現象なんていうのは先走りのおっちょこちょいもいいところですね(笑)。

小松　しかし社会の反動は必ず来るでしょう。ジャーナリズム、マスコミ全体は先走りをやって社会を引っぱっていくところがあるんですよ。

梅棹　次第に条件が整うてきているでしょう。その点ではジャーナリズムは未来につながる。いまの産業が脱工業までいく時代がくる。

連載の一〇〇回目にあたる佐竹和子「情報人間の誕生」(一九六五年九月号)は、脱工業化を示した「情報産業論」のパロディとして発表された小説であり、主人公のモンド・早乙女が、「水」(ミネラルウォーター)に付加価値を付けることで財を築いていく。主人公いわく。「ネウチがあると信じた瞬間から、そのモノはネウチをもってしまうのだ」。実は、佐竹和子は架空の人物であり、原稿は加藤秀俊と小松左京の共同執筆によるものであった。それは、一つの雑誌に同じ著者が複数の原稿を載せないという編集のルールに則ったものであったが、ここにも『放送朝日』の「遊び心」を見ることができる。★15

企業家と思想家のあいだ

特集「「情報産業論」の展開のために」で議論された主要なポイントは二点ある。まず一点目が、「情報産業社会」の到来に伴う教育機会の拡大についてである。これは、知の総量の拡大、それにともなう知的人間の増大を意味した。『放送朝日』の言葉をそのまま用いれば、「人類全体の知識人化」(一九六五年十月号、梅棹の発言)、「大衆の知的高度化現象」(一九六六年一月号「編集後記」)、「現代社会における人間の知的高度化、すなわち、群集の公衆化、公衆の知識人化、知識人の高級知識人化」(一九六六年四月号、「編集後記」)である。

教育機会拡大の手段として、不特定多数に同時にメッセージを送ることができるテレビの利用に注目が集まった。梅棹は、BGMならぬBGEすなわち「バック・グラウンド・教育」の役割を果たすものとして、教室や茶の間に置かれたテレビを「社会教育機関」にたとえている(梅棹・志方浩次「情報産業と教育」一九六六年一月号)。村上兵衛「教育メディアとしてのテレビ」(一九六六年三月号)も、「国民の知識、教養の平均化」にテレビが貢献したことを論じている。

二点目は、一点目と密接に関わるが、情報産業が広まりを見せるなかで、知識人が果たすべき役割についてである。一九六五年十月号では、梅棹、大宅壮一、電通社長室顧問・小谷正一、西武百貨店店長・堤清二が「企業家と思想家とのあいだ――産業社会における知識人の役割」と題する座談会を行っている。実業界と思想界の架橋について議論が交わされ、双方に「共同社会に対する責任感」があることが確認された。毎日新聞、

『夕刊 新大阪』、大阪新日本放送を経て電通に入社した小谷正一は、学者のなかに、実業界との接点を持つことについて「非常に俗っぽいことで、いさぎよしとしないという考え方」があることを批判している。『朝日放送』編集部も「編集後記」で、共同責任を果たそうとしない知識人の姿勢に疑問を呈している。

共同社会に積極性を見せる学識者、高級知識人たちは〝経営コンサルタント〟〝タレント教授〟という安っぽいラベルが貼りつけられ、あたかも好んでアカデミズムの殿堂から抜け出し、俗界入りをしたかの如き扱いを受ける。

こうした現状を打開すべく、「思想家と企業家の結び目に成功をもたらすもの」として小谷が目を向けたのが、プロデューサーという存在であった。なお小谷に関しては、早瀬圭一『無理難題「プロデュース」します——小谷正一伝説』(岩波書店、二〇一一年)が出版されている。井上靖の芥川賞受賞作『闘牛』のモデルとなったのが、他ならぬ小谷その人であった。毎日新聞記者時代に西宮球場で企画した「闘牛大会」は成功には至らなかったが、小谷はプロデューサーとして伝説的な存在になっていく。[★16]

『放送朝日』に登場する「戦後京都学派」は、プロデューサー的感覚を持ち合わせた人物が少なくなかった。一九六四年七月には、梅棹、小松、加藤、仁木らが中心となって「万国博を考える会」が発足している。一九六五年十月には第一回総会が開かれ、『放送朝日』と関わりの深かった岡本太郎、粟津潔、真鍋博らも参加し、万博のサブ・テーマ決定にも大きく貢献した。[★17] 小松の万博における活躍ぶりは、『文藝春秋』一九七一年二月号に小松が執筆した「ニッポン・七〇年代前夜——オリンピックから万国博へ」を読むとよくわかる。この作品を収録した『小松左京セレクション2 未来』(河出文庫、二〇一二年)の編者である東浩紀は「総合知識人」としての役割に注目している。

ジャーナリストして国内各地を歩き、メディア出演を精力的にこなし、未来学研究会やメタボリストなど、多くの学者やクリエイターと交流をもった。一九七〇年の大阪万博では、四〇歳弱にして主要スタッフに名を連ね、関西政界や財界との密接な交流は晩年まで続く。そのすがたは、いま「SF作家」という言葉で想像されるものをはるかに超えている。わたしたちの社会は、残念ながら、いまや小松のような「総合知識人」をほとんど抱えていない。★18

竹村健一のマクルーハン旋風

「総合知識人」とは少し違うかもしれないが、「戦後京都学派」の一員として忘れてはならないテレビ時代を象徴するニュータイプの知識人がいた。竹村健一である。

竹村は、一九五三年に京都大学文学部英文学科を卒業し、その後、フルブライト交換留学生としてアメリカで新聞学や放送学を学ぶ。帰国後は英文毎日編集部に所属する。『千五百円世界一周記』『おとなの英語』といった留学の経験を生かしたものから、『バレエ鑑賞の手引』『逆発想術』『つき合い方人間学』などの趣味・人生論まで幅広い分野の著作を残した。「電波怪獣」の異名を持つ竹村はテレビにも積極的に出演し、コックの帽子姿でピアノを弾きながらクッキング英語をレクチャーすることもあった。「モーレツ」「ビューティフル」といった流行語の発信者としても知られている。活動の全貌をつかむことは難しいが、その一端は渡部昇一・日下公人（監修）『「竹村健一全仕事」マルチ研究――時代を動かしてきた〝メディアの怪物〟の四十年』（太陽企画出版、一九九五年）で知ることができる。

竹村が『放送朝日』に登場したのは、「TVスター伝」（一九六二年三月号）が最初である。さっそく読者からは、「テレビの「レディの英語」に出演しておられたあの竹村さんでしょうか？」と反響が寄せられた（一九六二年八月号、LOBBY［読者欄］）。他にも海外事情を紹介する「ブラウン管のかげに」（一九六五年四月～六六年十二月）を担当している。

『放送朝日』は、「「情報産業論」の展開のために」を一九六六年七月号で終了させると、新たな目玉企画として「映像文化論」の特集を一九六六年八月からスタートさせた。その初回を飾ったのが、竹村の「テレビ時代の予言者 M・マックルーハン――人物紹介」であった。竹村は、メディア論を提唱したマクルーハンをこう紹介している。

テレビを頂点とするエレクトロニック・メディアを積極的に肯定するだけではない、彼は「十五世紀以来連綿と続いた活字文化は終わった、これからは電気時代 Electric Age だ」と「革命宣言」を行なったのである。彼は現代を別に Age of Information 情報時代とも呼んでいる。『放送朝日』がここ四、五年徹底的に究明してきた「情報産業時代」にも関連がありそうである。

竹村は、『ライフ』誌の関連記事を用いて、経歴や海外での評価に触れたうえで、活字的人間からの脱却や「クール」と「ホット」の違いなどを訴えたマクルーハンの主張を紹介した。同じ号には、NHK放送学研究室員・後藤和彦が「メディア即メッセージ――理論紹介」を掲載している。しかし、まさに「メディアはメッセージである（media is message）」というマクルーハンの言葉にもある通り、マクルーハンの理論（＝内容）よりも人柄（＝形式）に重点を置いて紹介した竹村の名が一躍世に知られることとなった。竹村が執筆した『マクルーハンの世界――現代文明の本質とその未来像』（講談社）は一九六八年のベストセラーとなる。『放送朝日』編集部は、マクルーハンからスタートした特集「映像文化論」の意義を、一九六七年四月号の「編集後記」で以下のように記している。

テレビがいくら機能的に〝大衆の知的高度化〟を可能にし得ると気づいているにせよ、そうそう一朝一夕になるものとも考えられない。おそらくは五年、十年、三十年、五十年、ひょっとすれば一世紀先のブラウン管が、見事にその任を果すのではあるまいか……われわれとてもそのトキにおける放送制度と教育制度の在りようとその変貌ぶりとを知りたいものである。

この言葉を実行に移すかのように、「映像文化論」は最終号の一九七五年十二月号まで計一一三回を数える長寿企画となった。その全てを紹介することはできないが、「テレビで教育」から「テレビを教育」への転換を訴えた梅棹・粟津潔の座談会「文明史上におけるテレビの位置づけ」（一九六七年五月号）、再び竹村にマクルーハンを論じさせた「宇宙をのむ一つの眼——ブラウン管物語」（同年六月号）および「臆病な巨人——ハップニング・メディア＝テレビ」（同年七月号）、梅棹・小松の座談会「知的人間の大量輩出は可能か？」（一九六九年五月号）などが初期の代表的な論稿と言えよう。

竹村の論考「宇宙をのむ一つの眼」には、「知的欲望に目覚める大衆、衰弱せる教育を扶けるもの……」という惹句が付いている。テレビの教育効果、テレビ時代の知識人・教育者のあり方という『放送朝日』の二大テーマは、ここでも引き継がれていった。小松も梅棹との座談会で、大学の先生をテープレコーダーや画像だけにしてしまうといった突拍子もない意見を述べているが、これは後の放送大学につながるアイデアであった。

4　日本未来学会の誕生

『放送朝日』一九六七年一月号に目を向けると、アーノルド・トインビー「世の流れ　その一」を確認できる。BBC放送の誌上再録であり、「英国はこう考える」という新企画の最初であった。野崎茂・藤竹暁・後藤和彦の三人が交代で執筆を行う「クリエイティブ・ブロードカスト論」も連載を開始した。藤竹の博士論文『現代マス・コミュニケーションの理論』（日本放送出版協会、一九六八年）の第三章は、この連載がもとになっている。さらには、福田紀一「日本アウトカースト史」が連載を開始している。歴史観光列車《タイムマシン》「やたけた号」に乗って、歴史上の風変わりな人物を巡る物語は、『日本やたけた精神史』（文研出版、一九六八年）として単行本化もされている。小松の同級生で、『日本アパッチ族』の主人公・木田福一のモデルと言われる福田は、大阪対東京をテーマとした短編小説「ケチャップ独立戦争秘話」（一九六三年十二月号）を残すなど、『放送朝日』

に独特の色を添えた。後に福田は『おやじの国史とむすこの日本史』（中公新書、一九七七年）で一九七九年度のサントリー学芸賞（社会・風俗部門）を受賞している。

一九六七年一月号に掲載された論考で最も注目すべきは、梅棹・小松・加藤・林雄二郎による座談会「どうなる・どうする――未来学誕生」であろう。梅棹は一九六五年に京都大学人文科学研究所助教授に就任し、加藤もそこで研究所員を務めていた。梅棹、小松、加藤に、経済企画庁経済研究所長・林雄二郎、建築評論家・川添登を加えた五人は、一九六六年秋に「未来学研究会」を立ち上げている。そのきっかけを作ったのが、エッソ・スタンダード石油のPR誌『エナジー』編集長・高田宏であった。高田は、「われわれはなぜ未来を考えるのか」という座談会を企画し、『エナジー』一九六七年四月号に発表した。その内容は『未来学の提唱』（日本生産性本部、一九六七年）で確かめることができる。★19

当時は、「二〇年後の平均年収は今の三倍になる」といった類の「バラ色の未来」を約束する言説も少なくなかったが、一方で総合的学問としての未来学も真剣に議論されていた。小松は、『未来学の提唱』の中でこう語っている。

〈未来学〉は、未来についての、客観的、論理的、科学的研究を行なう一つの「科学」であって、未来に対して、あるいは現実に対して「何をなすべきか」ということを探求し、あるいはさし示すことを目標とする学問ではない。ひたすら、人類社会及び地球、宇宙の未来がどうなるかということを、客観的に研究する学問である。そこに描き出された未来がバラ色であるか、灰色であるかという判断は、まさに現在からなされる主観的判断であって、未来学自体は関係がない。★20〔傍点引用者〕

『放送朝日』の座談会タイトル（「どうなる・どうする」）にもある通り、当時は、少なくとも二つの種類の「未来」が存在すると考えられていた。ひとつは、未来は「どうなる」という事実の予測にもとづいた未来学であり、これは「認識の未来学」「理論未来学」と呼ばれた。もうひとつは、未来は「どうする（どうすべきか）」

という価値観が入り込んだ未来学であり、こちらは「構想の未来学」「応用未来学」と呼ばれた[21]。梅棹や小松は、両者を明確に区別したうえで、「どうする」の領域に注目が集まりがちな未来学の現状を憂えた。『放送朝日』の座談会では、次のようなやりとりも行われている。

梅棹　過去からの伝承ではなくて、未来からの指示として考える考え方がありうるというのです。現在に対する、未来から干渉や。未来から逆算して現在を考える。そうするとこれは、オペレーション・リサーチの反対の操作である。いまのオペレーション・リサーチは、現在から未来を考えているんですが、逆に未来のある像を設定して、それから現在を逆計算する。そういうぐあいにやっていったらいい。

小松　オペレーション・リサーチ（O・R）の反対で、「R・O」か（笑）。

過去や現在の延長として未来を捉える（「現在→未来」）のではなく、未来をできうる限り客観的に把握し、未来から現在の問題点を眺める視点（「未来→現在」）は、「バックキャスティング」とも呼ばれる未来学の手法の一つである[22]。未来における破局の必然性を信じることで、逆にその破局を回避し、歴史のコースを変更させてしまおうという試み――いわば危機管理としての未来学（「未来→現在」）は、ジャン＝ピエール・デュピュイ『経済の未来――世界をその幻惑から解くために』（森元庸介訳、以文社、二〇一三年）で詳しく論じられるなど、三・一一以後の思想として近年注目を集めている。『放送朝日』は、放送メディア《ブロードキャスティング》の分析を通して、時代の最先端領域を意識せざるをえなかったために、未来からのまなざし《バックキャスティング》によって、「情報産業論」やマクルーハン理論をいち早く展開することができた。それによって、論壇に大きなインパクトを残すことができたと言えよう。

未来学が、「論壇」としての機能を果たす可能性については、一九六八年七月に創設された日本未来学会の性格からも読みとることができる。日本未来学会は前記の「未来学研究会」が中心となり、発起人には石田英一郎（人類学）、北川敏夫（数学）、丹下健三（建築学）、坂井利之（電気工学）らが名を連ね、会長には中山伊知郎（経済学）が就任した。未来学会の会員資格は、既存の学会に一つ以上所属していることであった。梅棹は、領域横断的な学会の特質を次のように説明している。

この学会は、学会としてはやや特異な性質のものとならざるをえないとおもわれる。それは、経済学とか電気工学会とかとおなじような意味での、自己完結的な学会ではありえないのである。〔中略〕従来の学会が、学問領域の縦わりのうえに成立したものとすれば、未来学会は、いわばそれら諸学会の「未来部会」を横につらねたようなもので、横わりの学会といってもよいであろう。[★23]

日本未来学会が企図したように、さまざまな知の体系を「未来」という時間軸のもとに結集することができれば、新たな「論壇」を形成することも可能なのではないか。それは紙媒体の総合雑誌にとって代わる機能さえ果たすのではなかろうか。実際、二一世紀の現在も、英『エコノミスト』編集部による『二〇五〇年の世界――英『エコノミスト』誌は予測する』（文藝春秋、二〇一二年）、『これからどうする――未来のつくり方』（岩波書店、二〇一三年）、科学技術庁監修『21世紀への階段――40年後の日本の科学技術　復刻版』（弘文堂、二〇一三年）といった未来物が注目を集め続けている。一九六〇年代の未来論ブームは七〇年代に入ると勢いを失ってしまうが、『放送朝日』は未来学という未完の可能性に着目しつづけた稀有な雑誌だったのではなかろうか。

『放送朝日』の特集「映像文化論」では、子どもに焦点を当てることで未来を論じた子ども調査研究所「未来への可能性――映像的人間の誕生」（一九六八年一月号）、羽仁進・阿部進「現代っ子・テレビっ子・未来っ子」（同年二月号）、小松・粟津「深い思いに悩む子どもたち」（同年三月号）を掲載した。さらには、「放送考現学」シリーズとして、坂本晋が「放送の未来を考えることについて」（一九六九年一月）と「放送未来論の問題点」（同年二月号）を発表している。一九六九年五月号には、三月に京都国際会議場で行われた日本未来学会・春季研究集会におけるヨハン・ガルツンク（オスロ国際平和研究所長）の来日記念講演「二十一世紀の世界――未来学におけるプルーラリズム」も収録された。一九七四年一月から十二月まで、日本民間放送連盟広報部副部長の仲佐秀雄が「Hoso Futurology」を執筆し、第一回目の「未来志向と行動選択の遊離」のなかで「二者択一的未来予測」を推奨し、「選択」の重要性を説いた。仲佐は『CBCレポート』の元・編集長であり、『調査情報』（一九六九年九月号）にも「放送未来戦略論の系譜」を発表しているが、雑誌全体として未来を常に意識していたのが『放送朝日』の特徴であった。

一九七〇年の年間企画には「未来社会考」が掲載され、文部大臣・坂田道太と郵政大臣・河本敏夫による対談「放送の未来」（一月号）が初回を飾った。その後も、原　清を聞き手として、永井道雄、奈良本辰也、今西錦司らが座談会に招かれている。これ以後の年間企画は、「地球を考える」（聞き手・小松左京、一九七一年）、「人間を考える」（聞き手・藤岡喜愛、一九七二〜七三年）、「生活を考える」（聞き手・栄久庵憲司、一九七四年）、「人類を考える」（聞き手・梅棹、一九七五年）であり、いずれも未来を見据えた企画となっている。

5　『放送朝日』よ、さようなら

『放送朝日』の連載で特に人気が高かったのは、山田宗睦「道の思想史」（一九六八年一月〜七三年十二月）と林美一「時代風俗・考証手帖」（一九六八年五月〜最終号）である。一九七五年十月一五日昼すぎ、林美一のもとに、編集部から新年号の原稿締切（二〇日）を確認する電話があった。それから三〇分もたたないうちに再び林は編集部からの電話を受ける。「すみません、いま上司から十二月号で休刊するように言われましたので……」。

突然の休刊決定であった。不況の影響を受けて一九七五年十二月号をもって休刊が決定した旨の通知が読者には郵送されてきた。編集部は、読者からの「休刊を惜しむ声」を募り、最終号のＬＯＢＢＹ（読者欄）を拡大する形ですべての投書を掲載する。二〇〇頁にわたる読者欄は、当時の文部大臣・永井道雄から始まり、黒枠で飾られた梅棹忠夫の「『放送朝日』は死んだ」で終わる。永井に続いてコメントを寄せた小松左京は、「関西唯一の「高級総合誌」」が果たした役割に言及した。

その論調は、「電波事業」という、まったく戦後的な、若々しい知的産業の性格を反映し、戦前からの出版、新聞事業のそれとはちがった、新鮮さ、若々しさをそなえていた。そう言う「新しいタイプのメディア」のよさを買い、一種「同志的」なもりたてを行ないながら、関西の俊英たちが、この二十余年間に日本の知的社会に次々と提起された新しい問題を数えればきりがない。

コメントを寄せた読者は七六四名に達した。常連の執筆陣はもちろんのこと、放送関係者、メディア関係者、学者、文化人、企業の広報関係者がこの「総合雑誌」を愛読していたことがよくわかる。特集「映像文化論」を組み、「テレビ・ドキュメンタリー」の問題を集中的に扱っていたことから、当時はテレビ東京に属していた田原総一朗など映像制作者も多数含まれている。他にも、東京大学総長・林健太郎、京大人文科学研究所長・林屋辰三郎、化学者・井本稔、政治学者・京極純一、作曲家・服部良一といった幅広い分野の著名人の名前を確認することができる。元・朝日新聞記者で『保健同人』主筆の大渡順二は、『放送朝日』復刊のための資金を同封してきた。

戦前から戦後にかけて活躍したメディア知識人も数多くコメントを寄せている。劇作家・村山知義、満洲映画協会とも関わり戦後は東京シネマを設立した岡田桑三、戦前に映画芸術社を創業して『文化映画研究』を発行した大村英之助、当時は日本世論調査協会長を務めていた小山栄三などである。戦時中にＮＨＫの海外放送に従事し、『姿なき武器　世界電波戦』（山海堂、一九四三年）、『電波の戦場　世界放送戦』（山海堂、一九四四年）の作者でもある並河亮は次のようなコメントを残している。この当時、並河は日本大学教授を務めていた。

六十五歳を越えた老妻は枕もとにいつも『放送朝日』を置いて、眠りにはいる前の三十分ほどを、手に持ちやすい、活字の大きいこの雑誌を読んで、今月はぜひこれをお読みなさいと枕を並べているボクに教えてくれた。

写真家・井上青龍は、「映像文化氾濫のなかで、とかく映像を売る者は逆に活字文化にコンプレックスを抱き易い」傾向があることを指摘している。しかし、活字と電波の架橋となる電波論壇の可能性に期待をかけていたのは映像関係者だけではなかった。それは、「未来」からの視点を意識することで、本家の「放送＝電波事業」よりも、『放送朝日』という「活字＝電波論壇」の方が、この分野のパイオニアになり代わってしまったからであろうか。朝日新聞西部本社学芸部長・後藤竜介は、『放送朝日』＝「ジキル」、放送＝「ハイド」説をとる。

『放送朝日』はハイドに対するジキル博士なのだ。ハイドの病をいやし、栄養を補給し続けてきた、と思う。ハイドもこの小冊子を頼りにしてきたことを、仲間の私は理解できる。「不況の余波」で葬り去ってよいものなのだろうか。レクイエムの対象が、間違っていはしないだろうか。

最後は、アートビジネスセンター代表取締役社長・矢阪英が最終号に寄せたコメントを引用しておこう。

別れの言葉 Good-bye の本来の意は「あなたのもとに神が在すように」ということだと聞いたことがあります。『放送朝日』よあなたのもとに早く〝紙〟がもどりますように Good-bye★24

■註

1 梅棹忠夫『裏がえしの自伝』中公文庫、二〇一一年、五–六頁。

2 書誌情報については「五〇号を迎えた『放送朝日』」一九五八年七月号、および一九七五年十二月号(最終号)の「編集後記」と鶴秀茂のコメント(一三三頁)も参照した。当初発行部数は三〇〇〇、最終号発行部数は五四〇〇と記録されている。

3 『栗津潔のブック・デザイン』(河出書房新社、一九七七年)に収録された「テクニック・ノート」のなかで『放送朝日』も取り上げられている。活字・劇画・人相図・地図・解剖図などをモチーフにした表紙は見るものを楽しませた。表紙は、一九六〇年代の前半が木村孝、一九六四年五月からは粟津潔、一九六九年五月から最終号までは金井淳が担当した。

4 電波論壇の先行研究としては、米倉律「文学者達が論じたラジオ・テレビ——草創期の放送　その可能性はどう語られていたか」『放送研究と調査』(二〇一一年十二月号)が参考となる。

5 NHK総合放送文化研究所編『放送の未来像』一九六六年、六八頁。

6 以上、梅棹忠夫「放送人、偉大なるアマチュア——この新しい職業集団の人間学的考察」『放送朝日』一九六一年十月号(第八九号)、九、一〇、一五頁。「放送人の誕生と成長」と改題され、『情報の文明学』(中公叢書、一九八八年［中公文庫、一九九九年］)や『梅棹忠夫著作集　第一四巻』(中央公論社、一九九一年)に収録されている。

7 梅棹忠夫「情報産業論——きたるべき外胚葉産業時代の夜明け」『放送朝日』一九六三年一月号、五—一七頁。「情報産業論」は、『中央公論』に掲載されたものが『情報の文明学』および『梅棹忠夫著作集第一四巻』に収録されている。

8 『団地ジャーナル』に掲載された小松の作品は、『一生に一度の月』(集英社文庫、一九七九年)に収録されている(筒井康隆らと交代で執筆していた)。

9 浅井栄一「SFルポ「エリアをゆく」と小松左京さん」『小松左京マガジン　第47巻』イオ、二〇一二年、一八—九頁。

10 小松左京・粟津潔「SFルポ「エリアを行く」を終えて」『放送朝日』一九六六年十月号、二二頁。

11 「エリアをゆく」は、一九六五年に『地図の思想』(講談社)として単行本化され、その続編『探検の思想』も翌六六年に講談社から出版された。なお、この二冊は併せて一九七三年に『妄想ニッポン紀行——高天原—伊勢—出雲』(講談社文庫)として出版された。

12 小松左京『小松左京自伝——実存を求めて』日本経済新聞出版社、二〇〇八年、六六頁。

13 小松左京『SF魂』新潮新書、二〇〇六年、七七頁。「LOBBY」『放送朝日』一九七五年十二月号、

一二一頁。編集部で重要な役割を果たした五十嵐道子は、「いつも手ぶらで……。」と題する一文を『月報一二（梅棹忠夫著作集　第一四巻）』（中央公論社、一九九一年）に残している。
14　小松左京『巨大プロジェクト動く――私の「万博・花博顛末記」』廣済堂出版、一九九四年、一五四頁。
15　加藤秀俊「「佐竹和子」名義の誕生」『小松左京マガジン　第48巻』イオ、二〇一三年、二二一―三頁。
16　大阪労音や万博をプロデュースした浅野翼に注目した長﨑励朗『つながりの戦後文化誌――労音、そして宝塚、万博』（河出書房新社、二〇一三年）も参照のこと。
17　暮沢剛巳・江藤光紀「大阪万博のインパクト」の第一章「光と影、過去と未来――SF的想像力が切り取る万博（下）」www.seikyusha.co.jp/wp/rensai/banpaku（青弓社ホームページの連載）を参照のこと。
18　東浩紀編『小松左京セレクション2　未来』河出文庫、二〇一一年、四頁。「ニッポン・七〇年代前夜」は、小松前掲書『巨大プロジェクト動く』にも「「日本万国博覧会」プロジェクト顛末記」として収録されている。
19　加藤秀俊『わが師わが友――ある同時代史』中央公論社、一九八二年、一三三―六頁。
20　小松左京「〈未来論〉の現状」『未来学の提唱』日本生産性本部、一九六七年、一一四頁。
21　梅棹忠夫「未来学の構想」『未来学の提唱』前掲書、二八―三七頁。
22　未来学自体を扱った先行研究としては、浜田和幸『知的未来学入門』（新潮選書、一九九四年）、吉澤剛「未来学の考古学」『年次学術大会講演要旨集』（研究・技術計画学会、二〇一二年）、桃井治郎・玉田敦子編『近代と未来のはざまで――未来観の変遷と21世紀の課題』（風媒社、二〇一三年）が参考となる。
23　梅棹忠夫「あすへの夢と可能性――日本未来学会の発足によせて」『朝日新聞』一九六八年七月五日付夕刊（『梅棹忠夫著作集　第一二巻（人生と学問）』中央公論社、一九九一年）。
24　最終号（一九七五年十二月号）は七六四名のコメントが順不同に並んでいるので、引用箇所を示しておく。林は二〇八頁、小松は一二二頁、並河は一七一頁、井上は二三〇頁、後藤は二五五頁、矢阪は二七〇頁である。なお、林のエピソードに関しては三〇七頁も参照した。

第十一章

「ネット論壇」――論壇のデジタル化とインターネット

富田英典

1　ネット論壇前史

メディア環境の変化

アナログからデジタルへという時代の波は論壇雑誌にも押し寄せている。二〇〇〇年代の終わりには、論壇雑誌の休刊が続いた。そして、その一部はインターネット・サイトに移行した。そのためのメディア環境は、ブログという形式が普及することによって整っていた。それは、論壇雑誌がデジタル化していく過程であり、論壇の場をインターネットが提供するようになっていく過程でもあった。ただ、雑誌論壇がそのままネット論壇に移行したわけではなかった。インターネットは「解釈・意味形成」「世論の形成」に多くの人々が参加することを可能にし、開かれた言論界が実現するはずだった。しかし、実際には、マスコミの報道を並べただけのニュース・サイトや匿名のブログや掲示板が多く、なかなか世論の形成につながらない状況が生まれた。それを克服するために、専門家やジャーナリストによる言論空間としての論壇サイトが登場したのだった。

なお、ここでは論壇サイトを複数の記者やジャーナリストなどが言論空間を構成している総合的なインター

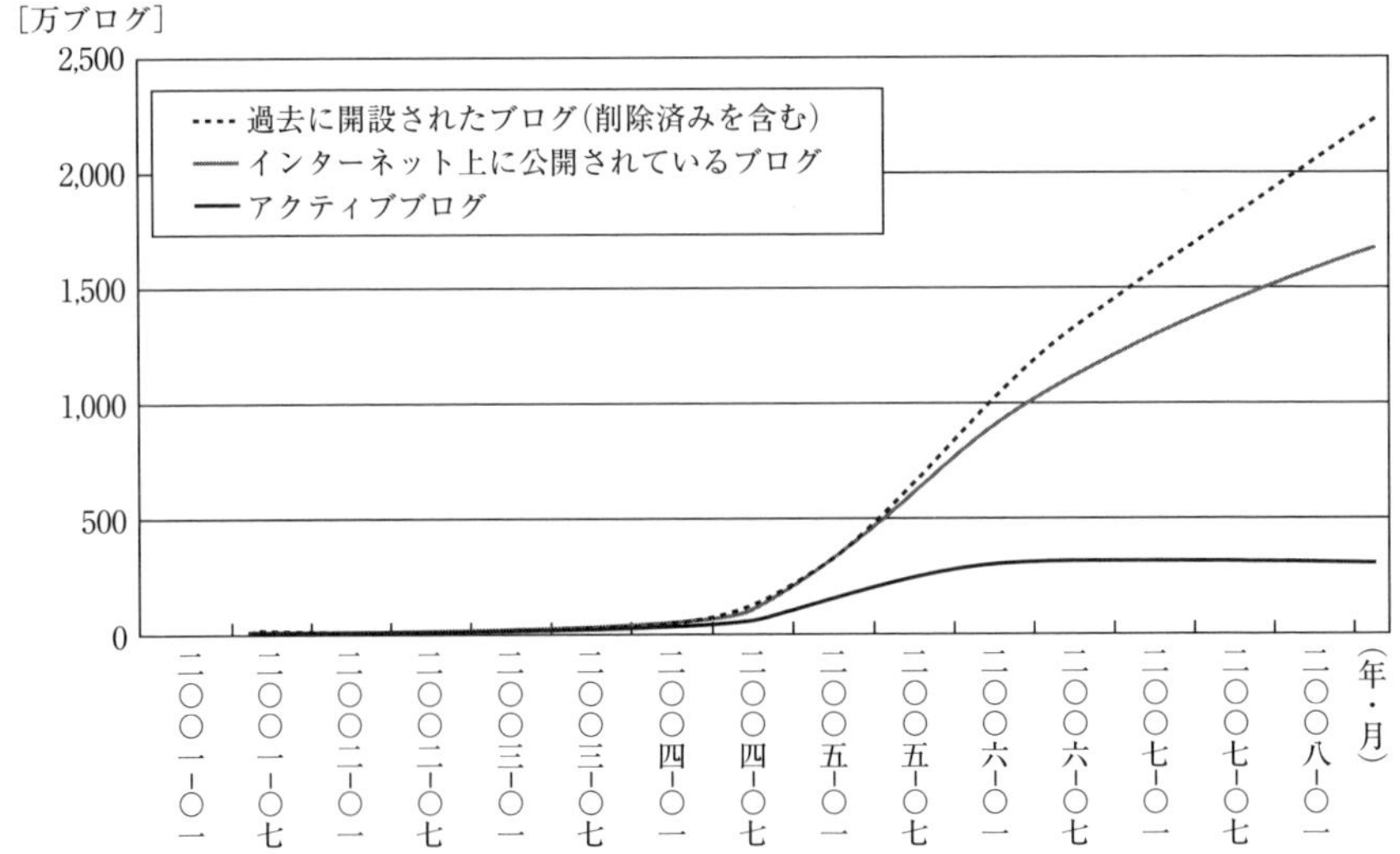

図1　国内のブログ総数の推移

(出典)『ブログの実態に関する調査研究の結果』総務省情報通信政策研究所(IICP)調査研究部(平成20年7月) 2013年8月6日取得 www.soumu.go.jp/iicp/chousakenkyu/data/research/survey/telecom/2008/2008-1-02-2.pdf

ネットサイトと定義し、専門家やアマチュアが個人で開設している場合を論壇的ブログと定義し、両者を合わせてネット論壇と呼んでおきたい。

まず、ネット論壇が登場するまでのメディア環境の変化についてみておこう。『日本雑誌協会 日本書籍出版協会50年史――1956→2007』によると、雑誌の実売総金額はバブル崩壊後も伸び続けてきた。六〇年代後半から七三年のオイルショックごろまでの実売金額は雑誌が書籍よりも多かった。その後、書籍が逆転するが、一九七九年以降再び雑誌が書籍を上回る。その頃から「雑誌の時代」と言われるようになる。しかし、一九九六年をピークに雑誌実売金額は減少し長期低落傾向にある。書籍実売金額も一九九七年をピークに減少傾向にある。マイナス成長が続く出版業界では、新刊点数と返品率が増加している。電子化の影響が大きいのも近年の特長である。一九九〇年代後半にCD－ROM出版が多様化し、百科事典やその他の辞書の電子化が始まった。その後、電子出版の市場は拡大する。例えば、電子辞書は二〇〇五年には六〇〇億円市場にまで拡大し、紙の辞書市場は一〇年間で三〇〇億円から二五〇億円まで縮小する。さらに、電子辞書市場は携帯電話への配信へと拡大し、二〇〇六年三月の時点で電子書籍市場九四億円のうちの約半分の四六億円を占めるに至る。[★1]

他方で、同時期にインターネットが普及しはじめる。インターネットが急速に普及するのは一九九五年あたりから二〇〇〇年にかけてであり、書籍雑誌実売金額が減少する時期と重なっている。[★2] インターネットの普及が落ち着き私的な利用も増える中でブログの開設数も増加した。日本国内でブログが増加し始めるのは二〇〇四年以降である。公開されているブログ数は二〇〇六年には一〇〇〇万に達し、二〇〇七年には一五〇〇万を超えている（図1）。そして、かなり早い時期からこれらのブログの中に論壇的ブログが登場する。そこで、次にネット論壇前史として注目すべきネット上のサービスについて取り上げたい。

「2ちゃんねる」掲示板・「ココログ」・「はてなブックマーク」

ネット論壇前史として注目すべきは、一九九九年の「2ちゃんねる」掲示板の開設、二〇〇三年のニフティのレンタルブログサービス「ココログ」の開設、二〇〇三年のアフィリエイトサービスの発展、二〇〇四年の多数のブログサービスの登場、二〇〇五年の「はてなブックマーク」サービスの開始である。

「2ちゃんねる」（www.2ch.net）は、一九九九年に始まった誰でも利用できる匿名掲示板である。その特長は、広範囲に及ぶカテゴリーがあり、それぞれの中に膨大な数のスレッドが並んでいる点にある。そして、各スレッドを開くと最新の書き込みから表示される。ほとんどの利用者は匿名で書き込んでおり、全部「名無しさん」という同じ名前の書きこみになる。そのために、同じ人が書き込んでいるのか、別人かの区別すらできない。記事の内容は利用者の良識に委ねられている。これまで誹謗中傷の書き込みが問題になり、削除依頼を求められることがあったが応じなかったため、負の側面も指摘されている。[★3] 現在は、警察から求められれば容疑者のアクセスログを提出している。「2ちゃんねる」の管理人である西村博之は、閉鎖に追い込まれない理由のひとつとしてアクセスログの提出を挙げている。[★4] 運営はサイト広告などで収益を得て行っている。

「ココログ」（www.cocolog-nifty.com）とは、二〇〇三年十二月にニフティが開始したブログサービスである。[★5] 会員以外でも誰でも利用することができる。二〇〇三年十一月二五日付の日経産業新聞は、「ココログ」のサービス開始について「ニフティ、簡易なサイト構築技術、『ウェブログ』提供。」という記事を掲載している。[★6]そこでは、シックス社が開発し米国内で高く評価されているウェブログサービス「タイプパッド」を国内向けに改良し活用するものであること、ウェブログは専門的な知識を持たなくてもサイトを構築したり、情報を更新したりできるものであること、個人の情報発信手段などとして米国では四〇〇万人以上が利用しているが日本ではまだ少数にとどまっていることを伝えている。

この時期に注目された出来事のひとつがアフィリエイトの普及である。アフィリエイトとは、ウェブサイトやメールマガジンに広告主のサイトへのリンクを張り、利用者がそのリンクを経由して商品を購入等した場合に、媒体主に商品の売上げ等の中から報酬が支払われる仕組みである。アフィリエイトで手軽に収入が得られることはブロガーたちには魅力的であった。実際、アフィリエイトサービス市場は二〇〇二年度の三五億九〇〇〇万円から二〇〇四年には一七七億四〇〇〇万円に拡大している。[★7]

「はてなブックマーク（b.hatena.ne.jp）」は、二〇〇一年に「入力検索サイトはてな」の運用を開始した有限会社はてなが、二〇〇五年に開始したサービスである。それは、ブックマークを保存し共有できる無料のオンラインサービスである。今までは自分のパソコンで管理していたブックマークが、インターネット上に保管されているために、職場や学校からでも利用できるというサービスである。さらに、他のユーザーが何をブックマークしているかを知ることができ、そこから今何が話題になっているのかを知ることができる。また、それぞれの記事に対する他のユーザーのコメントを読むこともできる。さらに、どのブックマークコメントに人気があるかを知ることもできる。

実は、「はてなブックマーク」のサービスが開始された二〇〇五年に、株式会社はてなは、中央公論新社とともに雑誌『婦人公論』と連動するブログ「婦人公論 The 90th anniversary blog」を開設している。プレスリリースは、「婦人公論ブログは、『婦人公論』読者の方にはブログの楽しさを知ってもらうこと、『婦人公論』を読んだことのないインターネットユーザーに対しては『婦人公論』の面白さを知ってもらうことを目的として共同開設するものです。／主な内容として、婦人公論編集部の若手編集者2名が『婦人公論』を作り上げていく中での苦労や楽しさ、更に日々の生活を綴ったコラム、『婦人公論』で募集している手記や原稿の告知、『婦人公論』の最新情報の紹介等を行います。[★8]」とその内容を紹介している。当時、インターネットコムは、「婦人公論 The 90th anniversary blog」の開設について、「『婦人公論』読者の Blog への誘導とインターネットユーザーの『婦人公論』への誘導を狙ったもの[★9]」であると分析している。そして、二〇〇五年以降、日本国内のブログ数は急増することになる。

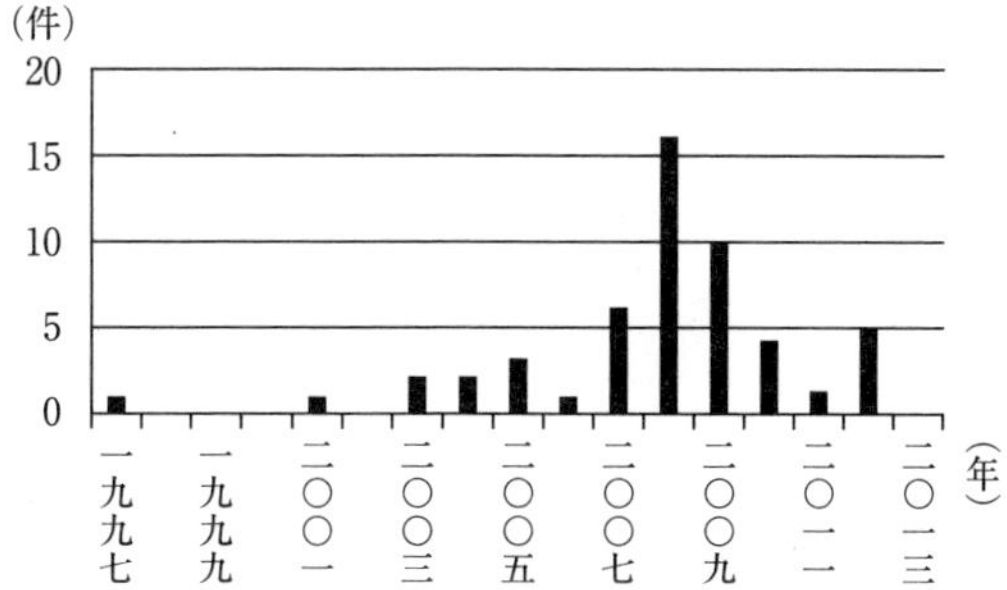

図2 「ネット論壇」に関する雑誌記事数
（注）magazineplus（NICHIGAI/WEB サービス）より作成

2 「論壇」対「ネット論壇」

「マスコミ」対「ブログ論壇」、「ネットジャーナリズム」の展開

ネット論壇に関する記事を magazineplus（NICHIGAI/WEB サービス）で検索してみると、各年次の記事数は図2のようになる。二〇〇八年に記事数が最も多くなっているのは、佐々木俊尚『ブログ論壇の誕生』[★10]が出版されたことが一因である。そこでまず本書の内容を概観したい。

本書は、「論壇雑誌」対「論壇的ブログ」ではなく、「雑誌論壇・新聞論説・テレビ報道」（マスコミ）対「ブログ論壇」（インターネット）という構図で議論している。つまり、論説を掲載している雑誌やブログについてではなく、議論の場そのものの違いに着目しているのである。記者が取材をして、それに基づいて新聞記事や論説が書かれ、テレビで報道される。それらを二次資料として雑誌論壇とブログ論壇が形成される。雑誌論壇、新聞論説、テレビ報道は、団塊の世代（一九四七

〔昭和二二〕～一九四九〔昭和二四〕年生まれ）によって支えられており、本書では彼らを戦後の共同体的同調圧力の代表であると主張する。それに対して、ブログ論壇は、格差社会問題の被害者であるロストジェネレーション世代（一九七二〔昭和四七〕～一九八二〔昭和五七〕年生まれ）によって支えられており、彼らはマスメディアに対して批判的であると主張する。さらに、本書では、新聞とテレビというマスコミのジャーナリズムは劣化しており、団塊の世代が組織や制度を優先して考えている点を批判する。それに対して、ブログ論壇では、ブロガーたちが本音で語り合い、それにロストジェネレーション世代が共感しているとする。ただ、そこにはサイバーカスケードやネットイナゴや炎上などの問題があることも確かであり、マスコミとブログ論壇が補完しあう言論世界を形成することが望ましいと本書は主張する。

遠藤薫もこの問題に関連する重要な議論を展開している[★11]。インターネットの普及とジャーナリズム、世論形成について論じながら、遠藤は次のように論じている。「一次情報の収集」「二次情報の集約・編集」「情報の流通」「解釈・意味生成」「世論（社会的合意）の形成」という一連の流れは、既存の組織的ジャーナリズムによって独占され、「社会への一方的な情報提供」により世論とは新聞の見出しのことであるようになっていた。しかし、今日では情報チャンネルが多元化し、「一次情報の収集」「二次情報の集約・編集」と「解釈・意味生成」「世論の生成」は分離しつつある。「一次情報の収集」と「二次情報の集約・編集」は、専門性と職業倫理を備えたプロのジャーナリストが担うべきだが、今では、「解釈・意味生成」「世論の形成」は、多くの人々が参加すべきであると主張する。そして、両者は相互に情報を流通させることが重要であるとする。ネットジャーナリズムの登場により、制度に守られてきた「報道の自由」の観念が揺らいでいる。そして、組織内のジャーナリストによる「取材の自由」の独占に対する異議申し立てが起こっている。インターネットでは、現場に居合わせた証人たちの情報にもとづき無数のブロガーが国境を越えて議論をしている。ミクロな個人のリアリティと社会全体を俯瞰するマクロな視座をリンクさせ、客観的かつ建設的に未来を照射する高次のプロフェッショナリティが必要とされる。遠藤はこのように論じている。

佐々木と遠藤は、テレビや新聞、雑誌などのマスメディア時代における論壇からインターネット時代の論壇へという移行を論じている。従来のマスメディアには制約があった。情報は一部の人々によって独占され、論壇も一部の人々の中で閉じられていた。それに対してインターネットは、情報も議論も広く一般の人々に開かれている、というのが両者に共通する点である。そして、両者はともに多数のブロガーによる議論とプロフェッショナルなジャーナリストや専門家による議論を結びつけることの重要性を指摘している。

実際に、論壇雑誌は休刊が続き、論壇はインターネット上に移行しつつあるように見える。前述したように、インターネット上に新しい論壇を提供する準備は、ブログという形式が普及することによって整いつつあった。それは、論壇雑誌がデジタル化していく過程であり、論壇をインターネットが提供するようになっていく過程でもあった。

では、次にこれらの過程が具体的にどのように進行したのかを見ておきたい。

「雑誌論壇」から「ブログ論壇」へ、そして「ネット論壇」へ

インターネットの普及に伴って、論壇雑誌の執筆者もブログを開設しはじめた。しかし、論壇雑誌の執筆者によるブログ開設状況（論壇的ブログの開設状況）をみると、ホームページやブログを開設している人は意外に少ない。二〇一一年十二月時点での論壇雑誌の執筆者について調べてみよう。ブログの開設者数は、『文藝春秋』二〇一一年十二月号の執筆者では三三名中一五名、『中央公論』二〇一一年十二月号の執筆者では二四名中一一名、『G2』二〇一一年九月五日発売（八号）の執筆者では一四名中七名、『WiLL』二〇一二年一月号の執筆者一九名中一一名、『世界』二〇一一年十二月号の執筆者では三七名中四名、『正論』二〇一二年一月号の執筆者では二八名中七名、合計一五五名中五五名であった。そして、それらの開設時期の多くは二〇〇六年以降であり、有料閲覧にしている場合が多い。それに対して、一般ブロガーがブログを開設している時期はどうだろうか。佐々木俊尚『ブログ論壇の誕生』巻末の著名ブロガーリストより、政治経済分野と思われるブロガーを一一人選択してブログの開設時期を調べてみると、二〇〇三年から二〇〇五年にかけてが多いことが分かる。[★12]そして、そのほとんどが閲覧は無料である。このように、論壇雑誌の執筆者と論壇的ブログの著名ブロ

ガーでは開設時期も閲覧方法も異なっていることが分かる。

では、次に論壇雑誌の休刊時期と論壇的ブログの開設時期を比較したい。『世界』(岩波書店)は一九四五年に創刊、『展望』(筑摩書房)は一九四六年に創刊し一九五一年に休刊、『中央公論』(中央公論新社)は一八八七年に創刊(創刊時は『反省会雑誌』、一八九九年に『中央公論』に改名。)、『改造』(改造社)は一九一九年に創刊し一九五五年に休刊、『情況』(情況出版)は一九六八年に創刊、『正論』(産経新聞社)は一九七三年に創刊である。『月刊 Asahi』(朝日新聞社)は一九八九年に創刊し一九九四年に休刊、その後継雑誌である『RONZA』(朝日新聞社)は一九九五年に創刊し一九九七年に『論座』と改名し二〇〇八年に休刊、『諸君！』(文藝春秋)は一九六九年に創刊し二〇〇九年に休刊、『文藝春秋』(文藝春秋)は一九二三に創刊、『現代』(講談社)は一九六六年に創刊し二〇〇八(二〇〇九年一月号に休刊。休刊は二〇〇八年)年に休刊、『G2』(講談社)は二〇〇九年に創刊、これらの論壇雑誌の多くは、出版社のホームページに最新号の情報を掲載するだけでなく、バックナンバーの一部をデジタル化して掲載している。

それに対して、論壇サイトはいつ開設されたのだろうか。ここで言う論壇サイトとは、前述したように複数の記者やジャーナリストなどが言論空間を構成している総合的なインターネットサイトである。二〇一一年九月時点で認められた主要な論壇サイトは、「THE JOURNAL」「ブロゴス(BLOGOS)」「アゴラ」「ウェブロンザ(WEBRONZA)」であった。「THE JOURNAL」は二〇〇八年に開設、「ブロゴス(BLOGOS)」と「アゴラ」は二〇〇九年に開設、「ウェブロンザ(WEBRONZA)」は二〇一〇年に開設されている。

このように論壇雑誌の休刊と改名は一九五〇年代の前半と一九九〇年代半ばから二〇〇〇年の後半に発生しており、論壇サイトの開設は二〇〇八年から二〇一〇年に集中していたことから考えて、論壇雑誌の休刊と論壇サイトの誕生が時期的に一部重なっていることが分かる。ただ、前述したように、一般ブロガーがブログを開設し始める時期は二〇〇三年から二〇〇五年にかけてであり、論壇雑誌の執筆者のブログ開設時期は二〇〇六年以降であった。そして、論壇サイトの開設時期はさらに遅れて二〇〇九年から二〇一〇年となる。このように、一般ブロガーのブログ開設から論壇サイトの開設がかなり遅れている点を考えると、インターネットの普及によって論壇雑誌が休刊を強いられたのではなく、論壇雑誌の休刊後、なんらかの事情で論壇サイトが開設されたと考えられる。

では、次にインターネット上に登場したこれらの代表的な論壇サイトについて取り上げたい。

3 論壇サイト

ここでは、四つの主要な論壇サイトを取り上げ、それぞれが生まれた経緯、特長、執筆者などについて取り上げる。

■ THE JOURNAL www.the-journal.jp

THE JOURNAL は、高野孟が主宰する論壇サイトである。設立の趣旨はサイトに次のように記されている。

その名も《THE JOURNAL》、「これがジャーナリズムだ！」という心意気で、インフォメーションの量の多さではなくインテリジェンスの質の高さを追求する、まったく新しいブログ・サイトを創設します。ネット上では、マスメディアの報道を借りて細切れにして並べただけのニュース・サイト、アマチュアが自由にニュースを論じる掲示板やSNS、市民記者や読者が参加する双方向性を活かした新聞、個々の記者や専門家による個人的発信など、様々な試みが展開されています。しかし、多数のプロフェッショナルなジャーナリストをはじめ各分野の知の達人たちが協働して1つの情報解放空間を共有し、「これでいいのか、日本！」と論じ合っていくクオリティ高いメディアは、まだどこにも存在していません。この国ではまだほとんど誰も踏み込んでいない独立不羈のブログ・ジャーナリズムの歴史が、ここから始まります。

〔以下略〕

《THE JOURNAL》宣言、主宰　高野孟[13]

THE JOURNAL が生まれるまでの経緯は、ウェブサイト「高野孟の極私的情報曼荼羅&あーかいぶ」に詳しい。それによると、THE JOURNAL の前身は、The Commons《ざ・こもんず》であり、その前身が雑誌『インサイダー』とウェブサイト「東京万華鏡[14]」であった。『インサイダー』は、政治評論家の山川暁夫が代表を務めた「MAP分析研究会」のニュースレターとして一九七五年九月より発行されている。一九七六年のロッキード事件報道により部数を伸ばしたが、その後部数を減らし山川が廃刊を宣言する。田原総一朗、長谷川慶太郎、斎藤茂男、岡田春夫などの協力で株式会社の形態で八〇年二月に再スタートした。編集長は高野孟となった[15]。

「東京万華鏡／Tokyo Kaleido Scoop」は、九四年十月にインディペンデントなインターネット上の時事週刊誌として誕生した。会社名は島メディアネットワーク株式会社であり、資金は元NHK会長の島桂次、技術は伊藤穰、記事は毎日新聞特別顧問の岩見隆夫、石川好、田原総一朗らが無償協力した。一九九五年に阪神淡路大震災と地下鉄サリン事件が発生し爆発的にアクセスが増え、スタートから一年を過ぎた頃には、月間のアクセスが一〇〇万ヒットを超えるようになったという。資金集めを担当していた島桂次が急逝すると資金不足になり、記事の更新も難しくなり、一九九七年に社名を㈱ウェブキャスターに変更している。そして、雑誌『インサイダー』とウェブサイト「東京万華鏡」が融合して、二〇〇五年十一月から、無料の独立系の活字・映像メディアとして公開する新しいサイト「The Commons《ざ・こもんず》[16]」が発足した。さらに、二〇〇八年よりタイトルを《THE JOURNAL》と改めて、内容をデイリーニュース分析とコメント、著名人ブログという形に転換し、購読形態も読者登録不要で誰でも直接アクセスできるように変更された[17]。

THE JOURNAL に執筆するブロガーは、高野孟、田原総一朗、二木啓孝、大谷昭宏、二見伸明、大野和興、有田芳生、宮崎学など四六名である。その後、THE JOURNAL は二〇一〇年八月二四日に開設したニコニコ動画サイト内の THE JOURNAL @ ニコニコ支局に移行した。

■ WEBRONZA　webronza.asahi.com

WEBRONZA は、朝日新聞社の論壇サイトである。その前身にあたる雑誌『論座』は、一九八九年に創刊し一九九四年に休刊した『月刊 Asahi』の後継誌で、一九九五年に『RONZA』の書名で創刊され、一九九七年に『論座』と改名し、二〇〇八年に休刊している。その約二年後の二〇一〇年に朝日新聞社が開設したのが「WEBRONZA」である。朝日新聞編集委員の一色清が編集長を務める。主なコンテンツは無料で閲覧できるが、その他のコンテンツに「WEBRONZA＋」という有料の WEB マガジンもある。WEBRONZA＋は、各分野の学者、専門家、ジャーナリスト、アルファブロガー、朝日新聞の論説委員や編集委員ら約一三〇人の筆者がそろい、ニュース解説や論考を掲載している。WEBRONZA＋の執筆者は雑誌『論座』の執筆者とは異なる。

WEBRONZA はニュースを五つのテーマ（政治・国際、経済・雇用、社会・メディア、科学・環境、文化・エンタメ）で分類し、各項目はさらに一〇前後の細項目に分類されている。そこには、WEBRONZA の編集部が選んだブログが掲載されている。

■アゴラ　www.agora-web.jp

アゴラは、㈱アゴラ研究所（代表取締役・池田信夫）が運営している論壇サイトである。その趣旨は次のように記されている。

日本では匿名のブログや掲示板が圧倒的に多く、ウェブがこうした「言論プラットフォーム」の役割をまったく果たしていない。当サイトは個人ブログではなく、複数の専門家による「言論の市場」を提供することによってウェブ上の言論を活性化し、専門家と一般市民をつなぐことをめざすものである。★18

このように専門家によるウェブ上の言論メディアと、さらに専門家と一般市民をつなぐメディアとしてアゴラはスタートした。開設は二〇〇九年一月であり、創立メンバーは、池田信夫（管理人）、高橋洋一、西和彦、松本徹三、渡部薫であった。アゴラの執筆メンバーは、池尾和人、池田信夫、岩瀬大輔、大西宏、小川浩、小黒一正、小幡績、北村隆司、小飼弾、小谷まなぶ、神保哲生、西和彦、原淳二郎、藤沢数希、松本徹三、矢澤豊である。その他、メンバー以外の投稿も歓迎している。[★19]

ここで取り上げる分野は、政治、経済、法律、教育、社会・一般、ＩＴ・メディア、科学・文化の七つであり、そこにトップ記事を加えた八分野で構成されている。例えば、二〇一三年八月二日のトップ画面に掲載された人気記事には、次のような見出しが並んでいる。「『半沢直樹』と『あまちゃん』を見ると民主と維新が凋落した原因が分かる」（島田裕巳）、「LINE は日本発？　韓国発？」（本山勝寛）、「インターネットの脳への影響について」（辻 元）、「麻生発言でこれ以上騒ぐな」（池田信夫）、「女性差別で経済成長は可能か？」（中嶋よしふみ）、「スターバックスは便利だが、やらないほうが良いこともある」（内藤忍）、「ワイマールの教訓」（池田信夫）。

アゴラは前述した THE JOURNAL と同じように、二〇〇四年以降に急増したブログが新しい言論空間を形成できていない現状を克服することを目指して開設されている。

■ BLOGOS　blogos.com

BLOGOS は、二〇〇九年十月に株式会社ライブドアが開設した時事分析やオピニオンブログを整理・紹介するサイトである。月間三〇〇万ページビューからスタートし二〇一二年八月には月間二八〇〇万ページビューを数えている。[★20] BLOGOS は、多数のブログの中から世相を捉えた読むべきブログを見つけるのを手助けすることをめざした。ライブドアは、当時、ブロガーの裾野を広げ、マスメディアに対抗するための土壌づくりを目指していた。[★21] 現在は、LINE 株式会社が経営する。BLOGOS へはライブドアページから入ることができる。編集部は五名であり、編集長の大谷広太はライブドア（現 LINE 株式会社）に入社後、BLOGOS の立ち上げを経て現職にある。

専属のブロガーは七〇〇名を超える。ブログのＵＲＬを編集部に送信すれば、誰でもブロガー参加申請をすることができる。年齢・職業などによる参加制限はない。編集部がエントリーの更新を確認し、編集部の判断で記事が転載される。ブロガーは通常通りブログを更新するだけでいい。現在最も注目すべきサイトである。ここでは、政治的に様々な主張が掲載されている。それがよくわかるのがこのサイトの執筆陣に多数の政治家が登録されている点である。多くの政党の政治家が登録されており、その人数は二〇一三年八月二日時点で一五四名に達している。政党の内訳は、自民党五一名、民主党五六名、公明党一六名、みんなの党一三名、維新の会八名、共産党七名、社民党一名、無所属二名であった。

このように与党から野党まで多くの政治家がブロガーとして登録されていることから分かるように、この論壇サイトではいわゆる右派から左派までの論考が掲載されている。さらに、匿名ブロガーも多数在籍している。その中には、BLOGOS AWARD 2011で大賞を受賞した匿名社会派ブログ「Chikirin の日記」の「ちきりん」氏など優れたブロガーも多数含まれる。

BLOGOS は動画も配信しており、二〇一一年にニコニコ生放送と共同でニュース番組を開始し[★22]、Youtube の中にもチャンネルを持っている。また、現在 iPhone と iPad で読めるアプリも提供している。この動きは論壇雑誌にも拡大しており、『正論』『G2』『文藝春秋』などの雑誌も iPhone と iPad にも対応するWEB版の提供を開始している。

サブカル系論壇と論壇サイト

以上のように四つの論壇サイトは異なった傾向を持っている。例えば、THE JOURNAL とアゴラは、それぞれ高野孟と池田信夫というふたりのジャーナリストの思想的傾向を反映したサイトとなっている。それに対して、WEBRONZA は、朝日新聞社の論壇サイトである。BLOGOS は、前者の三つのサイトに掲載されているブログも掲載されている総合サイトである。執筆陣については、THE JOURNAL と WEBRONZA は専属執筆陣によって構成されており、アゴラは専属執筆陣と一般投稿によって構成されており、BLOGOS は専属執筆陣と一般投稿と匿名ブロガーによって構成されている。

THE JOURNAL と WEBRONZA とアゴラは、多数のブログが登場するようになったが、その多くが匿名のブログや掲示板であり、論壇を形成していない状況を批判的にとらえ、アマチュアではなく複数の専門家がネット上で論壇を形成することを目指している。BLOGOS も同様の趣旨ではあるが、匿名ブロガーを認めている点が特徴である。そして、すべての論壇サイトに共通しているのは、一般利用者が自由にコメントを書き込めるという点である。しかも、そのコメントに対するコメントも掲載されている。

今後注目すべきもうひとつの論壇サイトが「ニコ論壇」である。それは、株式会社ドワンゴの動画サービス「niconico」(www.nicovideo.jp)内に提供されている動画言論空間である。株式会社ドワンゴと株式会社ニワンゴは、二〇一三年六月に動画サービス「niconico」の有料会員が二〇〇万人を突破し、無料会員も含めた登録会員数は三四一五万人に達したと発表した。会員数からもその影響力の大きさが分かる。「niconico」は、「ニコ論壇」という動画言論空間の提供を二〇一一年より開始した。[★23] そこでは、ニコニコ生放送で配信される言論番組のアーカイブ動画の一部を公開している。このサービスは動画であるので対談やシンポジウム形式が多い。さらに、周知のとおり動画にユーザーがコメントを書き込むことが可能であり、それによってユーザーの反応を知ることができる。これらの点から考えると、ニコ論壇は雑誌論壇よりもテレビ討論との対比が相応しい。登壇者は、政治家、若手評論家、タレント、ミュージシャンなど多様である。

近年、サブカル系論壇が注目を集めている。サブカル系論壇については、この分野をけん引してきた東浩紀が主宰するメールマガジン「波状言論」や、最近では宇野常寛による「PLANETS 第二次惑星開発委員会」などのサイトが注目を集めてきた。ただ、サブカル系の論考はインターネットのブログだけでなく、論壇雑誌も含めた各種の雑誌で多数の優れた論考が発表されてきた。二〇一〇年前後に話題となった「セカイ系文化論」から「ゼロ年代」へというテーマの論考も同様であり、ネットやデジタルデバイスで読まなければならないものではない。サブカル系に関する討論は動画サイトで公開されるが、それもこのジャンルに限ったことではない。

ただ、残念なのは、ここで取り上げた五つの論壇サイトでは、サブカル系論壇の全容が見えてこないという点である。これらの論壇サイトの特徴は、様々なジャンルを扱っている点にある。総合雑誌のように扱うジャンルが多く、自分でキーワードを入れると、それに関連した記事が読める。確かにサブカル系の論考も読むことができる。WEBRONZAには、サブカル系の論壇も含まれる。「ゼロ年代」で無料記事を検索すると東浩紀や宇野常寛の対談も出てくる。BLOGOSでは、アニメなどの用語を入力して検索すると多数の記事が表示され、ブロガー自身のブログへ飛ぶこともできる。WEBRONZAには、「文化・エンタメ」の項目の中に「漫画・アニメ」「韓流」なども含まれている。そこからキーワードを他の検索エンジンで検索すれば情報を入手できる。それがインターネットというメディアの利点である。ただ、論壇サイトではその全体像を知ることは難しい。

それは他のテーマについてもあてはまる。総合雑誌と同様に総合論壇サイトは、一定の知識を持っている人には便利ではあるが、インターネット時代を特徴づけるウィキペディアのように手軽にそのテーマの全体像を知るには適していない。

4 編集される「ネット論壇」

最後に、論壇サイトが登場するまでの時代的な流れをまとめてみよう。

一九九〇年代後半、CD－ROM出版が多様化し百科事典やその他の辞書の電子化が始まる。インターネットが急速に普及、雑誌実売金額が減少しはじめる。論壇雑誌の休刊改名が始まる。二〇〇〇年半ば、日本国内でブログが増加、政治経済分野の著名ブロガーがブログを開設し始める。二〇〇六年以降、論壇雑誌の執筆者のブログ開設が始まる。二〇〇八年から二〇一〇年、論壇サイトが開設される。

このように、論壇雑誌の休刊はCD－ROM出版の多様化、インターネットの普及、雑誌実売金額の減少と時期的に重なっていた。ただ、ブログが増加し始めるのはそれ以降である。雑誌論壇の執筆者がブログを開設しはじめ、論壇サイトが登場するのはさらに遅れる。これらの点から考えて、論壇雑誌の読者がブログや論壇サイトに移行したとは考えにくい。

遠藤らが主張していたように、インターネットは「解釈・意味生成」「世論の形成」に多くの人々が参加することを可能にした。閉じられていた言論界から開かれた言論界へという変化が実現するはずだった。しかし、実際には、マスコミの報道を並べただけのニュース・サイトや匿名のブログや掲示板が圧倒的に多く、世論の形成につながらない状況が生まれた。このような状況を克服するには、専門家やジャーナリストによる言論空間が必要であるという考えから論壇サイトが登場したと考えられる。THE JOURNAL とアゴラは、専門家によるジャーナリズムの復権を目指しているし、WEBRONZA は雑誌『論座』の後継論壇サイトである。『G2』の場合は雑誌『G2』のWEB版である。BLOGOS は編集者がすぐれたブログを探し掲載している。ニコ論壇では著名人たちによる討論会を掲載している。このように、若干時期的なずれはあるが、大きな流れとしては、論壇雑誌が相次いで休刊し、それにかわって登場した多数のブログがなかなか新しい世論の形成につながらないなか、それを克服するためにこれらの論壇サイトが登場したと考えられる。

佐々木と遠藤がともに指摘していたように多数のブロガーによる議論とプロフェッショナルなジャーナリストや専門家による議論を結びつけることが必要である。ただ、論壇サイトは、全体としては情報量が多いために、論壇雑誌のようにまとまりのある形式にはなりにくい。さらに、デジタル情報であるために、ユーザーによって都合のいいところだけ切り取られ複製される危険性がある。つまり、論者にとっては自由に発言する機会を提供してくれる優れたメディアではあるが、その論者の主張が読者に正しく伝わらない危険性がある。さらに、複数のメディアで短いコメントが発信されるようになると、ある部分だけを繋ぎ合わせて論者の主張とかけ離れた主張がユーザーによって作り上げられてしまう危険性もある。それは、山本龍彦が今日の監視社会を論じる際に提起した「解析的監視」の論壇サイト版である。[★24]本人が知らない間に、断片化された言葉が繋ぎ合わされて、一定の思想的傾向のレッテルが張られてしまうのである。山本がアマゾンなどのリコメンドシステムをその一例として挙げているように、このようなシステムはすでに稼働している。そこでは、本人も気が付いていない自分の傾向を発見するような錯覚を私たちに与えている。あらゆる情報がデジタル化される社会では、個人の様々な情報が必要に応じて組み合わされ一人の人物像が作り上げられる。それは、マックス・キルガーが論じた「バーチャルセルフ」概念にも通じる。[★25]「バーチャルセルフ」とは、多重的デジタル情報源の合成物として構成される個人のイメージである。それは、病院、学校、銀行、警察、軍隊などのデータベースに蓄積された個人のデジタル情報や電子メールやチャットなどの様々なデジタル情報の組み合わせによって構成される。どのデジタル情報を組み合わせるかによってその中身は異なる。「バーチャルセルフ」とは、気が付かない間に作り上げられた見知らぬ「もう一人の自分」なのである。ネット論壇の論者も例外ではない。

論壇雑誌の場合は、そこに編集者の企画の意図を反映させ、それを読者が読み取った。論壇サイトの場合も同様にそれぞれのサイトの編集者の企画には意図がある。しかし、読者は記事を繋ぎ合わせて、編集者とは異なるストーリーを読み取ることが容易なのである。多数の論者の意見を調べ、周到に準備され推敲され執筆されたひとつの論考それ自体が、多くの読者によってバラバラにされ再編集される。そこに形成される世論は、論壇サイトの言論空間とはかけ離れたものになってしまう危険性さえ秘めている。

産声を上げたばかりのこれらの論壇サイトが今後新しい日本の論壇を形成することができるかどうかは、利用者である私たちがこのような危険性をいかに克服できるかにかかっている。

■註

1　日本雑誌協会・日本書籍出版協会『日本雑誌協会 日本書籍出版協会50年史――1956→2007』二〇〇七年。二〇一三年八月六日取得 www.jbpa.or.jp/nenshi/。

2　『平成一二年版情報通信白書』総務省。

3　『日本経済新聞』「2ちゃんねる、グレーな書き込み放置――削除人「波風立つから」(フォローアップ)」二〇一二年五月一二日。

4　西村博之『2ちゃんねるはなぜ潰れないのか?――巨大掲示板管理人のインターネット裏入門』扶桑社、

二〇〇七年。

5　ニフティ株式会社「沿革」参照。二〇一三年八月六日取得　www.nifty.co.jp/company/history/2000.htm。

6　『日経産業新聞』「ニフティ、簡易なサイト構築技術、『ウェブログ』提供。」二〇〇三年十一月二五日。

7　『平成十八年版　情報通信白書』「第一章ユビキタスエコノミー　第七節企業の新しい広告戦略　2インターネット広告　3アフィリエイトとリコメンデーション」総務省。ただ、アフィリエイトマーケティング協会が二〇〇五年に実施した調査「アフィリエイト・プログラムに関する意識調査二〇〇五年」ではアフィリエイトを利用している人はまだ八・六%にとどまる。しかし、アフィリエイト利用者のうち五七%がブログで利用していた。（プレスリリース二〇〇五年十二月一四日「報道機関各位：アフィリエイト・プログラムに関する意識調査二〇〇五年：3人に2人が「アフィリエイト」を知っている時代に、ブログでアフィリエイト利用は5割以上他」）affiliate-marketing.jp/release/release051214.pdf。

8　はてなプレスリリース二〇〇五年四月七日「はてなと中央公論新社、「婦人公論 The 90th anniversary blog」を開設」二〇一三年八月六日取得　hatena.g.hatena.ne.jp/hatenapress/20050407。

9　インターネットコム二〇〇五年四月八日15：00「はてなと中央公論新社、雑誌『婦人公論』と連動するBlogを開設」。二〇一三年八月六日取得　japan.internet.com/busnews/20050408/4.html。

10　佐々木俊尚『ブログ論壇の誕生』文春新書、二〇〇八年。

11　遠藤薫『間メディア社会と〝世論〟形成――TV・ネット・劇場社会』東京電機大学出版局、二〇〇七年。

12　選択したブログと開設時期は次の通りである。「風観羽　情報空間を羽のように舞い本質を観る」（二〇〇七年）、「誰も通らない裏道」（二〇〇六年）、「天漢日乗」（二〇〇五年）、「漂流する身体。」（二〇〇五年）、「木走日記」（二〇〇五年）、「小林恭子の英国メディア・ウオッチ」（二〇〇四年）、「少年犯罪データベースドア」（二〇〇四年）、「大西宏のマーケティング・エッセンス」（二〇〇四年）、「崎山伸夫の Blog」（二〇〇三年）、「高木浩光@自宅の日記」（二〇〇三年）、「通りすがりのしがないサラリーマン。日常の些細なことを哲学的に考える」（二〇〇三年）。

13　《THE JOURNAL》宣言。二〇一三年八月五日取得　www.the-journal.jp/sengen.php。

14 東京万華鏡／Tokyo Kaleido Scoop。二〇一三年八月六日取得 www.smn.co.jp/about/。

15 高野孟の極私的情報曼荼羅＆あーかいぶ「who 高野孟とは誰か？《余り短くない自分史》・第1部」。二〇一三年八月六日取得 www.smn.co.jp/takano/index.html。

16 INSIDER No.329「《ざ・こもんず》のサイトを立ち上げました」二〇一三年八月六日取得 www.the-journal.jp/contents/insider/2005/11/insider_no329.html。「The Commons《ざ・こもんず》東京万華鏡からの遷移について」参照。二〇一三年八月六日取得 www.alpha-com.cc/transition.html。

17 高野孟の「極私的情報曼荼羅」投稿者:高野孟、日時:二〇〇八年九月一〇日 17:30「いよいよ THE JOURNAL です!」参照。二〇一三年八月六日取得 the-journal.jp/contents/takano/2008/09/the_journal.html。

18 アゴラおしらせ、二〇〇九年一月一日「『アゴラ』開設にあたって」池田信夫、二〇一三年八月六日取得 agora-web.jp/archives/295602.html。

19 アゴラ編集部「本サイトの趣旨とメンバー」、二〇一三年八月六日取得 agora-web.jp/archives/988483.html#more。

20 blogos「BLOGOS とは」、二〇一三年八月六日取得 blogos.com/guide/about/。

21 livedoor プレスリリース、二〇〇九年「ライブドアがブログメディア『BLOGOS（ブロゴス）』をオープン。政権交代後の日本に今こそ必要な、時事分析やオピニオンブログを整理・紹介するサイト」二〇一三年八月六日取得 docs.livedoor.com/press/2009/1005329.html。

22 Livedoor News 二〇一一年九月二日 20:00「BLOGOS とニコニコ生放送がタッグを組み新番組を開始」、二〇一三年八月六日取得 blogos.com/article/23798/。

23 niconico『ニコニコ大百科』「ニコ論壇」参照、二〇一三年八月六日取得 dic.nicovideo.jp/a/ ニコ論壇。

24 山本龍彦「『ビッグブラッザー』の未来社会」第六章「二〇二〇年の「人の記憶」にまつわる社会」、安岡寛道編、曽根原登・宍戸常寿著『ビッグデータ時代のライフログ――ICT社会の〝人の記憶〟』東洋経済新報社、二〇一二年、一九八－二〇二頁。

25 Kilger, Max, The Digital Individual, *The Information Society*, 10（2）: 93–99, 1994.

あとがき

竹内洋先生からこの共同研究プロジェクトを打診されたとき、私は論壇や総合雑誌の研究は既にたくさん存在するものだと思い込んでいた。大学キャンパスはある意味で世間離れした空間であり――また、そこが良いところなのだが――総合雑誌がこれほどまで、一般に読まれてないとは考えていなかったわけである。アカデミズムとジャーナリズムの乖離についてはよく論じられているわけだが、報道研究や文壇研究、あるいはエンタメ研究に比べても論壇研究は圧倒的に少ない。本書の第一の意義は、未開拓の研究領域へのスタートラインを示す一冊であることだろう。

論壇あるいは総合（綜合）雑誌に関する定義、研究方法、あるいは各章の概要は、「序論」で詳説されている。ここでは本書の成り立ちについて、簡単に触れて「あとがき」としたい。本書は、二〇〇九〜二〇一一年度・科学研究費補助金基盤研究（B）「戦後日本における公共圏としての論壇に関するメディア史的研究」（研究代表者・竹内洋、研究課題番号二一三三〇一二七）および、二〇一二〜二〇一三年度・同「日本型公共知識人の成立と変容」（研究代表者・竹内洋、研究課題番号二四三三〇一六八）の成果の一部である。

この共同研究の呼びかけに、ちょうど「岩波書店百年史」の執筆を準備していた私は、渡りに舟と思って乗り込んだ。つまり、本書第三章の分析対象は決まっていたわけだ。個人的な「楽屋裏」事情にふれることをお許しいただきたい。私は本書で『世界』を総合雑誌として分析し、また国際日本文化研究センターの共同研究（戸部良一編『近代日本のリーダーシップ――岐路に立つ指導者たち』千倉書房、二〇一四年）でその編集長・吉野源三郎のリーダーシップを論じた。内容の重複をさけるため、拙著『物語　岩波書店百年史2――「教育」の時代』（岩波書店、二〇一三年）の後半は、『世界』よりも『図書』を中心にした記述となっている。結果的には、新鮮味に欠ける『世界』中心史観から離れて、バランスの良い岩波書店史が書けたと考えている。この試みが成功しているとすれば、それは本書のおかげかもしれない。

また本書の原稿執筆中、私は新聞の論壇時評を担当するようになった。二〇一二年四月から『北海道新聞』『東京新聞』『中日新聞』『西日本新聞』に掲載される「論壇時評」を毎月執筆しているが（二〇一三年十二月までのものは、『災後のメディア空間――論壇と時評2012－2013』中央公論新社に収載）。論壇がいくぶん身近になったため、その危機的状況をますますリアルに感じていた。もっとも、「論壇時評という仕事」の困難さはすでに三〇年以上前から指摘されている。『現代の眼』一九七九年八月号の大特集「論壇の崩壊――80年代状況の混迷のなかで」にある山田宗睦・丸山邦男・松本健一の座談会「なぜ論壇は崩壊したか」で、丸山は論壇時評そのものが終わっていると語っていた。

> ぼくも一〇年ぐらい、「論壇時評」なんてほとんど読まないし、読む気がしない。むしろ「論壇時評」を一年間受け持って書いている人は、お気の毒に、という感じ。何とか論壇があるかの如く論じなければならない、その苦衷みたいなのがにじみ出ているんだな。

つまり、この発言の翌年に大学に入った私は、「論壇の崩壊」した後で総合雑誌を読み始めた世代となる。本書の執筆者でいえば、竹内先生以外はすべて「ポスト論壇」世代といえるかもしれない。本書の第二の意義は、こうした「荒れ野」の中で比較的に若い世代の研究者が、「それにもかかわらず《トロッツ・デーム》」論壇の必要性を問う視点にあるといえるだろうか。

この点では、共同研究代表者の竹内先生自身が論壇人であり、総合雑誌の主要執筆者であったことも大きかった。ほぼ隔月で開催された研究会後の飲み会で話題になる論壇の「舞台裏」話も、いろいろな意味で若手には刺激となった。竹内先生はこの間にも、論壇雑誌研究に関連する成果を続々と公刊された。『革新幻想の戦後史』（中央公論新社、二〇一一年）、『メディアと知識人——清水幾太郎の覇権と忘却』（中央公論新社、二〇一二年）の単著二冊、マイルズ・フレッチャー『知識人とファシズム——近衛新体制と昭和研究会』（井上義和と共訳、柏書房、二〇一一年）の翻訳、さらに村上一郎著・竹内洋解説『岩波茂雄と出版文化——近代日本の教養主義』（講談社学術文庫、二〇一三年）である。

ここでは、『メディアと知識人』を書評した拙文（『週刊現代』二〇一二年九月一日号）を再掲させていただきたい。総合雑誌と私の出会いが回想されているからである。

一九八〇年、大学生になった私は、清水幾太郎「核の選択——日本よ国家たれ」が巻頭を飾った『諸君！』を購入した。次いで福田恆存「近代日本知識人の典型——清水幾太郎を論ず」を読むため『中央公論』を手にした。こうして私は「論壇」というものに出会った。

その八年後、清水は八一歳の生涯を終えた。一九六〇年生まれの私は、この「メディア知識人」から何らかの影響を受けた最後の世代に属する。本書は、戦後一世を風靡したこの思想家の覇権と忘却のプロセスを、今日論壇で大活躍する著者が冷徹に分析した力作である。従来の思想史的アプローチとは異なり、ブルデュー社会学の理論を駆使して「知識人界の境界人」の生存戦略を解き明かしていく。

まず、下町の没落士族という出自、東京帝大副手の解任、ジャーナリストへの転進など清水の経歴から、山の手インテリ・東大教授に対する清水のアンビヴァレント（愛憎並存）な感情が丹念に跡付けられる。

清水における庶民—知識人、文筆家—研究者の両義的アイデンティティは、その著述にも反映している。実際、戦時下に清水がものした記事は、読み手によって迎合とも抵抗とも読めた。ホンネとタテマエの相互浸透を可能にする文体は、アカデミズムにも片足をおくジャーナリストの「差異化」戦略として可能になった。

また、戦後の平和運動における清水のラディカリズムも、知識人界における東大教授の信用顚覆を意図した戦略として著者は読み解く。もちろん、それは清水がアカデミズムに片足を置くから有効な戦略であり、ジャーナリズムの枠内だけであれば、より過激な主張も珍しくない。清水の覇権はアカデミズムとジャーナリズムの絶妙な均衡の上に確立していた。終章では、丸山眞男、福田恆存、吉本隆明、鶴見俊輔との対比から清水は「正系的傍系」知識人と位置付けられている。

清水の「人一倍、もてたい、床の間の前に座りたいと思ひながら、その気が全くないと思い込める度外れた自己欺瞞」を福田は批判した。しかし、今日のメディア知識人、つまりテレビ・コメンテーターにはその自己欺瞞さえ欠落している。テレビ時代に跋扈するのは、大人物《グレイト・マン》でなく有名人《ビッグ・ネーム》だけである。このテレビ文明を痛烈に批判した清水自身が「有名人」渡世のパイオニアだったことは、大いなる皮肉というべきだろう。

また、論壇時評でも竹内先生の「〝国民のみなさま〟とは誰か――大衆御神輿ゲームの時代」（『中央公論』二〇一二年十月号）を取り上げている。輿論 public opinion と世論 popular sentiments の区別を主張する私の立場から、竹内論文を読み解いたものである（「世論を輿論化する」二〇一二年九月二五日付『東京新聞』）。

知識人が先頭に立った六〇年安保闘争を頂点とした「間歇的大衆社会」は七〇年代後半に構造転換し、階層的に分けられない新中間大衆を中心とする「恒常的大衆社会」となった。「国民のみなさま」と大衆を祭り上げる政治家の定型話法が一般化し、「上から目線」と批判されることを恐れるメディアもオピニオン・リーダー（輿論指導者）の自覚を放棄して、ひたすら世論の風見鶏に徹するようになった。メディアが報道する世論調査によって、人々は「想像された」大衆をモニタリングする「再帰的」大衆となる。つまり、世論調査がデータ化する「大衆の幻像」によって、大衆という主体は呼び起こされる。この「想像された」大衆こそ、ポピュリズムの温床である。

結局、「想像された」読者ではなく「リアルな」読者に届く言葉が総合雑誌に求められているのだろう。だが、その要請も何もいまに始まったことではない。吉野源三郎が編集長引退を表明した『世界』創刊百五十号記念（一九五八年六月号）の特集「『世界』への注文」と題する座談会で、吉野は中島健蔵、加藤周一と鼎談している。当時、中島と加藤はそれぞれ『朝日新聞』と『毎日新聞』で論壇時評を担当していた。

中島　加藤さんと僕と違うのは、加藤さんは典型的なインテリゲンチャだ。横からみても、縦からみても。僕なんか落第坊主でいくらか野性をおびている。しかし、まあいくらか努力する方だ。だからあえていうが、もうちょっと親しみやすい構えになると、おれにいくらか似ている一種の**愚連隊**（笑声）でも読みたがるんじゃないか。

加藤　愚連隊には希望をもたないな。

中島　愚連隊の質にもよるが、そこが君とおれの違いだ。〔強調は原文〕

この会話に対する吉野の応答は記録されていない。ここで愚連隊は「ぐれた青少年」ほどの意味であり、「一種の愚連隊」は今日ならネトウヨ（ネット右翼）あたりまで含むのかもしれない。彼らに「希望をもたない」にしても、その存在を無視していては論壇の、あるいは言論の衰弱は止まらないだろう。

そうした「論壇」外への目配りが本書の第三の意義である。通常の「論壇雑誌」ばかりでなく、マージナルな読者層と媒体を扱っている。その象徴は第十一章「ネット論壇」（富田英典論文）だが、第二部「論壇のアキレス腱」における稲垣恭子論文（『婦人公論』）、佐藤八寿子論文（『暮しの手帖』）、さらに第三部「論壇のフロンティア」における大澤聡論文（『流動』）なども、特に論壇再構築の可能性からも読めるはずだ。

「勇将のもとに弱卒なし」とはよく言ったもので、代表者のエネルギーは分担者にも協力者にも大きな影響を与える。特に、共同研究が始まったとき大学院の博士課程だった赤上さん、長﨑さん、修士課程だった白戸さん、松永さんは四人全員、この間に博士論文を執筆した。それは赤上裕幸『ポスト活字の考古学――「活映」のメディア史 1911–1958』（柏書房、二〇一三年）、長﨑励朗『「つながり」の戦後文化誌――労音、そして宝塚、万博』（河出書房新社、二〇一三年）として公刊されている。当初の予定では『諸君!』の担当は白戸さんだったが、博士論文執筆を優先して年表作成に専念してもらい、第八章は井上義和さんに執筆していただいた。『諸君！』と『文藝春秋』は同じ出版社から出された雑誌とはいえ、井上さんにご負担をおかけすることになった。おかげで、白戸さん、松永さんともに無事、博士論文も完成できた。井上さんには、特に感謝申し上げたい。

なお、各章原稿の調整作業は稲垣先生と私で分担し、竹内先生に全体をチェックしていただいた。執筆者が相互に関係するいくつかの共同研究の成果の一部ともなっている論文も含まれている。特に、二〇一二〜二〇一三年度・科学研究費補助金挑戦的萌芽研究「戦後日本におけるアメリカナイゼーションと女性知識人の社会学的研究」（研究代表者・稲垣恭子、研究課題番号二四六五三一四八）、二〇一二〜二〇一三年度・科学研究費補助金基盤研究（B）「青年期メディアとしての雑誌における教育的機能に関する研究」（研究代表者・佐藤卓己、研究課題番号二四三三〇二三五）である。

創元社編集部の山口泰生氏は研究会にも毎回ご参加いただき、その編集力を十分に発揮していただいた。校正の太田明日香氏と合わせ記して感謝申し上げたい。

二〇一四年二月一一日

佐藤卓己

■『日本の論壇雑誌』関連年表

年	論壇雑誌の創刊・廃刊・改称	主要論争と主要論文	社会主要事項
一八八七年	『国民之友』民友社、二月号創刊 『反省会雑誌』反省会、八月号創刊		
一八八八年	『日本人』政教社、四月号創刊		
一八九五年	『太陽』博文館、一月号創刊 『東洋経済新報』東洋経済新報社、十一月号創刊		
一八九九年	一月、『反省会雑誌』、『中央公論』に改題 八月、『国民之友』廃刊		
一九〇七年	一月、『日本人』、『日本及日本人』に改題		
一九一六年	『婦人公論』中央公論社、一月号創刊	・「婦人問題号」『中央公論』一九一三・臨時増刊号 ・吉野作造「学術上より観たる日米問題」『中央公論』一九一四・一 ・吉野作造「憲政の本義を説いて其有終の美を済すの途を論ず」『中央公論』一九一六・一	
一九一七年	『思潮』岩波書店、五月号創刊		三月、ロシア革命
一九一八年			八月、米騒動
一九一九年	一月、『思潮』休刊 『改造』改造社、四月号創刊	・「特集 労働問題・社会主義」『改造』一九一九・七	
一九二〇年	『國際週報』時事通信社、創刊		
一九二一年	『思想』岩波書店、十月号創刊		
一九二三年	『文藝春秋』文藝春秋、一月号創刊		
一九二五年	『キング』大日本雄弁会講談社、一月号創刊 『家の光』家の光協会、五月号創刊		三月、ラジオ放送開始
一九二六年	『経済往来』日本評論社、三月号創刊		
一九二八年	二月、『太陽』廃刊		
一九三五年	『経済往来』、十月号より『日本評論』に改題		

年	論壇雑誌の創刊・廃刊・改称	主要論争と主要論文	社会主要事項
一九三八年			十一月、岩波新書創刊 十二月、人民戦線事件
一九四二年			九月、横浜事件
一九四五年	『思想』岩波書店、九月号より復刊 『週間新日本』新日本社、九月号創刊 『公論』第一公論社、十月号より復刊 『文藝春秋』文藝春秋、十月号創刊 『時局情報』毎日新聞社、十月号より復刊 『新時代』経國社、十月号『経國』の改題創刊 『光』光文社、十月号『征旗』の改題創刊 『民主評論』民主評論社、十一月号創刊 『世界週報』時事通信社、十一月号『國際週報』より改題 『新生活』新生活社、十一月号創刊 『人民評論』伊藤書店、十一月号創刊 『平凡』凡人社、十一月号『陸軍画報』より改題創刊 『新生』新生社、十一月号創刊 『新潮』新潮社、十一月号より復刊 『民主評論』民主評論社、十一月号『機械工の友』より改題創刊 『文化』新日本建設文化連盟出版部、十二月号 『東亜文化圏』より改題創刊 『人民戦線』人民戦線社、十二月号創刊 『文化旬報』振興工房、十二月号創刊 『人民會議』人民會議社、十二月号創刊		二月、米英ソ、ヤルタ会談 三月、硫黄島の日本軍守備部隊全滅、東京に夜間大空襲 七月、ポツダム会談 八月、広島・長崎に原子爆弾投下。日本、ポツダム宣言受諾 九月、ミズーリ号で降伏文書調印 連合軍総司令部（GHQ）、言論及び新聞の自由に関する覚書公布、放送検閲の開始 十二月、NHK「眞相はかうだ」放送開始
一九四六年	『世界』岩波書店、一月号創刊 『中央公論』中央公論社、一月号より復刊	・津田左右吉「建国の事情と万世一系の思想」『世界』一九四六・四	三月、チャーチル元英首相、「鉄のカーテン」反共演説

年	論壇雑誌の創刊・廃刊・改称	主要論争と主要論文	社会主要事項
	『改造』改造社、一月号より復刊 『日本評論』日本評論社、一月号より復刊 『革命』新建設社、一月号創刊 『自由』自由社、一月号創刊 『自由評論』霞ヶ関書房、一月号創刊 『時論』大雅社、一月号『自照』より改題創刊 『新社會』新社會社、一月号創刊 『潮流』吉田書房、一月号創刊 『展望』筑摩書房、一月号創刊 『農村文化』農山漁村文化協会、一月号より復刊 『創建』創健社、一月号創刊 『言論』高山書院、一月号創刊 『エコノミスト』毎日新聞社、一月号創刊 『日本評論』日本評論社、一月号より復刊 『人間』鎌倉文庫、一月号より復刊、 『真善美』我觀社、一月号、『我觀』より改題創刊 『世界評論』世界評論社、二月号創刊 『世界文化』日本電報通信社、二月号創刊 『評論』河出書房、二月号創刊 『文明』文明社、二月号創刊 『社會評論』ナウカ社、二月号より復刊 『革新』革新社、二月号創刊 『前衛』日本共産党出版部、二月号創刊 『朝日評論』朝日新聞東京本社、三月号創刊 『解放』解放社、三月号創刊 『批判』協同書房、三月号創刊 『新日本文学』第三書館、三月号創刊 『新婦人』能加美出版株式会社、四月号創刊	・丸山眞男「超国家主義の論理と心理」『世界』一九四六・五 ・矢内原忠雄「日本国民の使命と反省」『世界』一九四六・八 **＊「愛国心」論争** 野坂参三「民主戦線の提唱『社会評論』一九四六・二、出隆「愛国心について」『新人』一九四六・七、「座談 世代の差異をめぐって」『世界』一九四八・八	五月、極東軍事裁判開廷 十一月、日本国憲法公布

年	論壇雑誌の創刊・廃刊・改称	主要論争と主要論文	社会主要事項
	『婦人公論』中央公論社、四月号創刊 『女性線』女性線社、四月号創刊 『婦人春秋』政経春秋社、四月号創刊 『女性』新生社、四月号創刊 『世紀』千染堂、四月号創刊 『民の聲』新日本、四月号創刊 『思想問題研究』新星社、四月号創刊 『思想の科学』先駆社、五月号創刊 『リーダース・ダイジェスト』リーダース・ダイジェスト日本支社、六月号創刊 『群像』大日本雄弁会講談社、十月号創刊		
一九四七年	『時代』平凡社、一月号創刊 『理論』日本評論社、二月号創刊 『文化革命』日本民主主義文化連盟、三月号創刊 『前進』板垣書店、八月号創刊 『民論』民論社、八月号創刊	**＊一九四七～五〇年、知識人論争** 蔵原惟人「文化革命と知識層の任務」『世界』一九四七・六、日高六郎「大知識人論」『近代文学』一九四七・二・三合併号、荒正人「主体的知識人」『近代文学』一九四八・九	一月、公職追放令改正 二月、二・一ゼネスト中止 三月、米大統領、「トルーマン・ドクトリン演説」 教育基本法、学校教育法公布 五月、日本国憲法施行 六月、日本教職員組合結成 ＊カストリ雑誌の発行が盛んに
一九四八年	『心』向日書館、七月号創刊 九月、季刊『美しい暮しの手帖』暮しの手帖社、創刊（一九四六年創刊の『スタイルブック』が前身）。		八月、李承晩、大韓民国樹立を宣布 九月、朝鮮民主主義人民共和国樹立 十一月、極東国際軍事裁判A級戦犯を有罪判決 十二月、平和問題談話会、結成

年	論壇雑誌の創刊・廃刊・改称	主要論争と主要論文	社会主要事項
一九四九年		**＊一九四九～五〇年、共産主義批判をめぐる論争** 小泉信三『共産主義批判の常識』新潮社、一九四九、猪木正道「共産主義の真理と誤謬」『思索』一九四九・八、田中耕太郎「共産主義とヒウマニズム」『世界評論』一九四九・十、梅本克己「共産主義と暴力の根源——猪木正道批判」『展望』一九四九・十一 ・平野義太郎・守屋典郎・堀江正規・戒能通孝・尾形昭二座談会「敗戦前後——八・一五　四周年記念」『日本評論』一九四九・八 ・「敗戦の日の思い出（つださうきち・安倍能成・長與善郎・真船豊・徳永直・村山知義・梅崎春生）」『世界』一九五〇・八 **＊一九四九～五二年、「講和」論争** ・「戦争と平和に関する日本の科学者の声明（第一声明）」『世界』一九四九・三 ・平和四原則「「全面講和・中立・軍事基地反対・再軍備反対」を唱える声明文（第二声明）」『世界』一九五〇・三 ・南原繁「世界の破局的危機と日本の使命」『世界』一九五〇・五 ・平和問題談話会「三たび平和について（第三声明）」『世界』一九五〇・十二 ・「講和問題特集」『世界』一九五一・十	五月、ドイツ連邦共和国臨時政府成立 六月、映画倫理規定管理委員会設立 七月、マッカーサー「日本は共産主義進出阻止の防壁」と声明 九月、『きけ、わだつみのこえ』刊行 十月、中華人民共和国成立 十二月、インドネシア共和国成立

年	論壇雑誌の創刊・廃刊・改称	主要論争と主要論文	社会主要事項
		・小泉信三「平和論」『文藝春秋』一九五二・一 ・小泉信三「私の平和論について」『世界』一九五二・五 丸山眞男「『現実』主義者の陥穽」『世界』一九五二・五 ・ユネスコ本部「戦争を引き起こす緊迫の原因に関して、ユネスコの八人の社会科学者によってなされた声明」『世界』一九四九・三	
一九五〇年		**＊一九五〇～五一年、「学生事件」をめぐる論争** 中野好夫「学生運動をめぐって」『世界』一九五〇・八、森戸辰男「学生と政治」『改造』一九五〇・十、梅本克己「大学教授の政治感覚」『人間』一九五一・二	二月、レッド・パージ始まる 五月、放送法関係三法案公布 六月、特殊法人日本放送協会発足 朝鮮戦争勃発 『アカハタ』停刊命令 八月、警察予備隊令公布施行
一九五一年	『展望』筑摩書房、九月号にて休刊	**＊再軍備論争** 山川均「非武装中立は不可能か」『世界』一九五一・七、伊藤正徳「敢えて再軍備を提言す」『文藝春秋』一九五一・十、馬場恒吾「再軍備反対論者に与う」『改造』一九五一・十二	九月、対日平和条約と日米安全保障条約締結（発効は一九五二年四月二八日） 新日本、中日放送が初の民放ラジオ局として開局
一九五二年	『人物往来』人物往来社、一月号創刊 『週刊サンケイ』産経新聞社、二月一四日号創刊 『週刊読売』読売新聞社、七月一三日号創刊	**＊原子力の平和利用をめぐる論争** 菊池正士「原子力研究のすすめ」『科学』一九五二・九、武谷三男「日本原子力	一月、韓国、李承晩ライン設定 二月、チャーチル首相、英国の原爆保有を公表

年	論壇雑誌の創刊・廃刊・改称	主要論争と主要論文	社会主要事項
		の方向」『改造』一九五二・十一、アインシュタイン「日本人への私の弁明」『朝日新聞』一九五二・十・二三	五月、皇居前で「血のメーデー事件」 十一月、米国、南太平洋上で水爆実験
一九五三年	十二月、季刊『美しい暮しの手帖』暮しの手帖社、『暮しの手帖』に改題（一九六八年二月より隔月刊）。		二月、NHK、テレビ本放送開始 三月、ソ連首相スターリン死去 七月、板門店で朝鮮戦争、休戦 八月、ソ連、水爆保有を公表 ＊街頭テレビがブームに
一九五四年	『月刊　朝日放送』朝日放送、四月号創刊 『評』評論新社、五月号創刊 『知性』河出書房、八月号より復刊	**＊原水禁論争** 湯川秀樹「原子力と人類の意志」『婦人公論』一九五四・六、中谷宇吉郎「知恵のない人々」『毎日新聞』一九五四・四・八、谷川徹三「アメリカ人に訴える」『世界』一九五四・六 **＊平和論争** ・福田恆存「平和論の進め方についての疑問」『中央公論』一九五四・十二 ・平野義太郎「福田恆存氏の疑問に答える」『中央公論』一九五五・一 ・福田恆存「ふたたび平和論者に送る」『中央公論』一九五五・二	三月、第五福竜丸、ビキニの米水爆実験で被爆 四月、エジプトでナセル政権成立 七月、自衛隊発足 ＊『週刊朝日』、一〇〇万部突破 ＊カッパブックス創刊
一九五五年	『改造』改造社、二月号にて廃刊 四月、『月刊朝日放送』を『放送朝日』に改題	**＊「主婦第二職業論」論争** ・石垣綾子「主婦第二職業論」『婦人公論』一九五五・二 ・坂西志保「〝主婦第二職業論〟の盲点」『婦人公論』一九五五・四	三月、悪書追放運動高まる 七月、ラッセル、アインシュタインら原水爆の危機を訴える宣言

年	論壇雑誌の創刊・廃刊・改称	主要論争と主要論文	社会主要事項
		・福田恆存「誤れる女性解放論」『婦人公論』一九五五・七 ・石垣綾子「女性解放を阻むもの」『婦人公論』一九五五・八 ・大宅壮一「『無思想人』宣言」『中央公論』一九五五・五 ・林健太郎「世界史の転換をいかに理解するか」『中央公論』一九五五・十	八月、第一回原水爆禁止世界大会 ＊「週刊誌ブーム」が起こる
一九五六年	『週刊新潮』新潮社、二月十九日号創刊 『ユリイカ』青土社、十月号創刊	**＊昭和史論争** ・遠山茂樹・今井清一・藤原彰『昭和史』岩波新書、一九五五 ・亀井勝一郎「現代歴史家への疑問」『文藝春秋』一九五六・三 ・亀井勝一郎「歴史家の主体性について」『中央公論』一九五六・七、久野収・古在由重・鶴見俊輔鼎談「マルクス主義はどう発展するか」『中央公論』一九五六・八月増刊号 竹山道雄『昭和の精神史』新潮社、一九五六	二月、ソ連共産党第二〇回大会（フルシチョフのスターリン批判） 七月、経済企画庁の経済白書「もはや戦後ではない」 十月、ハンガリー事件 十二月、国連総会、日本の加盟を可決
一九五七年	『文藝』河出書房、三月号にて休刊 『週刊女性』主婦と生活社、三月六日号創刊 『CBCレポート』中部日本放送、六月号創刊 『キング』講談社、十二月号にて終刊	**＊生態史観論争** ・梅棹忠夫「文明の生態史観序説」『中央公論』一九五七・二 加藤周一「近代日本の文明史的位置」『中央公論』一九五七・三、竹山道雄・鈴木成高・唐木順三・和辻哲郎・安倍能成「座談会　世界における日本文化の位置」『心』一九五七・三	四月、文芸家協会「原水爆実験禁止を世界各国の文学者諸君に訴う」 十月、ソ連、人工衛星スプートニク打ち上げ

年	論壇雑誌の創刊・廃刊・改称	主要論争と主要論文	社会主要事項
		＊大衆社会論争 松下圭一「大衆国家の成立とその問題性」『思想』一九五六・十一 ・松下圭一「マルクス主義理論の二十世紀的転換」『中央公論』一九五七・三 ・芝田進午「『大衆社会』理論への疑問」『中央公論』一九五七・六、林健太郎「過去からの解放」『中央公論』一九五七・六 ・松下圭一「日本における大衆社会論の意義」『中央公論』一九五七・八 **＊一九五七〜五八年、人工衛星論争** 武谷三男「新しい世界観の創造」『中央公論』一九五七・十二、林健太郎「人工衛星がいくら飛んでも」『文藝春秋』一九五八・一、谷川徹三「人工衛星の思想的意義」『思想』一九五八・三 ・加藤秀俊「中間文化論」『中央公論』一九五七・三	
一九五八年	八月、『調査情報（新・調査情報）』ＴＢＳ、創刊 『理論戦線』戦旗社、九月号創刊	**＊一九五八〜五九年、皇太子婚姻論争** 有馬頼義「皇太子論」『婦人公論』一九五八・十二、松下圭一「大衆天皇制論」『中央公論』一九五九・四、江藤淳「皇太子とハイティーン」『思想』一九五九・四 **＊一九五八〜六二年、転向論争** 本多秋五「転向文学論」『近代文学』一九五七・十二、吉本隆明「転向論」『現代	六月、憲法問題研究会発足（一九七六年解散） 八月、中国、米国の「二つの中国」製作に反発し金門島砲撃 十月、日米安保条約改訂交渉開始

年	論壇雑誌の創刊・廃刊・改称	主要論争と主要論文	社会主要事項
		批評』一九五八・十一、思想の科学研究会『転向 共同研究（上）』平凡社、一九五九	
一九五九年	『朝日ジャーナル』朝日新聞社、三月一五日号創刊 四月、『ＹＴＶレポート』大阪・読売テレビ、創刊 『週刊現代』講談社、四月一二日号創刊 『週刊文春』文藝春秋、四月二〇号創刊 『現代詩手帖』思潮社、六月号創刊 『週刊平凡』平凡出版、五月一四日号創刊 『現代の理論』大月書店、五月号創刊、十月号にて終刊		一月、キューバ革命 三月、国際問題談話会発足（一九六八年解散） チベットで対中国反乱発生 『週刊少年マガジン』講談社、創刊 『週刊少年サンデー』小学館、創刊 十一月、安保阻止統一行動。国会乱入
一九六〇年	『潮』潮出版社、七月号創刊	**＊主婦労働の価値をめぐる論争** 磯野富士子「婦人解放論の混迷」『朝日ジャーナル』一九六〇・四・一〇、水田珠江「主婦労働の値段」『朝日ジャーナル』一九六〇・九・二五、高木督夫「婦人労働における労働婦人と家庭婦人」『思想』一九六〇・十二	五月、安保強行採決 六月、安保改訂阻止統一デモ、樺美智子死去 七月、岸信介内閣総辞職 九月、清水幾太郎、現代思想研究会結成 十二月、所得倍増計画
一九六一年	『現代の眼』経営評論社、一月号創刊 十二月、『東洋経済新報』、『週刊東洋経済』に改題 『文化評論』日本共産党中央委員会、十二月号創刊	・梅棹忠夫「放送人、偉大なるアマチュア」『放送朝日』一九六一・一	二月、嶋中事件（深沢七郎「風流夢譚」事件） 五月、韓国で軍事クーデター 八月、東独、「ベルリンの壁」を構築 十二月、『思想の科学 天皇制特集号』発売中止
一九六二年		**＊『思想の科学』論争**	十月、キューバ危機

年	論壇雑誌の創刊・廃刊・改称	主要論争と主要論文	社会主要事項
		日高六郎「『思想の科学』廃棄問題」『日本読書新聞』一九六二・一・二二、藤田省三「自由からの逃亡批判」『日本読書新聞』一九六二・二・一七 ・『別冊中央公論　経営問題』一九六二・十 ・上山春平「大東亜戦争の思想史的意義」『中央公論』一九六二・十	
一九六三年		**＊中ソ論争をめぐる論争** 佐藤昇「中ソ論争と国際共産主義運動」『中央公論』一九六三・三、野々村一雄・猪木正道「対談　嵐の中の共産主義」『文藝春秋』一九六三・三、上原淳道「いわゆる中ソ論争についての雑感」『思想』一九六三・八 **＊一九六三―六五年、「大東亜戦争肯定論」論争** ・林房雄「大東亜戦争肯定論」『中央公論』一九六三・九〜一九六五・六 中瀬寿一「大東戦争肯定論の思想的系譜」『現代の眼』一九六四・一一、羽仁五郎「『大東亜戦争肯定論』を批判する」『中央公論』一九六五・七 ・高坂正堯「現実主義者の平和論」『中央公論』一九六三・一 ・梅棹忠夫「情報産業論」『放送朝日』一	十一月、ケネディ米大統領、ダラスで暗殺

年	論壇雑誌の創刊・廃刊・改称	主要論争と主要論文	社会主要事項
		九六三・一（『中央公論』一九六三・三に転載） ・梅棹忠夫・大宅壮一・加藤秀俊・三島彰「座談会 情報産業の新局面」『放送朝日』一九六三・一 ・竹村健一「テレビ時代の預言者M・マックルーハン」『放送朝日』一九六六・八	
一九六四年	『現代の理論〔第二次〕』現代の理論社、一月号創刊	**＊創価学会・公明党をめぐる論争** 北条浩「公明党のビジョン」『潮』一九六四・十二、小田実「新興宗教はなぜ強大化していくのか」『文藝春秋』一九六四・一〇、坂本守「創価学会と公明党」『自由』一九六四・十 **＊ライシャワー日本近代化論** ライシャワー「日本歴史の特異性」『朝日ジャーナル』一九六四・九・六、大江志乃夫「明治維新と現代」『現代の眼』一九六五・十一、堀米庸三「封建制再評価への試論」『展望』一九六六・三 ・高坂正堯「宰相吉田茂論」『中央公論』一九六四・二 ・高坂正堯「海洋国家日本の構想」『中央公論』一九六四・九	四月、日本人の海外渡航が自由化 八月、米国、トンキン湾で米国駆逐艦が攻撃され、北ベトナム海軍基地を報復爆撃 十月、東海道新幹線開業 東京オリンピック開催 十一月、公明党結成
一九六五年	九月、『CBCレポート』中部日本放送、廃刊	**＊「危険な思想家」論争** 山田宗睦『危険な思想家』光文社、一九六五、大熊信行「わが学問論」『理想』一九六五・四、西義之「戦中派の頽廃に	三月、米国、北ベトナム爆撃を開始 四月、ベ平連主催のデモが開催 六月、家永教科書裁判第一次訴訟

年	論壇雑誌の創刊・廃刊・改称	主要論争と主要論文	社会主要事項
		ついて」『自由』一九六五・四 ・梅棹忠夫・大宅壮一・小谷正一・堤清二「座談会 企業家と思想家とのあいだ」『放送朝日』一九六五・十	＊高校進学率、七〇％超
一九六六年	『人物往来』四月号にて終刊 『評』、八月号より『新評』新評社に改題	＊**文化大革命をめぐる論争** 菊池昌典「人間変革の論理と実験」『潮』一九六六・十二、伊藤武雄「革命は創造である」『朝日ジャーナル』一九六六・十二・二五、福田歓一「現代中国と政治認識の問題」『世界』一九六七・七	五月、中国、文化大革命はじまる 六月、米原子力潜水艦、横須賀発入港 七月、広島市議会、原爆ドーム永久保存を決議 八月、中国、天安門広場で紅衛兵一〇〇万人集会
一九六七年	『現代』講談社、一月号創刊	＊**「未来社会論」論争** ・梅棹忠夫・小松左京・加藤秀俊・林雄二郎「座談会どうなる・どうする」『放送朝日』一九六七・一 「座談会 未来学の可能性」『朝日ジャーナル』一九六七・一・一、加藤秀俊「未来への姿勢」『世界』一九六七・一、「特集 未来社会の構図」『潮』一九六七・二	二月、初の「建国記念の日」を迎える 六月、第三次中東戦争勃発（六日間戦争） 七月、ＥＣ（欧州共同体）発足 八月、ＡＳＥＡＮ（東南アジア諸国連合）結成 十一月、ベ平連、米兵四人の脱走支援を発表 十二月、非核三原則を言明
一九六八年	『情況』情況出版、八月号創刊 『月刊ペン』月刊ペン社、十一月号創刊	＊**明治百年論争** 犬丸義一「明治百年論と現代」『現代の眼』一九六八・二、松浦玲「維新とはなんであったか」『現代の理論』一九六八・一、色川大吉「さまざまな明治百年」	五月、パリで学生デモ 六月、日大、東大紛争激化 八月、ソ連、チェコの自由化を弾圧 十月、川端康成ノーベル文学

年	論壇雑誌の創刊・廃刊・改称	主要論争と主要論文	社会主要事項
		『展望』一九六八・十二 **＊チェコ事件論争** アピール「チェコ事件について世界の知識人に訴える」『世界』一九六八・十、加藤周一「戦車と言葉」『世界』一九六八・十一、津田道夫「思想としてのチェコ問題」『展望』一九六八・十	賞受賞 明治百年記念式典挙行 ジョンソン米大統領、北ベトナム攻撃停止を発表
一九六九年	『諸君』文藝春秋、七月号創刊 『日経ビジネス』日経BP、九月号創刊 『流動』流動出版、十二月号創刊		一月、東大安田講堂闘争 三月、沖縄返還は「核抜き・基地本土並み」を表明 六月、南ベトナム共和国臨時革命政府樹立 七月、米宇宙船アポロ一一号、初の月面着陸
一九七〇年	一月、『諸君』文藝春秋、『諸君！』に改題 『構造』経済構造社、一月号創刊 『望星』東海大学出版会、六月号創刊 『伝統と現代』伝統と現代社、十二月号創刊		三月、大阪で日本万国博覧会開幕 赤軍派学生が日航機よど号をハイジャック 十一月、三島由紀夫、自衛隊市ヶ谷駐屯地で割腹自殺
一九七一年	『創』総合評論社、十一月号創刊		二月、成田で空港用地収容強制執行 三月、東京電力福島第一原子力発電所、運転開始 『朝日ジャーナル』回収事件 六月、日米、沖縄返還協定に調印 十月、国連総会、中華人民共和国を招請し、国民政府追放を決定

年	論壇雑誌の創刊・廃刊・改称	主要論争と主要論文	社会主要事項
一九七二年	『世界政経』世界政治経済研究所、三月号創刊 『ぴあ』ぴあ、七月号創刊	**＊日本列島改造論争** 田中角栄『日本列島改造論』日刊工業新聞社、一九七二、蠟山芳郎他「田中新内閣論」『エコノミスト』一九七二・七・一八、松下圭一「田中内閣論」『中央公論』一九七二・九、宮本憲一「住民の求める地域開発思想」『世界』一九七二・九	一月、グアム島で横井庄一旧陸軍軍曹を確認 二月、連合赤軍によるあさま山荘事件 九月、田中角栄首相が訪中、国交正常化声明
一九七三年	『現代思想』青土社、一月号創刊 『宝島』宝島社、七月号創刊 『正論』産経新聞社、十月号創刊		一月、米国が北ベトナム・南ベトナム臨時革命政府が和平協定に調印 二月、日本、変動為替相場制に移行 八月、金大中拉致事件 十月、第四次中東戦争勃発 第一次オイルショック
一九七四年	『近代文学』八雲書店、八月号にて廃刊 『JAPAN ECHO』（季刊）ジャパン・エコー社、創刊	**＊平泉渉、渡部昇一の英語教育論争** 平泉渉、自民党政務調査会に「外国語教育の現状と改革の方向」（一九七四年四月）提出、渡部昇一「亡国の『英語教育改革試案』」『諸君！』一九七四・四 ・立花隆「田中角栄研究 その金脈と人脈」『文藝春秋』一九七四・十一	八月、ニクソン米大統領がウォーターゲート事件で辞任 十二月、田中角栄内閣総辞職 ＊高校進学率、九〇％超
一九七五年	『選択』選択出版、三月号創刊 『YTVレポート』読売テレビ、九月号にて休刊		四月、南ベトナム解放戦線、サイゴンに入城。ベトナム戦争終結 七月、沖縄海洋博開幕 十月、昭和天皇・皇后が初訪米

年	論壇雑誌の創刊・廃刊・改称	主要論争と主要論文	社会主要事項
一九七六年	『ＰＯＰＥＹＥ』平凡出版株式会社、Ｓｕｍｍｅｒ号創刊	**＊「月刊ペン事件」** 「四重五重の大罪を犯す創価学会」『月刊ペン』一九七六・三	一月、周恩来死去 七月、ベトナム社会主義共和国成立 七月、田中角栄元首相、ロッキード事件で逮捕 九月、毛沢東死去。江青ら四人組を逮捕
一九七七年	『Ｖｏｉｃｅ』ＰＨＰ研究所、十二月号創刊 『月刊世界政経』世界政治経済研究所、六月号より『季刊世界政経』と改題		三月、田原総一朗「原子力開発のタテマエとホンネ」『技術と人間』など原発論争白熱化 五月、成田空港建設 八月、中国共産党、第一次文化革命終結を宣言
一九七八年		**＊無条件降伏論争** 江藤淳「戦後文学はあだ花」『毎日新聞』一九七八・八・二八、本田秋五「江藤氏に答える」『毎日新聞』一九七八・九・七、「『無条件降伏』の意味」『文芸』一九七八・九	四月、ソ連、領空侵犯の大韓航空機を強制着陸 五月、成田に新東京国際空港開港 八月、日中平和友好条約に調印
一九七九年	『噂の真相』株式会社噂の真相、四月号創刊 『広告批評』マドラ出版、五月号創刊 『インパクト』インパクト出版会、七月号創刊 『季刊クライシス』社会評論社、秋号創刊		一月、米中国交回復、米国は台湾と断交 三月、スリーマイル島原発事故発生 四月、靖国神社によるＡ級戦犯合祀が発覚 十月、朴正熙韓国大統領が暗殺 十二月、ソ連によるアフガニスタン侵攻

年	論壇雑誌の創刊・廃刊・改称	主要論争と主要論文	社会主要事項
			＊エズラ・F・ヴォーゲル『ジャパン・アズ・ナンバーワン』 ＊雑誌広告費が一〇〇〇億円超えた「雑誌の年」
一九八〇年		＊ **核装備論争** 清水幾太郎「核の選択」『諸君！』一九八〇・七、山口定「防衛論議に見る転換期の諸相」『世界』一九八〇・八、福田恆存「清水幾太郎を論ず」『中央公論』一九八〇・十 ＊**靖国参拝論争** 丸山照雄「靖国再浮上と宗教教団」『世界』一九八〇・十	一月、米国、ソ連のアフガニスタン侵攻に報復 五月、日本、モスクワ・オリンピック不参加決定 韓国、光州で反政府デモが激化 九月、イラン・イラク戦争勃発 ＊米国の対日貿易、過去最高の赤字に ＊雑誌創刊ブーム
一九八一年	『FOCUS』新潮社、十月三〇日号創刊 『ダ・カーポ』マガジンハウス社、十一月号創刊 『季刊世界政経』世界政治経済研究所、八月号にて休刊		一月、イラン、米大使館人質占拠事件解決 十月、エジプト、サダト大統領が暗殺、ムバラクが後任 十二月、ポーランドが戒厳令を布告し、「連帯」幹部を逮捕
一九八二年	『インパクト』インパクト出版会、二月号より『インパクション』に改題 『新潮45＋』新潮社、五月号創刊 『新評』新評社、十月号にて休刊 『流動』流動出版、十二月号にて休刊	＊**教科書検定問題論争（「進出」書き換え）** 渡部昇一「萬犬虚に吠える教科書問題」『諸君！』一九八二・十、「特集　歴史の問い――八・一五と教科書」『世界』一九八二・十	三月、フォークランド紛争勃発 六月、米ソ戦略兵器削減交渉開始 十月、改正商法施行
一九八三年	『現代の眼』現代評論社、五月号にて休刊		一月、中曽根康弘首相が訪米

年	論壇雑誌の創刊・廃刊・改称	主要論争と主要論文	社会主要事項
			九月、ソ連、領空侵犯の大韓航空機を撃墜
一九八四年	『Ｔｈｉｓ　ｉｓ』読売新聞社、四月号創刊 『葦牙』みずち書房、十一月号創刊 十二月、『へるめす』岩波書店、創刊 『伝統と現代』伝統と現代社、春号にて廃刊	**＊一九八四–八五年、教育の自由化論争** 「特集　教育改革の相克」『世界』一九八四・五、「特集　教育改革」『諸君！』一九八四・四、田中美知太郎「国家の教育権について」『諸君！』一九八四・七	七月、全斗煥韓国大統領が来日、天皇会見 九月、臨時教育審議会開催 ＊総理府調査、日本人の九割が中流意識
一九八五年	『新潮45＋』新潮社、五月号より『新潮45』と改題 『思想と現代』唯物論研究会、五月号創刊		七月、中曽根康弘首相、防衛費の対GNP比一％枠撤廃を示唆 八月、中曽根首相、閣僚一八人と靖国神社に参拝。中韓が反発 十一月、中核派、同時多発ゲリラで国鉄通信ケーブルを切断
一九八六年	『ニューズウィーク日本版』ＴＢＳブリタニカ、一月三〇日号創刊 『季刊アステイオン』ＴＢＳブリタニカ、夏号創刊 『月刊ペン』月刊ペン社、七月号にて休刊		四月、男女雇用機会均等法施行 ソ連、チェルノブイリ原子力発電所で爆発事故 九月、土井たか子が社会党委員長に就任。女性初の政党党首
一九八七年	『神奈川大学評論』宮陵会、二月号創刊		六月、日本の外貨準備高、西独を超え世界一 七月、イラン・イラク戦争、米軍ペルシア湾出撃 十一月、北朝鮮による大韓航空機爆破事件

年	論壇雑誌の創刊・廃刊・改称	主要論争と主要論文	社会主要事項
一九八八年	『ＡＥＲＡ』朝日新聞社、五月二四日号創刊		一月、台湾、蔣経国総統死去、李登輝が新総統 五月、ソ連、アフガニスタンより撤退開始 八月、米国、カナダ、第二次大戦中の日系人強制収容を補償 十月、昭和天皇重体で自粛ムード広がる
一九八九年	『月刊Ａｓａｈｉ』朝日新聞社、六月号創刊 『ＳＡＰＩＯ』小学館、六月八日号創刊		一月、昭和天皇崩御。平成と改元 四月、消費税、三％で適用開始 六月、天安門事件 十一月、東独、ベルリンの壁の撤去
一九九〇年	二月、『フォーサイト』新潮社、三月号創刊 『Ｔｈｉｓ ｉｓ』読売新聞社、四月号より『Ｔｈｉｓ ｉｓ読売』と改題 『季刊クライシス』冬号にて終刊	**＊日米構造協議論** ビル・エモット「『ニッポン経済』赤字転落への道」『現代』一九九〇・五、大前研一「構造協議は即刻中止せよ」『文藝春秋』一九九〇・五、「特集　日米構造協議の『欺瞞』」『諸君！』一九九〇・五 **＊一九九〇—一九九一年自衛隊派遣論争** 江藤淳「誰のための貢献か」『諸君！』一九九〇・十一、「特集　派兵踏みにじられた憲法」『世界』一九九〇・十二、栗栖弘臣「あえていう自衛隊解体論」『諸君！』一九九一・一 ・佐藤誠三郎・田中明彦「不見識な政府　無責任な「世論」」『中央公論』一九九一・三	八月、イラクがクウェートに侵攻 十月、東西独統一 十一月、今上天皇即位の礼 ＊バブル経済崩壊

年	論壇雑誌の創刊・廃刊・改称	主要論争と主要論文	社会主要事項
一九九一年	『フォーブス日本版』ぎょうせい、一月号創刊 『マルコポーロ』文藝春秋、六月号創刊 『批評空間』(季刊)福武書店、創刊		一月、多国籍軍、イラク空爆、湾岸戦争勃発 十二月、ソ連崩壊
一九九二年	『朝日ジャーナル』朝日新聞社、六月三〇日号にて休刊		六月、PKO協力法成立 十月、今上天皇、初の訪中
一九九三年	『GQ JAPAN』中央公論社、三月号創刊 『週刊金曜日』株式会社金曜日、十一月五日号創刊		八月、細川政権発足、55年体制崩壊 十一月、欧州連合の成立
一九九四年	『月刊Asahi』朝日新聞社、三月号にて休刊 四月、『発言者』西部邁事務所(のち秀明出版会)創刊 十一月、『WIRED』DDPデジタルパブリッシング、創刊 『批評空間』福武書店、休刊 『批評空間　二期』(季刊)太田出版、創刊		四月、細川護熙首相、辞任 六月、松本サリン事件 村山政権発足 十月、大江健三郎、ノーベル文学賞受賞
一九九五年	『マルコポーロ』文藝春秋、二月号にて休刊 三月、『RONZA』朝日新聞社、創刊 『思想と現代』柏書房、四〇号にて終刊	**＊オウム真理教論争** 江川紹子「オウム真理教に踊らされたマスコミの責任」『諸君!』一九九〇・二、吉見俊哉「われわれ自身の中のオウム」『世界』一九九五・七、「特集　カルト社会と自我」『世界』一九九五・七	一月、阪神・淡路大震災 三月、地下鉄サリン事件
一九九六年			一月、村山内閣総辞職、橋本内閣成立 三月、台湾、李登輝、初の直接選挙で総統就任 ＊携帯電話、PHSの契約者数急増

年	論壇雑誌の創刊・廃刊・改称	主要論争と主要論文	社会主要事項
一九九七年	『月刊日本』ケイアンドプレス社、五月号創刊 『RONZA』朝日新聞社、十一月号より『論座』と改題	**＊一九九七―一九九八年、南京大虐殺論争** 一九九七年十一月、Iris Shun-Ru Chang,『The rape of Nanking』出版。秦郁彦「『南京虐殺』"証拠写真"を鑑定する」『諸君！』一九九八・四、徳留絹枝「著者アイリス・チャンに聞く なぜ私は『レイプ・オブ・南京』を書いたか」『論座』一九九八・十、藤岡信勝「アイリス・チャン『ザ・レイプ・オブ・南京』の研究」『正論』一九九九・五	六月、神戸連続児童殺傷事件 七月、中国へ香港返還 アジア通貨危機 十二月、地球温暖化防止のための京都議定書採択
一九九八年	『Foreign Affairs』フォーリン・アフェアーズ・ジャパン、一月号創刊	**＊一九九二―一九九八年従軍慰安婦論争** 「慰安所 軍関与示す資料」『朝日新聞』一九九二・一・十一、吉見義明『従軍慰安婦』岩波新書、一九九五、上野千鶴子「記憶の政治学」『インパクション』一九九七・六、安丸良夫「従軍慰安婦問題と歴史家の仕事」『世界』一九九八・五	八月、北朝鮮、テポドン発射 十月、金大中韓国大統領、来日、共同宣言 十月、米、イスラエル、パレスチナ、暫定和平合意文書調印
一九九九年	五月、「2ちゃんねる」掲示板の開設 『サイゾー』インフォバーン、六月号創刊 『SIGHT』ロッキング・オン、autumn号創刊	**＊『戦争論』論争** 宮崎哲弥「西部邁・小林よしのり批判」『論座』一九九九・六、宮台真司ほか『戦争論妄想論』教育史料出版会、一九九九、吉本隆明『私の「戦争論」』ぶんか社、二〇〇〇 **＊日米新ガイドライン論争** 小沢一郎・佐伯浩明「国会改革は無血革命だ」『正論』一九九九・六、伊藤彰	一月、欧州単一通貨「ユーロ」導入 五月、日米新ガイドライン関連法成立

年	論壇雑誌の創刊・廃刊・改称	主要論争と主要論文	社会主要事項
		信、木口栄・諏訪幸雄他「座談会　戦争協力法に協力しないために」『世界』一九九九・九、前田哲男「周辺事態法が変える日本」『世界』一九九九・十一 **＊日の丸君が代論争** 「『日の丸・君が代の法制化』に反対する共同声明」『世界』一九九九・八 **＊オウム排斥論争** 特集「一触即発オウム真理教と住民の対立」『創』一九九九・九、検証「オウム真理教と日本社会」『週刊金曜日』一九九九・九・一〇 **＊一九九九―二〇〇〇年、学力低下論争** 岡部恒治・西村和雄・戸瀬信行編『分数ができない大学生』東洋経済新報社、一九九九、和田秀樹『学力崩壊』PHP研究所、一九九九、苅谷剛彦「学力の危機と教育改革」『中央公論』一九九九・八、佐藤学「子どもたちはなぜ『学び』から逃走するか」『世界』二〇〇〇・五	
二〇〇〇年	『批評空間　二期』太田出版、休刊 『理論戦線』実践社、秋号にて廃刊	**＊一九九八―二〇〇〇年、中流崩壊論争** 橘木俊詔『日本の経済格差』岩波新書、一九九八、「特集『中流』崩壊」『中央公論』二〇〇〇・五、苅谷剛彦「『中流崩壊』に手を貸す教育改革」『中央公論』二〇〇〇・七、佐藤俊樹『不平等社会日本』中央公論社、二〇〇〇	五月、森喜朗、「神の国」発言 六月、韓国と北朝鮮による南北首脳会談 十二月、インターネット博覧会（インパク）が開幕

年	論壇雑誌の創刊・廃刊・改称	主要論争と主要論文	社会主要事項
二〇〇一年	『批評空間　第三期』批評空間、一号創刊、四号にて廃刊		一月、英語版ウィキペディアが開設 四月、第一次小泉内閣発足 九月、アメリカ同時多発テロ事件
二〇〇二年	『わしズム』幻冬舎、四月二五日号創刊 七月、『新現実』角川書店、創刊		四月、完全学校週五日制 九月、日朝首脳会談 五月、日韓歴史共同研究開始（～二〇〇五年六月）
二〇〇三年	『ビッグイシュー日本版』ビッグイシュー日本、九月号創刊 十二月、ニフティのブログサービス「ココログ」開設		三月、イラク戦争 七月、イラク復興特別措置法
二〇〇四年	四月、『DAYS JAPAN』、講談社をデイズジャパン発行に変更 十月、『前夜』前夜、秋号創刊	山田昌弘『希望格差社会』筑摩書房、二〇〇四 玄田有史・曲沼美恵『ニート』幻冬舎、二〇〇四	九月、Facebook 全米で一般にサービス開放 ＊韓流ブーム ＊ブログブーム ＊ mixi がサービス開始 ＊新書ブーム
二〇〇五年	『WiLL』ワッツ・マガジンズ、一月号創刊 『発言社』秀明出版会、三・四月号にて休刊 『表現者』ジョルダン株式会社、七月号創刊 八月、「はてなブックマーク」開始 十二月、『京の発言』京の発言出版、創刊 『Foreign Affairs』、『フォーリン・アフェアーズ』に十二月号より改是	三浦展『下流社会』光文社、二〇〇五	二月、京都議定書発行 ＊中国で反日運動激化

年	論壇雑誌の創刊・廃刊・改称	主要論争と主要論文	社会主要事項
二〇〇六年	三月、『別冊・正論』産経新聞社、創刊	本田由紀・内藤朝雄・後藤和智『「ニート」って言うな！』光文社、二〇〇六	五月、ASEAN＋3で地域通貨単位の検討 七月、Twitter がサービス開始 十月、Google が YouTube 買収 十二月、日中歴史共同研究開始（〜二〇一〇・一） ニコニコ動画サービス開始
二〇〇七年	『世界週報』時事通信社、三月二七日号にて休刊 七月、『スレッド』晋遊舎、創刊 七月、シノドス創設	雨宮処凛『生きさせろ！』太田出版、二〇〇七 赤木智弘「『丸山眞男』をひっぱたきたい」『論座』二〇〇七・一 萱野稔人「『承認格差』を生きる若者たち」『論座』二〇〇七・七	三月、Ustream サービス開始 八月、初音ミク、発売 ＊中国ネット人口、世界トップに
二〇〇八年	「THE JOURNAL」開設 『思想地図』NHK出版、創刊 『論座』朝日出版社、十月号にて休刊		一月、大阪府知事に橋下徹就任 九月、リーマン・ブラザーズ経営破綻
二〇〇九年	『現代』講談社、一月号にて休刊 『フォーリン・アフェアーズ』、二月号にて休刊 『広告批評』、四月号にて休刊 四月、「アゴラ」開設 九月、『G2』講談社、創刊 十月、「BLOGOS」開設 『Forbes日本版』十一月号にて休刊		一月、バラク・オバマが米国大統領就任 八月、民主党、政権与党に 九月、鳩山由紀夫が内閣総理大臣に就任
二〇一〇年以降	『フォーサイト』新潮社、四月号にて休刊 『JAPAN ECHO』四月号にて休刊 六月、「WEB RONZA」朝日新聞社、開設	古市憲寿『絶望の国の幸福な若者たち』講談社、二〇一一 與那覇潤『中国化する日本』文藝春秋、二〇一一	二〇一〇年三月、Google 中国撤退

年	論壇雑誌の創刊・廃刊・改称	主要論争と主要論文	社会主要事項
		「福島第一原発観光地化計画」『思想地図β』四巻(一号)、二〇一三	十一月、ウィキリークス、米国の機密文書公開 尖閣ビデオ流出 二〇一一年三月、東日本大震災及び原発事故発生 六月、LINE サービス開始 二〇一二年十二月、自民党、衆議院第一党に ＊アラブの春

凡例

一、「論壇雑誌の創刊・廃刊・休刊」の項目と「主要論争と主要論文」の項目の作成にあたっては、本書に記載のあったものを中心に、以下の文献を参考にして抽出した。

『デジタル版 日本出版百年史年表』(日本雑誌協会[ＪＭＰＡ]／日本書籍出版協会(ＪＢＰＡ))、福島鑄郎『戦後雑誌発掘――焦土時代の精神』(日本エディタースクール出版部、一九七二年)、福島鑄郎『戦後雑誌の周辺』(筑摩書房、一九八七年)、松下健一『詳解 現代論争辞典』(流動出版、一九八〇年)、日本論争史研究会編『ニッポンの論争 一九九八―一九九九』(夏目書房、一九九八年)、日本論争史研究会編『ニッポンの論争 二〇〇〇』(夏目書房、一九九九年)、「中央公論」編集部、中井浩一編『論争・学力崩壊』(中公新書ラクレ、二〇〇一年)、「中央公論」編集部編『論争・中流崩壊』(中公新書ラクレ、二〇〇一年)、『夫と妻のための新・専業主婦論争』(中公新書ラクレ、二〇〇二年)、文藝春秋編集部編『論争若者論』(文藝春秋、二〇〇八年)、文春新書編集部編『論争格差社会』(文藝春秋、二〇〇六年)。

一、一九四五年八月以前の事項は、本書に言及のあったもののみを記載した。

一、雑誌の発行年月は「『中央公論』一九四一・一」と略記した。

一、本書で言及された論文については、「・吉野作造「学術上より観たる日米問題」『中央公論』一九一四・一」と中黒を記して示した。

(年表作成・白戸健一郎)

■誌名索引

［凡例］
＊本文を対象とし、註や図表は対象外とした。
＊章題となっている雑誌名は、その章内では採らなかった。

■人名索引

［凡例］
＊本文を対象とし、註・年表・図表は対象外とした。
＊読みの不明な人名など、一部採らなかったものもある。

《ア》

■執筆者紹介

（50音順、＊は編者）

赤上裕幸　AKAGAMI Hiroyuki
1982年埼玉県生まれ。京都大学大学院教育学研究科博士後期課程修了。博士（教育学）。大阪国際大学人間科学部専任講師を経て、現在、防衛大学校公共政策学科専任講師。著書に『ポスト活字の考古学』（柏書房、2013年）、『戦争社会学ブックガイド』（共著、創元社、2012年）、『ソフト・パワーのメディア文化政策』（共著、新曜社、2012年）など。

稲垣恭子　INAGAKI Kyoko　＊
1956年広島県生まれ。京都大学大学院教育学研究科博士後期課程退学。京都大学博士（教育学）。現在、京都大学大学院教育学研究科教授。
著書に『女学校と女学生』（中公新書、2007年）、『不良・ヒーロー・左傾』（共編、人文書院、2002年）、『教育文化を学ぶ人のために』（編著、世界思想社、2011年）など。

井上義和　INOUE Yoshikazu
1973年長野県生まれ。京都大学大学院教育学研究科博士後期課程退学。修士（教育学）。京都大学大学院教育学研究科助手、関西国際大学人間科学部准教授を経て、現在、帝京大学総合教育センター准教授。
著書・論文に『日本主義と東京大学―昭和期学生思想運動の系譜』（柏書房、2008年）、「大学構成員としての学生―「学生参加」の歴史社会学的考察」（広田照幸他編『組織としての大学』岩波書店、2013年）、「子ども・若者の世界とメディア」（石戸教嗣編『新版教育社会学を学ぶ人のために』世界思想社、2013年）など。

大澤聡　OSAWA Satoshi
1978年広島県生まれ。東京大学大学院総合文化研究科博士課程修了。博士（学術）。日本学術振興会特別研究員を経て、現在、近畿大学文芸学部講師。
著書に、『言論メディア論』（岩波書店、2014年近刊）、『場と器』（共著、岩波書店、2013年）、『一九三〇年代のアジア社会論』（共著、社会評論社、2010年）など。

佐藤卓己　SATO Takumi　＊
1960年広島県生まれ。京都大学大学院文学研究科博士課程単位取得退学。京都大学博士（文学）。東京大学新聞研究所助手、同志社大学文学部助教授、国際日本文化研究センター助教授などを経て、現在、京都大学大学院教育学研究科准教授。
著書に『『キング』の時代』（岩波書店、2002年）、『言論統制』（中公新書、2004年）、『輿論と世論』（新潮選書、2008年）など。

佐藤八寿子　SATO Yasuko
1959年東京都生まれ。京都大学大学院教育学研究科博士課程単位取得退学。神戸ファッション造形大学専任講師を経て、現在、京都女子大学、滋賀大学等非常勤講師。
訳書に、G・L・モッセ『ナショナリズムとセクシュアリティ』（共訳、柏書房、1996年）、著書に『ミッション・スクール―あこがれの園』（中央公論新社、2006年）など。

白戸健一郎　SHIRATO Kenichiro
1981年北海道生まれ。京都大学大学院教育学研究科博士課程修了。京都大学博士（教育学）。現在、日本学術振興会特別研究員（PD）。
論文に「満洲電信電話株式会社の多言語放送政策」（『マス・コミュニケーション研究』第82号、2013年）、「電信－電波－電視のメディア文化政策」（佐藤卓己・渡辺靖・柴内康文編『ソフト・パワーのメディア文化政策』新曜社、2013年）、「近藤春雄におけるメディア文化政策論の展開」（『教育史フォーラム』第5号、2010年）など。

竹内洋　TAKEUCHI Yo　＊
1942年生まれ、新潟県育ち。京都大学大学院教育学研究科博士課程単位取得退学。京都大学博士（教育学）。京都大学大学院教育学研究科教授を経て、現在、関西大学東京センター長。京都大学・関西大学名誉教授。
著書に『メディアと知識人』（中央公論新社、2012年）、『革新幻想の昭和史』（同、2011年）、『大学という病』（同、2001年）など。

富田英典　TOMITA Hidenori
1954年大阪府生まれ。関西大学大学院社会学研究科博士課程単位取得退学。博士（人間科学）甲南女子大学。佛教大学社会学部教授を経て、現在、関西大学社会学部教授。
著書に『インティメイト・ストレンジャー―「匿名性」と「親密性」をめぐる文化社会学的研究』（関西大学出版、2009年）、『ポケベル・ケータイ主義！』（共著、ジャストシステム、1997年）、『声のオデッセイ―ダイヤルQ^2の世界・電話文化の社会学』（恒星社厚生閣、1994年）など。

長﨑励朗　NAGASAKI Reo
1983年大阪府生まれ。京都大学大学院教育学研究科博士課程修了。京都大学博士（教育学）。現在、京都文教大学専任講師。
論文「戦後音楽運動における教養主義の変容」（『マス・コミュニケーション研究』第77号、2010年）で日本マス・コミュニケーション学会優秀論文賞を受賞。著書に『つながりの戦後文化誌―労音、そして宝塚、万博』（河出書房新社、2013年）。

松永智子　MATSUNAGA Tomoko
1985年福岡県生まれ。京都大学大学院教育学研究科博士課程修了。京都大学博士（教育学）。日本学術振興会特別研究員を経て、現在、東京経済大学コミュニケーション学部専任講師。
著書・論文に「頭本元貞における発信型英語メディアの軌跡」（『教育史フォーラム』、第5号、2010年）、「英字紙読者の声―ジャパン・タイムスと浅間丸事件（1940年）」（『マス・コミュニケーション研究』第81号、2012年）、『ソフト・パワーのメディア文化政策』（共著、新曜社、2012年）など。

日本《にほん》の論壇雑誌《ろんだんざっし》
——教養《きょうよう》メディアの盛衰《せいすい》

二〇一四年四月一〇日 第一版第一刷 発行

編著——竹内洋
佐藤卓己
稲垣恭子

発行者——矢部敬一

発行所——株式会社 創元社
本社 〒五四一—〇〇四七
大阪市中央区淡路町四—三—六
Tel.〇六—六二三一—九〇一〇
Fax.〇六—六二三三—三一一一
http://www.sogensha.co.jp/
東京支店 〒一六二—〇八二五
東京都新宿区神楽坂四—三 煉瓦塔ビル
Tel.〇三—三二六九—一〇五一

印刷所——株式会社太洋社

ISBN978-4-422-30048-1 C0036